Walter Schrieb oft, von Mägde Arbeit müde

Studien
Materialien
Band 30

Geschichtsdidaktik

herausgegeben von
Klaus Bergmann
Annette Kuhn
Jörn Rüsen
Gerhard Schneider

Eva Walter

Schrieb oft, von Mägde Arbeit müde

Lebenszusammenhänge deutscher Schriftstellerinnen um 1800 – Schritte zur bürgerlichen Weiblichkeit

mit einer Bibliographie zur Sozialgeschichte von Frauen 1800–1914 von Ute Daniel

herausgegeben von Annette Kuhn

Schwann Düsseldorf

CIP-Kurztitelaufnahme der Deutschen Bibliothek

Walter, Eva:

Schrieb oft, von Mägde Arbeit müde : Lebenszusammenhänge dt. Schriftstellerinnen um 1800 – Schritte zur bürgerl. Weiblichkeit / Eva Walter. Mit e. Bibliographie zur Sozialgeschichte von Frauen 1800 – 1914 / von Ute Daniel. [Gesamtwerk:] hrsg. von Annette Kuhn. – 1. Aufl. – Düsseldorf : Schwann, 1985.
(Geschichtsdidaktik : Studien, Materialien ; Bd. 30)
ISBN 3-590-18039-0

NE: Geschichtsdidaktik / Studien, Materialien; Daniel, Ute: Bibliographie zur Sozialgeschichte von Frauen 1800 – 1914

1. Auflage 1985
Titelbild: Charlotte von Schiller – Ölgemälde von Ludovike Simanowiz, 1794
(Schiller-Nationalmuseum/Deutsches Literaturarchiv)
Umschlaggestaltung: Chris Berten, Düsseldorf
Gesamtherstellung: Lengericher Handelsdruckerei, 4540 Lengerich/Westf.
ISBN 3-590-18039-0

Inhalt

Vorwort

Innerhalb der Reihe „Frauen in der Geschichte" stellt dieses Buch ein Novum dar. Denn bisher wurden jeweils in einem Band zahlreiche Einzelbeiträge zu einem wichtigen Aspekt der Frauengeschichte vorgelegt. In diesem Sinne ist etwa in Band 1 und Band 2 durch eine Vielzahl von Einzelaufsätzen der historische Zusammenhang von Frauenrechten und gesellschaftlicher Arbeit beleuchtet worden. In ähnlicher Weise galt es in den weiteren drei Bänden, durch einschlägige Einzelbeiträge in die Geschichte der Weiblichkeit, in die Bildungsgeschichte von Frauen oder in das Spannungsverhältnis von Weiblichkeitsbildern und Frauenrealität einzuführen. Mit dieser Veröffentlichung wird aber dieser Weg der Darstellung verlassen. Denn diese Monographie von Eva Walter bündelt alle die eben genannten Teilaspekte eines bürgerlichen Frauenlebens in Deutschland um 1800 zusammen. Hier fügen sich die einzelnen Mosaiksteinchen des weiblichen Lebenszusammenhangs durch die zusammenfassende Sicht der Verfasserin zu einem Gesamtbild der alltäglichen Existenz von Schriftstellerinnen um 1800 zusammen. Somit haben wir es in dieser Reihe erstmalig mit einer geschlossenen, sozialgeschichtlichen Darstellung, mit einer Sozialgeschichte deutscher Schriftstellerinnen um 1800, zu tun.

Nicht von ungefähr wird in diesem Vorwort auf das Neuartige dieser methodischen Vorgehensweise besonders hingewiesen. Denn in dieser Darstellungsweise sehen wir eine Weiterentwicklung der Gesamtkonzeption dieser Reihe. Diese Reihe versteht sich ja als ein Versuch, auf das gewiß sehr ehrgeizige Ziel hinzuwirken, Frauengeschichte als unverzichtbares Moment unserer Gesellschaftsgeschichte sichtbar zu machen. Unter dieser Zielsetzung kommt dieser Sozialgeschichte deutscher Schriftstellerinnen um 1800 von Eva Walter eine besondere Bedeutung zu.

Eva Walter selbst versteht ihre Arbeit als eine sozialgeschichtliche Darstellung, als die „Erforschung von Entstehung und Wandel weiblicher Existenz" im Kontext einer „Allgemeingeschichte". Zu Recht stellt sie fest, daß wir in „allgemeingeschichtlichen" Darstellungen Frauen vergeblich suchen. Sie will sich aber – wiederum, wie ich meine, zu Recht – nicht mit einer „additiv-kompensatorischen“ oder einer „kontributiven“ (Bock 1983) frauengeschichtlichen Betrachtungsweise begnügen, die den Bezugsrahmen der männlichen Geschichtsschreibung – gewollt oder auch ungewollt – akzeptiert. Von diesem Anspruch her kann hier von einem neuen, vielversprechenden Weg der Frauengeschichte als Sozialgeschichte gesprochen werden, einem Weg, der uns dem Ziel einer neuen Sicht der Gesellschaftsgeschichte ein ganzes Stück näherbringt. Versuchen wir daher diese sozialgeschichtlichen Ansätze etwas näher zu umschreiben.

Induktiv von Selbstzeugnissen deutscher Schriftstellerinnen ausgehend, gelangt Eva Walter zu einer umfassenden Sicht weiblicher Lebensbereiche, Bereiche, die in der Soziologie oder ihr folgend in der Geschichtswissenschaft meist nur als getrennte Sphären erscheinen. Die Arbeit der schreibenden Frauen im Haushalt, ihr Leben als liebende Gattin, als Gebärende und als Mutter, die Kommunikation unter den Frauen und der Umgang mit der politischen Welt und den weiblichen Rollenbildern der Zeit gehören alle zu diesem weiblichen Lebenszusammenhang, den Eva Walter in Anlehnung an Ulrike Prokop als „weibliche Produktivität“ begreift. Den spezifischen Vorteil der Methode hebt Eva Walter selbst hervor:

> „Mit dieser Methode kann die Frage nach der weiblichen Produktivität nicht spekulativ, sondern konkret für eine Gruppe von Frauen und für einen Zeitabschnitt beantwortet werden.“

Wird in diesem Band eine fruchtbare Weiterentwicklung früherer Bände dieser Reihe gesehen, so gilt es, an diesem methodischen Ansatz anzuknüpfen. Denn gerade diese konkrete Erfassung weiblicher Produktivität kann in der jetzigen Diskussion sowohl um die Frauengeschichte als auch um eine feministische Gesellschaftspraxis weiterführen.

In den letzten Jahren hat sich die Beschäftigung mit der Frauengeschichte immer mehr auf das 19. und 20. Jahrhundert konzentriert. Bei dieser Forschungsorientierung blieb es nicht aus, daß die Ideologie der Geschlechterstereotypen, die seit dem 19. Jh. die Dignität einer geschlechtsspezifischen Gesellschaftstheorie gewann, sich auch in der Frauengeschichtsforschung als Parameter für Frauendenken und -handeln einschlich. Somit bewegte sich allzu oft die Frauengeschichtsforschung und die Diskussion um die emanzipatorische Frauenpraxis in den engen Grenzen der von der Geschlechterideologie suggerierten gesellschaftlichen Wirklichkeit und der quasi Naturhaftigkeit der geschlechtsspezifisch getrennten Bereiche. Aus dieser Verwechslung der Ideologie der Geschlechterbeziehungen mit der Realität von Frauenle-

ben und -handeln sind immer wieder falsche Antithesen: wie Frauenemanzipation durch Erwerb, nicht durch Ehe und Familie, entstanden, während die sozio-ökonomischen und gesamtgesellschaftlichen Strukturen, die zur sozialen Ungleichheit der Frauen in unserer Gesellschaft führen, unerkannt blieben.
Die Arbeit von Eva Walter weist in eine andere Richtung. Aus dieser Darstellung geht hervor, daß die weibliche Produktivität sich nicht in die vorgegebenen, gesellschaftlichen Kategorien und in das Modell der Geschlechterstereotypen pressen läßt. So stellt etwa die Arbeit der Frauen in der Hauswirtschaft für Eva Walter eine ökonomische Tätigkeit dar, die in den Kontext von notwendiger Eigenproduktion und Zwang zum Gelderwerb eingespannt ist. Eva Walter zeigt den Wandel dieser Tätigkeiten von Frauen in der Hauswirtschaft und beim Gelderwerb, beim Gebären und im zwischenmenschlich/partnerschaftlichen Bereich auf; sie versucht jedoch nicht, sie in ein neues Deutungsschema zu pressen.
Eva Walter ist zuzustimmen, daß es noch weiterer Forschungen zum weiblichen Lebenszusammenhang im 17. und 18. Jahrhundert bedarf, um die Entwicklungslinien der Frauengeschichte der Neuzeit auch im gesellschaftstheoretischen Kontext zu erfassen. Auch ist letztlich ohne eine feministische Geschichts- und Gesellschaftstheorie dieses Deutungsmuster nicht zu gewinnen. Dabei weist die Arbeit von Eva Walter in einer zweifachen Weise weiter:

- Nicht die imaginierte Weiblichkeit, sondern die sozialgeschichtlich erschlossenen Formen weiblicher Existenz weisen uns auf die Lebensweisen und die Handlungsmöglichkeiten von Frauen in der Neuzeit hin.
- Die strukturellen Bedingungen von neuzeitlichem Frauenhandeln sind in der vor-industriellen Zeit zu suchen, als sich die expandierende kapitalistische Ordnung neben dem Markt eine neue Ökonomie schuf.

Gewiß: Die Logik dieser zweiten, weiblichen Ökonomie gilt es noch zu entschlüsseln. Dieses Buch bietet aber wichtige Einblicke in die Wirkungsweisen weiblicher Produktivität. Daher verstehen wir es als einen wichtigen Beitrag zu dem noch fernen Ziel einer Gesellschaftsgeschichte der Neuzeit, die die Frauen nicht einfach als eine unhistorische Naturressource begreift. Die Bibliographie von Ute Daniel dient diesem gleichen Ziel.

Bonn, im April 1985 *Annette Kuhn*

Einleitung

„SCHRIEB OFT, VON MÄGDE ARBEIT MÜDE“ ist ein Zitat aus einem Brief der Schriftstellerin Therese Forster-Huber. Es steht nicht umsonst als Titel über dieser Arbeit. Kaum besser nämlich läßt sich die Vielseitigkeit der Schriftstellerinnen Ende des 18. Jahrhunderts charakterisieren. Noch nicht in den schreibenden Beruf völlig hineingewachsen (das sollte erst mehr als ein Jahrhundert später Frauen gestattet sein), konnten sie auch nicht den weiblichen Alltag hinter sich lassen. Eher umgekehrt: Alltag aus der Sicht jener Frauen spielte sich ab zwischen Küche und Kindern, Geselligkeit und Ehemann. Kaum blieb da Zeit zum Schreiben. Welche Frau sich dazu berufen fühlte, mußte um jede freie Minute kämpfen. Zeit war kostbar. Was bedeutete es, Ende des 18. Jahrhunderts Schriftstellerin zu sein? Und andererseits: Wie sah damals die Arbeit als Magd und Köchin aus?

Es war ein Leben mit vielen Gesichtern. Parallel, gleichzeitig und überschneidend sollten diese Frauen sowohl Managerinnen des Hauswesens als auch intelligente Sekretärinnen des gebildeten Ehepartners, dienende Mägde als auch repräsentative Damen, liebevolle Freundinnen und konkurrenzfähige Rivalinnen, fürsorgliche Mütter und selbstbewußte Kämpferinnen, aber auch anspruchsvolle Liebende und anlehnungsbedürftige Mädchen sein.

So mußten sie in ihrem Alltag vereinen, was heute als unvereinbar gilt: Beruf, Haushalt und Familie, intellektuelles Schaffen und wiederkehrende Alltäglichkeiten flossen ineinander.

Repräsentantinnen dieser Untersuchung sind elf Schriftstellerinnen, die zwischen 1760 und 1770 geboren wurden und im deutschsprachigen Raum lebten. Auf den nächsten Seiten sollen sie zunächst einmal persönlich vorgestellt werden.

Anschließend werden die Lebenszusammenhänge dieser Frauen Schicht für Schicht aufgerollt: Es entsteht ein Lebensmosaik mit allen Facetten, die das Leben jener Schriftstellerinnen ausmachten. Was diese Frauen bekannt und berühmt gemacht hat, steht an erster Stelle: das Schreiben. Die Hauswirtschaft, die Stellung und Tätigkeit der Schriftstellerinnen im

Hauswesen, wird als nächstes dargestellt. „Die Liebende" ist der dritte Stein im Lebensmosaik: Hier wird geschildert, welche Gefühle und Bedürfnisse die Schriftstellerinnen zu ihren Lebenspartnern entwickelten und welche Konsequenzen sich daraus ergaben.
Um die Bedingungen weiblicher Biologie geht es anschließend: um historische Veränderungen im Verhältnis der Frauen zu Schwangerschaften und Geburten, wie sie das Lebensmosaik der Schriftstellerinnen zeigt. Daraus ergibt sich die Funktion, die sie als Mütter einnahmen: von zärtlicher Fürsorge bis zur strengen Erziehung der Töchter und Söhne.
Mit dem Verhältnis der Schriftstellerinnen zur Politik und ihrer Art, daran teilzunehmen, befaßt sich das nächste Kapitel. „Frauen unter sich" behandelt schließlich das Miteinander-Umgehen der Schriftstellerinnen, die sich größtenteils persönlich kannten. Dabei sind neben positiven Aspekten die durchaus vorhandenen negativen nicht unter den Tisch gefallen.
Letzter Stein des Lebensmosaiks ist die äußere Erscheinung der Frauen. Die Darstellung der damaligen Moden nimmt dabei breiten Raum ein.
Um eine distanzierte und reflektierende Betrachtung des gesamten dargestellten Lebensmosaiks geht es im letzten Teil des Buches. Hier finden sich neben Aussagen über die Methode, nach der ich bei meiner Arbeit vorgegangen bin, eine notwendige Quellendiskussion. Abschließend habe ich meine grundsätzlichen Gedanken über die Geschichte der Frau eingebracht: Erkenntnisse über die Geschichte weiblicher Produktivität, Überlegungen zu Zäsuren in der Frauengeschichte und zur Dynamik von Freiheit und Fesseln, die sich Frauen erkämpften oder auferlegten.
Was mich dazu veranlaßt hat, mich mit diesen Schriftstellerinnen zu befassen, war zunächst einmal die Neugierde: Wie verbrachten sie ihren Alltag? Und weiter: War ihr Alltag mit dem heutigen Frauenalltag vergleichbar?
Dann reizte mich die Herausforderung, die das unerforschte Thema weiblicher Lebenszusammenhänge in der Geschichte mit sich brachte. Dieses „Abenteuer" war gleichzeitig ein Versuch, den Frauenalltag von seiner Tristesse zu befreien, ihn in den Scheinwerfer der Wissenschaft zu stellen und ihm damit den wirklichen Wert zukommen zu lassen, der ihm in der Geschichtsschreibung gebührt.
Dem gesamten dargestellten Lebensmosaik der elf Schriftstellerinnen habe ich ganz bewußt den Begriff „Lebenszusammenhänge" übergeordnet. Er vermag viel mehr und präziser als der Begriff „Alltagsgeschichte" eine Rekonstruktion einzuordnen, die sich auf einen bestimmten Personenkreis und eine eingegrenzte Zeit bezieht.
Wichtig für eine möglichst große Authentizität war, die Schriftstellerin-

nen selbst mit Ausschnitten aus ihren Briefen zu Wort kommen zu lassen. In ihren eigenen Worten sollen sie damit ihre Situation, ihre Gefühle und Ängste, aber auch ihre Freude und ihren Humor zum Ausdruck bringen können. Manche Briefstellen sind im Original wiedergegeben, mit all den „Fehlern" und Eigenheiten der Schreiberinnen. Den Nachteil, daß dadurch manche Stellen etwas schwer zu lesen und zu verstehen sind, wollte ich um den Vorteil größtmöglicher Originalität willen in Kauf nehmen.

Ich nenne die Schriftstellerinnen chronologisch zunächst mit ihrem Geburtsnamen, später mit dem durch die Eheschließung angenommenen Familiennamen des Ehemannes. Geschiedene oder verwitwete Frauen, die ein zweites oder ein drittes Mal geheiratet haben, werden mit dem Nachnamen aller Ehemänner genannt. Caroline von Beulwitz-Wolzogen, geborene von Lengefeld ist also Caroline von Lengefeld bis zur Eheschließung, Caroline von Beulwitz bis zur zweiten Heirat und Caroline von Beulwitz-Wolzogen nach der zweiten Eheschließung.

Ich wünsche mir, daß das Wissen um weibliche Lebenszusammenhänge in der Geschichte Augen zu öffnen hilft dafür, daß alle Bedingungen, unter denen wir Frauen leben, gewachsen, geworden und gestaltet sind. Nichts ist „Natur" oder „Wesen" der Frau. Unsere Lebenszusammenhänge sind aus bestimmten Gründen, unter bestimmten Umständen, in verschiedenen Entwicklungsstufen so geworden. Sie sind gewachsen, haben sich verändert und werden somit auch nicht in der heutigen Erscheinungsform bleiben. Sie werden sich ändern. Die Frage nach der Zukunft kann allerdings die Geschichte nicht beantworten.

Die Schriftstellerinnen

Friederike Sophie *Caroline* von Beulwitz-Wolzogen geb. von Lengefeld

Abb. 1: Caroline von Wolzogen

Caroline wurde am 3. Februar 1763 in Rudolstadt (Thüringen) geboren. Ihre Mutter war Louise Juliane Eleonore Friederike von Lengefeld, geborene von Wurmb, ihr Vater war Carl Christoph von Lengefeld. Die Eltern hatten 1761 geheiratet und Caroline war das erste Kind. Die Mutter war bei Carolines Geburt 20 Jahre alt, der Vater 48 Jahre.
Der Vater war ein herausragender Forstmann der Zeit. Schon 1743 wurde er Oberförster des Fürsten Anton Friedrich von Schwarzburg-Rudolstadt; ab 1761 war er dann Stiftsinspektor in Rudolstadt. Er hatte zwei Güter in Thüringen, Reschwitz und Pippelsburg, und war außerdem Kammerjunker und Ratsmitglied.
Die Mutter beschäftigte sich ab 1789 als Oberhofmeisterin mit der Erziehung der schwarzburg-rudolstädtischen Fürstenkinder.
Carolines jüngere Schwester Charlotte (siehe dort) war mit Friedrich Schiller verheiratet. Ein jüngerer Bruder starb in den ersten Lebensjahren.
1770, als Caroline sieben und Charlotte vier Jahre alt war, starb der Vater. Die Mutter ging keine zweite Ehe ein.
Caroline heiratete 1784 den acht Jahre älteren Wilhelm von Beulwitz, Vizekanzler am schwarzburg-rudolstädtischen Hof. Diese Ehe war von der Mutter aus Versorgungsgründen gewünscht worden. Caroline fügte sich und führte eine für diese Zeit typische Konvenienzehe, in der sie nicht besonders glücklich war.
Während der Verlobungszeit reisten Caroline, Charlotte, die Mutter und der Bräutigam Beulwitz in die französische Schweiz. Mit Berichten über diese Reise versuchte sich Caroline zum ersten Mal als Schriftstellerin. Von Sophie LaRoche wurden ihre Reiseberichte in deren Zeitschrift „Pomona für Teutschlands Töchter" im Jahr 1784 veröffentlicht.
Beide Schwestern, Caroline und Charlotte, lernten Ende der achtziger Jahre den Dichter Friedrich Schiller kennen und lieben. Beide waren ihm gleichermaßen zugeneigt. Schillers Wahl fiel auf Charlotte, doch lebten alle drei einige Jahre in einer gemeinsamen kleinen möblierten Wohnung in Jena.
Friedrich Schiller unterstützte seine schriftstellernde Schwägerin und leitete ihren literarischen Stil in seine eigene, klassische Richtung. 1792 veröffentlichte er in der „Neuen Thalia" ihr Schauspiel „Der Leukadische Fels", dem allerdings ein Erfolg versagt blieb.
Carolines Ehe mit Wilhelm von Beulwitz wurde 1793 geschieden. Sie heiratete 1794 den zweiunddreißigjährigen Wilhelm von Wolzogen, der zum Schillerschen Freundeskreis gehörte. Er war Kammerherr, Oberhofmeister und Geheimrat am weimarschen Hof. 1795, im Alter von 32 Jahren, brachte Caroline ihren einzigen Sohn *Adolph* Carl Wilhelm von Wolzogen auf die Welt.

Ihr literarischer Ruhm festigte sich in diesen Jahren: 1796 und 1797 erschien ihr Roman „Agnes von Lilien“ in Schillers Zeitschrift „Die Horen“. Der Roman, der anonym erschienen war, hatte solch großen Erfolg, daß er 1798 in einem eigenen Band erscheinen konnte.
Caroline beschrieb darin eine dramatische Liebesgeschichte mit zahlreichen Verwirrungen und ihren Auflösungen, die in dem Milieu angesiedelt war, in dem sie sich gerne aufhielt: in einer Mischung von bürgerlicher Gesellschaftskritik mit einem Bilderbogen aristokratischer Verhaltensformen. Indem sie die marionettenhaften Verhaltensweisen der Hofleute skizzierte oder der männlichen Hauptfigur Lobesworte über die weibliche Geistesbildung in den Mund legte, nahm Caroline in Ansätzen eine gesellschaftskritische Haltung ein und spiegelte damit ihre Erfahrungen an den Fürstenhöfen wider. Charlotte von Stein, mit Caroline und Charlotte über deren Mutter eng befreundet, schrieb Charlotte, die von ihr „Lollochen“ genannt wurde, über „Agnes von Lilien“:

„Fräulein Göchhausen hat mir gesagt, daß Agnes Lilien von der Wolzogen wäre. Einen Moment, muß ich sagen hab ich's einmal gedacht, aber weil mein Lollochen so treuherzig unwissend beim Manuscript that, so glaubte ich, wie ich's gedruckt las, es sei von der Kalb, denn mir war's, als müßte es eine Frau geschrieben haben. Ich habe es damals im Manuscript sehr flüchtig überlesen und gar nicht die Schönheiten so bemerkt, wie ich mir sie jetzt darin unterstreiche. Es findet bei der Lesewelt einen außerordentlichen Beifall, und ich habe es schon dreimal gelesen“ (15. 2. 1797; Urlichs II, 320).

Die nächsten Jahre schrieb Caroline Erzählungen, die im „Taschenbuch für Damen“, herausgegeben von Huber, Lafontaine und Pfeffel, veröffentlicht wurden. Nach dem Tod ihres zweiten Mannes 1809 war dies eine wichtige Einkommensquelle für sie.
1830 veröffentlichte die nun 67jährige Caroline eine Biografie über Friedrich Schiller, die sie bis heute bekannt machte. Bis zu ihrem Tod am 11. 1. 1847 folgten noch mehrere Bände mit Erzählungen und Romanen. Posthum erschien ihr literarischer Nachlaß.

Dorothea *Caroline* Albertine Böhmer-Schlegel-Schelling geb. Michaelis

Abb. 2: Madame Schlegel

Caroline wurde am 2. September 1763 in der Universitätsstadt Göttingen geboren. Ihre Mutter war Luise Michaelis, geborene Schröder, ihr Vater war Johann David Michaelis (1717–1791), Professor für Orientalistik und Theologie in Göttingen. Dessen erste Frau Friederike starb 1759; im selben Jahr heiratete er seine zweite Frau Luise. Aus der ersten Ehe lebte der Sohn Christian Friedrich Michaelis (1754–1814) in der Familie. Caroline hatte drei jüngere Geschwister: Charlotte Wilhelmine Dietrich (1766–1793), Gottfried Philipp Michaelis (1768–1811), der Arzt wurde, und Luise Wiedemann (1770–1846). Fünf weitere Geschwister starben im Säuglingsalter.

In der Göttinger Kinder- und Jugendzeit war Caroline mit Therese Heyne befreundet (siehe dort), die im Haus schräg gegenüber wohnte.

Am 15. Juni 1784 heiratete die 21jährige Caroline den Arzt Johann Franz Wilhelm Böhmer, dem sie in das Städtchen Clausthal im Harz folgte. Dort brachte sie drei Kinder zur Welt: Auguste wurde am 28. April 1785 geboren und starb am 12. Juli 1800; Therese wurde am 23. April 1787 geboren; sie wurde nur knapp drei Jahre alt. Der Sohn Wilhelm wurde 1788 geboren und starb in den ersten Lebenswochen.

Wenige Monate vorher, am 4. Februar 1788, war ihr Mann gestorben. Als 25jährige Witwe mit zwei kleinen Töchtern machte sie sich auf, ihr Leben nach ihren eigenen Vorstellungen, frei und unabhängig, zu gestalten. Nach Zwischenaufenthalten bei ihren Eltern und Geschwistern zog es sie zur Zeit der Republik nach Mainz zu Therese und Georg Forster. Als sie 1793 die Stadt verließ, geriet sie in preußische Gefangenschaft. Sie wurde als Geisel für Georg Forster festgehalten, der damals in Paris war. Die preußischen Behörden vermuteten eine Liaison zwischen Forster und Caroline und versuchten deshalb über sie dessen Auslieferung zu erreichen. Caroline verbrachte einige Wochen auf der Festung Königstein. Ihre Freunde, August Wilhelm Schlegel, Wilhelm von Humboldt, Luise und Friedrich Gotter, sowie ihr Bruder Philipp erreichten schließlich ihre Freilassung.

Im November 1793 brachte sie ihren zweiten Sohn Wilhelm Julius Krantz auf die Welt. Dies geschah unter falschem Namen und auf dem Land, da ihr viertes Kind aus einer kurzen Verbindung mit dem französischen Offizier Jean Baptiste Dubois Crancé stammte. Der Sohn blieb bei Pflegeeltern auf dem Land und starb mit anderthalb Jahren, ohne daß Caroline ihn wiedergesehen hatte.

In dieser Zeit war August Wilhelm Schlegel Carolines Stütze. Am 1. Juli 1796 heiratete sie den 29jährigen Literaturwissenschaftler. Diese Ehe war von der Freundschaft und der gemeinsamen schriftstellerischen Arbeit bestimmt und belebt. Caroline arbeitete an Schlegels Shakespeare-Übersetzung von Romeo und Julia mit sowie bei einigen seiner

Literaturkritiken. Sie lieferte Material und Exzerpte für die Zeitschrift „Athenäum" ihres Schwagers Friedrich Schlegel und korrigierte dessen Manuskripte, beispielsweise den Roman „Lucinde". Friedrich Schlegel beschwerte sich einmal bei seinem Bruder über Carolines Kritik:

„Deine Frau hat mir einen sehr heftigen und beleidigenden Brief über das Athenäum geschrieben, den Du wohl nicht gesehen hast vor der Absendung. Die zwey ganzen Tage, die mir der unnütze Verdruß verderbt hat, können durch Nachtwachen und Anstrengung ersetzt werden, und meine Gesundheit kann schon einen Puff vertragen. Aber der frohe Muth, die gute Laune ist fort, und werden wohl vor der Hand nicht wieder kommen. [. . .] Caroline meynt, meine Fragmente wären oft zu lang. Das ist freylich eine von den Bemerkungen – worauf einem die Antwort in der Kehle stecken bleibt" (Berlin, Februar/März 1798; Schmidt II, 449).

1798 wurde August Wilhelm Schlegel Professor in Jena. Dort lebten beide Schlegel-Brüder, Caroline und später auch Friedrich Schlegels Freundin Dorothea Veit (siehe dort) in einem Haus, das zum geselligen Treffpunkt der Frühromantiker wurde. Bald lernte Caroline den 12 Jahre jüngeren Friedrich Wilhelm Joseph Schelling kennen, der ebenfalls Professor in Jena war. Als Vertreter einer pantheistischen Naturphilosophie gehörte er auch zum frühromantischen Kreis.
Friedrich Schelling verliebte sich in Caroline, doch diese blieb trotz ihrer Liebe zu ihm, August Wilhelm Schlegel freundschaftlich verbunden. Zum Bruch mit dem Schwager Friedrich und dessen Freundin Dorothea Veit kam es nach dem Tod von Carolines Tochter Auguste. Die beiden hatten Schelling für den Tod des jungen Mädchens verantwortlich gemacht und Gerüchte darüber ausgestreut. Die Jenaer Hausgemeinschaft wurde aufgelöst, da Caroline und August Wilhelm für Schelling Partei ergriffen.
Carolines Ehe mit August Wilhelm wurde im Mai 1803 schließlich geschieden. Einen Monat später heiratete sie Schelling und zog mit ihm zunächst nach Würzburg, wo Schelling einen Lehrstuhl bekommen hatte. Beide blieben mit August Wilhelm Schlegel in lockerer, freundschaftlicher Verbindung, während die Beziehung Carolines und Friedrich Schellings zu Dorothea Veit-Schlegel und Friedrich Schlegel stets gespannt und gegenseitig voller Haß blieb.
Ab 1806 lebten Caroline und Friedrich Schelling in München, wo er Generalsekretär der Akademie geworden war. Caroline verfaßte weiterhin Übersetzungen aus dem Französischen und Italienischen, Theaterkritiken und Literaturrezensionen, die nun entweder anonym oder mit dem Kürzel „MZ" erschienen. (Der Roman „Nachtwachen", der unter dem Pseudonym Bonaventura erschien und Schelling zugeschrieben wurde, war möglicherweise von ihr.) Caroline starb am 7. September 1809 bei einem Besuch der Schwiegereltern in Maulbronn.

Friederike Sophie Christiane Brun geb. Münter

Abb. 3: Erik Pauelsen: Friederike Brun mit Tochter Charlotte

Friederike wurde am 3. Juni 1765 in Gräfentonna in Thüringen geboren. Ihre Mutter war Sophie Friederike Münter, geborene von Wangenheim, ihr Vater war Balthasar Münter, der sich als geistlicher Liederdichter einen Namen gemacht hatte. Zwei Monate nach Friederikes Geburt wurde der Vater Prediger der deutschen Petrigemeinde in Kopenhagen. Friederikes Bruder ergriff ebenfalls ein geistliches Amt; er wurde Professor der Theologie in Kopenhagen und ab 1801 Bischof zu Seeland. Friederikes Schwester Johanna von Egger starb 1796.
Im Alter von 17 Jahren trat Friederike zum ersten Mal als Schriftstellerin auf: Sie publizierte einen sehr persönlichen Reisebericht, der vor allem vom weiblichen Lesepublikum begeistert angenommen wurde. Caroline Michaelis schrieb darüber an ihre Freundin Luise Gotter:

„Madame Schlaeger schrieb mir von einem Tagebuch der Friederike Münter, und rieht mir, wenn ich neugierig wäre, Dich darum zu bitten. Ich war neugierig und wollte Dich bitten, als mir einfiel, hundert Schritt wären doch näher wie 11 Meilen, und die Leßen hätte es gewiß auch. Da ich wuste, daß es halb und halb als Geheimniß gehandelt würde, so frug ich auf Umwegen, und sie konte nicht ableugnen, daß sie es besäße, und da ich es von Dir ohndem zu erhalten hofte, so gab sie mirs unter dem Siegel der Verschwiegenheit, daß Caroline nie bricht. Ich habe es heute gelesen und den guten Charakter, das vortrefliche Herz auch hier gefunden, daß ich vorzüglich an ihr schätze. Ihre Anhänglichkeit für die Personen, die auch ich meine Freunde nenne, macht sie mir lieber wie jemals. Da kan und weiß ich mit ihr zu empfinden, wenn sie von Louisen spricht, und Gottern mit Entzücken lesen hört. Ists nicht sonderbar, daß wir uns so wenig fanden und gefielen, da grade die Personen, an die sie sich so wohl hier als in Gotha an mehrsten heftete, meine besten Freunde sind? Der Ort, an dem ich sie sah, stellte sie mir wenigstens von der Seite, von der sie mir besonders auffiel, in einen falschen Licht dar. Ich verkannte ihre Bescheidenheit, deren sie bey so viel Talenten dennoch wirklich viel hat, und wer weiß, wodurch sie mich miskannte. – Daß mir das übrige ihres Tagebuchs ganz gefiele, kan ich nicht sagen. Mich däucht, es sind so viel Widerholungen und Worte, mit denen sie kaum selbst immer einen Sinn verbindet, weil sie nicht selbst gemacht und gedacht, sondern aus Dichtern genommen sind, die ihr so im Gedächtniß zu schweben scheinen, daß sie sich mit ihnen verwechselt. Sie hat sich in den sehr poetischen Schwung geworfen, und nichts ist wohl verzeihlicher, da sie so jung ist, aber dies müste gemildert, ihr Herz fester und ihr Verstand schärfer gemacht werden. Das erste würde dann jene Weichheit, die so leicht in Empfindeley ausartet, und der zweyte seine Sonderbarkeit verlieren. Sie schien mir überhaupt mehr Talente als Verstand zu haben, wenn ich das Verstand nenne, Menschen und Sachen nach ihren wahren (unpoetischen) Gesichtspunkt zu beurtheilen, und die Leßen und Therese bestätigten das. Verzeih mir, liebe Louise, daß ich so lange über sie moralisiert habe, aber sie ists wohl werth, weil sie Deine Freundinn, und im Ganzen ein Mädchen mit so viel Anlagen zu etwas sehr vorzüglichen ist. Gieb mir nun noch einige Aufklärungen. Ich kann nicht herausbringen, wer die S--dt in Braunschweig sind, wer S--m und ihre Vettern in Gotha, und die Sophie, mit der sie reiste, und Auguste von W. sind. Das übrige interreßirt mich nicht, denn die interreßanten erkenn ich. Z. E. Leisewietz und Jerusalem“ (Göttingen, 6. 2. 1783; Schmidt I, 69).

Im Sommer 1783 heiratete Friederike den 38jährigen Constantin Brun, der dänischer Konsul in Petersburg gewesen und seit der Heirat administrierender Direktor der königlich-ostindischen Compagnie war.
Am 20. April 1784 brachte sie den Sohn Carl auf die Welt. Ein weiterer Sohn starb nach wenigen Lebenstagen. 1788 wurde Tochter Charlotte, später verheiratete Pauly, geboren. Zwei weitere Töchter folgten: Auguste, geboren 1790, heiratete 1811 Gustav von Rennenkampf, Freiherr von Livland; Ida (1792–1857) wurde Sängerin; sie heiratete 1816 den kaiserlich-österreichischen Gesandten in Dresden und Florenz, Louis von Bombelles.
Nach der Geburt ihrer Kinder verfaßte Friederike Gedichte, die sich mit ihrer Aufgabe als Mutter beschäftigten. Sie erschienen zunächst im Voß-Göckingschen Musenalmanach und gehörten zur Sparte der empfindsamen Gedichte. Bis zum Jahr 1820 veröffentlichte sie drei Gedichtbände, von denen der erste vier, der zweite zwei Auflagen hatte. Von ihren Reisen nach Frankreich, Italien und in die Schweiz, die sie in Begleitung ihrer jüngsten Töchter unternahm, veröffentlichte sie regelmäßig Berichte in Journalen. In Briefform schilderte Friederike Landschaften, Städte und Dörfer; sie erwähnte sogar die Straßen- und Wegverhältnisse. Sie charakterisierte die Einwohner der durchreisten Landstriche und beschrieb ihre Erfahrungen mit den berühmten und weniger berühmten Menschen, die sie unterwegs kennengelernt hatte. Anekdoten über die sie begleitenden Kinder, eigene Gedichte und diejenigen anderer sind dazwischengeflochten. Friederike schrieb übrigens unter eigenem Namen.
Ihre Ehe mit Constantin Brun war voller Spannungen und Auseinandersetzungen. Er untersagte ihr 1810 weitere Reisen. Von da an schöpfte sie aus ihren Erinnerungen: 1807 bis 1818 erschienen vier Bände Reiseberichte. Im Alter von 59 Jahren beendete sie ihre Memoiren; acht Jahre später erschienen Erinnerungen aus der Zeit, die sie in Rom, gemeinsam mit der Familie von Humboldt, verbrachte. Am 25. März 1835 starb sie in Kopenhagen.

Therese Marie Forster-Huber geb. Heyne

Abb. 4: Therese Huber

Therese wurde am 7. Mai 1764 in Göttingen geboren. Sie war die Tochter von Theresia Heyne, geborene Weiß, und Christian Gottlob Heyne, der Philologe, Altertumsforscher und Professor in Göttingen war. Bei Thereses Geburt war die Mutter 34, der Vater 35 Jahre alt. Die Mutter war bis zur Heirat 1761 Unterhofmeisterin der sächsischen Prinzen gewesen.
Thereses älterer Bruder Karl (1762–1796) wurde Oberstabsmedikus und russischer Hofrat. Die jüngere Schwester Marianne (geboren 1768) war mit dem Göttinger Bibliothekar Jeremias Reuß verheiratet.
1775, als Therese elf Jahre alt war, starb ihre Mutter. Der Vater heiratete wenig später Georgine, geborene Brandes. Thereses Stiefgeschwister waren: Wilhelmine (1779–1861), verheiratete Heeren; eine unverheiratete Schwester; eine Schwester, die mit Kammerrat Krieger in Arnstadt verheiratet war; Schwester Laura und zwei Brüder namens Eduard und Alfred. Thereses Vater starb 1812 im Alter vom 83 Jahren.
Am 4. September 1785 heiratete Therese den 31jährigen Forschungsreisenden und Schriftsteller Johann Georg Forster, der damals Professor in Wilna war. Therese folgte ihm dorthin, war ihm aber eher freundschaftlich als liebevoll zugeneigt. Sie wechselte damals glutvolle Briefe mit einem Freund aus der Göttinger Zeit, Friedrich Ludwig Wilhelm Meyer, mit dem auch Thereses Freundin Caroline Michaelis liebäugelte.
1788 nahm Forster eine Stelle als Professor und Bibliothekar des Kurfürsten von Mainz an. In Mainz lernte Therese den kursächsischen Legationssekretär Ludwig Ferdinand Huber kennen und verliebte sich heftig in ihn. Huber ging in Forsters Haus ein und aus und gehörte zur Familie.
In der Zeit der Mainzer Republik war Forster politisch als führender Jakobiner aktiv. Im Dezember 1792 verließ Therese mit ihren Kindern die Stadt, angeblich aus politischen und Sicherheitsgründen, und nahm in Straßburg Domizil. Huber folgte ihr ein halbes Jahr später. Im März 1793 reiste Forster als Gesandter der Mainzer Republik nach Paris, wo er ein knappes Jahr später starb. Im April 1794 heiratete Therese Ludwig Ferdinand Huber.
Therese sagte von sich selbst, zehn Mal Mutter geworden zu sein. Belegt sind jedoch nur neun Kinder: Therese Forster, geboren am 10. 8. 1786, hatte den Beruf einer Erzieherin; Klara oder Claire Forster, geboren am 21. 11. 1789, heiratete 1805 den Forstinspektor Gottlieb von Greyerz und nahm die verwitwete Mutter in ihrem Haus auf; Luise Forster lebte vom 4. 6. 1791 bis zum 15. November desselben Jahres; Georg Forster wurde am 21. oder 24. April 1792 geboren und lebte nur vier Monate. Luise Huber, geboren am 9. oder 10. Januar 1795, heiratete Emil von Herder, ließ sich nach drei Jahren von ihm scheiden und heiratete ihn

1822 zum zweitenmal; Sophie Albertine Huber wurde am 8. 9. 1796 geboren und lebte ein knappes Jahr; Emanuele Honorine *Adele* Huber wurde am 20. 10. 1798 geboren und starb im August 1804; ein Sohn wurde im Oktober 1797 geboren und lebte bis Frühjahr 1798; Victor *Aimé* Huber (10. 3. 1800–19. 7. 1869) wurde Literaturhistoriker und Sozialpolitiker.

Ludwig Ferdinand Huber war zur Zeit der Eheschließung mit Therese stellungslos. Therese begann, ihr literarisches Talent zu entdecken, und ernährte die Familie mit Schreiben. 1794–95 erschienen mehrere Bände Übersetzungen aus dem Französischen. 1795–96 veröffentlichte sie, unter ihres Mannes Namen, ihren ersten Roman „Die Familie Seldorf", der beim Publikum sehr gut ankam. Dieser Gegenwartsroman, der literaturwissenschaftlich dem Rationalismus zugeordnet wird, verband das Schicksal der Romanheldin mit den Ereignissen der Französischen Revolution im Jahr 1792. Therese erzählte in zwei Bänden die Geschichte einer jungen Adligen, die durch eine persönliche Enttäuschung – ein Edelmann hatte sie schmählich verlassen – derart politisiert wurde, daß sie sich der Revolution anschloß und zur Straßenkämpferin wurde. Diese Handlungslinie, durchsetzt mit sensiblen Schilderungen von Konflikten und Empfindungen der Romanhelden, wurde umrahmt von der Beschreibung der Zeitereignisse: Aufstände in der Provinz, Straßenkämpfe in Paris und der Verlauf der Revolution. Therese stellte hierbei unterschiedliche politische Positionen im damaligen Frankreich vor und schilderte drastisch das Elend der Unterdrückten. Gewürzt wurde die Handlung mit einem Schuß Erotik.

Weitere Romane und Erzählungen folgten, die Therese schrieb, Huber korrigierte und unter seinem Namen veröffentlichte. Ab 1798 besserte sich Hubers finanzielle Lage, denn er wurde Redakteur von Cottas „Allgemeiner Zeitung" in Stuttgart, deren Redaktion dann 1803 wegen Schwierigkeiten mit der Zensur nach Ulm verlegt wurde. Thereses Schriftstellerei wurde in diesen Jahren spärlicher. Doch Huber starb überraschend am 24. Dezember 1804. Nun mußte die 40jährige zweifache Witwe als Schriftstellerin zwangsweise an die Öffentlichkeit treten. Sie gab Hubers „Sämtliche Werke" und seine Biografie heraus. Lotte Schiller meinte darüber:

> „Gestern habe ich die Biographie von Huber gelesen und Briefe von ihm, die seine Frau herausgibt. [. . .] Die Frau schreibt sehr gut, und es ist mit natürlicher Einfachheit geschrieben, die ich nicht in ihr suchte" (an Carl Ludwig von Knebel, Weimar, 17. 12. 1806; Düntzer, 70).

Therese schrieb politische Reiseberichte, weitere Romane und Erzählungen. Daneben verfaßte sie Aufsätze für Journale und Taschenbücher.

1819, im Alter von 55 Jahren, wurde sie Redakteurin in Cottas „Morgenblatt für gebildete Stände“.
Am 15. Juni 1829 starb Therese in Augsburg. Im selben Jahr erschien ein Band Briefe ihres ersten Mannes Forster, die sie, mit einer Biografie und stark gekürzt, herausgegeben hatte. Ihr Sohn Aimé gab 1830–33 ihre gesammelten Erzählungen in sechs Bänden heraus.

Caroline von Humboldt geb. von Dacheröden

Abb. 5: Gottlieb Schick: Caroline von Humboldt (1803)

Caroline, von Freunden auch Li genannt, wurde am 23. Februar 1766 in Minden in Westfalen geboren. Ihre Mutter war Ernestine Friedrike von Dacheröden, geborene von Hopfgarten, ihr Vater war Carl Friedrich von Dacheröden (1732–1809), königlich-preußischer Kammerpräsident in Erfurt. Er besaß die Güter Burgörner, Siersleben, Auleben und Talebra. Carolines älterer Bruder Ernst (1765–1806) wurde Domdechant zu Naumburg. Ihre Mutter starb 1775, als Caroline 9 Jahre alt war. Der Vater ging keine zweite Ehe ein; seine Tochter ließ er von Gouvernanten erziehen.
Seit der Jugendzeit war Caroline mit den Schwestern von Lengefeld, Caroline (von Beulwitz-Wolzogen) und Charlotte (Schiller), eng befreundet.
Am 29. Juni 1791 heiratete Caroline den ein Jahr älteren Freiherrn Wilhelm von Humboldt. Beide lebten zunächst auf dem Dacherödschen Familienbesitz in Burgörner, ab 1794 in Jena. Humboldt war zu dieser Zeit Privatgelehrter. 1797–1799 lebte die Familie in Paris und reiste durch Frankreich und Spanien. Ab 1802 wurde Humboldt in den diplomatischen Dienst berufen. Zusammen mit der Familie ging er nach Rom, um dort als Gesandter das Königreich Preußen zu vertreten. Von 1806 bis 1808 rückte er zum bevollmächtigten Minister in Rom auf. 1809/10 kehrte er alleine nach Berlin zurück, um dort das preußische Unterrichtswesen zu reformieren. Ab 1810 war er schließlich wieder im Außendienst, diesmal bevollmächtigter Minister in Wien, wohin ihm die Familie folgte. Als preußischer Vertreter nahm er an den langwierigen Verhandlungen des „Wiener Kongresses" 1814/15 teil. Aus politischen Gründen quittierte er 1819 den Staatsdienst. Das Familienleben war geteilt, denn Caroline und die Kinder machten die häufigen Wohnungswechsel nicht immer mit.
Caroline gebar acht Kinder: Caroline am 16. 5. 1792; Wilhelm am 5. 5. 1794, er starb am 15. 8. 1803 in Rom; Theodor (19. 1. 1797 – 1871); Adelheid wurde am 17. 5. 1800 geboren und heiratete Hedemann; Gabrielle wurde am 28. 5. 1802 geboren und heiratete von Bülow; Louise lebte vom 2. 7. 1804 bis Oktober desselben Jahres; Gustav wurde am 7. 1. 1806 geboren und lebte ebenfalls nur wenige Monate; Hermann wurde am 23. 4. 1809 geboren.
Auf Carolines literarische Produktion gibt es zwei Hinweise: In Schillers „Neuer Thalia" erschien 1793 eine Übersetzung aus dem Italienischen des „Rasenden Rolands" von Ariost, die von ihr stammte. In einem Brief an ihren Mann berichtete sie von weiteren eigenen Übersetzungen, die auch gedruckt wurden:

„Wenn Du Wolf [Professor der Philologie in Halle] noch nichts von dem Plutarch sagtest, so tue es doch nicht. Ich schäme mich eigentlich, und ich möchte erst sehen, ob mir eine Übersetzung gelänge. Die Ode ist gar schön gedruckt, ich habe aber eine Änderung drinnen gefunden, die mir gar nicht gefallen hat" (Rudolstadt, 30. 7. 1792; Sydow II, 17).

Caroline starb am 26. März 1829 auf Schloß Tegel bei Berlin.

Charlotte Sophia Juliana von Kalb geb. Marschalk von Ostheim

Abb. 6: Friedrich August Tischbein: Charlotte von Kalb

Charlotte wurde am 25. Juli 1761 auf Schloß Waltershausen im Grabfeld (Franken) geboren. Ihre Mutter war Wilhelmine Rosine Marschalk von Ostheim, geborene Freiin von Stein, ihr Vater der Freiherr Johann Friedrich Philipp Marschalk von Ostheim. Er hatte ertragreiche Güter: Waltershausen, Trabelsdorf und Dankenfeld. Außerdem führte er zahlreiche Titel, die der traditionsreichen Familie hohen gesellschaftlichen Rang geschaffen hatten: Untererbmarschall des Bamberger Hochstifts, kaiserlicher Rat, kurpfälzischer und bambergischer Geheimrat sowie Ritterrat (beim Canton Steigerwald). Die Mutter war bei Charlottes Geburt 28, der Vater 38 Jahre alt. Die Eltern waren seit 1758 verheiratet und hatten sechs Kinder: Charlottes älterer Bruder Carl Friedrich Bernhard wurde 1759 geboren und wurde 10 Jahre alt. Ihre drei jüngeren Schwestern waren: Wilhelmine Charlotte Anna, geboren 1762. Sie heiratete 1782 den Freiherrn Gottfried Waldner von Freudstein auf Schweighausen im Oberelsaß und starb 1783 im Kindbett. Friederike Eleonore Sophie (1764–1830) heiratete 1782 Johann August Alexander von Kalb, Kammerpräsident in Weimar. Die jüngste Schwester Caroline Agnesia Henriette wurde 1766 geboren. Charlottes Vater starb 1768, als Charlotte sieben Jahre alt war. Die Mutter starb ein Jahr später. Die drei Schwestern wuchsen die nächsten Jahre bei Verwandten auf.
Charlotte heiratete am 25. Oktober 1783 ihren Schwager, den 31jährigen Oberst Heinrich Julius Alexander von Kalb. Diese Ehe war eine reine Konvenienzehe, in der Charlotte fünf Kinder gebar:
Carl Friedrich Heinrich Alexander (8. 9. 1784 – 1852); *Adelheid* Antoinette wurde am 19. 4. 1786 geboren und überlebte nur einen Monat; Amalie Rezia Eleonore Adelaide, kurz *Edda* genannt, wurde am 18. 9. 1790 geboren; *August* Wilhelm wurde am 7. 10. 1793 geboren; *Eleonore* Susanna wurde am 12. 6. 1795 geboren und lebte auch nur knapp einen Monat. Charlottes Mann schied am 8. 4. 1806 durch Selbstmord aus dem Leben. Er hinterließ drei uneheliche Kinder, die Charlotte später in ihren Haushalt aufnahm.
Charlottes literarische Tätigkeit stellt eine Besonderheit dar, schrieb sie doch ihr ganzes Leben lang an einem Roman, der erst nach ihrem Tod gedruckt wurde. Außerdem erschien 1817 ein von ihr verfaßter Dialog, der 10 Bogen umfaßte. Nur drei Bogen wurden in einer Auflage von 1000 Stück gedruckt, der Rest wurde nicht veröffentlicht. Sie war eine literarisch sehr interessierte und gebildete Frau. Zu ihren Bekannten unter den bedeutenden Dichtern der Zeit gehörten Jean Paul und Friedrich Schiller, auf den sie sich Hoffnungen machte und für den sie sich sogar hatte scheiden lassen wollen. Sie blieb auch nach Schillers Ehe eine Freundin der Familie. Vor allem Lotte Schiller setzte sich dann für die inzwischen verarmte Freundin ein.

Die Freundschaften Charlottes mit den verschiedenen Dichtern schlugen sich in dem erwähnten Roman „Cornelia“ nieder, vor allem, was den Stil betraf. So war dieser Roman eine Aneinanderreihung nicht nur verschiedener literarischer Strömungen, sondern auch ein Nebeneinander von Ich-Erzählungen, Briefen, Anekdoten und Naturschilderungen. Auf diese Weise bildete dieser Roman eine eigentümliche Stilrichtung, die noch eine weitere Besonderheit aufwies. Charlotte litt seit ihrer Kindheit an einer Augenkrankheit, die sie die meiste Zeit am Lesen sowie am Schreiben hinderte. Briefe, die sie selbst schrieb, sind in großen Buchstaben, fast in Druckschrift gehalten. Literatur wurde ihr vorgelesen und dadurch von ihr akustisch, nicht optisch aufgenommen. Ihre Werke diktierte sie. Den Vorrang gab sie dabei oft der Melodie des Textes, nicht dessen Aussagekraft.
Charlotte starb am 12. Mai 1843 in Berlin. Ihre Tochter Edda veröffentlichte im nachhinein ihre Memoiren.

Sophie Friederike Maria Mereau-Brentano geb. Schubart

Abb. 7: Sophie Mereau

Sophie wurde am 28. März 1770 in Altenburg in Thüringen geboren. Ihre Mutter war Johanna Sophie Friederike Schubart geborene Gabler (1745–1786), ihr Vater war Gotthelf Schubart (1722–1791), herzoglich-sächsischer Steuerbeamter in Altenburg.
Sophies ältere Schwester Henriette, geboren 1769, wurde wie sie Schriftstellerin und Übersetzerin. Ihr Bruder Karl, geboren 1785, wurde Arzt in Kahla.
Am 4. April 1793 heiratete Sophie den Juristen Friedrich Karl Ernst Mereau (1765–1825), Professor in Jena. Die Ehe war nicht besonders glücklich und wurde am 17. 7. 1801 geschieden. Zu diesem Zeitpunkt war Sophie schon eine gefeierte Schriftstellerin, die unter eigenem Namen schrieb. Mit ihrem ersten Roman „Das Blüthenalter der Empfindung" hatte die 24jährige großen Erfolg. Sophie vereinigte in diesem Roman ihre Gesellschaftskritik mit der Schilderung einer inneren Welt von Gefühlen. Handlungsrahmen war eine Liebesgeschichte, in der, eingebettet in die damaligen Zeitereignisse, Heldin und Held an den strengen Gesetzen des alten Europa scheiterten und ins demokratische Amerika auswanderten. Sophie teilte hier ungeschmälert ihre Ansichten mit: Auflehnung gegen veraltete Praktiken der Konvenienzehe, Kritik am verknöcherten Katholizismus und an staatlichen Eingriffen ins Privatleben, philosophische Betrachtungen über Staat, Gesellschaft und Menschenrechte. Sie versuchte, neue Konzepte eines partnerschaftlichen Verhaltens von Frau und Mann zu verbreiten, denn ihrer Vorstellung nach war die Ehe ein privater Vertrag zwischen zwei gleichberechtigten Partnern, in den der Staat keine Eingriffsmöglichkeiten mehr hatte. Szenen aus der Französischen Revolution spielten in die Handlung mit hinein. Das Nebeneinander und Gegeneinander unterschiedlicher Ansichten sowie literarischer Stilelemente aus Klassik und Romantik waren ein besonderer Reiz dieses Romans.
Ihm folgten Übersetzungen aus dem Französischen, unter anderem einige Briefe der berühmten Ninon de Lenclos, vier Gedichtbände und ein Briefroman. In Jena arbeitete sie mit Friedrich Schiller zusammen, sie probten ihre Übersetzung des „Cid" von Corneille fürs Theater, die allerdings dann nicht aufgeführt wurde.
Am 29. 11. 1803 heiratete Sophie den romantischen Dichter Clemens Brentano (1778–1842), der sie zur Ehe gedrängt hatte. Zudem erwartete sie ein Kind von ihm. Auch während der Ehe mit Clemens Brentano war Sophie erfolgreiche Schriftstellerin mit eigenem, sicherem Einkommen. Sie schrieb mehrere Bände mit Gedichten, Erzählungen und Übersetzungen aus dem Englischen, Französischen und Italienischen.
Sophie bekam fünf Kinder: Gustav Merau (1794–1800); Hulda Mereau (1797–1833), seit 1824 mit dem Theologieprofessor Karl Ullmann

verheiratet; Ariel Brentano, geboren am 11. 5. 1804, starb nach sechs Wochen; Joachime Brentano, geboren am 13. 5. 1805, überlebte ebenfalls nur wenige Wochen. Eine Tochter starb bei der Geburt am 31. Oktober 1806. Wenige Stunden nach der Tochter erlag Sophie inneren Verletzungen durch die schwere Geburt.

Luise Antoinette *Charlotte* Schiller geb. von Lengefeld

Abb. 8: Lotte Schiller

Charlotte, kurz Lotte genannt, wurde am 22. November 1766 in Rudolstadt geboren. Sie war die Schwester von Caroline von Beulwitz-Wolzogen (siehe dort). Ihre Mutter, Louise Juliane Eleonore Friedrike von Lengefeld geborene von Wurmb, war bei Lottes Geburt 23, der Vater, Carl Christoph von Lengefeld, war damals 51 Jahre alt.
Lotte heiratete am 22. Februar 1790 den Dichter Friedrich Schiller. Der 31jährige war damals Professor für Geschichte in Jena. 1799 zog die Familie nach Weimar um. Dort starb Schiller am 9. Mai 1805. Lotte hatte vier Kinder: Karl (14. 9. 1793 – 21. 6. 1857) wurde Oberförster in Württemberg; Ernst (11. 7. 1796 – 19. 5. 1841) wurde preußischer Appelationsgerichtsrat; Caroline (11. 10. 1799 – 19. 12. 1859) heiratete 1838 Bergrat Junot in Rudolstadt; Emilie (25. 7. 1804 – 25. 11. 1872) heiratete 1828 den Kammerherrn Adalbert von Gleichen-Rußwurm.
Friedrich Schiller unterstützte die literarischen Bemühungen seiner Frau, wie er der Schwägerin geholfen hatte. Lotte übersetzte einige Erzählungen, die Schiller Verlegern für Taschenbücher und Journale verkaufte. Unveröffentlichte Werke, Kindheitserinnerungen, Tagebücher, Gedichte, Theaterszenen, finden sich im ersten Band ihrer Briefe (Urlichs I).
Lotte starb am 9. 7. 1826 in Bonn.

Johanna Henriette Schopenhauer geb. Trosiener

Abb. 9: Caroline Bardua: Johanna Schopenhauer und Tochter Adele (1806)

Johanna wurde am 9. Juli 1766 in Danzig geboren. Ihre Mutter war Elisabeth Trosiener geborene Lehmann, ihr Vater war Christian Heinrich Trosiener, Danziger Ratsherr und Kaufmann.
Johanna heiratete am 16. Mai 1784 den Kaufmann Heinrich Floris Schopenhauer. Mit ihm zog sie nach Hamburg um. Schopenhauer starb im April 1805 unter nicht ganz geklärten Umständen. Selbstmord wurde nicht ausgeschlossen.
Johannas Kinder waren: Arthur, geboren am 22. 2. 1788, wurde Philosoph; Adele, geboren am 12. 6. 1797, wurde Schriftstellerin und Scherenschneiderin.
Nach dem Tod ihres Mannes hatte sich Johanna mit ihrer Tochter in Weimar niedergelassen und wurde dort berühmt durch ihre Teegesellschaften, an denen auch Goethe teilnahm.
Sie begann ihre schriftstellerische Karriere mit einer Biografie eines befreundeten Künstlers, Carl Ludwig Fernow. Lotte Schiller berichtete einer Freundin darüber:

„Sein Sie doch so gnädig und lassen sich das Leben von Fernow aus seinen Briefen an seine Freunde zusammengestellt, lesen. Seine Freundin ist auf einmal Schriftstellerin geworden, und wir sind erstaunt, daß sie so hübsch erzählt, ob ich wohl glaube, daß sie, da sie ein gutes Gedächtniß hat, noch vieles von ihm selbst so wörtlich behalten" (an Prinzessin Caroline, Weimar, 1. 11. 1810; Urlichs I, 553).

Artikel in Bertuchs „Journal des Luxus und der Moden" und in Cottas „Morgenblatt" folgten. Mit ihrem Mann hatte Johanna ausgedehnte Reisen nach Frankreich und England unternommen und lieferte darüber Berichte, die in zwei Bänden 1813 veröffentlicht wurden und 1818 eine zweite Auflage erlebten. Diese Reiseberichte stellten nicht nur Land und Leute vor, sondern gaben auch Auskunft über die politische und gesellschaftliche Situation der geschilderten Region.
Insgesamt veröffentlichte sie acht Bände mit Reiseberichten. Erzählungen und Romane schlossen sich an. 1830/31 kamen Johannas „Sämtliche Schriften" in 24 Bänden heraus.
Sie starb am 18. April 1838 in Jena. Ihre Tochter Adele gab ein Jahr später die Memoiren der Mutter heraus.

Henriette Eleonore *Agnes* von Stolberg-Stolberg geb. von Witzleben

Agnes wurde am 9. Oktober 1761 in Elmeloh oder Hude in Oldenburg geboren. Ihre Mutter war Henriette von Witzleben geborene von Linstow, ihr Vater war Adam Levin von Witzleben auf Hude und Elmeloh. Er war Jägermeister in oldenburgischen Diensten.
Agnes heiratete am 11. Juni 1782 den 32jährigen Friedrich Leopold von Stolberg-Stolberg. Er war dänischer Gesandter in Berlin, lübischer Kammerpräsident in Eutin, außerdem als Dichter ein Vertreter der Empfindsamkeit.
Sie gebar vier Kinder: Christian Ernst wurde am 31. 7. 1783 geboren; Maria am 4. 5. 1785; Andreas kam am 6. 11. 1786 auf die Welt; Henriette am 20. 2. 1788.
Am 15. 11. 1788 starb die gerade 27jährige, wahrscheinlich an den späten Folgen der schweren Geburt ihres vierten Kindes.
Agnes bewegte sich im Kreis empfindsamer Dichter. Die Familie war eng befreundet mit Ernestine und Johann Heinrich Voß, dem Dichter des Göttinger Hainbundes. Agnes selbst schrieb ebenfalls empfindsame Gedichte, die im Musenalmanach erschienen. Außerdem finden sich diese Gedichte, meist nur erkennbar durch Titel und Inhalt, in den „Gesammelten Werken“ ihres Mannes. Ihre Gedichte und Lieder beschäftigten sich mit Liebe und mit der Beziehung zwischen Mutter und Kindern. Einige ihrer Arbeiten erschienen unter dem Pseudonym „Psyche“.

Brendel, nach evangelischer Taufe
Dorothea Veit-Schlegel geb. Mendelssohn

Abb. 10: Dorothea Veit

Dorothea wurde am 24. Oktober 1763 in Berlin geboren. Ihre Mutter war Fromet Mendelssohn geborene Gugenheim, der Vater war Moses Mendelssohn (1729–1786), Philosoph der Aufklärung. Außerdem war er Teilhaber des Seidenfabrikanten Bernhard in Berlin.
Dorothea war die Älteste von neun Geschwistern. Ihr Bruder Josef (1770–1848) gründete mit Bruder Abraham (1776–1835) das Bankhaus Mendelssohn & Komp. in Berlin. Abraham heiratete Lea Salomon, die Mutter des Komponisten Felix Mendelssohn-Bartholdy. Dorotheas Schwester Henriette (1775–1831) wurde Leiterin eines Mädchenpensionates in Paris. Zur Familie gehörten noch zwei Schwestern und zwei Brüder. Ein weiterer Bruder starb mit 12 Jahren, eine Schwester wurde nur ein Jahr alt.
Dorothea heiratete 1778, mit 15 Jahren, den Berliner Bankier Simon Veit.
Ihre Kinder waren: Moses, geboren am 22. 6. 1787, lebte nur eindreiviertel Jahr. Jonas, nach katholischer Taufe Johannes, geboren am 2. 3. 1790, wurde Maler. Abraham, geboren am 11. 9. 1791, überlebte nur ein Jahr. Philipp, geboren am 13. 2. 1793, wurde auch Maler. Er und sein Bruder Johannes waren Hauptvertreter der Nazarenischen Schule. Dorotheas Ehe mit Simon Veit war eine Konvenienzehe, unter deren Bedingungen sie litt. In den Berliner Salons der neunziger Jahre lernte sie den Schriftsteller, Sprachforscher und Kritiker Friedrich Schlegel (1772–1829) kennen. Um mit ihm zusammen ein Leben in Freiheit führen zu können, ließ sie sich im Dezember 1798 von Veit scheiden. Sohn Johannes blieb beim Vater in Berlin, Sohn Philipp ging mit der Mutter und Friedrich Schlegel nach Jena. Ab 1799 lebte sie in freier Gemeinschaft mit Friedrich zunächst in Jena, dann in Paris und Köln zusammen. Im April 1804 heirateten sie. Dorothea trat zum evangelischen Glauben über, einige Jahre später, gemeinsam mit Friedrich zum katholischen. Nachdem Schlegel 1809 Hofrat in österreichischen Diensten geworden war, lebten beide in Wien.
Dorotheas literarischer Erstling war nach ihren Worten ein Zufallsprodukt, das lange in der Schublade gelegen hatte. 1801 gab Friedrich Schlegel ihren Roman „Florentin“ heraus. Er ist das einzige Werk von weiblicher Feder, das im Stil der Romantik geschrieben wurde. Die nächsten Jahre arbeitete Dorothea an anspruchsvollen Übersetzungen, die unter Schlegels Namen herauskamen. Daneben schrieb sie Aufsätze in Schlegels Zeitschriften „Athenäum“ und „Europa“ sowie Gedichte im „Poetischen Almanach“, die sie mit D. unterzeichnete. Nachdem Friedrich endlich 1809 eine feste Stellung hatte und damit über regelmäßiges Einkommen verfügte, gab Dorothea das Schreiben auf.
Sie starb am 3. August 1839 in Frankfurt/Main.

Lebensmosaik

I. Die schreibende Frau

1. Die Motivation

„Am besten ists immer, sich durch eine gute Ökonomie so viel als möglich unabhängig zu machen. Wenn nur der Verdienst mit den Mährchen nicht stockt."

Dies schrieb Caroline von Beulwitz in einem Brief an ihre Schwester Lotte (Rudolstadt, Anfang Oktober 1792; Fielitz III, 69). Unabhängigkeit, gesichert durch eigenen Verdienst, war ihr Ziel, das sie mit ihrer Schriftstellerei nicht ohne berechtigte Hoffnungen zu erreichen suchte. Das literarische Talent, ihre Fähigkeit, mit Sprache umzugehen und Erlebtes in Worten zu vermitteln, schlummerte so lange, bis der Wunsch nach Unabhängigkeit sie aufweckte. Von Kindheit an literarisch und sprachlich gebildet, nutzte sie wie die anderen Frauen ihre Fertigkeiten, sobald es nötig geworden war (vgl. Touaillon). Dorthea Veit schrieb an ihren Berliner Freund Schleiermacher:

„Wolle mich nur das Glück begünstigen, daß ich noch einige Jahre lang meinen Freund [Friedrich Schlegel, mit dem sie zusammenlebte] unterstützen könnte! [. . .]. Was ich thun kann, liegt in diesen Gränzen: ihm Ruhe schaffen und selbst in Demuth als Handwerkerin Brod schaffen, bis er es kann. Und dazu bin ich redlich entschlossen –" (Jena, 14. 2. 1800; Raich I, 31).

Dorothea griff in dem Moment zur Feder, als es um die gemeinsamen Finanzen so schlecht stand, daß etwas geschehen mußte. Heute können wir allerdings schwer verstehen, daß Dorothea unter Friedrich Schlegels Namen publizierte. Hatte sie nicht die ganze Arbeit, und Schlegel erntete die Lorbeeren?

Doch um literarischen Ruhm ging es Dorothea nicht. Sie verstand sich nicht als die Künstlerin, die wir heute in ihr sehen, sondern als die „Handwerkerin", die mit ihrer geistigen und handwerklichen Arbeit die so nötigen Taler oder Gulden beschaffte. Unter Schlegels Namen, der schon einigermaßen bekannt war, ließ sich's leichter publizieren – und vor allem verkaufen.

Ganz ähnlich erging es Therese Forster-Huber. In einem Brief an ihren langjährigen Freund Wilhelm (Willi) Meyer offenbarte sie:

„Da Du meinen Willen mich *nie* als Schriftstellerin zu nennen auch ohne Gründe ehren wirst, so sage ich Dir hiermit daß *alles* was von Huber bekannt, und nicht *Geschichte,* heißt *Weltgeschichte* ist, von mir ist. [. . .] Ich schmiere das Papier voll, Huber bringt es ins Reine, drückt aus was ich nur andeutete, schneidet ab wo mein Herz überfloß – [. . .] Die Arbeit hat viel liebes für Huber und mich, er ist wie das Licht zu einem Gemälde, ich könnte ohne ihn nicht schreiben – er kann nicht erfinden, er kennt keine Haus und Familien Tage, hört nie wenn Menschen ihre Schicksale erzählen außer wenn es Haupt und Staatsaktionen sind. [. . .] O ich arbeite viel mein guter Willi. Sonst könnte ich aber auch nicht so viel Armut überwunden, so ein ordentliches Haus eingerichtet haben" (Ulm, 9. 10. 1804; A).

Heute ist kaum mehr auseinanderzuhalten, von wem das betreffende Werk nun ist: von Dorothea oder Friedrich, von Therese oder von Ludwig Ferdinand.

Doch noch etwas verbarg sich hinter der Schriftstellerei unter des Ehemannes oder Freundes Namen: Das Schreiben von Frauen wurde kaum als Beruf angesehen, „schickte" er sich doch nicht fürs weibliche Geschlecht. Aus diesem Grund versteckten sich die meisten Schriftstellerinnen auch hinter Pseudonymen. Die Anonymität blieb gewahrt, die Kasse stimmte, gesellschaftlichen Schwierigkeiten war damit aus dem Weg gegangen. War ein Roman aber ein Erfolg, so warb man mit seinem Titel beim nächsten Werk: „Von der Verfasserin der Agnes von Lilien", oder: „Vom Verfasser der Familie Seldorf".

Therese Forster-Huber erklärte in einem Brief an ihren Vater, der mit ihrer Schriftstellerei nicht einverstanden war, worum es ihr ging:

„Weiblicher ging wohl nie ein Weib von der ihrem Geschlechte vorgeschriebenen und es allein beglückenden Bahn ab, als ich. Ich schrieb um meinen Mann die Mittel zu erleichtern, Weib und Kind zu ernähren, und nie erfuhr es bis zu Hubers Tod ein Mensch, daß ich die Feder ansezte! – nur Zeitungsartikel übersezen, mußte man mich für fähig halten, weil diese von meiner Hand in die Druckerei kamen. So verdiente ich wohl die Hälfte unseres Einkommens indem ich mit dem Kinde an der Brust, neben der Wiege und in den Nachtstunden wo alles schlief, meinen Kopf dadurch erhellte, daß ich die heftigen Gefühle meines Herzens, und den Flug meiner Fantasie in deutliche Bilder einschränkte, und an den Faden einer Erzählung anreihte. Ich bin mir bewußt viel beßer geworden zu sein, indem ich das Beßre schilderte. Huber schrieb dann meine unförmlichen Brouillons [Konzepte] ins Reine, feilte, malte aus und beschnitt. Nach seinem Tod sah ich wie wenig ich zu schreiben verstand, denn mir ward das vollenden unerreichbar schwer" (Günzburg, Sommer 1810; B 926).

2. Der Verdienst

Therese sprach von den Problemen, die nach dem Verlust ihres Mannes, ihres „Lektors", sich auftaten: Sie mußte das Fertigstellen eines Werkes lernen, mußte dann mit ihrem eigenen Namen an die Öffentlichkeit treten, und, was ihr sehr schwer fiel, sie mußte selbst Verkaufsgespräche mit ihren Verlegern führen. In dieser Zeit wandte sie sich an Karl August Böttiger:

„Doch ich berührte jetzt ohne sie zu nennen, die verlezende Seite des Schriftstellens – es ist der Buchhändler Verkehr. Diese Unterhandlungen geziemen keinem Weibe – sie mag sie persönlich oder durch einen dritten vornehmen. Der Stolz, die Würde, das feine Gefühl leiden dabei. – Sie lachen? ich fühle es *also* – ich fühle bei diesen Feilschen, Geldfordern, Gelderhalten, daß ich Wittwe bin – das heißt: ein Denkmal zerstörten Daseins, das Simulacre [Trugbild] eines Wesens das fast des Glückes fähig war – ein schuzloses Weib –" (Hofwyl bei Bern, 9. 10. 1807; C 46).

Das „schutzlose Weib" erreichte mit diesem Brief, was sie im Sinn gehabt hatte. Böttiger vermittelte sie an bekannte Verleger. Eigene Verhandlungen, und damit Erfolge und Enttäuschungen, blieben ihr dennoch nicht erspart. Sogar Rückschläge mußte sie einstecken. Ein Verleger lehnte ihr Manuskript ab, ein anderer kaufte es, druckte es aber nicht.

Karl August Böttiger bewies diese Freundlichkeit auch anderen Schriftstellerinnen. Sophie Mereau nahm seine Dienste manchmal in Anspruch, obwohl sie die meisten Verkaufsverhandlungen ohne Umschweife selbst führte.

Ein Vertrag mit Verleger Wilmans sah dann etwa so aus:

„Nachstehende Bedingungen sind zwischen Ihrem Buchhändler Wilmans in Frankfurt und Sophie Brentano in Heidelberg, vertragsmässig verabredet u[nd] festgesetzt worden. Herr Buchhändler Wilmans verspricht

1. Die Sammlung erwünschter Arbeiten gleich Amanda und Eduard zu drucken u[nd] den ersten Band zur Ostermeße erscheinen zu laßen.
2. Für den gedruckten Bogen 10 rt [Reichstaler] in Carolin a rt 6 – zu bezahlen.
3. Die Auflage nicht stärker als 750 zu machen u[nd] wenn diese abgesezt sind, für das zweite u[nd] die folgenden Bändchen rt 15 zu zahlen.
4. Von dem Honorar 10 Louisdor bei Empfang des Manuscripts zu zahlen, das übrige nach Empfang in der Ostermeße 1805.
5. Von jedem Band 6 Freiexemplare zu liefern.

Sophie Brentano macht sich verbindlich das ganze Manuscript zum 1sten Band Ende Februars zu liefern und auf die Reichhaltigkeit des Stoffs den größten Fleis zu wenden" (G).

Sophie Mereau-Brentano verdiente also an diesem Buch mit dem Titel „Bunte Reihe kleiner Schriften" (1805) 10 bis 15 Reichstaler pro gedrucktem Bogen. Für die Übersetzung von Corneilles „Cid" verlangte

sie 20 Friedrichsdor, also 113 Reichstaler und 8 Groschen. Sie lieferte 10 Bogen; pro Bogen wollte sie also ein Honorar von 11 Reichstalern und 8 Groschen.
Gedichte verkaufte sie etwas teurer. Für 4 bis 5 Bogen verlangte sie 20 Louisdor, also 100 Reichstaler. Der Bogenpreis betrug also 20 Reichstaler, beinahe das doppelte Honorar der Übersetzung. Für „Amanda und Eduard“ (1803), einen Roman, forderte sie 80 Friedrichsdor, umgerechnet 453 Reichstaler und 8 Groschen. Der Bogenpreis betrug also 22 Reichstaler und 16 Groschen, wiederum das Doppelte der Übersetzung sowie der Erzählungen und Gedichte der „Bunten Reihe“.
Sophie erhielt zu Ostern 1804 eine Summe von 700 Reichstalern, die Früchte ihrer Schriftstellerei eines halben Jahres. Mit dieser Summe sicherte sie sich den eigenen Lebensunterhalt, ernährte ihre Tochter Hulda und konnte sogar noch ihrem Bruder Karl finanziell unter die Arme greifen.
Therese Forster-Hubers Einkünfte waren ähnlich hoch. Sie bestritt damit die Hälfte des Familieneinkommens. Verleger Cotta zahlte ihr einen Bogenpreis von 2 Carolin, das sind umgerechnet 13 Reichstaler. Therese hätte also beispielsweise für ihre „Bemerkungen über Holland aus dem Reisejournal einer deutschen Frau“ (1811), wenn dies bei Cotta erschienen wäre (er wollte dieses Manuskript aus politischen Gründen nicht veröffentlichen), für die geplanten 12 bis 16 Bogen ungefähr 200 Reichstaler bekommen.
Johanna Schopenhauer forderte 3 Louisdor für einen Bogen (Oktavformat), also 15 Reichstaler. Für die Reisebeschreibung „Ausfluch an den Rhein“ (1818) verlangte sie von Brockhaus allerdings wegen des kleineren Formates 2 Louisdor pro Bogen, also 10 Reichstaler. Mit dieser Honorarforderung, die für sie eine beträchtliche Summe bedeutete, lag sie an der unteren Grenze von Sophie Mereau-Brentanos Ansprüchen.
Lotte Schiller bekam für die Veröffentlichung einer Erzählung (Der Prozeß, 1801), die – vom Unterhändler Friedrich Schiller dem Verleger gegenüber verheimlicht – eigentlich die freie Bearbeitung einer Übersetzung war, insgesamt 10 Louisdor, also 50 Reichstaler. Der einzelne Bogenpreis ist nicht bekannt, er dürfte angesichts des dünnen Buches etwa genauso hoch liegen wie der der anderen Autorinnen.

3. Die Übersetzerin

Übersetzungen boten für die Frauen eine gute Verdienstmöglichkeit. Caroline von Beulwitz schrieb über ihre Pläne:

„Wir sind voller Finanzspekulationen, die Li. [Caroline von Humboldt] will auch übersetzen fürs Geld, und ich schreibe einen Band Mährchen, und wenn sie nichts taugen, will ich auch übersetzen, um Geld zu haben" (an Lotte Schiller, Erfurt, März 1792; Fielitz III, 55).

Doch war es nicht immer einfach, an fremdsprachliche Texte, die sich zum Übersetzen eigneten, heranzukommen. Dorothea Veit bemühte sich bei Carl von Brinkmann, einem Bekannten aus der Berliner Zeit, der sich damals in Paris aufhielt, um Vermittlung:

„nun lieber Freund will ich Sie um eine Gefälligkeit ersuchen die Ihnen vielleicht weniger Mühe macht als irgend einen andern von meinen Bekannten in Paris. Nemlich: gieng es wohl an, daß Sie mir eine Uebersetzung zu machen, verschaffen zu können? Ich habe viel Zeit, wenig Geld, und gute Freunde, die mich in der Arbeit unterstützen, und durch deren Hülfe meine Uebersetzung gewiß nicht schlecht werden kann. [. . .] ich wünschte herzlich Sie reüsirten für mich; denn es ist notwendig das ich arbeite, und grade dies ist bey meiner Lebensart, und meiner Situation am schicklichsten" (Berlin, Juli 1799; Wieneke, 295).

Ob sie mit dieser Bitte zu geeigneten Stoffen kam, ist heute nicht mehr festzustellen. Jahre später konnte sie jedoch ihrer Freundin Elisabeth Paulus voller Stolz aufzählen:

„Ich habe einen Roman aus dem altfranzösischen (Merlin) einen aus dem alt deutschen Lother und Maller genannt bearbeitet; jetzt bearbeite ich einen sehr lieblichen aus dem italienischen; schade nur daß er gewiß nicht so bald gedruckt erscheinen kann es wird Schwierigkeiten wenigstens haben während des Krieges" (Köln, Weihnachten 1805; K).

Sophie Mereau übersetzte ebenfalls fremdsprachliche Texte. Auch sie bat Bekannte um Hilfe bei der Suche nach brauchbarem Material. Sie übersetzte Montesquieu, Corneille, Ninon de Lenclos und anderes aus dem Französischen, Boccaccios Fiametta aus dem Italienischen und Erzählungen und Romane aus dem Englischen.

4. Die Autorin

Während das Übersetzen beinahe selbstverständlich erschien, war das Veröffentlichen von eigenen Werken, besonders das eines Erstlings, von einer Art Schwellenangst gekennzeichnet. Dorothea Veit bemerkte zur Veröffentlichung ihres ersten und einzigen Romans „Florentin":

„Der Florentin wird wirklich gedruckt zu meiner großen Angst" (an August Wilhelm Schlegel, Jena, 28. 10. 1800; Raich I, 53).

Diese Selbstzweifel finden sich auch in einem Brief an Friedrich Schleiermacher, dem sie die ersten Druckbogen schickte:

„Mit klopfendem Herzen und erröthenden Angesichts, als müsste ich sie Ihnen selbst in die Hände geben, schicke ich Ihnen die Aushängebögen; [. . .] Sie behalten sie geheim, lieber Freund, wenigstens fürs erste; [. . .] denn nun hilft's nichts, es muss fertig gemacht werden und an Muth darf es mir nicht fehlen; aber Friedrich [Schlegel] behauptet noch immer, es wäre recht amüsant, trotz dem dass es mir je länger je mehr kindisch vorkömmt" (Jena, 31. 10. 1800; Raich I, 56).

In einer an Friedrich Schlegel gerichteten „Zueignung an den Herausgeber", die dem anonym erschienenen Roman ursprünglich als Vorwort dienen sollte, dann aber nicht veröffentlicht wurde, beschrieb Dorothea ihre heimliche Schriftstellerei. Ihre Gedanken und Phantasien, in Stunden der Ruhe vor dem Alltag zu Papier gebracht, hatte sie zunächst still in der Schublade versteckt. Erst als sie Vertrauen zu Schlegel entwickelt hatte, zeigte sie ihm das Manuskript. Schlegel las es und war so begeistert, daß er Dorothea zur Fertigstellung drängte. Die nun ihr abgeforderte systematische Tätigkeit war aber gar nicht nach Dorotheas Geschmack. Treffend charakterisierte sie die Schwierigkeiten, für ihre herumschwirrenden Gedanken die passenden Worte zu finden:

„Immer glaubte ich genau das hinzuschreiben, was ich eben dachte, aber es war Täuschung: vorwärts, vor der Feder schwebte mir das rechte Wort; rückwärts, hinter ihr standen dann ganz andre Worte, die ich nicht wieder erkannte, wie einer der eine Quecksilberkugel mit den Finger greifen will – wenn er sie dann eben zu haschen glaubt, so hat er immer nur kleine Kügelchen davon abgelöst, während ihm die eigentliche grosse Kugel immer wieder entschlüpft, bis sie zu lauter Theilen geworden und er das Ganze nicht wiederfindet. ‚Wer wird aber auch eine so quecksilberne Phantasie haben?' höre ich Dich fragen. – Ich habe sie nun leider einmal so, und dass ich jetzt für sie verantwortlich sein soll, überrascht, beschämt mich nicht wenig" (Raich I, 58).

Der weibliche Stil

Jeder Roman, jede Erzählung der Schriftstellerinnen trug autobiografische Züge. Therese Forster-Huber schilderte ihre Arbeitsmethode:

„Der dicke Roman Seldorf, alle Erzählungen, die in drei Bänden bei Vieweg herauskamen alle Damenkalender Geschichten, die in Viewegs Kalender (Pauline, ich liebe sie vorzugsweise,) bis zur Katastrophe des Todes ist sie *ganz wahr*, nur *idealisiert* und ausgemahlt. – [. . .] Viele der Geschichten bezeichnen Epochen in der Geschichte meiner Ehe. *Sophie* schrieb ich wie Huber vom Liebhaber im Ehemann überging und ich das kränkend fühlte – Ich that ihm Unrecht, aber ich litt lange. Sophie bin ich, so wie die Clemence in den Dinge das Du kennst. In den Briefen im Damenkalender ist die kleine Blanche ein Kind das ich in der Schweiz verlor, ein liebes wunderbares, von der Geburt bis ins frühe Grab leidendes Wesen – ich schrieb es im tiefsten Schmerz über ihren so lange sie lebte, erflehten Tod. In den neuholländischen Briefen (mein erster Versuch) war Rudolph Forster wie er mir durch seine Briefe seit unsrer Scheidung erschien – kurz diese Dinge sind alle nur Abdrücke meines Gefühls. [. . .] Ich schöpfte oft aus Gevatter Klatschereyen, oft aus Gesprächen mit Bauern, Waschweibern – *das Urtheil der Welt* ist ganz Frucht meines Umgangs mit Menschen die ganz heterogen von mir sind – Glück auf, tu es une fiere besogne [du bist eine stolze Arbeit]" (an Wilhelm Meyer, Ulm, 9. 10. 1804; A).

Ganze Epochen ihres Lebens fanden sich so in ihren Werken wieder. Wohl einer der Gründe für den Erfolg dieser Schriftstellerinnen bei ihren Leserinnen war, daß sie diesen allzu bekannte Konflikte und Gefühle vor Augen führten. Caroline Böhmer-Schlegel versuchte einmal, ihren weiblichen Schreibstil zu formulieren:

„Am Donnerstag hat Schelling einen Bericht, den ich aufgesetzt habe, an Spatzier geschickt; unter meinen Nahmen hätte ich es auf keine Weise thun mögen; [. . .] Die Briefform, die ich ihm anfangs gegeben, hat mir Schelling gestrichen, und übrigens mich sehr zum Besten gehabt mit der großen Zärtlichkeit für das Stück und alles dasselbe Betreffende, die durchgehends hervor leuchtete, ich mußte selbst darüber lachen, welch ein weibliches Ansehen er hatte. Wir nahmen unter vielem Scherz noch eine und die andere allzu zarte Spur der zarten Hände heraus" (an August Wilhelm Schlegel, Jena, 11. 1. 1802; Schmidt II, 262).

In diesem Artikel berichtete sie über eine Aufführung der „Ion" von August Wilhelm Schlegel am Weimarer Theater. An den Autor des Stücks schrieb sie voller Stolz über den gedruckten Artikel:

„Recht artig nimmt sich mein zarter Bericht aus" (Jena, 21. 1. 1802; Schmidt II, 280).

Das Selbstbewußtsein der Schriftstellerin stand, trotz guter Verkaufserfolge der Bücher, auf ziemlich dünnem Eis. So meinte Therese Forster-Huber sich auf ihren scheinbar schwächeren Status als Frau berufen zu müssen, um sich selbst nicht mit ihrem Beruf identifizieren zu müssen:

„Es kann wohl nie ein Geschöpf mit weniger Selbstvertraun als Schriftsteller gegen das Publikum, gebohren worden sein; als gerade ich – ich kann mir nie denken, daß etwas das ich schrieb erträglich für dem ist der mich nicht persönlich liebt – meistens erstaune ich mich, wenn ich mich gedruckt lese, und bin dann nachsichtiger gegen mich, ja wenn ich mich mit Ein oder den Andern vergleiche werde ich zufrieden mit mir, aber deswegen nie zuversichtlicher. Mein Verstand hat nie geschrieben, so richtet es mein Verstand und der kennt Muster, die er nie mit diesen Geschwäz vergleichen darf, oder hat ein Ideal vor sich, das es tief in Schatten stellt. Außerdem ist mir Weib, die Schriftstellerei verhaßt. So lange mein Mann mir es anständig machte, unbekannt zu schreiben, war ich es nicht, sondern Er, der vor das Publikum trat. Meine Weiblichkeit litt also nicht. Ich tadle die Frauen gar nicht welche Schriftstellerinnen sind, aber mich macht es unglücklich als solche zu erscheinen. Es berührt in meiner Seele lauter Mißtöne" (an Karl August Böttiger, Hofwyl bei Bern, 9. 10. 1807; C 46).

Ihre Schriftstellerei sollte vor allem Geld einbringen; literarische Lorbeeren zu ernten, schien Nebensache. Dahinter stand eine tiefsitzende Furcht, durch ihre intellektuelle Tätigkeit unweiblich zu wirken.
Ähnlich erging es Sophie Mereau, die sich auch mit der Frage des Frauenberufs auseinandersetzen mußte. Mit spitzer satirischer Feder ging sie in einem Brief an Clemens Brentano auf dessen ironische Kritik an ihrer „unweiblichen" Tätigkeit ein:

„Was Sie mir über die weiblichen Schriftsteller, und ins besondre, über meine geringen Versuche, sagen, hat mich recht ergriffen, ja erbaut. Gewiß ziemt es sich eigentlich gar nicht für unser Geschlecht und nur die außerordentliche Großmut der Männer hat diesen Unfug so lange gelassen zusehen können. Ich würde recht zittern wegen einiger Arbeiten, die leider! schon unter der Presse sind, wenn ich nicht in dem Gedanken an ihre Unbedeutsamkeit und Unschädlichkeit einigen Trost fände. Aber für die Zukunft werde ich wenigstens mit Versemachen meine Zeit nicht mehr verschwenden, und wenn ich mich je genötigt sehen sollte, zu schreiben, so gute moralische, oder Kochbücher zu verfertigen suchen. Und wer weiß, ob Ihr gelehrtes Werk, auf dessen Erscheinung Sie mich gütigst aufmerksam gemacht haben, mich nicht ganz und gar bestimmt, die Feder auf immer mit der Nadel zu vertauschen" (20. 1. 1803; Gersdorff, 116).

Therese Forster-Huber empfand stets einen emotionalen Abstand zu ihrem Produkt. So bewertete sie ein eigenes Werk ironisch als „Schnurre" und schrieb darüber weiter:

„Viele meiner Bekannten haben mein Gewäsch gelesen weil sie mich kennen gelernt hatten, und nun verschlangen sie dies und exklamirten – das ist die Hubern wie sie spricht wie sie denkt" (an Karl August Böttiger, Günzburg, 7. 12. 1811; C 59).

Höhere Ansprüche an ihre Texte äußerte sie zu dieser Zeit nicht. Sie wollte ihr Publikum unterhalten, mehr nicht. Dabei ging sie sogar so weit, über dessen Reaktion zu spotten:

„Da giebts eine meiner dicksten Sünden die im Jahr 96 herauskam – ‚die Familie Seldorf' genannt, die tituliere ich gar anders als: ‚Mittel gegen den Stockschnupfen' wegen der unsäglichen Thränen die sie kostet. Viele von den Weiberchen lasen sie zum 4. 5. Mahl und nahmen die Parthie gleich beim ersten Bogen zu weinen. Wir hatten einst einen großen Jubel darüber. Der junge Schweizer Tavel der Ihnen, glaub ich einen Brief von mir brachte, dem die Empfindsamkeit gewiß nicht anhing, äußerte, er habe nie bei einem Buche geweint. Die Töchter riefen im Chor: er muß Seldorf lesen! – Tavel las und gestand – er habe nicht ohne Thränen lesen können. Es war ein Memminger im Haus, ein Mensch der einen Kopf hatte wie ein 36 Pfünder so schwer ‚der muß Seldorf lesen der weint gewiß nicht'. Gradmannen wird Seldorf in die Hände gespielt, er liest. Eines Abends kommt Tavel bei uns lachend herunter: Gradmannen liest in Seldorf und weint er hat seite 84 oder welche? aufgeschlagen, und weint! – Das war ein Jubel! psychologisch wars sonderbar daß der Mensch an dieser Stelle geweint hatte –" (a. a. O.).

5. Die Arbeitsbedingungen

Das Schreiben bildete einen für diese Frauen selbstverständlichen Teil des Lebenszusammenhanges. Es gehörte, wie bei Therese Forster-Huber, zur Bewältigung von problematischen Lebensabschnitten, oder, wie Friederike Brun gestand, zur Verarbeitung von Gefühlen:

„Ich arbeite mit höchster Anstrengung u[nd] nicht ohne Glük, von jeher war der Schmerz meine Muse – Ich thue waß ich vermag, um mich aufzureiben – allein es scheint leider daß ich unzerstörbar bin. Ich schreibe Ihnen dies unter strömenden Thränen – Ueberhaupt greift Briefschreiben mich über alles an. Litterarische Arbeiten allein zerstreun mich" (an Caroline von Humboldt, Sophienholm, 8. 9. 1811; Foerst-Crato, 47).

Über den Zusammenhang von subjektivem Wohlbefinden und literarischer Arbeit berichtete auch Caroline von Beulwitz-Wolzogen:

„Ich bin ganz aufgethaut im Innern und werde, hoffe ich, meine Luise Rühs hier fertig machen" (an Lotte Schiller, Bauerbach, 15. 5. 1812; Urlichs II, 97).

Auch für Sophie Mereau war die Arbeit mit Lust und Freude verbunden. Für sie waren allerdings Ruhe und Alleinsein zum Schreiben Voraussetzung. Es machte ihr Probleme, wenn Clemens zu Hause war und sie von der Arbeit ablenkte. Offen schrieb sie ihm:

„Von meinem Leben kann ich Dir nichts schreiben, es ist einfach und arbeitsam; es wäre unmöglich, daß ich so viel arbeiten könnte, wenn Du hier wärst" (Heidelberg, 17. 11. 1804; Gersdorff, 324).

Die notwendige Ruhe und Einsamkeit gab es jedoch selten genug. Therese Forster-Huber über ihre Arbeitsbedingungen:

„Ich schreibe das Zeug unter den Kindergewühl – O schrieb oft von Mägde Arbeit müde, von Wachen am Krankenbett meiner Kinder erhizt bis nach Mitternacht –" (an Wilhelm Meyer, Ulm, 9. 10. 1804; A).

Sie schrieb tagsüber, während ihre Kinder um sie herumtobten, und vor allem in der Nacht.
Unter welchen räumlichen Bedingungen aber lebten und arbeiteten diese Schriftstellerinnen?

Die Zwei-Zimmer-Wohnung

Dorothea und Friedrich Schlegel lebten, als sie im November 1808 nach Wien umzogen, in einer möblierten Zwei-Zimmer-Wohnung im 4. Stock eines Mietshauses. Über diese Wohnung schrieb Dorothea ihren Söhnen:

„Seit gestern sind wir nun in unsrer neuen Wohnung, die wir wirklich im Schweisse unsres Angesichts und mit Schmerzen endlich aufgefunden haben. Vier Treppen hoch und der Eingang zum Zimmer durch das kleine, ziemlich dunkle Schlafzimmer, ohne Bettgardinen, ohne Fenstergardinen, die Meubles ganz ordinär und unzusammenpassend, aber reinlich und rechtlich, ohne Lehnstuhl, ohne Sopha, blose geflochtene Stühle, und für diese Herrlichkeiten müssen wir 60 Papiergulden zahlen" (Wien, 19. 11. 1809; Raich I, 309).

Aus ihrer Beschreibung ergibt sich diese Skizze als Grundriß der Wohnung:

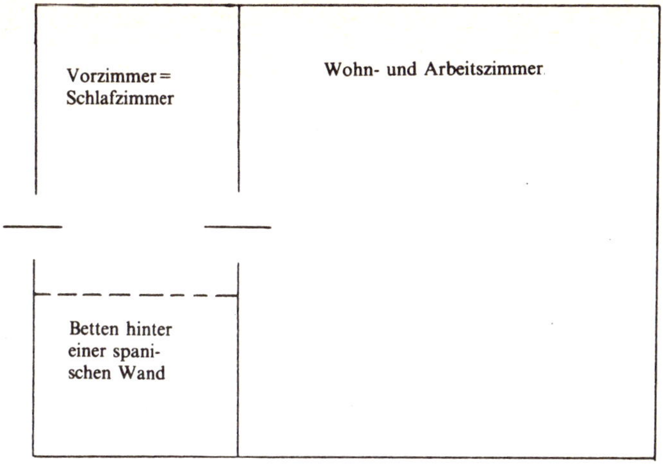

Das Eingangszimmer wurde zum Schlafen genutzt. Dorothea verbarg ihre Betten hinter einer spanischen Wand, da sie keine Bettgardinen hatten und somit als Schlafgelegenheit im Raum frei sichtbar waren. Üblich war damals, Betten mit Vorhängen zu verhüllen, wie Abb. 11 illustriert.

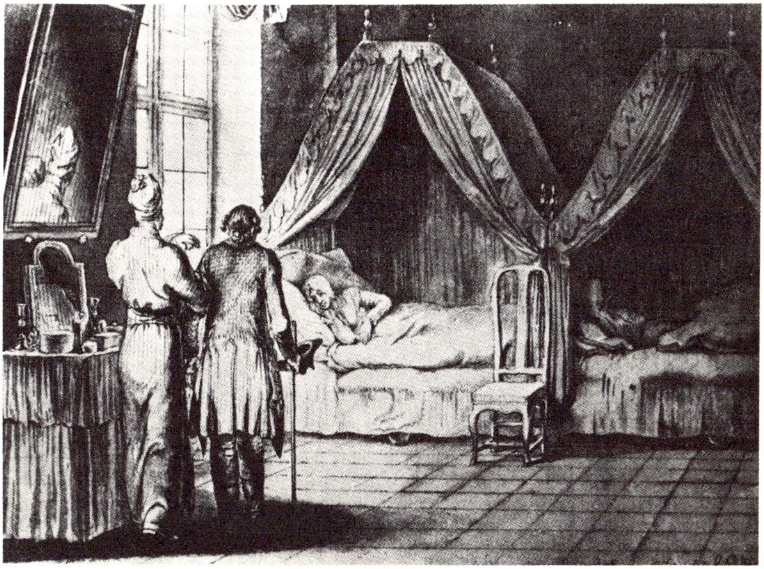

Abb. 11: Daniel Chodowiecki: Besuch bei Frau Gerdes (1773)

Die Vorhänge wurden zum Schlafen seitlich festgebunden. Tagsüber waren sie geschlossen, wie in Abb. 12 zu erkennen ist.

Abb. 12: Daniel Chodowiecki: Besuch bei Kaufmann Gerdes (1773)

Die Betten wirkten durch die vorgezogenen Vorhänge, die Dorothea so schmerzlich vermißte, nicht mehr als Schlafgelegenheit. Der Raum wurde dadurch nicht Schlafzimmer, sondern blieb für andere Zwecke, hier für den Besuch von Freunden, benutzbar.
Das zweite und größere Zimmer in der Schlegelschen Wohnung diente als Wohn- und Arbeitszimmer für Dorothea und Friedrich. Zwei Zimmer zur Verfügung zu haben, war in Dorotheas und Friedrichs gemeinsamen Leben schon eine Verbesserung. Die Jahre vorher wohnten beide in Köln in nur einem Zimmer. Beschränkte Vermögensverhältnisse ließen eine größere Wohnung einfach nicht zu.

Die Drei-Zimmer-Wohnung
Clemens Brentano zeichnete die Wohnung, die er für sich und Sophie in Marburg zu mieten beabsichtigte (Abb. 13). Von den drei Räumen, von Clemens mit „A“ bezeichnet, blickte man auf darunter liegende Terrassen, Gärten, das Tal der Lahn, ein Dorf und auf gegenüberliegende waldige Höhen. Man betrat die Wohnung über einen Vorplatz, auf den eine Treppe vom Hof aus führte. Vom Vorplatz aus gelangte man ins mittlere Zimmer. In der Skizze merkte Clemens schon den Platz fürs Sofa auf der rechten und den Platz für den (eigenen oder Sophies?)

Schreibtisch auf der linken Seite vor. In diesem Zimmer wie im links daran anschließenden stand je ein Ofen. An das linke Zimmer grenzte eine Kammer, von der Clemens schrieb:
„verschloßner Raum für Schränke, Holz, etc.“ Von dort aus ging eine Türe zum Vorplatz.

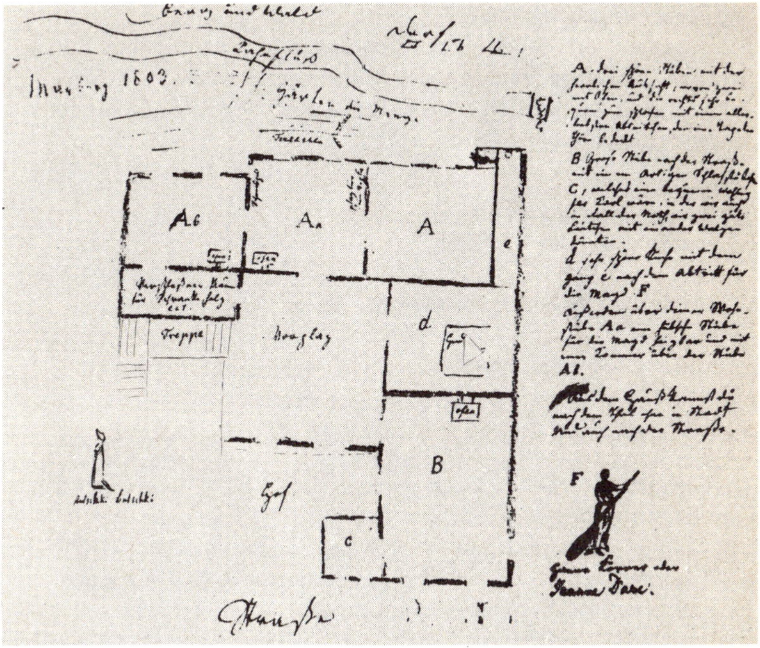

Abb. 13: Clemens Brentano: Grundriß der Marburger Wohnung (1803)

Durch das mittlere Zimmer gelangte man rechts in die von Clemens zum Schlafen vorgesehene, nicht heizbare Stube. In der rechten Ecke war:

„ein allerliebstes Abtrittchen, den eine Tapetenthür bedeckt.“

Vom Vorplatz aus gelangte man in die Küche (d), in der ein großer Herd stand. Von der Küche aus verlief ein schmaler Gang zum Abort der Dienstboten (e). Das Dienstmädchen („Hanne Körner oder Jeanne D'arc“), das besenschwingend konterfeit wurde, sollte in einer Dachstube über dem mittleren Zimmer (Aa) und in einer Kammer über dem linken (Ab) wohnen.
Vom Vorplatz aus kam man in ein viertes, zur Straße liegendes Zimmer mit Ofen und in eine Kammer zum Schlafen. Gedacht war diese Stube für Sophies Bruder Karl.

In der vorderen linken Ecke der Zeichnung hatte Clemens mit wenigen Strichen „Butschki, Kutschki“, Sophie selbst, hingezaubert.
Sophie, Tochter Hulda und Clemens lebten und arbeiteten also in drei Räumen, von denen einer zum Schlafen und ein weiterer, mindestens teilweise, zum (gemeinsamen?) Arbeiten vorgesehen war.

Die Jenaer Hausgemeinschaft
Ein Haus mit drei Stockwerken bewohnten in Jena Caroline Böhmer-Schlegel, Dorothea Veit, August Wilhelm und Friedrich Schlegel. Es gehörte der Familie Niethammer. Der Aufriß dieses Hauses ergibt sich aus einer Beschreibung Carolines.

Obergeschoß: 1 Zimmer für August Wilhelm Schlegel 1 Zimmer für Friedrich Schlegel
1. Stock: 1 Zimmer für Caroline mit Alkoven zum Schlafen
Erdgeschoß: 1 Zimmer für Dorothea Veit 1 Zimmer zum Essen 1 Kammer zum Baden

Im untersten Stockwerk lagen zwei größere Räume und eine kleinere Kammer. Wahrscheinlich befand sich auch die Küche im Erdgeschoß. Ein Zimmer des Erdgeschosses bewohnte Dorothea. Das zweite diente als Eßzimmer. Die Kammer wurde als Raum zum Baden benutzt.
Das mittlere Stockwerk bewohnte Caroline mit ihrer Tochter Auguste. Wahrscheinlich waren auch dort zwei größere Räume und mehrere Kammern. Aus der Beschreibung Carolines ist lediglich zu entnehmen, daß sie ein Zimmer im mittleren Stockwerk bewohnte und die daran grenzende Kammer als Alkoven zum Schlafen benutzte. Der andere größere Raum des mittleren Stockwerks diente wahrscheinlich als Gesellschaftszimmer.
Die zwei Zimmer im Obergeschoß bewohnten jeweils August Wilhelm und sein Bruder.

Asverus Haus in Jena
Das zweite Haus, das Caroline Böhmer-Schlegel und August Wilhelm Schlegel in Jena mieteten, lag am Gasthof „Zum Schwarzen Bären“ und gehörte der Familie Asverus. Caroline wohnte dort von Mai 1802 bis Mai 1803. Das ganze Haus kostete 70 Reichstaler Miete, die beiden oberen Stockwerke allein 60 Reichstaler. Aus den Beschreibungen Carolines ergibt sich der Aufriß des Hauses:

Vorderfront	Hinterfront
Dachgeschoß für August Wilhelm Schlegel 2 Zimmer nach vorne mit einer Kammer	1 Zimmer nach hinten mit einer Kammer
1. Stock für Caroline	
Erdgeschoß zum Untervermieten an Freunde	

Jedes der drei Stockwerke hatte drei größere Zimmer und mindestens zwei kleinere daran anschließende Kammern. Das Erdgeschoß war zum Weitervermieten an Freunde gedacht.
Das mittlere Stockwerk bewohnte wieder Caroline alleine. Hier, oder im Erdgeschoß, war die Küche.
Caroline schilderte in Briefen an August Wilhelm Schlegel das obere Stockwerk genauer, da er dort wohnen sollte und die Wohnung noch nicht kannte. Zwei Räume, an die sich eine Kammer anschloß, lagen an der Vorderfront des Hauses. Ein Zimmer, ebenfalls mit anschließender Kammer, lag an der Hinterseite des Hauses. Beide Kammern wurden entweder als Alkoven zum Schlafen benutzt, oder es standen dort Schränke.

Würzburger Professorendomizil
In Würzburg wohnte Caroline, nunmehr Madame Schelling, im Nebengebäude des ehemaligen Adelsseminars. Sie und ihr Mann bewohnten dort zwei Stockwerke. Ihrer Beschreibung der Räume folgt dieser Grundriß der Wohnung:

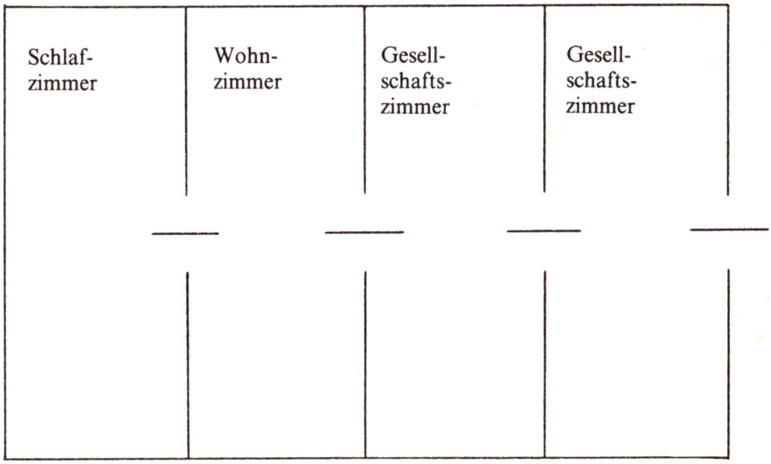

Caroline nannte wiederum ein ganzes Stockwerk ihr eigen; ihr Mann bewohnte das andere. Carolines Etage bestand aus vier ineinander übergehenden Räumen, die durch Glastüren verbunden waren. Die beiden vorderen Räume waren Gesellschaftszimmer, der dritte wurde von ihr als Wohnzimmer, der vierte als Schlafzimmer benutzt.
Im Vergleich zu den anderen von ihr bewohnten Wohnungen in Jena mit nur ein oder zwei Zimmern hatte diese enorme Ausmaße. Die Räume teilte sie ihrem Bedarf entsprechend auf: ein Zimmer zum Schlafen, eines zum Wohnen, zum privaten Gebrauch also, und zwei Räume für die Geselligkeit.

Schillers Haus in Weimar
Familie Schiller erwarb 1802 das Haus an der Esplanade in Weimar für 14200 Reichstaler (Abb. 14).

Abb. 14: Haus der Familie Schiller an der Esplanade in Weimar

Im Erdgeschoß dieses dreistöckigen Hauses waren die Wirtschaftsräume untergebracht. Die mittlere Etage wurde von Lotte mit ihren Kindern, die oberste von Friedrich Schiller alleine bewohnt. Die Skizze gibt den Grundriß der beiden oberen Stockwerke wieder.
An den linken hinteren Teil des Hauses grenzt das Nebengebäude, das auf Abb. 14 nicht zu sehen ist. Dort waren wahrscheinlich die Schlafräume der Dienstboten. Die Türen zum Nebengebäude lagen auf halber Höhe der Stockwerke.
Im mittleren Stockwerk lagen drei, etwa 20 bis 30 Quadratmeter große Räume. Jeder hatte zwei große Fenster zur Esplanade. Den linken Raum betrat man durch den Flur. Wahrscheinlich diente er als Gesellschaftszimmer. Der mittlere Raum, in den man nur durch das Gesellschaftszim-

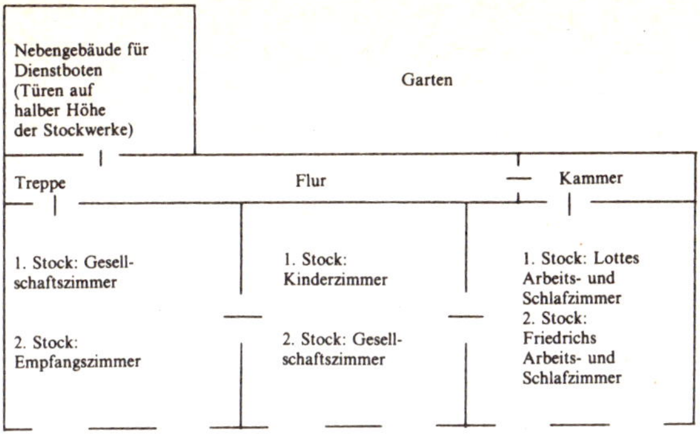

mer kam, war das Kinderzimmer. Durch dieses gelangte man in Lottes Arbeits- und Schlafzimmer. Daran schloß eine Kammer an, von der aus eine Tür zum Flur führte.

Das oberste Stockwerk war gleich aufgeteilt: Im linken Raum, den man durch den Flur betrat, war Friedrich Schillers Empfangszimmer für fremde Besucher. Der mittlere Raum war sein Gesellschaftszimmer für Freunde. Man betrat ihn, wie im Stockwerk darunter, nicht durch den Flur, sondern nur durch das Empfangszimmer. Der rechte Raum war Friedrichs Arbeits- und Schlafzimmer. Durch die angrenzende Kammer gelangte man wiederum auf den Flur.

Abb. 15: Arbeits- und Schlafzimmer von Friedrich Schiller

In diesem Arbeits- und Schlafzimmer stand der Schreibtisch rechts am Fenster. Schreibtische, an denen so wie hier rechts und links unter der Schreibplatte Schubladen eingebaut waren, benutzten vorwiegend schriftstellernde Männer. „Schreibetische für Damen“ waren kleiner als die der Männer, denn, so das „Journal des Luxus und der Moden“:

„Damen, welche in ihrem Schreibtische bey weitem nicht so viele Papier aufzuheben haben, als Gelehrte oder Geschäftsmännern, bedürfen daher auch keinen so großen und geräumigen als letztere“ (VIII, 2/1793; 126).

Ob die Schriftstellerinnen kleine oder große, ob sie überhaupt Schreibtische besaßen, ist nicht herauszubekommen. Dorothea Veit besaß ein „bureau“, den sie allerdings verkaufte, als sie Geld brauchte. Caroline Böhmer-Schlegel erwähnte einen eigenen Schreibtisch, weil ein Freund in seiner Ungeschicklichkeit ein Loch in das gute Stück gebohrt hatte. Für Damen gab es damals üblicherweise das Arbeitstischchen. Lotte Schiller und Caroline von Humboldt besaßen solche kleinen Tischchen, die vom „Journal des Luxus und der Moden“ wegen ihrer Vielseitigkeit gepriesen wurden: Nicht nur zum Nähen und Sticken sowie zum Aufbewahren von Schriftstücken, Schreibutensilien und Nähzeug, sondern auch zum Zeichnen und Schreiben sollte dieses praktische Möbelstück bestens geeignet gewesen sein.

Abb. 16: Damenarbeitstischchen (um 1800)

Frauen-Zimmer und Männer-Zimmer

Wir wissen heute mehr über die von Friedrich Schiller bewohnten Räume und ihre Einrichtung als über den Teil der Wohnung, den Lotte benutzte. Grundsätzlich ist aber festzustellen: Die Wohnungen zeigten die für das Bürgertum charakteristische Trennung von Gesellschaftsräumen und Privaträumen. Die einzelnen Zimmer waren so angeordnet, daß man in die privaten Räume nur durch die Gesellschaftszimmer gelangte. Der Privatraum war also relativ abgeschlossen und nicht für jede/n einsichtbar und betretbar (vgl. Zinn).

Doch innerhalb des Privatbereichs ergab sich noch eine weitere Trennung: jene zwischen dem Arbeits- und Schlafbereich der Frau und dem des Mannes. Der weibliche Bereich hatte, bei entsprechenden Vermögensverhältnissen, in einem anderen Stockwerk seinen Platz als der männliche. Die Schriftstellerin teilte offenbar selbstverständlich ihren Bereich mit den Kindern. Ein spezielles Kinderzimmer (Familie Schiller war hier eine Ausnahme) war erst ab 1820 fester Bestandteil der bürgerlich-städtischen Wohnung.

Für die Arbeitsbedingungen der Schriftstellerinnen bedeutete dies: Zwar konnten sie vom Ehemann ungestört schreiben, doch vor den Unterbrechungen durch ihre Kinder waren sie nicht sicher. Rückzugsmöglichkeiten standen ihnen nicht offen. Dies hatte natürlich Auswirkungen auf die Intensität der Arbeit und folglich auch auf die Qualität der Werke. Das bedeutete gleichzeitig aber auch eine geringere Identifikation mit dem (fast nebenher) Geschriebenen.

6. Der Mann im Hintergrund

Ohne die Unterstützung männlicher Freunde und Kollegen für die Arbeiten der Frauen wäre es in den meisten Fällen nicht zur Veröffentlichung gekommen. Friedrich Schiller ermutigte seine Schwägerin Caroline von Beulwitz – solange sie seinem eigenen Stil entsprechend schrieb. Sie fühlte sich geschmeichelt:

„Es freut mich sehr, Daß Sch[iller] so zufrieden mit meinem Werke ist. Der Himmel gebe ferner Glück zum Verdienst!" (an Lotte Schiller, Rudolstadt, 24. 11. oder 1. 12. 1792; Fielitz III, 72).

Schriftstellerisch tätig war auch seine Frau, die ihm einmal schrieb:

„Damit doch jemand im Hause die Feder führt, bin ich auch mit meiner angefangenen Geschichte beschäftigt, die vielleicht doch so wird, daß man sie brauchen kann. [. . .] Den nächsten Sommer will ich recht fleißig sein, und die Zeit, die mir die Kinder übrig laßen, zu brauchen suchen" (15. 3. 1801; Fielitz III, 164).

Darauf antwortete er ihr:

„Arbeite deine Geschichte nur mit dem möglichsten Fleiße aus, daß sie schon eine Gestalt hat, wenn du sie mit mittheilst. Sie giebt uns dann eher Gelegenheit, das Wesentliche worauf es ankommt zu Sprache zu bringen und über die Grundsätze, nach denen verfahren werden muß, in Ordnung zu kommen" (Jena, 16. 3. 1801; Fielitz III, 165).

Auch Sophie Mereau wurde anfangs von ihm gefördert. Sie berichtete Clemens Brentano:

„Gestern schrieb ich wegen meines Stücks [eine Übersetzung von Corneilles Cid] an Schiller; er kam selbst zu mir, und brachte den ganzen Nachmittag bei mir zu. Wir lasen das Stück und er sagte daß es in einigen Wochen aufgeführt werden sollte. Wir besetzten die Rollen gemeinschaftlich und waren sehr lustig" (Weimar, 14. 9. 1803; Gersdorff, 204)

Dorothea Veit-Schlegel hatte aufgrund ihres Berliner Dialekts Schwierigkeiten mit manchen Formulierungen. Friedrich Schlegel oblagen die Korrekturen. Wie sehr sie dies verunsicherte, geht aus einem Brief an ihn hervor:

„Obgleich, wie Du behauptest, ich den Dativ und Accusativ nicht zu unterscheiden weiss, wie einer Berlinerin wohl ansteht, so getraue ich mir doch zu behaupten, dass ich etwas geschickter mit der Sprache umzugehen weiss, als dieser Herr Geheimderath Sinclair. [. . .] Die Sonette schicke ich Dir; ich kann sie unmöglich an Hard[enberg] schicken, liebster Friedrich, ohne dass Du eine letzte Hand darangelegt hast, zumal da Du mir sagtest, das zweite Quartett im zweiten Sonett sei voller Grammatikfehler, und doch kann ich sie nicht herausbringen, ohne mir die Gedanken ganz zu zerreissen. Ueberdem weiss ich auch nicht, ob Du sie unter Deinem Namen geben willst; ich habe also nicht die Kühnheit, sie ohne weiteres abzusenden" (Köln, 1806; Raich I, 177).

Sophie Mereau suchte außer bei Schiller weitere männliche Hilfe. Eine Übersetzung aus dem Englischen ließ sie von Professor Eichstädt korrigieren, der allerdings ihrem Gefühl nach etwas nachlässig arbeitete.
Vor allem nach Schreibfehlern mußten die Manuskripte durchgesehen werden, wie Johanna Schopenhauer einem Verleger nahelegte:

„Hier lieber Freund, schicke ich Ihnen die acht ersten Bogen der Biographie, haben Sie die Güte sie so schnell als es sich thun läßt, von einem geschickten Abschreiber abschreiben zu lassen, der zugleich die etwa vorkommenden orthographischen Fehler ein wenig berichtigt, und sich durch das viele ausgestrichne und wieder eingeschobne nicht irre machen läßt. Die Interpunction wollten Sie ja gütigst selbst besorgen" (an Karl Bertuch, Weimar, Januar 1810; Houben, 145).

7. Die Sekretärin

Hilfe und Unterstützung waren jedoch gegenseitig. So arbeiteten die meisten Frauen außer an ihren eigenen Werken auch als Sekretärinnen des Ehemannes oder Freundes. Sie führten Korrespondenzen in kniffligen Fällen, wie Friedrich Schillers Bitte an Caroline von Beulwitz deutlich macht, einen französischen Brief für ihn zu schreiben:

„Ich schicke euch hier die französische Uebersetzung des geistersehers und den ersten Band vom deutschen. Bitte Carolinen, dass sie mir, weil sie so hübsche französische Briefe schreibt, die Antwort an den Herrn von Bock doch machen möchte. Sie soll ihm recht viel schönes von der Uebersetzung sagen, und wie viel Dank ich ihm schuldig sey, kurz ganz erschrecklich galant. Auch von den andern Aufsätzen, weil vielleicht einer von seiner Erfindung dabey ist! Doch soll sie alles so einrichten, daß jeder verständige Mensch – ausser dem an den der Brief geschrieben ist, deutlich merkt, daß kein Wort davon wahr ist. In allem Ernst sag ihr, dass ich mir diesen französischen Brief von ihr ausbitte. Sie soll ihn aber auf fein Postpapier schreiben, denn ich schreibe ihn nicht mehr ab" (an Lotte von Lengefeld, Jena, 5. 11. 1789; Fielitz III, 93).

In Abwesenheit des Mannes wurde dessen Korrespondenz geführt. Typisch dafür war Dorothea Veits Antwort an Gläubiger von Friedrich Schlegel:

„Da der Doctor Schlegel in Geschäften verreißt und derselbe mir die Besorgung seiner hiesigen Angelegenheiten unterdessen überlassend, so habe ich die Ehre Ihnen den richtigen Empfang Ihres Briefes vom 17. Januar zu melden; ich habe denselben dem Herrn D. Schlegel so gleich nachgeschickt, und er wird ganz gewiß sogleich entweder mir die Anweisung geben ihre Forderung zu berichtigen, oder Ihnen gleich das Geld selber übermachen, so daß Sie es in 14 Tagen, spätestens aber in 3 Wochen unfehlbar erhalten sollen, Sie dürfen ganz sicher in dieser Zeit darauf rechnen. Ich habe die Ehre mich zu nennen Ihre gehorsame Dienerin D. Veit, geb. Mendelssohn" (an Gebrüder Ramann, Jena, 19. 1. 1802; Wieneke, 37).

Auch Caroline Böhmer-Schlegel half kollegial: Dem Schwager Friedrich las sie Korrekturen, dem Ehemann August Wilhelm schrieb sie Manuskripte ab. Denn dies war die weitaus wichtigste und unersetzbare Tätigkeit der Frauen als Sekretärinnen: das Abschreiben der meist nur für Eingeweihte lesbaren Manuskripte der Ehemänner oder Freunde für die Druckerei oder für den Verlag.

Auch beim dritten Ehemann Schelling war Caroline Sekretärin. Einen Hinweis darauf liefert ein Schriftstück, ein scherzhafter Vertrag zwischen Caroline und Schelling aus dem Jahr 1807:

„Endesunterzeichnete hat versprochen für 100 fl. (hundert Gulden) nicht nur alles abgeschrieben zu haben, was sie abgeschrieben hat bis zum heutigen Datum, sondern dafür auch abzuschreiben, was sie abschreiben wird (ihr abzuschreiben aufgetragen wird, Schelling), bis zum 31. Mai 1807, von sonderlei Manuscript, welches ihr Gemahl (selbst verfaßt und gestrichen, Sch.) in den Druck giebt oder zu eigenem Gebrauch aufbewahrt (oder – aufb. Sch.). Habe hierauf erhalten 50 fl. Caroline. Unter obigen eingefügten Clauseln, Ratifié par Moi Souverain de ma Femme, Frederic" (Schmidt II, 498).

8. Weitere Einkommensquellen

Die Schriftstellerei war nicht die einzige Einkommensquelle dieser Frauen. Nach der Eheschließung erhielten sie von den Eltern das sogenannte Nadelgeld. Diese ließen der Tochter jährlich eine festgelegte Summe aus dem eigenen Vermögen zukommen. Oft war eine Heirat ohne diese Summe gar nicht möglich, da die Einkünfte des Ehemannes zum gemeinsamen Leben nicht ausreichten.

Lotte Schiller und Caroline von Beulwitz bekamen von der Mutter 150 Reichstaler im Jahr als Nadelgeld. Die Mutter äußerte sich darüber in einem Brief an den zukünftigen Schwiegersohn Friedrich Schiller:

„Ich will Lottchen des Jahres 150 Rthlr. Zuschuß geben, doch kann ich nicht gewiß bestimmen, ob ich wenn ich wieder von Hofe gehe immer das nehmliche thun kann, sollte dies nicht möglich sein so müßen sich bis dahin auch Ihre Einnahmen verbeßert haben" (Rudolstadt, 11. 1. 1790; Fielitz II, 240).

Louise von Lengefeld war damals Erzieherin am schwarzburg-rudolstädtischen Hof. Von den Erträgen aus dieser Arbeit gab sie jährlich also 300 Reichstaler an ihre Töchter ab.

Weitere Möglichkeiten, durch eigene Aktivitäten die Familienfinanzen aufzubessern, lagen im häuslichen Bereich: Die Frauen nahmen Pensionäre auf, die bei der Familie wohnten und auch dort aßen, wie etwa Dorothea Veit-Schlegel in ihrer Pariser Zeit. Sie nahmen Pflegekinder auf wie Therese Forster-Huber, die sich im übrigen auch mit Plänen für eine Töchtererziehungsanstalt beschäftigte.

Eine geschiedene Frau konnte, bis sie wieder verheiratet war, mit festen Zahlungen vom geschiedenen Ehemann rechnen. So standen Caroline von Beulwitz nach ihrer Scheidung 60 Reichstaler im Jahr zu. Simon Veit zahlte Dorothea und Sohn Philipp zusammen 400 Reichstaler jährlich. Sophie Mereau hatte bis zu ihrer zweiten Ehe eine Summe von 200 Reichstalern von Carl Mereau für sich und ihre Tochter zur Verfügung.

Eine Witwe erhielt, wenn der verstorbene Ehepartner im Staatsdienst gewesen war, eine staatliche Rente. Charlotte von Kalb sollte laut Ehevertrag 825 Gulden Witwenrente aus den Erträgen des Gutes Kalbsrieth erhalten. Von dieser Summe sah sie allerdings keinen Heller, denn der Vertrag war nicht rechtsgültig, da ihm die „landesrechtliche Versicherung“ , eine staatliche Bestätigung, fehlte. Ob ihr Schwager oder Schwiegervater mutwillig oder fahrlässig Schuld an die dem Versäumnis hatten, bleibt bis heute ungeklärt (vgl. Klarmann). Auch Charlotte erhielt (wie Therese Forster-Huber) eine staatliche Pension von 300 Gulden.

Die ehemals reiche Charlotte – sie erbte gemeinsam mit ihren drei Schwestern die elterlichen Güter, die 1782 eine Jahresrente von 20000 Gulden abwarfen – verlor den größten Teil des Vermögens durch Prozesse und Mißwirtschaft. Die Verwaltung der Güter hatten Schwager und Schwiegervater übernommen, die wohl auch für den Ruin verantwortlich waren (vgl. Klarmann). Aus finanzieller Not begann Charlotte einen Handel mit Tee, Schokolade, sächsischen Spitzen, Merino-Wollschals, italienischen Perlen und anderen Luxusartikeln. Sie schrieb darüber ihrer Freundin Lotte Schiller:

„Mein äußeres Leben hängt blos von meinem kleinen Handel, und nicht der Meinigen, sondern so mancher Andern – gut ist es, daß es jetzt so gut geht, und Viele, ich möchte sagen mit Neigung, von mir kaufen“ (17. 8. o. J.; Urlichs I, 232).

II. Die Leiterin des Hauswesens

Hauswirtschaft bedeutete im 18. und weit ins 19. Jahrhundert hinein Vorratswirtschaft. Ihr Erscheinungsbild wandelte sich in drei aufeinanderfolgenden Stufen. Diese richteten sich nach sozialen und geografischen Gegebenheiten, konnten aber durchaus auch gleichzeitig vorhanden sein. Diese drei Stufen waren: Eigenproduktion von Nahrungsmitteln, Bekleidung usw. im Haus (I), Ankauf von Rohprodukten zur Weiterverarbeitung (II) und der Warenkauf (III) (vgl. Freudenthal).
Voraussetzungen für die Eigenproduktion der Stufe I waren Besitz von landwirtschaftlicher Nutzfläche, Produktionsstätten im Hausbereich, Arbeitsgeräte zur Eigenproduktion, umfangreiche Lagerungsmöglichkeiten der Produkte und, nicht zu vergessen, Angestellte, die die immense Produktion bewältigten.
Zum Ankauf von Rohprodukten zur Weiterverarbeitung nach Stufe II waren natürlich ausreichende flüssige Geldmittel nötig. Produktionsstätten und Arbeitsgeräte im Hausbereich sowie zahlreiche Bedienstete mußte es weiterhin geben. Landbesitz war bei dieser Art der Vorratswirtschaft nicht mehr notwendig.
Dagegen war Geld Voraussetzung zum Warenkauf in Stufe III. Große Räumlichkeiten zur Lagerung und Verarbeitung von Produkten waren dafür überflüssig geworden. Allgemein reduzierte bzw. verschob sich der Arbeitsaufwand. Die Zeit, die vorher zur Eigenproduktion aufgewendet werden mußte, floß nun in die Beschaffung von Geldmitteln ein. Das nötige Geld brachten nicht nur die Männer ins Haus, sondern bereits Ende des 18. Jahrhunderts auch Frauen durch selbständige Arbeit.

1. Die Hauswirtschaft als Aufgabe der Frau

Die Hauswirtschaft der Schriftstellerinnen war eine Mischform aus zwei Stufen: Für ihre Vorratswirtschaft kauften sie teilweise Rohprodukte zur Weiterverarbeitung, teilweise aber auch Fertigprodukte ein. Das Umständliche und Zeitraubende dieser Art von Hauswirtschaft be-

stimmte den Tagesablauf. Der Schwerpunkt der dabei notwendigen Tätigkeit lag in der Planung, Organisation und Überwachung der häuslichen Geschäfte. Die Arbeiten selbst erledigten zum größten Teil weibliche und männliche Dienstboten. Die Schriftstellerinnen waren also, mit heutigen Worten gesprochen, „Managerinnen“ eines Kleinstunternehmens, der Hauswirtschaft.
In diese Art anleitender oder direkter Tätigkeit waren die Frauen hineingewachsen. Schon in ihren Jugendjahren waren sie in die Hausgeschäfte eingespannt. Therese Heynes Stiefmutter etwa fiel als Arbeitskraft oft aus; die 13jährige übernahm ohne Murren die Verantwortung:

„Meine Tageszeit gehörte dem Hauswesen, ich nehte für die Geschwister, besorgte die Küche, ursprünglich abwechselnd mit meiner Mutter alle Woche, aber ihre öftern Unpäßlichkeiten, Kindbette u[nd] d[er]gl[eichen] überließen mir diese nüzliche Obliegenheit viel häufiger“ (an Karl August Böttiger, Appelhof bei Nürnberg, 3. 10. 1812; D 22).

Auch Caroline von Dacheröden stellte der allzu frühe Tod der Mutter in jungen Jahren vor die Aufgabe, die mit Vorsorge und Planung verbundene Hauswirtschaft zu führen.
Opposition gegen diesen Automatismus, der die Mädchen in Haus und Küche zwang, brach bei ihnen schon in jungen Jahren hervor. Der Gedanke, das weitere Leben im Haushalt eingesperrt verbringen zu müssen, löste zumindest keinerlei Begeisterung aus. Caroline Böhmer sah, beginnend mit der Eheschließung, ein eintöniges Leben voraus. Ihrer Schwester Lotte schrieb sie über ihr Verständnis des Hauswesens:

„Man kann wie Louise im Anfang ein kindisches Intereße für den Haushalt haben, mit Eifer davon reden um sich zu unterrichten, und da er in der That keinen geringen Einfluß auf das Leben hat, so ist der Diskurs auch keineswegs so fade – ach, wie er auch mir ehedem schien!“ (Clausthal, Anfang 1786; Schmidt I, 141).

Fade erschien die Hauswirtschaft wohl auch einigen Müttern dieser Frauen; sie hatten mit dem Hauswesen nicht einmal als Organisatorinnen etwas zu tun. In Johanna Schopenhauers Elternhaus beispielsweise übernahmen Dienstboten auch die Organisation der häuslichen Geschäfte. Therese Forster-Hubers Mutter zeigte eher Desinteresse an ihrem Haushalt; zumindest erfahren wir dies aus der Erinnerung der Tochter, die das als Mangel in ihrer Kindheit empfand.
Lotte Schillers und Caroline von Beulwitz-Wolzogens Mutter dagegen war durch die Tätigkeit in der Hauswirtschaft ganz ausgelastet. Vor allem im Sommer und im Herbst gab es in diesem auf Eigenproduktion basierenden Hauswesen viel zu tun. Die Töchter halfen ganz selbstverständlich beim Einbringen der Ernte: Obst und Gemüse, Kräuter und

Gewürze mußten sachgerecht gelagert, eingemacht oder zum Trocknen ausgelegt werden. Louise von Lengefeld führte noch ganz eine Hauswirtschaft der beschriebenen Stufe I, während ihre Töchter das Handwerk zwar von ihr gelernt hatten, aber nicht mehr ausführen mußten. Ihre Wirtschaftsführung war weniger aufwendig, weil ein Großteil der Eigenproduktion wegfiel.
Gerade bei Töchtern aus wohlhabenden oder adligen Familien scheint eine Ausbildung in hauswirtschaftlichen Fertigkeiten weder immer gegeben noch selbstverständlich gewesen zu sein. Auf seine mit leisem Spott an Lottes häuslichen Talenten geäußerten Zweifel mußte Friedrich Schiller sich sagen lassen:

„Ich werde mich recht gut dazu anstellen, die Oekonomie zu verwalten, und denke es wird sich alles darüber freun, wer mich nur kennt. Im Ernst traust du mir weniger Kenntniße zu als ich habe auf diesen Punkt. Deine Gehilfin wird durch ihre Talente sich schon kennen lernen lassen" (Weimar, 26. 1. 1790; Fielitz II, 259).

2. Die Hilfe der Dienstboten

Der Vormittag gehörte der „Anordnung meines Haushaltes", wie Caroline von Humboldt es formulierte (Rom, 30. 5. 1805; Bülow, 55).

Dabei wurde in einer Konferenz mit den Dienstboten das „arangement fürs Haus, die Küche, usw." festgelegt (Lotte Schiller an Fritz von Stein, Weimar, 9. 10. 1804; Urlichs I, 486).

Eine Familie umfaßte in der Regel zwei Erwachsene, vier bis fünf Kinder und die Dienstboten. Durch den Wegfall der Eigenproduktion in der Hauswirtschaft reduzierte sich zwar die Zahl der Dienstboten, doch deren zwei waren weiter angestellt. Dabei wurde der Hausherr von einem männlichen dienstbaren Geist, die Hausfrau von einem Kammermädchen umsorgt und unterstützt. Beide Dienstboten hatten daneben Aufgaben in der Hauswirtschaft, etwa die Erledigung grober Arbeiten, bei denen die Hausfrau in der Regel nicht zupackte.
Auf die Hilfe der Dienstboten verzichtete man nicht einmal in extremer Finanznot, war doch die Erwerbsarbeit als Schriftstellerin noch immer einträglicher als die Ableistung von schwerer Schmutzarbeit oder der alltäglichen Routine im Haushalt, auch wenn dies ein Dienstbotengehalt eingespart hätte. Außerdem war der Schriftstellerin die schwere Arbeit ungewohnt und mit – der eigentlichen Tätigkeit hinderlichen – körperlichen Belastungen verbunden. Klagen darüber, wenn es doch einmal nötig geworden war, selbst einzugreifen, finden sich in vielen Briefen.

Abb. 17: Aleksei G. Wenetsianow: Morgenpflichten der Hausfrau (1823)

Dienstboten blieben lange Jahre in der Familie und waren ihr persönlich eng verbunden. Eine Christiane war über 20 Jahre Dienstbotin der Familie Schiller.
Mehr Personal als unbedingt nötig wurde nach Bedarf und finanziellen Möglichkeiten eingestellt. Dies waren in erster Linie Köchinnen. Ko-

chen konnten die meisten der Schriftstellerinnen dennoch selbst, was sie von der Generation ihrer Mütter unterschied. Caroline Böhmer-Schlegel ließ in einem Brief verlauten:

„Die Braunschweigerin ist keine außerordentliche Köchin. Wir müssen selbst an der Heerd“ (an August Wilhelm Schlegel, Braunschweig, 16. 3. 1801; Schmidt II, 78).

Die Zahl der Dienstboten wuchs mit steigendem Familieneinkommen. Eingestellt wurden dann: eine Amme und ein Kindermädchen, ein Hauslehrer oder Haushofmeister sowie weitere, meist weibliche Dienstboten mit verschiedenen Aufgabengebieten.

Abb. 18: Gränicher: Leipziger Köchin (1806)

3. Einkäufe

Ein wichtiger Teil der Planungstätigkeit war, daß sich die Frauen um günstige Einkaufsmöglichkeiten bemühten. Dies wurde per Brief erledigt; Freunde, die in einer Stadt mit günstigerem Warenangebot wohnten, wurden gebeten, dort die billigeren Produkte einzukaufen und diese zu verschicken. Dabei gingen auch gute Ratschläge für wohlschmekkende und preiswerte Teemischungen hin und her. Caroline Böhmer-Schlegels Rezept etwa lautete:

„Mit dem Thee ist es so: ich mische gewöhnlich 2 ℔ Thee jedes zu 3 fl. rheinisch mit einem ℔ zu 5 fl., macht 11 fl., also 3 ℔ für 1 Carolin auf der Stelle. [. . .] Jetzt habe ich selbst keinen andern vorräthig als von der zu schlechten Sorte zu 3 fl., wovon ich Dir 1/2 ℔ schicke, denn er ist wenigstens rein von Geschmack und, gut gemacht, sehr trinkbar“ (an August Wilhelm Schlegel, Jena, 10. 7. 1801; Schmidt II, 193).

Vor allem den teuren Kaffee und Zucker besorgte man am günstigsten Ort oder versorgte Freunde damit. Dorothea Veit schrieb an ihren (späteren) Schwager August Wilhelm Schlegel:

„. . . habe ich die recht gewagte Bitte an Sie lieber Freund, daß Sie so gütig wären uns von Braunschweig 30 ℔ Kafee und etwa 20 ℔ feinen Zucker mit der Post zu schicken, wenn es nemlich angeht, daß es erst im Januar bezahlt wird“ (Jena, 6. 7. 1800; E 30).

Daß bei diesen gegenseitigen Hilfen auch Pannen auftraten oder gar die Distanz zum Einkaufsort bewußt ausgenutzt wurde, zeigt das Beispiel von Dorothea Veit und Friedrich Schlegel, die die Beträge für den besorgten Kaffee gern schuldig blieben.
Neben importiertem Kaffee gab es auch Kaffee-Ersatz, der zwar billiger war, aber dafür auch weniger gut schmeckte. Lotte Schiller schrieb darüber ihrer Schwägerin:

„Es gibt hier eine Kaffefabrik, wo das Pfund 4 Gr.[oschen] kostet, den man mit dem ordentlichen Kaffee vermischt. Ich mag ihn aber doch nicht. Ich trinke so wenig Kaffe, weil ich ihn nur früh trinke, daß es kein großer Vortheil sein würde, und Schiller trinkt den reinen Kaffee am liebsten. Ich lasse mir immer meinen Vorrath von Kaffee und Zucker von der Leipziger Messe kommen und gewinne dadurch eine Karolin des Jahres, den es mehr kosten würde, wenn ich hier Alles kaufte“ (an Christophine Reinwald, Jena, 12. 10. 1797; Urlichs I, 344).

Bier wurde von Weimar nach Jena verschickt, Likör von Jena nach Braunschweig, Wein von Salzburg oder Erfurt nach Jena. Auch besondere Delikatessen wie Würste wurden von Gotha nach Jena befördert, wie der Dankesbrief von Caroline Böhmer-Schlegel beweist:

„Nichts konnte willkommener seyn als Deine Sendung, liebes Julchen. Ich habe sie ganz für mich behalten und dem Hegel bloß Dein Compliment bestellt, was ihn so erfreute, daß er alle Würste vergaß, jedoch bittet, ihn in Zukunft mit 4 ℔ zu bedenken. Mir schickst Du denn auch von Zeit zu Zeit wieder frische" (an Julie Gotter, Jena, 29. 11. 1802; Schmidt I, 347).

Weiter halfen die Frauen sich mit Stoffen aus Leinen und aus Baumwolle, mit Wolle und Garn zum Stricken und Sticken. Caroline Böhmer-Schlegel äußerte die Bitte:

„Liebe Luise, Du mußt mir einmal wieder aus einer Noth helfen. Wir sind so fleißig gewesen, daß wir alles Garn aufgestrickt haben, und in diesem verwünschten Nest, wo es Necktar und Ambrosia giebt, ist doch kein gebleichtes Garn zu kriegen" (an Luise Gotter, Jena, 3. 10. 1796; Schmidt I, 398).

Das Prinzip der Vorratswirtschaft erforderte also langfristige Planung; die Hausfrau mußte den Überblick über alle vorhandenen Lebensmittel haben, um im Bedarfsfall rechtzeitig neue einkaufen zu lassen.
Den täglichen Bedarf deckte man am Wohnort beim Metzger, Bäcker und Krämer. Diese Einkäufe erledigten die Dienstboten. Die Kramläden verkauften Essig, Öl, Gewürze, Zucker, Tee, Kaffee. Auf dem Wochenmarkt erstand man bei umherziehenden Händlern Stoffe, Haushaltsgegenstände und Geschirr. Weitere Lebensmittel bot der traditionelle Markt an (vgl. Tannahill).

Abb. 19: W. Jury: Der Marktplatz in Lübeck (um 1820)

Was innerhalb eines Jahres so alles anfiel, erhellt ein Blick in Caroline Böhmer-Schlegels Haushaltsabrechnungen, die sie ihrem Mann zur Durchsicht schickte (Jena, 21. 1. 1802; F 18):

„Von Schlegel erhalten seit Anfang des November 1801			
mir zurückgelassen	19 [rt]	12 [gr]	
für verkaufte Kleider und Bücher	12	2	6
erhalten aus Berlin	164	3	
	195	17	6
Meine Zinsen aus Hannover	33	12	
Schellings Almanachanteil	14	6	
	243	11	6
Was mir Loder für meinen Bruder gegeben in gr. Geld	13	21	
Was ich aus Braunschw. baar erhalten um es hier auszuzahlen	12	18	
	270	2	6
Hauptposten meiner Ausgaben seit Anfang Nov. 1801			
Wein in Erfurt bezahlt	19	12	
Hemden für Schlegel zu nähen	3	4	
Koffer für ihn zu reparieren		22	
Rechnung der akademischen Buchhandlung	4	18	
Beym Tischler, Rahmen um Schlegels Bild	1	18	
das Bild nach Hamburg nebst Glas	1	12	
Spiegelrahm und andre Kleinigkeiten	2	13	
Ofenschirm, Gestelle nebst Zubehör	3	18	
Die rückständige Schuld an Schelling	47	8	
	85	5	
Auf das seit April gebrauchte Holz bezahlt	32	12	
2 p. kurze Strümpfe für Schlegel	1	4	
dem Böttcher für Waschgefäße u. Backtrog	5		
Der Weinachten für die beyden Mädchen an Geld, Sachen u. Kuchen, item für die alte Christiane	7	9	
Lohn der Mädchen	7		
Neujahrsgelder für die verschiedenen Offizianten	2		
Vielfältiges Porto ungefähr	6		
	146	6	
für meine Haushaltung seit 10 Wochen	60		
	206	6	

Das übrige ist für Holz kl[ein] machen, Wäsche, Licht, kleinere Bedürfnisse des Hauses, Fahrt nach Weimar (größtentheils) draufgegangen. Auch ist dabey was ich der ... schuldig war und noch ein Hauskleid für Julchen, auch einige Geschenke an gestrickten Sachen für meine Neveux und Niecen. Für mich ein Fußkorb mit Pelz und ein gestrickter wollener Unterrock.

Schulden zu Anfang November 1801

Holz	30 [rt]	
Zucker u. Caffee aus Braunschweig	17	
Wein	20	
ein kupferner Waschkessel	7	16
Miethe	45	
Beym Böttger	5	
Bey Paulßen ungefähr	20	
Bey Möllenbeck ungefähr	50	
Bey Schelling	47	8
	242	

Philipp hat uns gegeben im Februar 1801 in Louisd'or zu 5 rhl. [Reichstaler]	400	
Schlegel hat von Hufeland für ihn empfangen 9 Louisd'or	45	

Hufeland ist Philipp noch weit mehr schuldig und soll alles was er kann gleich an Schlegel auszahlen. Das hat ihm Philipp geschrieben.

Von Schlegel erhalten seit seiner Abreise von Braunschweig Ende des Februar

mir zurückgelassen	19	3
durch Wied[emann] 3 Louisd. von Cotta	17	
durch Nicolovius	163	
seit seiner Ankunft in Jena 17 Louisd.	97	1
	296	4

dritten Sept. 2 Louisd'or	11	10
Weinbrunn 2 Louisd.	11	8
am 16ten Sept. 2 Louisd.	11	8
erhalten am 21 Sept.	2	5
In Weimar 8 Louisd'or	45	16
	378	3
erhalten bis Ende Oktober	378	3
davon geht ab für Schlegel	192	8
für mich also	185	19
200 Louisd'or		

An meinen Bruder zu bezahlen in Louisd'or zu 5 rhl.

Kapital von	400	[rt]	80 [Lsd]
Zinsen dafür vom Februar 1801 bis dahin 1802	15		3
Auslagen für 1 Stück englisch Meublen Catten [Baumwollstoff für Möbel], Pomeranzen, Heringen u. dergleichen	25		5
Was Hufeland Schlegel Sommer 01 ausgezahlt hat	45		9
Was er noch auszahlen wird ungefähr	47	12	9½
Loder hat mir jetzt für ihn gezahlt	12	12	2½
	545	oder	109

Von Claproth in Gött. Rückzahlung von einer Summe die ich nur bis 8 Jahren leihn mußte	100	20
	645	129

bleiben 71 Louisd'or

Dann ist zu bezahlen in Braunschweig in Louisd'or zu	5 rhl.	6 gr.
an Moellenbeck	56 [rt]	
Apotheke	9	3 [gr]
Zucker u. Caffee im Sommer	17	
Zucker u. Caffee diesen Winter erhalten	9	21
für Porcelan	18	14
Eine Rechnung bey dem Juden größtentheils für mich, Spitze, Kleidung, Halstücher, zuletzt noch das Kleid für Julchen (auch das Kleid für Caroline Tischbein)	66	4
Leinwand ins Haus	4	20
Ferner: Theils an erhaltenen Sachen ins Haus als Mahagonyteller und Weinbouteillen u. Gläser Theils baar um es hier im Februar an Mad. Fleischer auszuzahlen	25	an Kilian 20
Musik die nach Berlin geschickt	9	10
	216	

beträgt ungefähr 41 Louisd'or		
bleiben von obigen 71 Louisd'or 30 Louisd'or	166	6
NB. Von diesen 30 Louisd'or oder 166 rhl 6 gr. ge Geld muß ich hier vor meiner Abreise noch bezahlen für Holz	66	6
an anderen kleinen Rechnungen	20	
endlich auch noch für Thee von welchem 3/4 Theile nach Berlin gekommen. 4 Carolin mithin	26	
	132	6

bleiben 34 rhl für einen Pe[lz?]

4. Ein Tagesablauf

Frühstück

Eine französische Familie jener Zeit beim Frühstück zeigt Abb. 20. Um den Kamin herum, an einem kleinen Teetisch, sitzen die Mutter, zwei kleine Kinder und ein Kindermädchen, das das kleinste Kind auf dem Schoß hält und mit einem Löffelchen füttert. Der Vater hält am Kamin den Kaffee warm. Sein Platz am Tischchen ist ganz vorne, was die noch umgedrehte Tasse, auf der Untertasse stehend, bezeugt. Gemütlich und intim wirkt diese Familienszene.

Ähnlich spielte sich das Frühstück auch in deutschen Familien ab.

Abb. 20: Francois Boucher: Das Frühstück (um 1750)

Mutter und Kinder frühstückten gemeinsam, der Vater kam dazu, wenn seine Geschäfte es ihm erlaubten.
Zum Frühstück wurde entweder Tee oder Kaffee getrunken und Butter-

Abb. 21: Familie beim Tee. England (18. Jahrhundert)

brot gegessen. Was die Familie auf Abb. 20 zum Frühstück zu sich nimmt, ist nicht zu erraten. Auf dem Teetischchen, das übrigens eine Neuheit im damaligen Möbelangebot war, sind nur Tassen und die Zuckerdose zu erkennen.

Zur Zubereitung von Kaffee und Tee gab es drei verschiedene Geräte. Abb. 21 gibt Auskunft über eins: Hier steht eine Kanne auf einem dreibeinigen Gestell, unter dem ein kleiner Spirituskocher das Getränk erwärmt. Familie Humbold kochte auf diese Art täglich Tee.

Die zweite Möglichkeit, sich einen guten Tee zu bereiten, war der Samowar. Auf Abb. 22 steht ein solches Gerät auf dem Tisch hinter der sitzenden Dame. Kanne, Zuckerdose und Tassen sind ebenfalls deutlich zu erkennen.

Oft wurde der Kaffee auch auf dem Küchenherd gekocht. Dann wurde die Kanne, wie auf Abb. 23 zu sehen ist, ohne Untersatz auf den Tisch gebracht.

Die Tassen waren, nach französischem Vorbild, ohne Henkel und ziemlich groß, gefertigt aus Steinzeug oder Wedgewood. Die Familie auf Abb. 21 hält hübsch bemalte Tassen in den Händen, die in Deutschland um die Jahrhundertwende Mode wurden. Caroline Böhmer-Schlegel bat ihren August Wilhelm, im modischen Berlin derartige Porzellantassen zu besorgen:

Abb. 22: Galery of Fashion: Zwei Damen beim Tee (1794)

„Wenn Du im Stande dazu wärest, so könntest Du mir Tassen aus Berlin mitbringen – wenn es nur 6 sind, nach jetziger Sitte alle verschieden. Ich hatte 12 schlichte weiße, wovon blos die zwar noch zu gebrauchen sind, die ich mit mir genommen hatte, ich hatte noch andre, es ist alles zum Teufel. [. . .]“ (Jena, 8. 5. 1801; Schmidt II, 128).

Abb. 23: Le bon Genre: Frühstücksgesellschaft

Eine aufwendigere Frühstücksform war die Frühstücksgesellschaft, die das Mittagessen ersetzte. Auf Abb. 23 sitzt eine Gruppe von jungen Leuten um den Frühstückstisch. Lotte Schiller ging jeden Montag um 10 Uhr zu Charlotte von Steins Frühstücksgesellschaft, in der es ähnlich gelöst zuging. Dort handelte es sich meist um ein Damenkränzchen der Weimarer Gesellschaft.

Das Mittagessen

Gesellige Mittagessen im Freundeskreis waren vor allem in Universitätsstädten beliebt. Familie Schiller beispielsweise „veranstaltete" in den Jahren 1791 bis 1793 Mittagessen für sieben Personen. Die Mahlzeiten wurden von den Demoiselles Schramm, in deren Haus die Schillers in jener Zeit wohnten, gegen ein Kostgeld serviert. Auch später wurde diese Gepflogenheit fortgesetzt, wenn auch in engerem Kreis. Bei diesen Essen war dann Lotte Schiller für Organisation und Vorbereitung verantwortlich.

Caroline Böhmer-Schlegel gab in Jena Mittagessen für acht bis achtzehn Personen. Sie selbst beschrieb ihrer Freundin diese Mittagstische so:

„Meine Haushaltung hat sich sehr vergrößert, denn denk nur, Paulussens essen bey mir nebst dem Prof. Schelling. Die Paulus kann jetzt keine Köchin kriegen, und weil ich Schelling angenommen hatte, so kamen sie darauf, und alle Mittag erscheinen die Gäste, was sich denn recht artig macht. Aber mir kostets Kopfbrechen in diesen theuern und hungrigen Zeiten. Doch habe ich eine sehr gute Köchin." (an Luise Gotter, Jena, Juni 1799; Schmidt I, 546)

Abb. 24: Nikolaus Peters: Wohnstube (1796)

In der Regel waren es acht Personen, die Caroline verköstigte: August Wilhelm Schlegel, ihren Mann, ihre Tochter Auguste, ihren Schwager Friedrich Schlegel, dessen Freundin Dorothea Veit, Elisabeth und Gottlob Paulus, Friedrich Schelling und sich selbst. Wenn Besuch von auswärts da war, der meist mehrere Wochen blieb, zählte die Tischgesellschaft bis zu 18 Personen. Besucher wie Tischgäste bezahlten stets Kostgeld.
Der Zeitpunkt des Mittagessens war zwischen ein und zwei Uhr. Gesellige Mittagessen zogen sich bis in den Nachmittag hinein.

Am Nachmittag
Am Nachmittag trafen sich Familien oder Freunde zum Kaffee oder zum Tee. Wie beim Frühstück wurden die Getränke am Tisch zubereitet. Geselligkeit war an diesen Nachmittagen angesagt, wie aus einem Brief von Lotte von Lengefeld hervorgeht:

„Gestern Nachmittag war ich recht unglücklich, ich mußte ausgehn und hatte so wenig freude an der Welt, wir waren erst in einen Konzert, und dann zum Thee bei der Schmidt, wo die Kalbische Familie, die Schroedern, Schardten waren, Kraus und Schulz waren auch dort, und ich habe am ende doch lachen müssen, sie haben Sprüchwörter gespielt, und es gar artig gemacht" (an Friedrich Schiller, Weimar, 26. 1. 1790; Fielitz II, 261).

Über Weimars Grenzen hinaus berühmt – wegen des illustren Teilnehmerkreises – waren die Teegesellschaften Johanna Schopenhauers, die jeden Donnerstag am frühen Abend stattfanden. Sie selbst charakterisierte sie so:

„Wir trinken Thee, sprechen, erzählen, lachen, klagen einander unser Leid, wie es kommt; wer Lust hat, singt und spielt im Nebenzimmer; um halb neun geht jeder zu Hause" (an Arthur Schopenhauer, Weimar, 7. 11. 1806; Houben, 30).

Einladungen zum Tee erfreuten sich vor allem bei den Gastgeber/innen großer Beliebtheit, denn sie waren weniger kostspielig und aufwendig als Einladungen zum Mittag- oder Abendessen. Teegesellschaften boten außerdem Gelegenheit zum Klatschen, Lachen, Spielen, Basteln, Singen oder Vorlesen. Dies alles spielte sich in einer angenehmen, zwanglosen Atmosphäre ab. Ein Besucher von Johannas Teegesellschaften erzählte:

„Man nimmt Thee, auch Zwieback und Butterbrot, man schwazt von novis [Neuigkeiten], politischen und literarischen; man zeichnet, man spielt Clavier und singt. Um 6 Uhr geht man hin, um oder nach 8 schleicht man sich wieder fort" (Friedrich Wilhelm Riemer an Karl Friedrich Fromann, Weimar, 29. 11. 1806; Houben, 41).

Johanna Schopenhauer, so berichtete ein anderer Besucher, verwaltete zur Zufriedenheit der Gäste „hinter der Theemaschine ihr Amt als

Wirthin“ (Schütze, 185). Johanna Schopenhauer bewohnte die beiden unteren Stockwerke eines Hauses in Weimar, für die sie, mit Gartenbenutzung, 170 Reichstaler Miete im Jahr bezahlte. Das untere Stockwerk, in dem die Teegesellschaften tagten, hatte ungefähr diesen Grundriß:

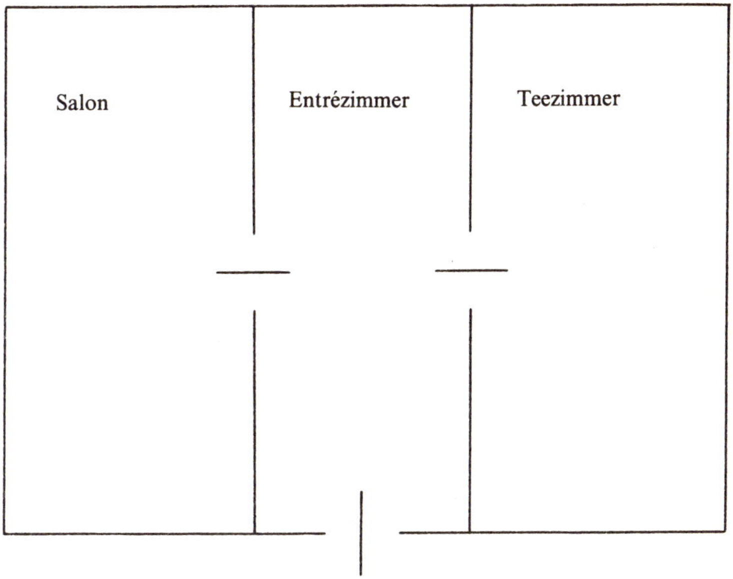

Man bewegte sich in allen drei Räumen frei nach Lust und Laune. Friedrich Wilhelm Riemer, ein regelmäßiger Besucher, war von der Raumgestaltung begeistert:

„Die unterste Etage, bestehend aus 3 kleinen Zimmern en suite, ist äußerst nett und geschmackvoll meublirt. Warme Teppiche bedecken den Fußboden, seidne Vorhänge zieren die Fenster, große Spiegel den Fensterraum und schöne Mahagonimeubeln das Ganze“ (an Karl Friedrich Fromann, Weimar, 29. 11. 1806; Houben, 41).

Die Wandspiegel dieser Zeit waren laut „Journal des Luxus und der Moden“ von einem vergoldeten oder lackierten Holzrahmen eingefaßt. Ein vergoldeter Rahmen kostete 13 bis 15 Reichstaler, ein lackierter 5 bis 9 Reichstaler. Die Spiegel waren gewöhnlich 90 Zentimeter hoch und 30 breit. Die Fenster waren hoch und ließen viel Licht in den Raum. Sie wurden von Vorhängen aus weißen, durchsichtigen Stoffen, am oberen Teil des Fensters locker drapiert, umrahmt. Bodenteppiche und exquisite Möbel rundeten das Bild des geschmackvollen Interieurs ab, das sich die wohlhabende Kaufmannswitwe eben leisten konnte.

Abendessen
Reichliche Abendessen in großer Gesellschaft prägten die Eßkultur der Jugendjahre dieser Frauen. Daran knüpften sich meist schlechte Erinnerungen an zu üppige Speisen und tödliche Langeweile. Für Johanna Schopenhauer sah das so aus:

„Nur einige verspätete Abendgesellschaften kamen zuweilen noch vor, deren Lichtpunkte ein wenigstens zwei Stunden währendes warmes Souper bildete, bei welchem die lange Tafel unter der Last der dicht aneinander gereihten Schüsseln und Assietten zusammenzubrechen drohte. In Danzig, wie damals noch überall, überließ man gerade beim Abendessen sich am liebsten den Freuden der Geselligkeit. Diners, wie sie jetzt an der Tagesordnung sind, kannte man gar nicht" (Jugenderinnerungen, 139).

Wenn Tischgäste zu Mittag kamen, waren sie beim Abendessen auch wieder dabei. Caroline Böhmer-Schlegels Tischgäste hatten bei ihr Mittag- und Abendessen. Später in Würzburg setzte Caroline die Tradition der Einladung zum Abendessen fort, wie sie ihrer Schwägerin berichtete:

„Einmal habe ich mich entschlossen, Spiel und Souper zu geben, wo 3 Spieltische waren, Sturzens, die Hartleben und alle die einzelnen Herren von unsrer Bekanntschaft, samt einigen Fremden. Des Abends essen denn wie gewöhnlich immer einer und der andere mit, [...]" (an Beate Schelling, Würzburg, 17. 7. 1804; Schmidt II, 387).

5. Die Küche

Wenden wir uns nun dem Ort zu, an dem die Speisen vor- und zubereitet werden: der Küche. Sie lag meist im Erdgeschoß des Hauses, weit entfernt vom Arbeitsplatz des Hausherrn, den Küchengerüche natürlich gestört hätten. Caroline Böhmer bemerkte in einem Brief an ihren Bruder über einen geplanten Umbau im Haus ihres zweiten Bruders Fritz:

„Mein Gott, Ihr habt doch wohl nicht gleich einreißen und bauen laßen? Denn mit dem armseeligen Heerd ists doch nicht gethan. Da ist ja Z. B. kein Winkelchen, wo die Domestiken schlafen könnten – nicht ein Örtchen, wo man Dinge bergen könte, die man nicht alle Tage braucht. Die Küche so nah am Vorsaal – wie würde da Bruder Friz oft gestört werden. Kein Boden, kein Fleckchen wo sich waschen läßt, kein Plaz die nöthigsten Schränke zu placiren. Kurz, ein ordentlicher Haushalt ist da gar nicht zu führen. Es wäre nichts halbes und nichts ganzes, es wäre nichts" (an Philipp Michaelis, Clausthal, 15. 10. 1788; Schmidt I, 171).

Abb. 25:
Windischengasse 8
in Weimar

Die Lage im Haus

Am Beispiel des Hauses der Familie Schiller in Weimar in der Windischengasse 8, dessen Vormieterin Charlotte von Kalb mit ihren Kindern gewesen war, läßt sich die Lage der Küche und ihre Funktion gut aufzeigen. Von außen zeigt dieses Haus Abb. 25.

Familie Schiller wohnte im 2. Stock. Abb. 26 gibt einen Einblick in den Grundriß dieser Wohnung.

An der Straßenseite lagen drei acht bis zwölf Quadratmeter große Zimmer, von denen das rechte und linke größer und mit anschließenden Alkoven zum Schlafen versehen war. Durch das Treppenhaus stieg man in die Diele, von der aus man in den vorderen und in den hinteren Hausteil kam. Im Hinterhaus lag ein Innenhof, rechts davon die Dienstbotenzimmer. Links führte ein langer, schmaler Gang zu den Aborten.
Gleich von der Diele aus kam man in die Küche. Sie war etwa siebeneinhalb Quadratmeter groß und hatte zwei Fenster zum Innenhof. Unter dem Kamin in der Ecke stand wahrscheinlich der Herd.

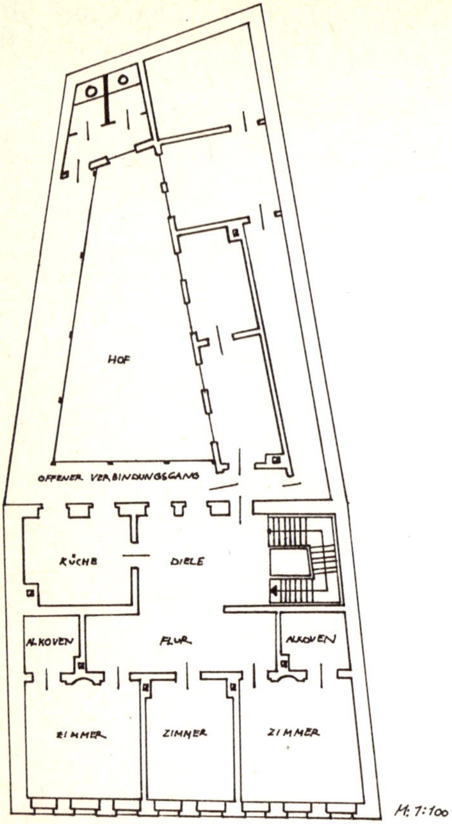

Abb. 26:
Rekonstruktionsversuch
von Schillers Weimarer
Wohnung, Windischengasse 8,
2. Stock

Der Herd

Damals waren Herde etwa tischhoch gemauert. Obenauf lag eine fest eingebaute Platte aus Stein oder Gußeisen. Darauf wurde ein Holzfeuer entfacht, auf dessen Flammen oder Glut gekocht wurde. In dem gemauerten unteren Herdteil befand sich ein Hohlraum, in dem das Holz aufbewahrt wurde.

Auf Abb. 27 ist eine die Originalität im verkleinerten Maßstab nachbildende Puppenküche jener Zeit mit einem derartigen Herd zu sehen.

Der Rauch des Herdfeuers konnte, wie in Lotte Schillers Küche, durch einen Rauchfang und durch den Kamin abziehen.

Auf einem solchen Herd mit offenem Feuer waren der Köchin vier verschiedene Kocharten möglich:

Das Gemüse wurde entweder in Töpfen gekocht, die auf einem Aufsatz mit drei Beinen auf die Glut gestellt wurden. Dieses „Dreibein" steht auf

Abb. 27: Nürnberger Puppenküche (18. Jahrhundert)

Abb. 28:
Puppenküche
(18. Jahrhundert)

dem Puppenküchenherd (Abb. 27) links vorne. Gemüse konnte aber auch in Henkeltöpfen gegart werden, die am Kaminschoß mit Ketten und Haken aufgehängt wurden. Im Rauchfang des Herdes der Puppenküche (Abb. 28) hängen Würste und Schinken an diesen Ketten und Haken.

Fleisch und Fisch wurden in langstieligen Pfannen gebraten, die auf dreibeinigen Gestellen, den Pfannenknechten, auf die Glut gestellt wurden. Solche Pfannen hängen in der Puppenküche (Abb. 27) rechts und links an der Wand neben Herd und Kamin.

Geflügel wurde auf eine Art Grillvorrichtung gespießt; der Grill stand ebenfalls auf drei Beinen, wurde über der Glut aufgestellt und konnte gedreht werden. Auf dem Herd der Puppenküche (Abb. 28) steht diese Grillvorrichtung direkt in der Mitte.

In der Puppenküche (Abb. 29) hängen Ketten in der Mitte des Kamins. Auf dem Herd stehen drei Töpfe auf „Dreibeinen". Eine Pfanne hängt am Kaminschoß hinten an der linken Seite des Kamins. Ein Pfannenknecht steht auf dem Fußboden ganz vorne, links des Herdes.

Das offene Feuer heizte die ganze Küche kräftig auf. Qualm und Hitze erfüllten meist den Raum. Oft mußte sich die Köchin durch ein Metallschild beim Kochen vor der Hitze und den Funken schützen. Die nach dem Kochen übriggebliebene Glut wurde in den eisernen Gluttopf

Abb. 29: Puppenküche (1. Hälfte des 19. Jahrhunderts)

geschaufelt, in dem sie bis zur nächsten Anfeuerung die Temperatur behielt. Der Gluttopf steht in der Puppenküche (Abb. 29) vor dem Herd auf dem Fußboden rechts vorne.

Die Kücheneinrichtung

Küchengeräte und Geschirr waren in Wandregalen untergebracht. Lebensmittel lagerten im Küchenschrank, auf Abb. 29 auf der linken Seite, und in der Vorratskammer, die allerdings in den meisten Puppenküchen fehlt. Auf Abb. 29 sehen wir neben dem Küchenschrank den Arbeitstisch sowie auf der rechten Küchenseite ein Ställchen für Hühner und Enten. Der Hackblock nebst Zubehör zum Schlachten steht rechts neben dem Herd.

Das zum Kochen, Abwaschen und Putzen benötigte Wasser wurde in Butten mit Trageriemen auf dem Rücken vom Brunnen geholt und in großen kupfernen Gelten oder in milchkannenartigen Kupfergefäßen aufbewahrt. In der Puppenküche (Abb. 27) stehen diese Gefäße links neben dem Herd. Das zum Kochen benötigte Wasser wurde in einen großen Eimer geleert, aus dem man mit der Schöpfkelle nach Bedarf schöpfte. Ein derartiger Eimer mit Schöpfkelle steht in der Puppenküche (Abb. 28) links vor dem Herd.

Abb. 30: Martin Drolling d. Ä.: Kücheninneres (1815)

Alle Küchengeräte lagen oder hingen griffbereit in der Nähe der Köchin. Einen Überblick über eine originale Küche gibt Abb. 30. Am Arbeitstisch auf der rechten Küchenseite sitzt die Hausfrau; sie ist mit einer Näharbeit beschäftigt. Vor ihr auf dem Fußboden spielt die kleine Tochter mit einer Katze; die Puppe hat sie achtlos beiseite geworfen. Die Dienstbotin sitzt am Fenster und ist ebenfalls mit einer Näharbeit beschäftigt. Ein Blick auf den Arbeitstisch läßt ahnen, daß beide mit Ausbessern von Kleidung und Wäsche beschäftigt sind. Dort steht nämlich ein Korb mit Wäsche.

Neben der Dienstbotin auf der linken Küchenseite steht der Herd, daneben eine Ablage mit einer Waschschüssel zum Abwaschen. Töpfe, Krüge und anderes Küchengerät befinden sich an der Wand und auf dem Regal oberhalb des Herdes. Der Besen zum Fegen der Küche steht ebenfalls griffbereit.

Der Rauch des Herdfeuers zieht hier nicht direkt durch Rauchfang und Kamin ab, da er sich an der Fensterseite, durch die Hausfrau etwas verdeckt, befindet. In der Küche muß es also beim Kochen kräftig gequalmt haben. Über dem Arbeitstisch auf der rechten Küchenseite ist ein Wandregal eingebaut, auf dem sich weiteres Küchengerät befindet. Vom Regal herab hängen Kräuter und Gewürze zum Trocknen.

6. Die „Kocherey“

Köchinnen mußten besondere Qualifikationen aufweisen: Außer fingerfertig, schnell und geschickt mußten sie den Belastungen in der Küche gewachsen sein. In einem Lehrbuch der Hauswirtschaft ist zu lesen:

„So wie bey jedem Geschäft, so ist auch bey der Kocherey Fleiß nothwendig; weil in der Küche mehrere Geschäfte zugleich vorfallen, nicht eines nach dem andern unternommen werden kann, und zugleich auf alle gesehen werden muß, indem mehrere Speisen zugleich auf die Tafel gegeben werden müssen, [. . .] daher muß eine Köchin Beflissenheit und Geschwindigkeit besitzen. Sie muß zum ersten sehen, daß das Feuer zur rechten Zeit aufgemacht wird, dann hat sie zu bedenken, welche Sache am längsten zu braten, zu dünsten und zu sieden hat, hiermit hat sie nothwendig das Fleisch und die Gemüße zu kennen, damit sie im Stande sey, selbe gehörig eßbar zu machen, ist die Sache zu viel gekochet, ist es eckelhaft und hart zu verdauen“ (Hauswirthin, 348).

Vor allem an der Sauberkeit von Küche und Küchengeräten schien es oftmals zu mangeln; wiederholt richteten sich Appelle an die Reinlichkeit der Köchin:

„Die Reinlichkeit ist die Seele der Kochkunst, [. . .] man muß sie auch an der Köchin sehen, man fordert die Reinlichkeit in ihrer Kleidung bey dem Heerde, und gewaschene Hände bey ihrer Beschäftigung zu sehen“ (Hauswirthin, 343).

Eine andere Kochbuchautorin riet ihren Leserinnen, auf den Zustand der Küchenwände und der Decke zu achten:

„Wichtig ist es, die Küchenwände und die Decke fleißig tünchen zu lassen und schadhafte Stellen, insbesondere an der Decke, wieder auszubessern. Sonst kann es uns ergehen wie dem Fleischhauers-Sohn Lorenz Spatenhuber, den mein Eckhart wegen unerklärlicher Leibschmerzen behandelte. Da hat bei denen Spathuberischen niemand die Wände und die Decke ausgebessert. In so lüderlichen Häusern fällt der Kalk vom Plafond herab ins Kochgeschirr, also achte immer auf den Plafond in der Küche und thue auch die Kochgeschirre gut zudecken, denn das beste Essen wird zu Gift, wenn eyner Kalkstückln mitspeist, wie der arme Lorenz Spathenhuber, der wahrscheinlich meinte, der Barbara sind die Nockerln an dem Tag zu hart ausgefallen. Sie war ja eyne schlechte Köchin und überhaupt eyn schlechtes Mentsch" (Stainer, 21).

Die Arbeitsfolge einer Köchin sah so aus: Das Fleisch wurde vorbereitet, indem es mit Hackbeil und Messer in die benötigte Form gebracht wurde. Anschließend wurde es gewürzt, gebraten oder gekocht. Beim Kochen des Fleisches, für eine Suppe beispielsweise, war auf geregeltes Abschaumen und auf langsames Erhitzen zu achten:

„Zum Exempel, das Rindfleisch, von dessen Sos die Speisen gekocht werden, muß sauber abgeschaumt werden, und zwar nicht schon so bald es nur einen Schaum wirft, sondern alsdann, wenn er sich ein wenig veste zusammen gezogen hat, sonsten er nur wieder durch den Schaumlöffel lauft, und eine kutterichte Sos macht. Ferner ist es gut, wenn es immer langsam und nicht zu schnell siedet, auch immer mit einem Deckel wenigstens halb zugedeckt ist" (Kochbuch II, 4).

Dabei war es eine besondere Kunst, die Hitze des Herdfeuers richtig zu dosieren, war doch das Holzfeuer nur schwer zu regulieren.
Bei Gemüse und Salat

„muß alles pünktlich geputzt und gewaschen werden" (a. a. O.).

Anschließend durfte es nicht zu lange kochen oder gar einbrennen:

„Alle Speisen, die man im Brühwasser kochen muß, besonders Kohl und Kohlraben, erfordern, daß sie beständig genug Wasser haben, sonsten sie nicht schön weiß bleiben, und auch einen laugichten Geschmack bekommen" (a. a. O.).

Gekonntes Kochen von Hülsenfrüchten erforderte einen besonderen Trick:

„Bey Erbsen und Linsen ist hauptsächlich in Acht zu nehmen, daß solche nicht mit dem blechernen oder eisernen Deckel im Kochen zugedeckt werden, weil sie davon ihre Farbe verlieren und ganz grau werden" (a. a. O.).

Einige Sorgfalt galt den schmackhaften Soßen, die es zu jedem Gericht gab:

„Ueberhaupt wird jede gute Köchin sich bemühen, bey dem Kalbs-Schweinen-Hammel-Braten, auch Geflügel, auf die Sos davon recht acht zu haben, daß sie pünktlich und nicht flammicht werde" (a. a. O.).

Beim Abmessen der Zutaten war vor allem das Augenmaß wichtig. Die Autorin eines Kochbuchs bemerkte dazu in ihrem Vorwort:

„Bey allem sehe ich ein und muß es hier am Beschluß noch anmerken, daß nicht überall alles zu genau bestimmt werden konnte, da z. E. die Wecken, Milchbrod u. s. w. bald größer, bald kleiner sind, auch ein Unterschied unter den Eyern in Ansehung ihrer Größe ist: Wobey es also hauptsächlich auf ein gutes Augenmaß ankommt, daß man auch in manchen bestimmten Fällen das Verhältniß wahrnehme, und immer zu nehmen und zu geben wisse“ (Kochbuch I).

Auch beim Würzen der Speisen kam es auf das Augenmaß und das richtige Abwägen an. Gewürzt wurde mit Salz und Kräutern. Importierte Gewürze wie schwarzer oder weißer Pfeffer, Ingwer, Muskatnüsse und Zimt aus Indien, Lorbeerblätter und -beeren aus Italien waren recht teuer. Daher wurde der Hausfrau empfohlen, aus Kostengründen den Gebrauch dieser Gewürze einzuschränken. Auch aus gesundheitlichen Gründen sollten einheimische Kräuter verwendet werden, nämlich:

„die Kräuter, welche wir hier zu Lande haben und die der Gesundheit nicht schaden, als nehmlich: Bertram [Esdragon], Basiliam [Basilikum], Rosmarin, Lorbeerblätter, Kuttelkraut [Thymian], Makron [Majoran], Petersilien, sind Kräuter, die nicht kostspielig, und die Speisen doch geschmackvoll machen“ (Hauswirthin, 356).

Anis, Fenchel, Koriander und Wacholderbeeren gehörten ebenfalls zu den gebräuchlichsten Gewürzen. Geschmacklich wohl ziemlich nah an den heutigen Standard kamen somit die damaligen Speisen, wurden sie doch nicht mehr so stark gewürzt wie beispielsweise im Mittelalter. Nur mit Salz wurde damals sparsamer umgegangen als heute (vgl. Schivelbusch).

7. Der Speiseplan

Der Speiseplan war nach französischem Vorbild meist in drei Gänge unterteilt. Als Vorspeise wurde eine der vielen Suppenarten serviert. Das Hauptgericht bildete Fisch oder Fleisch mit Gemüse oder Salat. Kartoffeln, Erbsen, Kohlrabi, Spinat, Gurken, Sauerampfer, Zwiebeln, Kohl, Brennesseln, Spargel, gelbe und weiße Rüben, Artischocken, Sellerie, Hopfen und Bohnen waren die gängigsten Gemüse, die gekocht und mit einer Soße auf den Tisch kamen.
Salate bestanden aus Rohgemüse und vor allem Kopfsalat.
Auch beim Fisch gab es reiche Auswahl: Forelle, Karpfen, Aal, Hecht, Neunaugen, Salm, Zander, Kabeljau, Stockfisch, Hering und sogar die damals noch zahlreichen Krebse.

Fleisch vom Schwein, Rind, Kalb und Hammel wurde gegessen, auch Geflügel wie Enten, Hühner und Gänse.
Fisch, Fleisch und Geflügel wurden entweder gebraten oder gekocht und mit einer der vielen Soßenvariationen serviert.
Als Nachspeisen gab es Süßes: Cremes, Gelees, Kompott, Kuchen oder Gebäck.
Ein Menu nach Art der damals sehr erfolgreichen Kochbuchautorin Friederike Loeffler sah so aus:
Vorspeise: Krebssuppe:

„Für 8 Personen werden fünf und zwanzig Edelkrebse genommen, von Steinkrebsen dürfen's noch einmal so viel seyn. Sie werden ohne Salz gesotten, dann gebuzt, besonders mus die Galle sauber davon kommen. Die Schwänze schält man und behält sie auf. Die Schalen aber werden mit ein wenig Butter klein gestossen, und in einem starken halben Vierling Butter gedämpft. Hierauf wird ein Milchbrod oder das Innere von einem Wek dazu geschnitten, oder statt dessen eine Hand voll Semmelmehl dazu gethan, und gute Fleischbrühe daran gegossen. Hat es eine Zeitlang gekocht, so treibt man's durch ein Haarsieb, nimmt den Butter oben ab, stellt die Brühe wieder auf Kohlen, thut Muscaten und klein gehakten Petersilien dazu. An den abgeschöpften Krebsbutter werden 6 Eiergelb gerührt. Sobald nun die Suppe über geröstetes Weißbrot angerichtet ist, zieht man die Eiergelb mit der übrigen Brühe ab gießt diß an die Suppe, und legt die zurükgehaltene Schwänze oben darauf herum" (Loeffler, 18).

Hauptgang: Forellen in Sardellen-Sauce:

„Wenn solche [also Forellen] gepuzt, gekrümmt, und mit einem halben Schoppen Eßig begossen sind, sezt man eine mössene Pfanne [eine Pfanne aus Messing] mit Salzwasser, Lorbeerlaub, Zitronen-Rädlein, einem ganzen Zwibel, Kräutern von allen Arten, oder in deren Ermanglung mit ganzem Gewürz über das Feuer, thut, so bald das Wasser siedet, die Forellen nebst dem Eßig darein, nimmt, wenn sie gesotten sind, vom Feuer weg, legt einen Bogen weiß Papier darauf, und läßt sie stehen, bis die Sauce gemacht ist.
Zu dieser säubert man 4 Loth gewaschene Sardellen von den Gräten, hakt sie mit etwas Petersilien, röstet einen kleinen Löffel Mehl in einem Stüklein Butter hellgelb, kehrt das gehakte darinn um, thut einen Löffel Fleischbrühe und einen halben Löffel von der Fischbrühe daran, Muscatnus und ein paar Rädlein frische Zitronen darein, verrührt 3 bis 4 Eiergelb, gießt die Sauce langsam daran und läßt sie unter beständigem Rühren auf Kohlen anziehen. Dann wird der Fisch angerichtet, und die Sauce darüber gegossen" (Loeffler, 255).

Hopfensalat:

„Sind die Hopfen schon grün und doch noch zart, so werden sie gewaschen, in Büschelein gebunden, und im Salzwasser gesotten. Wenn sie wieder abgegossen, und mit kaltem Wasser abgeflößt sind, drukt man sie zwischen der flachen Hand ein wenig aus, rührt das Gelbe von 2 hartgesottenen Eiern mit klein geschnittenem Schnittlauch oder Petersilien, Salz, Pfeffer, Essig und Oel recht untereinander, legt die Hopfen der Ordnung nach auf eine kleine Blatte, und gießt das Angerührte darüber" (Loeffler, 432).

Nachspeise: Aprikosenschaum:

„Man rechnet einen Vierling eingemachte Aprikosen zu einer kleinen Blatte, schneidet oder hakt die Aprikosen, schlägt von 6 Eiern einen steifen Schaum, rührt die Aprikosen und das von der Zitrone abgeriebene darein, sezt sie dann auf eine Blatte aber nicht so hoch, stellt die Blatte auf heisse Asche, einen Dekel mit einigen Kohlen darüber, und läßt sie langsam aufziehen" (Loeffler, 428).

8. Garküche und Speisehaus

Für die Frauen, die weder kochen noch sich eine Köchin leisten konnten, gab es eine dritte Lösung: die Garküche. Diese gab es in allen größeren Städten. Dort konnte man sich für wenig Geld das Essen holen und holen lassen. Dorothea Veit-Schlegel nutzte diese Einrichtung in Köln, da sie in dieser Zeit keine eigene Hauswirtschaft führte. Den davon geprägten Lebensstil beschrieb sie einer Freundin so:

„Wir leben hier als Fremde, haben chambre garnie, essen aus der Garküche, trinken Wein der einzeln gekauft wird, und brauchen doch nicht mehr als 300 franc monatlich; findest du dies nicht wohlfeil, oder kömmt es mir nur so vor, da wir aus den theuren Paris hierher gezogen sind?" (an Elisabeth Paulus, Köln, 1. 12. 1805; K).

Dorothea und Friedrich lebten demnach in einer Wohnung, in der sie nur ein Frühstück bekamen. Es muß eine hotelartige Unterkunft gewesen sein, die auf die Dauer bestimmt nicht „wohlfeil" war. Daß sie sich Mittag- und Abendessen aus der Garküche besorgten, mag zwar relativ billig gewesen sein. Doch stellte dies keinen geringen Posten in der Haushaltsabrechnung dar, ebenso, daß sie Wein in kleineren Mengen, nicht wie allgemein üblich, faßweise kauften.
Neben der Garküche gab es in den größeren Städten Speisehäuser, die Vorläufer der Restaurants (vgl. Rauers). Dort aß man an einer geselligen Tafel ebenfalls recht preiswert. Dorothea und Friedrich nutzten in Wien ein solches Speisehaus, wiederum mangels eigener Wirtschaftsführung. Dorothea beschrieb ihren Söhnen ihre damaligen Lebensumstände:

„[. . .] dabey sind wir so genirt, dass wir weder Essen in der Küche wärmen lassen dürfen, noch uns ein Kohlfeuer ins Zimmer nehmen dürfen, sondern ich muß feliciter [glücklicherweise] jeden Mittag durch Regen und Wind mit Schlegel ins Speisehaus wandern" (Wien, 19. 11. 1808; Raich I, 309).

9. Saubermachen im Haus

Eines der Hauptprinzipien der Wirtschaftsführung war die Reinlichkeit. Es war bekannt, daß sich in einer sauberen Wohnung, also bei verbesser-

ten hygienischen Verhältnissen, Krankheiten vermindern ließen. Daher mußte die Hausfrau für regelmäßige Reinigung von Hausrat und Wohnung sorgen.
Außer einem Überblick über das, was jeweils zu tun und der sonstigen Belastung oder Jahreszeit entsprechend möglich war, mußte sie wissen, was mit welchen Mitteln zu reinigen war. Dementsprechend gab sie Anweisungen an das Personal – wenn sie nicht selbst mit anpackte. Nach dem Essen begann eine wohl auch damals ungeliebte Arbeit, bei der es allein mit dem „Abwasch“ nicht getan war:

„Um in dieser Absicht Ordnung und Genauigkeit in der Küche herrschend zu machen, so müssen nach jeder Mahlzeit Teller, Schüsseln, irdne und kupferne Küchengeschirre, von der Küchenmagd abgewaschen, gescheuert, getrocknet, und jedes an seinen Ort hingestellet werden“ (Wirtschaftsbuch, 133).

Abgewaschen wurde nur mit Brunnenwasser, einmal in der Woche mit zusätzlichem Reinigungsmittel. Anschließend mußte die Küche ausgefegt werden:

„Die Küche selbst muß nach jedem Abwaschen der Gefäße überall gereinigt, und nirgends Unrath auf dem Fußboden gelitten werden“ (Wirtschaftsbuch, 135).

Die verschiedenen Putzmittel richteten sich nach der Beschaffenheit des Materials: Porzellanteller, -tassen und -schüsseln wurden mit in Wasser aufgelöster Kreide gereinigt. Das Silberbesteck wurde ebenso gesäubert, aber anschließend noch poliert.
Zinnteller und -schüsseln mußten solange mit einer Lauge abgerieben werden, bis sie wieder in altem Glanz erstrahlten. Ein Lehrbuch gab Ratschläge:

„Wenn auf Zinn gespeiset wird, so ist es nicht genug, daß Schüsseln und Teller nach dem alltäglichen Gebrauch abgewaschen werden. Sie müssen über dem zum öfteren noch gescheuert werden, damit ihr Glanz wieder hergestellet, und ihre Dunkelheit weggenommen werde“ (a. a. O.).

Küchengeräte aus Messing, Kupfer und Holz wurden mit Sand gescheuert.
Über das Säubern der Küche war im Lehrbuch zu lesen:

„Sie soll nicht nur, wie man sagt, besenrein gehalten, sondern auch öfters gescheuert, und so dann mit Wasser abgespület werden, damit die Küchenluft nicht von faulen Dünsten verunreiniget werde“ (a. a. O.).

Regale und Schränke in der Küche mußten regelmäßig von Ruß und Küchenschmutz befreit werden. Auch den Raum, in dem gegessen wurde, putzte man regelmäßig:

„Die Eßstube oder der Eßsaal erfordert in Ansehung der Reinlichkeit eine besondere Aufmerksamkeit. Man leide nichts darinn, was Reinlichkeit Liebenden Eckel erregen kann. Keine Spinnweben an der Decke. Kein Koth oder Gassenunflath auf dem Fußboden. Keine weißgewesene aber von Fliegenkoth schwarz gewordene Fenstergardinen. Keine von Staub gräuende Wände, Stühle, und andere Geräthe“ (Wirtschaftsbuch, 140).

Die Holzdielen aller Fußböden wurden gefegt und von Zeit zu Zeit einer Scheuerprozedur unterzogen, die mehrere Tage in Anspruch nahm. Die günstigste Zeit für die Reinigung des Fußbodens war der Sommer, da bei trockener und warmer Witterung die Dielen schneller trockneten:

„Es gehört auch ein Vortheil dazu, eine Stube gut zu scheuern, damit die Bretter weiß bleiben. Man kehrt die Stube mit einem Haarbesen und nassen grauen Sande vorher recht rein aus, und scheuert sie mit einem Scheuerwisch aus Stroh oder mit einem Schaubert, (welches eine scharfe, dichte Bürste mit einem langen Stiel ist) mit weißem Sand und warmen Flußwasser recht rein. Wenn eine Stelle fertig gescheuert ist, wascht man dieselbe mit reinem Wasser nach, und trocknet sie mit einem andern leinenen Tuche ab“ (Wirtschaftsbuch, 144).

Die Fleckentfernung aus dem Fußboden erforderte spezielle Kenntnisse. Fettflecke wurden mit Seife entfernt. In hartnäckigen Fällen wurde der Fettfleck mit Ton eingerieben, bis der Ton das Fett absorbiert hatte. Tintenflecke wurden mit Zitronensaft behandelt. Alle Flecken mußten vor dem Scheuern entfernt worden sein. Ebenfalls vor dem Scheuern des Fußbodens wurden Decke, Tapeten und Wände mit dem Besen abgekehrt. Schränke und Öfen wurden abgestaubt.
Von diesen Scheuerprozeduren war unter den Schriftstellerinnen oft die Rede. Dementsprechend scheint das Großreinemachen den betroffenen Männern nicht sehr behagt zu haben, mußten doch die Zimmer über mehrere Tage hinweg teilweise ausgeräumt werden. Friedrich Schlegel beklagte sich scherzhafterweise über die „Putzlust“ seiner Freundin Dorothea:

„Dorothea geht schon wieder in der Stube umher und macht mir den Kopf warm, weil sie das Zimmer rein machen will“ (an Caroline Böhmer-Schlegel und August Wilhelm Schlegel, Berlin, Mai 1799; Schmidt I, 541).

Fenster wurden auf drei verschiedene Arten geputzt. Beim Putzen mit klarem Wasser und einer Bürste mußten die Fenster ausgehängt werden; zum Trocknen wurden sie dann an einen schattigen Ort gestellt, bevor sie wieder eingehängt wurden.
Sie konnten auch mit einem Zusatz von Lauge gereinigt werden. Allerdings griff die Lauge das Fensterglas stark an.
Bei der dritten Putzmethode, bei der die Fenster nicht ausgehängt werden mußten, verwendete man ein Rehfell als Fensterleder sowie in Wasser gelöste Kreide. Die Fenster wurden mit dem Rehfell, das dazu um ein Stück Holz gewickelt wurde, nachgetrocknet, damit keine Kalkflecken zurückblieben.

Möbel wurden abgestaubt oder abgefegt. Da sie Wertstücke waren, rieb man sie von Zeit zu Zeit mit gelbem Wachs ein und bohnerte sie. Zu diesem Zweck wurden Tücher präpariert:

„Ein Vierling gelbes Wachs wird zerschmolzen, dann folgendes darein gegossen: für 1 Kreuzer Therbenthin-Spiritus und für 2 Kreuzer Aloe, Salbei, alsdann wird das Tuch durchgezogen und erkältet" (Kochbuch I, 298).

10. Die Wäsche

Noch aufwendiger als Putzen, Scheuern und Bohnern war – mangels Maschinen und gebrauchsfertigen Reinigungsmitteln – das Waschen. Gewaschen wurde deshalb in großen Zeitabständen, jedoch mindestens zweimal im Jahr. Dabei wusch man farbige und kostbare Stoffe wie Seide und Damast schonender und weniger oft. Weiße Wäsche, Tisch- und Bettwäsche, Hemden, Handtücher, Unterwäsche und Gesindezeug konnten auf vier Arten gewaschen werden:

Abb. 31: Jean-Baptiste Siméon Chardin: Die Wäscherin

Einen Tag vor dem Waschen wurde die Wäsche in Wasser eingeweicht. Am Morgen wurde die Wäsche dann von Hand mit Seife durchgewaschen. Anschließend brachte man die Wäsche in eine Art Faß, an dessen unterem Ende ein Hahn zum Ablassen des Wassers angebracht war. Die wertvollste Wäsche wurde nach unten in das Faß gelegt, die billigere und schmutzigste Wäsche nach oben. Obenauf gelegt wurde ein großes Tuch, auf das man Asche streute. Über diese Asche wurde zunächst kaltes, dann immer wärmeres Wasser gegossen. Durch den Hahn am Faßboden konnte das Wasser wieder abgelassen werden. Die Wäsche blieb 12 bis 14 Stunden im Faß. Dann wurde sie herausgenommen, von Hand mit Seife rein gewaschen und gut ausgespült.
Im Unterschied dazu wurde bei der zweiten Waschmethode außer Asche und Wasser noch gekochte Seife hinzugefügt. Die Wäsche wurde sonst gleich behandelt.
Eine weitere Art, die Wäsche sauberzubekommen, war die Kochwäsche. Dazu wurde die ebenfalls am Vortag eingeweichte Wäsche von Hand mit Seife gründlich durchgewaschen. Anschließend kam die Wäsche mit Wasser und gekochter Seife in den Kochkessel, wo sie eine halbe Stunde lang gekocht wurde. Dann wurde sie herausgenommen und ausgespült.
Die vierte Waschart war die Bleichwäsche. Zunächst wusch man mit einer der beschriebenen Methoden. Dann wurde die Wäsche nicht ausgespült, sondern seifig, wie sie war, auf eine Wiese gelegt und drei Tage lang auf jeder Seite von der Sonne gebleicht. Zwischendurch, wenn es nicht regnete, wurde sie mit Wasser besprengt. Wenn es dagegen stark regnete, wurde die Wäsche zu naß und es bestand die Gefahr, daß sie schimmelte. In diesem Fall mußte sie sofort wieder gewaschen werden. Nach sechs Tagen auf der Bleiche wurde die Wäsche nochmals gewaschen und ausgespült.
Nach dem Waschen wurde die Wäsche noch gestärkt. Dazu mußte Stärke in einem Kessel gekocht und in das Waschfaß gegossen werden. Die Wäschestücke wurden so in die Lösung getaucht, daß sich die Stärke gleichmäßig darauf verteilte. Dann wurde die Wäsche gerade auf die Leine gehängt und dort getrocknet.
Ärgerlich für die Hausfrau war Regen am Waschtag. Caroline Böhmer-Schlegel klagte ihrer Freundin:

„Und ich habe heut eine Wäsche, wozu mir der liebe Gott Regen geschickt hat" (an Luise Gotter, Jena, 7. 9. 1797; Schmidt I, 424).

Die trockenen Wäschestücke mußten dann auf eine besondere Art zusammengelegt werden, damit sie auf Rollhölzern glattgerollt werden konnten. Wäschestücke, die nicht gerollt werden durften, wie Oberhemden, wurden gebügelt. Allerdings erst am nächsten Tag. Sie wurden also mit Wasser besprengt und in einem verdeckten Korb aufbewahrt. Über den Gebrauch eines Bügeleisens schrieb Caroline von Dacheröden an ihren Verlobten Wilhelm von Humboldt:

„Sei so gütig und befiehl Johann, daß er ein Bügeleisen für deine Manschetten mitbringt. Er hat meinem Mädchen erzählt, es sei ganz eine eigne Art, und mein Bill muß immer alles recht schön gemacht bekommen" (Erfurt, 13. 5. 1791; Sydow I, 457).

III. Die Liebende

Im 18. und 19. Jahrhundert waren die meisten Ehen Konvenienzehen. Die Ehepartner wurden von den Eltern zusammengebracht und vorher eingehend geprüft. Dabei waren gesellschaftlicher Status und Finanzkraft des zukünftigen Schwiegersohnes bzw. der Schwiegertochter maßgebend für die Eheanbahnung. Für die jungen Mädchen bedeutete dies: sie wurden aus der ökonomischen Einheit der elterlichen Familie herausgenommen und als Ehefrauen auf den ihnen bestimmten Platz in einer neuen ökonomischen Einheit eingesetzt. Emotionalen Bindungen wurde keine Bedeutung zugemessen. Wichtig war die ökonomische und soziale Zusammengehörigkeit. Folgerichtig charakterisierten Gleichgültigkeit, Distanz und Kälte diese Konvenienzehen (vgl. Shorter).

1. Der Bruch mit der Konvenienz

Ende des 18. Jahrhunderts wurde dieses System der Konvenienzehen erstmals brüchig. Manche Frauen bestanden nun darauf, ihre Bedürfnisse um den Wunsch nach intensiven Gefühlen zu erweitern. Eine emotionale Bindung innerhalb der Ehe wurde für sie zunehmend wichtiger. Zunächst waren auch die Schriftstellerinnen Konvenienzehen eingegangen. Im Lauf der Jahre mußten sie allerdings feststellen, daß diese Art von Vernunftehe ohne Liebe ihren unmerklich veränderten Vorstellungen nicht mehr entsprach.
Was es für Charlotte von Kalb bedeutete, aus finanziellen Gründen und von der Familie gezwungen, eine Konvenienzehe eingehen zu müssen, äußerte sie in ihren Memoiren:

„Nicht bedenklicher als jedes andre Ehebündniß war das meine, die äußere Existenz nach aller Meinung, dadurch gesichert. Gegenseitig war es wohl weder Wunsch noch Neigung – der Gleichmuth des Leidens" (Gedenkblätter, 83).

Ebenso wie ihr erging es Caroline von Beulwitz, die von ihrer Mutter zur Ehe gedrängt wurde. Ihre Erfahrungen in der Ehe mit Wilhelm von Beulwitz beschrieb sie so:

„In meiner frühesten Jugend hatte ich so eine Erscheinung in meiner Seele – aber mein Herz wurde da gekränkt, innig gekränkt durch die Disharmonie, die ich unter meinen Empfindungen und denen des Gegenstandes meiner Liebe fand. Dies gab mir eine Gleichgültigkeit, einen Unglauben an alle Glückseligkeit, die aus dieser Quelle in das Menschenleben strömt, die mich vor allen heftigen Eindrücken von andern Seiten schützte und mir eine gewisse Schwermuth, eine Furchtsamkeit, mein ganzes Herz an irgend etwas ganz zu hängen, ließ. [. . .] Beulwitz ist ein sehr gerader, ehrlicher, edler und verständiger Mensch. Sein Charakter läßt ihn sehr selten tiefe Eindrücke aufnehmen, denn er ist leicht, und mehr zum allgemeinen Wohlwollen gegen die Leute die um ihn sind, als zur besondern dauernden Anhänglichkeit gegen einzelne Personen geneigt. Er hat völliges Zutrauen in meine Ehrlichkeit und in die Reinheit meines Herzens, und beurtheilt mich nicht falsch, obgleich unsre Gefühle über diesen Punkt verschieden sind, denn mein Herz ist starker Anhänglichkeit, ausschließender Liebe fähig, und kann nicht mit allen Leuten sympathisiren, und so sehr es auch bedarf zu lieben, so zieht es sich doch lieber in sich selbst zurück, da wo es kein gleichgestimmtes findet. Es fiel Beulwitz noch nie ein, die Wärme meiner Liebe für irgend jemand übel zu nehmen“ (an Wilhelm von Wolzogen, 1787; Hase II, 114).

Die Enttäuschungen der Caroline von Beulwitz in ihrer ersten Ehe waren groß. Ihr Bedürfnis nach Zuneigung und Liebe brach sich an den Charaktereigenschaften ihres Ehemannes, der nicht in der Lage war, Carolines Gefühle zu erwidern. Ihm lag die Oberflächlichkeit vieler Beziehungen – auch außerhalb der Ehe – eher als eine intensive Beziehung zu einer

Abb. 32: Thomas Gainsborough: Mr. und Mrs. Andrews (1749/50)

Person, nämlich seiner Frau. Neben den Enttäuschungen stand allerdings die Freiheit, die sich aus dieser distanzierten Beziehung ergab: Caroline konnte Beziehungen ihrer Wahl eingehen, ohne daß ihr Mann Einspruch erhob. Dennoch beugte sich Caroline wie viele andere Frauen den Zwängen der Konvenienz und litt deshalb unter der Oberflächlichkeit und Kälte dieser Beziehungen.
Im Gegensatz zu ihr war ihre Schwester Lotte von Lengefeld in der Lage, die Ehe mit einem von der Mutter gewählten Partner zu verhindern. Das gelang ihr durch die heimliche Verlobung mit Friedrich Schiller, dem Mann ihrer Wahl. Ihm gestand sie ihre Vorbehalte gegenüber der von ihrer Mutter geplanten Verbindung:

„Meine Hand hätte ich vielleicht hingeben können und müßen, nicht durch Zwang, sondern durch meiner Mutter Wünsche, aber nicht mein Herz voll warmer treuer liebe zu dir“ (Rudolstadt, 27. 8. 1789; Fielitz II, 17).

Unglücklich wäre sie sicherlich geworden, hätte sie diese Ehe eingehen müssen. Lottes Vorgehen macht die klare Trennung der beiden Beziehungsformen deutlich: hier der von der Mutter bestimmte Partner, für den sie keine Gefühle entwickeln konnte; dort der geliebte Freund, den sie aus eigenem Entschluß heiraten wollte. Ihr Brief macht deutlich, daß sie mit dem Wunsch-Partner der Mutter gezwungenermaßen zwar hätte zusammenleben können. Diese Beziehung hätte aber nie die von ihr angestrebte Qualität gehabt.
Ihre Freundin, Caroline von Dacheröden, teilte diese Ansicht. Auch sie war eigentlich dazu bestimmt, eine Konvenienzehe einzugehen. Doch sie machte einen für diese Zeit recht ungewöhnlichen Schritt: Obwohl für sie eine Ehe beinahe angebahnt war, weigerte sie sich und heiratete den Mann ihrer Wahl – Wilhelm von Humboldt.
Ganz anders Dorothea Veit: Sie lebte 20 Jahre lang in einer Konvenienzehe, die sie sehr unglücklich machte. Schon im Alter von 15 Jahren wurde sie von ihrem Vater Moses Mendelssohn zu dieser Heirat mit Simon Veit gedrängt. Dann – nach 20 Ehejahren! – nahm sie den Kampf um ihre Bedürfnisse auf. Sie ließ sich scheiden und empfand dies als eine echte Befreiung:

„Seit 3 Wochen bin ich, nach vielen Contestationen, Scenen, – nach manchem Schwanken, und Zweifeln – endlich von V[eit] geschieden, und ich wohne allein, aus diesen Schiffbruch, der mich von einer langen Sklaverey befreit, habe ich nichts gerettet, als eine sehr kleine revenue, von der ich nur äußerst sparsam leben kann, vielen guten, frohen Muth, meinen Philip [ihren jüngeren Sohn] einige Menschen, mein Klavier, und das schöne bureau [Schreibtisch], den ich von Ihnen habe, u[nd] vor den ich Ihnen jetzt schreibe – da haben Sie in wenigen Worten alles was ich nun *besitze,* aber wie soll ich Ihnen alles Herrechnen was ich *losgeworden* bin?“ (an Carl von Brinkmann, Berlin, 2. 2. 1799; Wieneke, 287).

Charlotte von Kalb trug sich schon sehr früh mit Scheidungsplänen. Der Grund war Friedrich Schiller, den sie gerne geheiratet hätte. Doch als die eigene Familie drohte, ihr den Sohn wegzunehmen, und außerdem Schiller eine andere Frau heiratete, verzichtete sie auf Scheidung. Charlotte von Kalbs Probleme lösten sich schließlich auf tragische Weise, als ihr Mann sich das Leben nahm. Als Witwe konnte sie nun das freie Leben führen, das sie sich gewünscht hatte.

Freundschaft und Zärtlichkeit

Bei Caroline Michaelis waren es nicht Vater oder Mutter, sondern der ältere Bruder, der sie zu einer – halbfreiwilligen – Ehe mit dem Arzt Wilhelm Böhmer drängte. Sie kannte Böhmer nur flüchtig. Eine gewisse Unsicherheit ist aus den Zeilen an ihre Freundinnen zu spüren, in denen sie den Hochzeitstag schilderte:

„Welch einen Taumel von Liebe, Freundschaft und Glück hab ich durchlebt, und mit welcher süßesten Wehmuth – immer die Gränze, wo Schmerz und Freude sich treffen – mit welchem Dank genoß ich ihrer. [. . .] Mittag reisten wir von den beyden Familien begleitet ab, trennten uns in Nörthen, und nun fühlt ich zum erstenmal, daß ich verheirathet war, da ich dem Mann folgen mußte und alles zurückließ" (an Luise Gotter und Wilhelmine Bertuch, Clausthal, 9. 7. 1784; Schmidt I, 92).

Der anfängliche Glückstaumel verflüchtigte sich sehr schnell und mischte sich schon am Tag der Eheschließung mit Bitterkeit. Nicht ohne Bedenken war sie bereit, ihrem Mann in die Kleinstadt zu folgen und ihr bisheriges Leben aufzugeben. Mit den Ehejahren summierten sich Enttäuschungen und auch Resignation. Nach zwei Jahren äußerte sie:

„Ich bin nicht mehr Mädchen, die Liebe giebt mir nichts zu thun als in leichten häuslichen Pflichten – ich erwarte nichts mehr von einer rosenfarbnen Zukunft – mein Loos ist geworfen" (an Lotte Michaelis, Clausthal, 1786; Schmidt I, 152).

Sie mußte feststellen, daß ihre Ehe mit Hausarbeit und Langeweile verbunden war und ihre Träume von einem besseren Leben – zumindest besser als im Elternhaus – wie Seifenblasen zerplatzt waren.

Carolines Freundin Therese, die Georg Forster mehr wegen seines guten Namens als aus Zuneigung geheiratet hatte, machte ähnlich enttäuschende Erfahrungen. Es stellte sich heraus, daß sie für Georg freundschaftliche Gefühle, aber keine Liebe empfand. Nach sieben Jahren für beide Teile zermürbender Ehe verließ Therese ihren Mann. Trennungsgrund war Ludwig Ferdinand Huber, den sie nach Forsters Tod heiratete. Ihre Gefühle Georg gegenüber charakterisierte sie später so:

„Er hat nie meine Liebe beseßen, nie meine Sinne, aber von unsrer Verbindung an meine wehmütige Zärtlichkeit, meine bange Sorgfalt" (an Caroline Böhmer, Neuchâtel, 25. 2. 1794; Schmidt I, 324).

Was zeichnete diese distanzierten, wenn auch von freundschaftlichen und zärtlichen Gefühlen erfüllten Ehen aus? Caroline von Dacheröden versuchte einmal, die Situation ihrer Freundin Caroline von Beulwitz zu erklären:

„Carolinens Lage ist ziemlich frei, ihr Mann ist ein gutes Wesen, der sie nicht geniert und der, wenn nicht ihre Seele faßt (dies mag wohl wenigen gegeben sein), doch ein unbeschränktes Vertrauen auf sie setzt" (an Wilhelm von Humboldt, Erfurt, 3. 1. 1789; Sydow I, 14).

Die Ehepartner hatten kein tieferes Verständnis füreinander. Sie ließen sich gegenseitig Freiheit im Rahmen der Konvention und Moral. Gemeinsamkeiten waren selten und wurden, zumindest von den Ehefrauen, auch nicht angestrebt.

2. Auf der Suche nach dem Glück

Trotz bitterer Erfahrungen mit dem anderen Geschlecht blieb das Bedürfnis nach Liebe und engen Bindungen bei diesen Frauen bestehen. So äußerte Caroline von Beulwitz unverblümt ihr Liebesbedürfnis in einem Brief an Wilhelm von Wolzogen, ihren späteren zweiten Ehemann:

„Mein Herz bedarf Liebe – innigere, reinere wahrere Liebe, als die meisten Menschen sie geben können" (Rudolstadt, 8. 3. 1787; Hase II, 110).

Dieser Wunsch nach Liebe, zu dem sie sich bekannte, mußte mit neuen Inhalten ausgefüllt werden. Caroline versuchte, Liebe als ein Gefühl allen Menschen gegenüber zu definieren:

„Auch ich kenne nur Ein Gefühl, das mich zu allen Menschen, zu einem mehr oder weniger, nachdem ich Eigenschaften des Geistes und Herzens bei ihm finde, zieht, es heißt mir auch *Liebe*. O ich konnte nie den fatalen eingeschränkten Sinn leiden, den die meisten Menschen diesem Worte geben. Ein heiliges, reines Empfinden, das Allem was da liebeswürdig ist, Allem was schön ist begegnet, dachte ich mir immer in dieses Wort, seit ich dachte und empfand. Liebe ist ein Funken der Gottheit im Menschen, er läutert, befestigt, erhöht unser ganzes Wesen" (an Wilhelm von Wolzogen, 1787; Hase II, 114).

Liebe galt auch bei den anderen Schriftstellerinnen als etwas Heiliges, als ein tiefes und religiöses Gefühl. Daran knüpften sich Vorstellungen von Wärme und Innigkeit. Lotte von Lengefeld etwa sprach von ihrer „warmen und innigen Liebe" zu Schiller (an Friedrich Schiller, Rudolstadt, 2. 9. 1789; Fielitz II, 26).
Liebe verstanden diese Frauen als starkes und bindendes Gefühl zwischen Frau und Mann von ewiger Dauer. Die freiwillige Liebe, nicht

mehr der Zwang der Konvenienzehe, sollte Beständigkeit in die partnerschaftliche Verbindung bringen und auch schlechte Zeiten, Zeiten der Krise, überstehen können. Lotte schrieb an Schiller:

„Alle diese Menschen sollen uns nicht kümmern, unser leben wird schön und ungetrübt vergehn, wenigstens werden wir es uns selbst nicht trüben, und auch das Schicksal wird es nicht können, da auch selbst wenn Stürme kommen sollten, die im Leben oft unvermeidlich sind, die Liebe sie leichter uns ertragen laßen wird" (Weimar, 9. 2. 1790; Fielitz II, 286).

Diese neue, tiefempfundene Liebe sollte sich auf einen Partner konzentrieren. Caroline von Dacherödens Beziehungen zu mehreren Männern wurde denn auch von ihrer Freundin Lotte von Lengefeld heftig attakkiert, so in einem Brief an Friedrich Schiller:

„Ich möchte es ihr recht fühlbar machen können wie wenig es einem doch giebt, viele Menschen an sich feßeln zu wollen, aber sie trägt sich mit diesen Irrthum, vielen viel sein zu können, und dies geht nun doch nicht" (Rudolstadt, 19. 11. 1789; Fielitz II, 130).

Caroline akzeptierte diese Beschränkung ihres Gefühls auf eine Person nicht. Sie bezog mehrere Männer gleichzeitig in ihre Liebe mit ein, ebenso wie ihre Freundin Caroline von Beulwitz-Wolzogen. Beide suchten also einen Weg, um ihr Liebesbedürfnis zu befriedigen. Sie setzten sich damit über die Schranken der Moral hinweg, ohne zunächst klare Vorstellungen zu haben, wie eine andere Beziehungsform aussehen konnte. Therese Forster-Huber definierte ihre selbstgewählte Beziehung zu Huber so:

„Aber glauben Sie mir – nein nicht *glauben*. – *Wißen* Sie, alles was seine und meine Verbindung angeht ist schöner, heiliger als je die Welt errathen kann. Hier ist nicht die Rede von den auch von mir verehrten Grundsätzen gewöhnlicher bürgerlicher Verbindungen, wir verlezten viele nöthige Geseze, aber eine Höhere Moralität lehrte uns die Strafe tragen, über die Strafe zu triumphiren, und durch eigenes Verdienst durch keine Vorsprache gewonnen jeder Lohn der Bürger Tugend, der erfüllten Pflicht des stolzesten Bewußtseins zu haben. Hier spricht nicht der Enthusiasmus der Leidenschaft, nur der der Tugend" (an Karl August Böttiger, Stoffenried, 18. 7. 1805; C 42).

Das Experiment

Nach dem Bruch mit der Konvenienz folgte bei den Frauen eine Phase des Experimentierens. Was als Experiment begann, nämlich Liebe als das entscheidende Bindungsglied zwischen den Partnern zu verstehen, stellte sich bald als die Art des Zusammenlebens heraus, die den Bedürfnissen dieser Frauen nach Nähe und Intensität gerecht wurde. In besondere Schwierigkeiten kam Caroline Böhmer-Schlegel, die zwei Männer zur selben Zeit liebte. Zu jedem hatte sie ein anderes Verhältnis, keinen von beiden wollte sie aufgeben. In ihrer Not kam sie zu der Schlußfolgerung, daß sie zu beiden, zu August Wilhelm Schlegel und zu Friedrich Schelling, auf Distanz gehen müsse. Dazu schrieb sie an Schlegel:

„Was ich Dir zu sagen habe, ist jetzt blos das – ich kann niemals Schelling als Freund verläugnen, aber auch in keinem Falle ein Gränze überschreiten, über die wir einverstanden sind" (Braunschweig, 6. 3. 1801; Schmidt II, 65).

Schlegel war mit diesem Arrangement zufrieden, das ihm den ersten Rang, Schelling den zweiten Rang einräumte. Schelling aber opponierte dagegen, denn er beanspruchte Caroline für sich alleine und machte ihr Vorwürfe, daß sie eine Beziehung mit ihm überhaupt eingegangen war. Caroline wehrte sich dagegen:

„Ja, ich habe ein Verbrechen begangen, da ich mich der Liebe überließ, aber, was ihr Fesseln anlegte, war und ist heilig, und nicht ein Mangel an freyer Gesinnung und nicht eine Halbheit der Liebe. Willst Du mir nie verzeihen, daß die unwiederstehliche Neigung zu Dir sie durchbrach? Nichts ist unheilbar für Seelen wie die unsrigen, und ich war kühn, aber nicht frevelhaft. Vergieb mir" (Braunschweig, März 1801; Schmidt II, 74).

Abb. 33: Philipp Otto Runge: Wir Drei (1805)

3. Die Lebensgemeinschaft

Was diese Frauen suchten, war ein Partner, mit dem sie in enger Gemeinschaft leben und dem sie ihre Liebe geben konnten. Sie wollten sich ganz auf den einen Menschen einstellen. Dazu gehörte für sie aber auch, nicht nur dessen angenehme Seiten, sondern auch seine Schwächen zu lieben. Lotte von Lengefeld äußerte:

„Es ist nicht Liebe, wenn man sich nur ein schönes Bild in der Seele entwirft und diesen selbst alle vollkommenheit giebt, sondern dies ist liebe, die Menschen so zu lieben wie wir sie finden, und haben sie Schwachheiten, sie aufzunehmen, mit einem Herzen voll Liebe" (an Friedrich Schiller, Weimar, 2. 2. 1790; Fielitz II, 269).

Ernste und banale Gefühle und Gedanken kreisten um den Partner: wie es ihm ging auf der Reise, ob er auch einen Regenschirm bei sich hatte, oder wie Dorothea Veit-Schlegel anfragte:

„Guter lieber Friedrich, wie geht es Dir? Das heitre Wetter macht mich Deinetwegen recht froh, aber freilich wirst Du an Kälte viel zu leiden haben. Ich wollte nur, Du hättest Ueberschuhe mitgenommen" (an Friedrich Schlegel, Wien, 6. 4. 1809; Raich I, 333).

Die Frage, ob der geliebte Mann warm genug angezogen war, stellte sich auch Sophie Mereau-Brentano:

„Es ist jetzt so kalt, daß ich zittre, wenn ich denke, daß Du unterwegs sein könntest. Es reut mich sehr, daß Du Dir nicht noch einen Mantel hast machen lassen, so wie ich jetzt viele sehe, mit so breiten Kragen, daß sie ganz wie ein Mantel und ein Mäntelchen aussehen. Ich friere nun doppelt, einmal ohne Dich und einmal mit Dir, das heißt, wenn ich, wie jetzt, will schlafen gehen, denn am Tage wollt ich gern die Wärme mit Dir teilen, weil sich mein Zimmer unbegreiflich gut heizt" (an Clemens Brentano, Heidelberg, 2. 11. 1804; Gersdorff, 311).

Es war jedoch nicht nur die fast mütterliche Sorge um das Wohlbefinden des reisenden Partners. Diese Sätze drückten auch ein inniges Gefühl aus: dem Partner zugetan zu sein, ihm etwas Besonderes geben zu wollen. Sophie schrieb einmal an Clemens:

„Meine Liebe, meine ich, müßte Dich umgeben wie ein warmes, weiches Kleid, das Du überall mit Dir trägst und in dem Du Dich wohl befindest, [. . .]" (Heidelberg, 17. 11. 1804; Gersdorff, 324).

Hinter diesem Gedanken stand der Wunsch, durch Umhüllen und Wärmen dem Partner seine Zuneigung zu zeigen. Wärme war gleichbedeutend mit Nähe: Den Partner an sich zu ziehen hieß, ihm Gutes zu tun. Und: die Frauen wollten den Partner in den Mittelpunkt ihres Herzens, des symbolisches Ortes ihrer Liebe, stellen.
Dies bedeutete ein Zurücknehmen der eigenen Person. Sophie an den Geliebten:

„Es gibt Augenblicke, wo ich für Dich, für Dein Glück mit Freuden sterben könnte; ich opferte Dir mein Leben, ein reines Opfer, denn es geschah aus Liebe – [. . .]“ (an Clemens Brentano, Weimar, 13. 9. 1803; Gersdorff, 200).

Zu einem anderen, greifbareren Opfer war Dorothea Veit-Schlegel bereit:

„Soll ich ein Geständnis machen? Ich bin etwas bange, Dich hier wieder in der alten besorgten Lage zu sehen, besonders da Du nun jetzt wieder ein freies, schönes, genussreiches Leben wirst gewohnt sein. Wenn es mir unangenehm ist, Dich nicht bei mir zu sehen, so ist es mir ungleich schmerzhafter noch, wenn Du Dich von mir fortsehnen musst. Soll ich eines ertragen – die Ueberzeugung, dass Du Dich sehnst, bei mir zu sein, ist mir Ersatz dafür. Freilich kannst Du hier dichten und arbeiten, besonders da Du so stark wollen willst; aber denkst Du auch daran, wie sehr das Beschränkte unsrer Lage Dich immer im Arbeiten stört?“ (an Friedrich Schlegel, Köln, 18. 1. 1807; Raich I, 208).

Das beschränkte Leben in der Kölner Ein-Zimmer-Wohnung bereitete beiden Probleme. Zum einen war Friedrich unzufrieden, was sich auf seine Arbeitsfähigkeit und auf das Verhältnis zu Dorothea auswirkte. Zum anderen wollte sie ihn zwar gerne bei sich haben, leistete aber lieber einen Verzicht auf das – problematische – Zusammensein, allein damit er ein freieres Leben führen konnte. Das Wissen, von ihm selbst aus der Ferne geliebt zu sein, war ihr wichtiger als seine Nähe.

Die „schwache“ Frau

Von dieser Art Opferbereitschaft war es nur noch ein kleiner Schritt zu dem, was Agnes von Stolberg-Stolberg unter wahrer Liebe verstand: Ohne ihren Mann, so meinte sie, würde sie nur zur Hälfte existieren. Für ihn lebte sie, nicht für sich selbst:

„Ohne meinen Stolberg lebe ich nur halb u[nd] doch hilft mir diese Liebe zu ihm, ein Leben ertragen das mir von einem Tag zum andern äußerst ungereimt vorkommt, u[nd] um seintwillen u[nd] der süßen Lieder wegen sorge ich sogar ängstl[ich] für meine Gesundheit“ (an Ernestine und Johann Heinrich Voß, Ahrensberg, 6. 10. 1785; H).

Sie empfand sich als Teil einer Einheit: Ohne ihren Partner wollte sie nicht leben, ja, ohne ihn lohne sich die Anstrengung des Überlebens gar nicht.

Ähnlich verhielt es sich bei Caroline von Dacheröden. Ihr erschien Wilhelm von Humboldt als ein fast übermenschlich gutes Wesen, während sie selbst sich als weitaus weniger wert einschätzte. Lotte von Lengefeld schließlich dachte sich, als sie sich verliebte, als der ergänzende Teil einer Beziehung, in welcher dem männlichen Partner die starke Position und damit die Dominanz zukam:

„Wir sind glücklich in unserer liebe, in dem Gefühl uns anzugehören, ich vergeße der Welt so ganz wenn ich bei dir bin, und wir brauchen nichts außer uns zu

Abb. 34:
Thomas Gainsborough:
Der Morgenspaziergang
(1785)

suchen. Reich in deinem Geiste wird der meine sich freun, dem Flug des deinen zu folgen und in deinem und meinem Herzen wird ewiger Frühling der Liebe blühn; welche Aussicht auf die Zukunft! mein künftiges Leben steht nun hell und lachend vor mir" (an Friedrich Schiller, Rudolstadt, 6. 9. 1789; Fielitz II, 29).

Als Lotte fünf Monate nach der Eheschließung anläßlich eines Besuchs bei ihrer Mutter ihren Schiller alleine ließ, schrieb sie:

„Ohne dich ist das leben mir nur ein traum, ich bin nie da wo ich scheinbar bin, sondern meine Seele, meine besten wärmsten Gefühle sind nach Dir hin gerichtet. [. . .] wie klar fühl ichs täglich und jezt, daß nur bei dir, nur unter deinen Augen das Leben mir liebliche Blüthen geben kann. Arm und leer wäre mein Herz ohne dich. Mein beßres Leben lebe ich nur bei dir" (an Friedrich Schiller, Rudolstadt, 27. 7. 1790; Fielitz III, 15).

Die ganze weibliche Persönlichkeit ging in einer menschlichen Einheit auf, in der sich die Frau als zwar wichtiger, aber ergänzender Teil verstand. In der Zugehörigkeit zu einer solchen Einheit wurde die Frau glücklich und zufrieden. Ohne den Partner war das Leben kaum mehr lebenswert, nur die enge Gemeinschaft mit ihm brachte die Erfüllung. Doch nicht nur eine derartige Fixierung auf den Mann gab es, sondern darüber hinaus auch eine Anbetung seiner Person. Caroline von Dacheröden gab in ihrem Brief an Wilhelm von Humboldt ein Beispiel dafür:

„Ach, was bist Du für ein wunderbares Wesen. Ich komme oft stundenlang nicht davon zurück. Diese seltene Fülle des Geistes, diese unaussprechliche Feinheit in der Empfindung und im Umgange, und dieser unbefangene kindliche Sinn, wo findet man das noch vereint? [. . .] lieben, lieben kann ich Dich, Bill, und mich freuen, daß ich Sinn habe, Dich zu empfinden, zu fassen, in der Seele zu tragen – aber verdienen kann ich Dich nie“ (Erfurt, 21. 1. 1790; Sydow I, 253).

Im Überschwang der Gefühle galten die Qualitäten des Mannes (Intelligenz, Sensibilität und Spontaneität) alles, die eigene Person schrumpfte zu einem Nichts zusammen:

„Wir Frauen sind ein wunderbares Volk – alles, was wir je sein können, macht die Liebe aus uns, aber sie wirft uns auch in unser Nichts zurück – nie, deucht mir, hätt ich's inniger empfunden wie jetzt, nie erschien ich mir so arm, so wenig Deiner wert, ach, und diese verzehrende Sehnsucht in mir hat alle Blüthen meines Geistes versengt“ (an Wilhelm von Humboldt, Burgörner, 23. 7. 1790; Sydow I, 201).

Der Partner wurde durch diese Anbetung und Überhöhung zu einem übergewichtigen Gegenpol gemacht. Aus dieser asymmetrischen Dualität entsprang jene Spannung, die von Caroline als Sehnsucht bezeichnet wurde. Eine Spannung, von der ihre Gefühle Kraft erhielten und die ihr, zumindest zeitweise, den Verstand raubte.
Die Vorstellung von der Unterlegenheit der Frau gipfelte in der Aussage, die erwachsene Frau sei einem Kind gleich. Der Schutz des Mannes gab Caroline von Dacheröden das Gefühl, ein solches Kind zu sein:

„Ja, die Ruhe und die Sicherheit des Zusammenseins wird meinen Gefühlen eine noch schönere Farbe geben, ein süßeres Leben über mich ausgießen – ach, ich bin ein Kind – ich kann mir's möglich denken, wie ich im Anfang unsres vereinten Lebens durch einen Laut Deiner Stimme, eine Umarmung mich werde überzeugen müssen, daß mein schönes Dasein mehr als Traum, daß es Wahrheit und Wirklichkeit ist“ (an Wilhelm von Humboldt, Burgörner, 13. 6. 1790; Sydow I, 162).

Auch sprachlich wurde sie zum Kind, indem sie in einer Art Kindersprache schrieb:

„Am Tage will Li eine vernünftige Person sein, Bills treue, sorgsame Hausfrau, aber am Abend muß sie ein Kind sein dürfen, alles treiben, was ihr in den Kopf kommt, springen, klettern, tanzen, küssen, denn das Küssen schickt sich für jede Rolle“ (an Wilhelm von Humboldt, Erfurt, 4. 11. 1790; Sydow I, 265).

Der gleiche Wunsch tauchte bei Caroline Böhmer-Schlegel-Schelling auf. Sie wollte zum Kind werden, das seinen Kopf an die starke Brust Schellings lehnen konnte.
Die Unterlegenheit fand hier eine symbolische Übersteigerung: Die Frau wollte sich schwach zeigen, damit der geliebte Mann um so stärker erscheinen konnte.

4. Die Seelengemeinschaft

Wann immer von einer tiefen und engen Beziehung zwischen Frau und Mann die Rede war, fiel der Begriff „Seele". Nicht nur Gefühl, Verstand und Sinnlichkeit wurden als Teil einer solchen Beziehung verstanden, sondern auch die Seele. Die „Seelengemeinschaft" wurde damals von vielen als Voraussetzung einer derartig tief empfundenen Beziehung gesehen. Wo sie bestand, brachte sie die besondere Qualität der Beziehung zum Ausdruck. Die Seelen der Liebenden mußten sich nahe sein. Caroline von Beulwitz maß der „Seelennähe" vor allem in schlechten Zeiten großen Wert bei, wie aus einem Brief an Friedrich Schiller hervorgeht:

„So wie Sie hat es noch Niemand verstanden die Saiten meines innersten Wesens zu rühren – bis zu Thränen hat es mich oft bewegt, mit welcher Zartheit Sie meine Seele in trüben Momenten gepflegt, getragen haben" (Rudolstadt, 18. 11. 1788; Fielitz I, 121).

Der Begriff „Seele" war Kernbegriff einer besonderen Art der Beziehung, die nicht unbedingt identisch mit einer ehelichen Verbindung war, wie dieses Beispiel zeigt. Bei den Beziehungen mit einem so hochsensiblen Mann wie Friedrich Schiller räumten die Frauen den Begriffen „Seele" und „Seelengemeinschaft" einen hohen Stellenwert ein. Dies war auch bei Charlotte von Kalb der Fall. Ebenso sprach die Frau, die Schiller schließlich heiratete, von einer Seelengemeinschaft mit Schiller:

„Nur in so fern bin ich ruhig mein lieber daß ich nun weis daß Du mich liebst, daß sich unsre Seelen gestanden, daß sie unzerreißbar fest verbunden sind" (an Friedrich Schiller, Rudolstadt, 27. 8. 1789; Fielitz II, 17).

Das Ideal einer solchen Verbindung, die auch Wilhelm von Humboldt und Caroline von Dacheröden anstrebten, war eine Übereinstimmung auf einer für andere Personen nicht faßbaren Ebene. Dies kam einer Verschmelzung beider Personen zu einer Identität gleich. Caroline schrieb an Wilhelm von Humboldt:

„Was ich so gern denke, Wilhelm, und was mir immer gewisser wird, ist, daß dieses innige Verständnis der Seelen, dieses leise überfließen immer mehr zunehmen muß, je höher wir steigen, je vollkommener wir werden, daß wir immer mehr eins werden müssen in unsern Gefühlen und daß mit der Veredlung unsres Wesens notwendig solche Liebe wie die unsre zunehmen muß" (Erfurt, 4. 1. 1789; Sydow I, 16).

Caroline wollte dem geliebten Mann ihre Seele schenken, um sie von ihm neu schaffen zu lassen. Eine Art Austausch der Seelen sollte dabei stattfinden:

„Und nun, da in meiner Seele alle Gefühle, die sonst nur die Folgen einziger, ausschließender Liebe sind, ihr vorangegangen, dürft ich da mir nicht sagen, daß ihre Blüte unsterblich ist? Daß Du mein sein wirst, ich Dein, in allen Wandlungen unsres Wesens? O Wilhelm, – komm in meine Arme, daß meine Seele in Dich überströme und ich die Deine empfange“ (Auleben, 22. 6. 1790; Sydow I, 175).

Caroline schlug hier eine Brücke zwischen Seele und dem Erotisch-Körperlichen. Zurückhaltender formulierte Dorothea Veit-Schlegel ihre Liebe zu Friedrich Schlegel:

„Täglich fühle ich mich in der Seele mehr und näher an ihn gezogen, und recht fühle ich das Glück mit ihm zu leben“ (an Friedrich Schleiermacher, Paris, 21. 11. 1802; Raich I, 110).

Körperliche Gesten, Umarmungen und Küsse sollten nach außen die seelischen Empfindungen wiedergeben. Caroline von Dacheröden versuchte, das Übermaß an Gefühlen durch eine äußerliche Geste der Umarmung auszudrücken:

„Wilhelm, ich kann Dir nicht sagen, wie mir ist, aber ich möcht es zusammendrängen in eine Umarmung und es so in Deine Seele legen“ (an Wilhelm von Humboldt, Erfurt, 4. 1. 1789; Sydow I, 16).

Erotisch-körperliches und seelisches Verlangen flossen ineinander. Caroline faßte ihre zärtliche Sehnsucht nach Wilhelm in den Wunsch nach körperlicher Verschmelzung:

„Ich träume mich in Deine Arme, und meine Lippen berühren die Deinen“ (an Wilhelm von Humboldt, Burgörner, 16. 6. 1790; Sydow I, 165).

Geradezu sinnlich formulierte Caroline Böhmer-Schlegel-Schelling ihre Zuneigung zu Schelling:

„Ich habe Dich innig lieb, ich küsse Deine Stirn, Deine beyden lieben Augen und den süssen Mund“ (an Friedrich Schelling, Braunschweig, Oktober 1800; Schmidt II, 5).

Und noch offener sprach Dorothea Veit-Schlegel ihre erotische Erwartung aus:

„O mein herzensliebster, herrlicher Friedrich, wie zittere ich vor Begierde, Dich zu sehen“ (an Friedrich Schlegel, Wien, 12. 8. 1809, Raich I, 371).

Liebe und Leidenschaft

Caroline von Dacheröden zeichnete in einem Brief an Wilhelm von Humboldt eine intime Szene, in der sie ihre Vorstellung auch von körperlicher Unterwerfung in einer anbetenden Haltung dem Geliebten gegenüber zum Ausdruck brachte:

„Laß mich hingegossen vor Dir Deine Knie fest umschließen und mit nassen Blicken zu Dir hinaufsehen und bitten – ach, ich fühle in demselben Moment doch Deine Liebe, Deine wahrlich überschwengliche Liebe!“ (Erfurt, 11. 10. 1790; Sydow I, 245).

In der Position des Kniefalls konnte Caroline zeigen, was sie für Wilhelm empfand: sich selbst als unwert, den Partner gottähnlich. Der Austausch von seelischen und körperlichen Berührungen fand in dem Moment statt, als er sie zu sich emporhob. Caroline schilderte diese körperliche Liebe so:

„Teurer, geliebter Mann, wenn in begeisterten, in den schönsten Momenten meines Daseins ich Dich ganz empfinde, allbelebend das Gefühl Deiner Schönheit sich über mich ergießt, neigt sich meine Seele vor Dir in heiliger Anbetung – so empfange ich Dich in meine Arme, aber Du ziehst mich hinüber zu Dir mit der Glut Deiner Seele – es strömt mein innerstes, geheimstes Leben Dir zu –, mein Wesen wagt es, *Eins* zu werden mit dem Deinen – Eins mit dem Urbild aller Schönheit und Größe, die ich so ewig in Dir empfinde –. O Du Einziger, was soll ich Dir sagen, Du hast diese Momente trunkener Seligkeit mit mir empfunden, Du hast so oft die Tränen der Wonne mit brennenden Küssen von meinen Wangen aufgetrocknet – komm zurück, daß ich sie wieder weine, und Du mir den höchsten Genuß gebest, den Menschen Menschen zu geben vermögen – mir, die ich's nicht verdiene, die ich's in der höchsten Vollendung meines Wesens nie verdienen könnte, mir gib diesen Genuß, Du bist ja mein, und für mich ist ja nirgend mehr ein Dasein als allein das, das ich aus Dir schöpfe“ (an Wilhelm von Humboldt, Rudolstadt, 26. 7. 1792; Sydow II, 11).

Die Spannung, die sich in der Polarität von Frau und Mann aufbaute, löste sich in einem Rausch der Leidenschaft auf. Die unterlegene Frau und der überlegene Mann fanden zueinander in einer sich hingebenden Einheit, in der Körper und Seelen verschmolzen, um nach dem erlebten Höhepunkt wieder auseinanderzufallen und die Spannung wieder neu aufzubauen. Caroline erfuhr in dieser Art seelischer und körperlicher Begegnung ein hohes Maß an Zufriedenheit und Glück.
Doch nicht immer war die körperliche Liebe für Frauen ein Genuß. Gerade innerhalb der körperlichen Beziehung wird der Unterschied von Konvenienzehe und Liebesehe deutlich. Therese Forsters Ehe mit Georg Forster ermangelte es der „Seelennähe“ und damit auch der sexuellen Erfüllung. Therese schrieb darüber:

„Wie ich heyrathete, war ich unschuldiger als ein Kind. Ich ward erst vier Wochen nach meiner Hochzeit Frau, weil die Natur uns nicht zu Mann und Frau bestimmt hatte. Ich weinte in seinen Armen und fluchte der Natur, die diese Qual zur Wollust geschaffen hatte – endlich gewöhnte ich mich daran – in Polen machte ich ihn glücklich, aber Liebe genügte ihm nicht, obschon er dort glauben muste, ich liebte ihn, den meine Briefe an Meyer, die er sah, störten ihn nicht, so schwärmerisch sie waren. Nun kamen wir zurück, und er wurde elend, den nun sah er, ich hatte ihn nie geliebt. [. . .] Forster hatte damals meine Seele empört – er wuste, ich liebe einen Andern – er war der Vertraute meiner Unklugheit – er hätte mich einen stillen Lebensweg führen können und bestürmte mich mit Sinnlichkeit. Nun fiel ich in Verzweiflung. Ich war allen Gefühl abgestorben, und verfolgte jede Spur desselben mit fanatischer Bitterkeit. Nur Forsters Wohlstand, sein Hauswesen war meine Absicht – ihn muste ich immer, immer gut sein – er war mir theuer und werth in jeder Rücksicht, wo ich nicht sein Weib war, aber wo ich seine Sinne berührte, muste ich mit den Zähnen knirschen. Ich sah mich endlich vor eine Hündinn an, die das Männchen niederwirft – ich sah es wie die Erniedrigung der Menschheit an – ich hatte einen Grad menschenhaßender, alles Gefühl verabscheuender Bitterkeit, die seinen guten Herzen wohl meistens entging" (an Caroline Böhmer, Neuchâtel, 25. 2. 1794; Schmidt I, 324).

Der Mangel an Liebe machte für Therese die sexuelle Beziehung zu Georg Forster zur Unterdrückung. Die körperliche Vereinigung, die Caroline in der Liebesbeziehung als Verschmelzung positiv und bereichernd fand, hatte für Therese etwas Tierisches. Sie wurde unterworfen, unterwarf sich auch selbst und litt daran. Für Caroline von Beulwitz dagegen hatte Leidenschaft etwas Positives, Erstrebenswertes. Liebe und Leidenschaft gehörten für sie zusammen:

„Leidenschaft, dünkt mir, ist ein so inniges Gefühl der Vollkommenheit eines Gegenstandes, daß es die ganze Seele, ihre ganze Genußfähigkeit gleichsam verschlingt. Ein beständiges Streben, Sehnen nach diesem Gegenstand, das eine Taubheit des Gefühls für Alles was er nicht ist und nicht im Verhältniß mit ihm ist, begleitet. Ein Verlieren seiner selbst in einem andern. Ich kenne diesen Zustand eigentlich nicht aus Erfahrung und glaube, daß nicht alle Menschen darein kommen können, und rechne es auch nicht unter die vorzüglichsten Eigenschaften eines Menschen, daß er desselben fähig ist. [. . .] Leidenschaftliche Liebe kann nie Gleichgültigkeit oder Abscheu werden, wenn sie rein und edel ist, aber sie kann eine sanfte wärmende Flamme werden aus einem Feuer, welches das Wesen des Menschen verzehrte – [. . .] Diese leidenschaftliche Liebe, dieses ganze Hingeben der Seele und des Lebens entsteht, wie micht dünkt, leichter zwischen Männer- und Frauen-Seelen, weil man sich gegenseitig mehr zu geben hat. Männer haben mehr Vernunft und Stärke, und Frauen mehr Gefühl und Feinheit" (an Wilhelm von Wolzogen, 1787; Hase II, 114).

Auch sie machte eine unterschiedliche Qualitätseinstufung von Weiblich und Männlich. Die Frau galt als Gefühlswesen, der Mann als Vernunftwesen. Diese Dualität erzeugte dieselbe Spannung, die Caroline von Dacheröden mit der Beschreibung von Leidenschaft, vom Ineinander-Aufgehen von Körpern und Seelen und der damit erreichten Auflösung der Spannung aufzeigte.

Aufblühen durch Liebe

Eine Liebesbeziehung gab jenen Frauen ein neues Lebensgefühl. Sie gewannen bei aller Unterordnung neues Selbstbewußtsein durch die Zugehörigkeit zum Partner. In der Ehe fanden sie den Sinn des Lebens und einen emotionalen Ausgleich. Doch nicht nur die Ausgeglichenheit nahm zu; durch gelebte Liebesbeziehungen gab es auch eine Art Aufblühen der Frau in der Liebe. Nicht ohne Grund verwendete Caroline von Beulwitz-Wolzogen dafür Begriffe aus der Natur:

„In der höchsten Stimmung der Gemüther zu einander, in der Liebe, umgibt uns eine eigne, feinere, reinere Aetherluft, welche Laute unsers Wesens fortpflanzt, unvernehmbar denen, die die Luft der Erde einathmen. Das ganze geistige Wesen entfaltet neue Organe, und die Gewißheit, in einem schönen Herzen sein ganzes Wesen abgedruckt zu sehn, lockt himmlische Blüthen hervor, die sonst kalt und geschlossen geblieben wären" (Gedankenlese; Hase I, 117).

Das Gefühl der Ausgeglichenheit durch Liebe kam mit der Verlobung, durch die Ehe, durch eine heimliche Liebschaft, durch eine glückliche Beziehung. Um eine derart glückliche Frau handelte es sich nach dem Eindruck Caroline von Dacherödens bei ihrer Freundin Lotte Schiller:

„Lottgen hat so in allem den süßen Ausdruck der Ruhe, der Zufriedenheit, des innigsten Wohlseins – es wird mir wohl und weh, wenn ich sie neben Schiller sehe, wenn sie sich öffentlich Du nennen und er sie ‚liebe Frau' ruft" (an Wilhelm von Humboldt, 1. 1. 1791; Sydow I, 349).

Die Ausgeglichenheit war Ergebnis eines liebevollen Verhältnisses; das Recht auf ihr individuelles Glück war dagegen Anspruch dieser Frauen. Ob von kurzer oder längerer Dauer, der Wunsch – in den Armen eines Mannes – glücklich zu werden, blieb zentral.
Neben dem Bedürfnis nach diesem Glück stand das nach Harmonie, das sich im Wunsch nach Nähe und Intensität zeigte. Möglichst nahe mußte der Geliebte sein. War er es einmal nicht, kam es bei den Frauen zu einem heftigen Trennungsschmerz, wie Agnes von Stolberg-Stolberg klagte:

„Diese Trenn[un]g von meinen Stolberg der mir Leben Glück Freude und Alles ist, hat einen Schleier über mein Leben geworfen wovon es doch immer eine Dunkelheit behalten wird die selbst der Lichtstrahl des Wiedersehns nicht verdrängen kann, noch zulezt wird ihr Andenken ein Grauen und eine Bangigkeit in meiner Seele zurücklaßen, die mich im Genuß des Süßesten Glückes das sein wird was einem Bösewicht ein böses Gewissen sein mus. Dies Leben ist zu kurz um sich von einen solchen Schlag ganz wieder zu erhohlen. Was braucht man viel den Tod mit seiner Trennung zu fürchten wenn Menschen dies können!" (an Ernestine und Johann Heinrich Voß, Tremsbüttel, 10. 11. 1785; H).

Ähnlich, wenn auch nicht so in Pessimismus verfallend, ging es Caroline von Dacheröden. Ihre Sehnsucht war ganz auf das Wiedersehen, auf das Neubeginnen des harmonischen Zusammensein ausgerichtet:

„Mein ganzes Wesen ist in dem wunderbarsten Aufruhr. So gewiß ich weiß, daß Du heute nicht kommen kannst, dennoch stürz ich ans Fenster wenn ich von fern einen Wagen die Straße heraufrasseln höre, und das Blut strömt fiebrisch durch meine Adern. Ach, jeder Moment vergrößert die unsägliche Wonne und Qual dieses Erwartens – Wilhelm, Wilhelm, und wo bist Du!" (an Wilhelm von Humboldt, Erfurt, 2. 4. 1791; Sydow I, 439).

5. Eifersucht

Die Liebesbeziehung, die selbstgewählte Partnerschaft, schloß die Eifersucht ein. Sie spielte im Kampf um den richtigen Partner eine große Rolle. So standen sich Caroline Michaelis und Therese Heyne schon als junge Mädchen als Rivalinnen gegenüber. Therese war die empfindlichere und schrieb darüber:

„Hätte unser Interesse als Mädchen nicht so oft sich gerieben, und wüßt' ich nicht daß sie ehemals von meiner Freundin meine Feindin ward, so würde sie mein liebster Umgang seyn" (an Sömmering, Göttingen, 6. 6. 1784; Waitz, 15).

Eifersucht tauchte auf, sobald sich die Zuneigung von zwei Frauen zu einer anderen Person, vor allem wenn dies ein Mann war, kreuzte. So verhielt es sich im Verhältnis zwischen Schiller, Lotte und ihrer Schwester. Friedrich Schiller liebte beide Frauen, und beide Frauen wußten von seiner Liebe zu ihnen. Doch Lotte war nicht in der Lage, die Aufteilung von Schillers Liebe zu verkraften. Sie wurde geplagt von der Angst, die Schwester könne Schiller mehr bedeuten als sie selbst. In ihrer Not wandte sie sich an ihre Freundin Caroline von Dacheröden, die sie zu trösten suchte:

„Es ist eine enge, irrige Vorstellung, meine Liebe, wenn wir glauben daß es nur einen Ausdruk für daßelbe Gefül gebe, und nüanzirt sich anders in jedem Individuum und für jedes Individuum und diese geistigen Gestalten vervielfältigen sich ins Unendliche bei Menschen wie = [bedeutet Schiller].
Ich begreife ser gut wie = [Schiller] dich anders liebt, wie Linen [ihre Schwester Caroline], um dich so zu lieben wie sie müstest du der getreue Abdruk ires Wesens sein, und wo fändest du in der Welt zwei ähnliche Geschöpfe, aber er liebt dich darum nicht weniger. [. . .] Sein heiliges Herz umfaßt Euch beide, vermischt Euch und doch steht ir wieder allein und verschieden in seiner Seele, jede in schöner eigner Grazie, jede im verschiedenen Ausdruk desselben Gefüls" (Caroline von Dacheröden an Lotte von Lengefeld, Erfurt, 3. 11. 1789; Fielitz II, 103).

Dieser gut gemeinte Trost konnte Lottes bohrende Zweifel nicht beseitigen. Caroline gab ihr deshalb den Rat, ihre Gefühle Schiller anzuvertrauen:

„Wenn es dauren solte, meine Lotte, und du fültest daß du die Idee = [Schiller] liebe Line mer als dich nicht als eine kranke Vorstellung hinwegräumen köntest, so wäre mein Rat, dich mit = [Schiller] darüber zu erklären. An der heiligen Wahrheit seines Herzens kanst du nicht zweifeln" (Erfurt, 18. 11. 1789; Fielitz II, 140).

Da Lotte ihre Eifersucht zunehmend quälte, schilderte sie schließlich doch Schiller andeutungsweise ihre Probleme. Seine Antwort, er liebe sie beide, sie und ihre Schwester, konnte Lotte natürlich auch nicht zufriedenstellen. Sie entschloß sich zwei Monate später, Schiller zu einer

Entscheidung zu zwingen. Sein Entschluß für sie ließ ihre Eifersucht abklingen.
Doch der Kampf um Schillers Zuneigung, den sie gegen ihre Schwester führte, war nicht der einzige, den Lotte ausfechten mußte. Als Rivalin trat auch Charlotte von Kalb auf. Diese pochte auf Vorrechte bei Schiller, da er schon eine Beziehung mit ihr eingegangen war. Eifersucht und Angst vor Verlust beherrschte beide Frauen. Lottes Briefe an Schiller waren gespickt mit Abwertungen der Rivalin. Sie versah diese mit Eigenschaften, die in ihren Augen unweiblich waren:

„Nein gewiß Lieber sie ist nicht gemacht dir zu gehören, sie hat so viel Härten in ihren Wesen, die Dich nicht glücklich gemacht hätten" (an Friedrich Schiller, Weimar, 22. 1. 1790; Fielitz II, 254).

Vor der langersehnten, umkämpften Heirat mit Schiller erhielt Lotte gar einen bösartigen anonymen Brief, den sie Charlotte von Kalb zuschrieb. In ihm hieß es:

„Eine Person welche immer Wohlwollen gegen Sie gehegt hat, giebt Ihnen den guten Rath sich nicht so um den Herren Rath Schiller zu bemühen weil Sie sich dadurch lächerlich machen und sehr viel durch seinen Umgang von dem was Sie sonst waren verlohren haben. Ueberhaupt findet mann durch den Umgang mit Dichtern kein Glück in dem sie alle einer mehr einer weniger Fantasten sind und vom wahren Glücke des Lebens weit entfernt. Jagen Sie nicht so nach Poeten sondern bilden Sie sich lieber zu einer guten Haußfrau, denn es giebt wenig Männer die dergleichen Weiber ernähren können" (Fielitz II, 307).

Bevor sie sich gegen die Rivalin durchsetzen konnte, gab Lotte jede Art von Klatsch über Charlotte von Kalb an Schiller weiter. Sie schrieb ihm:

„Die I[mhoff] hat mir erzählt, die K[alb] wäre unzufrieden mit ihrem Mann, aus Eifersucht, weil er ihr nicht immer treu wäre, die K[alb] hätte es ihr so hingeworfen. Ich habe einiges von der K[alb] gehört, was ich mir nicht so von ihr gedacht hätte; sie muß erstaunend heftig sein, oder ist es der I[mhoff] nur so vorgekommen, du solltest es einmal hören" (Kochberg, 1. 11. 1789; Fielitz II, 83).

Es kam auch zu heftigen Szenen zwischen beiden Frauen, aus denen Lotte als „Siegerin" hervorging, da sie kühl und sachlich bleiben konnte. Als Schiller und Lotte heirateten, kam es dann zu dem von Lotte gewünschten Bruch Schillers mit Charlotte von Kalb. Mit den Jahren änderte sich schließlich das Verhältnis der beiden Frauen zueinander. Es gelang ihnen, eine unbelastete Freundschaft miteinander zu führen.

IV. Schwangerschaft und Geburt

Ende des 18. Jahrhunderts begannen Ärzte und Wissenschaftler, sich eingehender mit dem „Objekt Frau" zu beschäftigen. Dabei galt ihr vorrangiges Interesse der Gebärfähigkeit der Frau und den damit zusammenhängenden körperlichen Veränderungen im weiblichen Körper (vgl. Fischer-Homberger).

1. Das Monats„leiden"

Die Menstruation, da waren sich die männlichen Gelehrten einig, begann mit der Geschlechtsreife, kehrte in monatlichen Abständen wieder und blieb aus, sobald die Frau schwanger war:

„In dieser zeugungsfähigen Periode findet bei jedem gesunden Weibe, bis sie schwanger wird, aus den Blutgefäßen des Uterus alle vier Wochen Bluterguß statt, der durch den Muttermund und die Mutterscheide abfließt, gewöhnlich vier Tage anhält, anfangs wie Fleischwasser aussieht, hernach reines Blut wird, und am Ende wieder die Beschaffenheit annimmt, die er im Anfang hatte" (Froriep, 107).

Über die Ursache der Menstruation herrschte unter den Gelehrten allerdings noch Unklarheit. Die einen waren der Meinung, die Menstruation wäre ein Zivilisationsschaden, der daher rührte, daß das weibliche Geschlecht nicht mehr auf natürliche Weise lebte. Andere hielten die Menstruation für eine Krankheit, die bei gesunden Frauen überhaupt nicht auftrete. Wiederum andere waren der Ansicht, die Menstruation wäre ein Abort, der sich monatlich wiederholte, oder aber man hielt sie einfach für eine Folge der durch Erziehung unterdrückten weiblichen Sexualität. Außerdem machte man eine besonders dicke Haut der Frau dafür verantwortlich, die die Körperfeuchtigkeit eher in sich hielte. Dann gab es noch die Theorie, daß es einen Blutüberfluß im weiblichen Körper gebe, der Druck auf die Unterleibsorgane der Frau ausübte. Noch im 18. Jahrhundert meinten manche Ärzte, die Menstruation wäre eine Folge übermäßigen Essens (vgl. Müller-Hess).

Die Mediziner, die von einem natürlichen Blutüberschuß der Frau überzeugt waren, zogen eine Parallele zwischen Frau und Tier: Die Brunftzeit der Tiere ist ebenfalls von einem Blutfluß begleitet. Aufgrund dieser Gleichsetzung von Frau und Tier gingen sie davon aus, daß die Empfängnisfähigkeit der Frau kurz nach der Menstruation am größten wäre. Osianders Lehrbuch für Medizinstudenten führte dies aus:

„Mit der Entleerung des mit Kohlenstoff überladenen Blutes und des Hindrangs der plastischen Lymphe zu den Geschlechtstheilen nimmt die Irritabilität und positive Electricität im weiblichen Körper aufs neue zu, und damit die Geschlechtslust, die um diese Zeit so mächtig erwacht, dass die Zeugungsbegierde nie stärker ist beim weiblichen Geschlecht, als gleich nach der Zeit der monatlichen Periode. – Dasselbe ist der Fall bei den Thieren zur Zeit der Brunst. – In eben diesem Zeitraum aber ist auch die Empfängniss-Fähigkeit am grösten, so dass manche Frauen durchaus nicht anders schwanger werden, als zur Zeit der kaum geendigten monatlichen Reinigung“ (Osiander I, 256).

Diese Ansicht, die empfängnisfähige Zeit der Frau liege unmittelbar nach der Menstruation, hatte wohl zur Folge, daß der Kinderwunsch vieler Frauen, die sich danach richteten, nicht erfüllt wurde. Denn nach heutigen Erkenntnissen liegt die Zeit, in der die Frau fruchtbar ist, etwa 14 Tage vor bzw. nach der Menstruation. Außerdem wurde ein Zusammenhang zwischen dem Auftreten der Menstruation und den Mondphasen angenommen. Osiander schrieb darüber:

„Die Ausleerung selbst richtet sich vorzüglich nach der Mondsphase des Neulichts, um welche Zeit mehr Frauenzimmer menstruirt sind, als zu jeder andern Zeit. Hauptsächlich sind die jüngeren, bei denen noch eine schnellere Sanguification statt findet, gegen den Neumond, die älteren, und diejenigen, deren Sanguification schwächer ist, gegen den Vollmond menstruirt“ (Osiander I, 255).

Das Thema Menstruation war unter Frauen weitgehend tabu. Nur Freundinnen tauschten sich über ihre Beschwerden aus. Ihren Aussagen zufolge litten sie unter der Menstruation wie unter einer Krankheit.

2. Der „Beischlaf“

Die Ärzte bemühten sich, die Fruchtbarkeit der Frau nach bestem Wissen auszunutzen, um so für einen gesunden Nachwuchs zu sorgen. Für sie stand fest, daß von den Umständen zur Zeit der Befruchtung die Gesundheit der Kinder abhängig war. Schon die Wahl des Zeitpunktes der Befruchtung war für sie entscheidend. Positiv auswirken sollte sich demnach zunächst der Zeitpunkt im Zyklus der Frau, nämlich unmittelbar nach der Menstruation, dann die Jahreszeit, das Frühjahr, und schließlich auch die Tageszeit, nämlich der frühe Morgen. Auch die

Stellung beim Geschlechtsakt war entscheidend. Die künftige Mutter sollte dabei auf dem Rücken liegen. Medizinstudenten lernten damals:

„Die Umstände, unter welchen sich die weibliche Zeugungsfähigkeit am stärksten äussert, sind folgende: 1. bei vollkommener Ordnung in Zeit, Quantität und Qualität der monatlichen Reinigung; 2. gleich, nachdem die monatliche Reinigung vorüber ist, 3. bei vollkommener Organisation der Geschlechtstheile und vollkommener Gesundheit; 4. im Frühling; 5. gegen Morgen; 6. in der Rückenlage, und 7. bei mässigem Begattungstriebe“ (Osiander I, 252).

Hinweise, wie Schwangerschaften verhindert werden konnten, fanden sich nirgends. Sie ergaben sich normalerweise aus der Umkehrung solcher Ratschläge. Dies führte natürlich zum gerade unerwünschten schwangeren Zustand, da die fruchtbaren Tage der Frau in der Mitte des Zyklusses, nicht an dessen Anfang liegen.
Über den Befruchtungsvorgang herrschte weitgehend Unklarheit, die ohne weiteres zugegeben wurde. Dem Sperma wurde trotz aller Unsicherheit die Hauptrolle bei der Befruchtung zugeschrieben. Man sprach von „Samenthierchen“, die bis in die Eierstöcke der Frau sich wandernd bewegten. Man ging von der Existenz von Eizellen im weiblichen Körper aus, die dort produziert wurden und die zur Befruchtung notwendig waren. Für den Verfasser des „Rathgebers vor, bei und nach dem Beischlafe“, Gottfried Wilhelm Becker, stand fest, daß der männliche Körper ein bestimmtes Quantum an Säften besaß, auf die der Mann achtgeben mußte und die er nicht verschwenden durfte. Zu diesen Säften zählte er auch das Sperma, dem er die Hauptrolle bei der Befruchtung zuwies:

„Das weibliche Geschlecht hat zwar in Hinsicht des Verlustes, der aus einer Flüssigkeit besteht, weniger, vielleicht gar nichts zu fürchten, in wiefern diese bei ihm in diesem Falle entweder gar nicht statt findet, oder, wenn auch nach der Behauptung mehrerer Aerzte etwas ähnliches gefunden wird, das sich bei dem Beischlafe ergießt, dieser doch auf keine Art mit der des Mannes in Bezug auf Wichtigkeit, mühsame Bereitung und Bestimmung gleich zu setzen ist“ (Becker, 24).

Auch von Dr. Becker wurde der morgendliche Beischlaf empfohlen, der abendliche dagegen nur unter gewissen Voraussetzungen:

„Dies scheint ausgemacht zu seyn, am vortheilhaftesten ist der Beischlaf, unter übrigens gleichen Umständen beim Schlafengehen, wenn a) die Abendmahlzeit mässig und nicht zu spät, d. h. nicht nach sieben Uhr gehalten worden war; wenn b) der Geist selbst frei von allem war, was seine Heiterkeit trüben, d. h. was ihn für den Genuß, der hier seiner harrt, weniger empfänglich machen könnte; wenn c) keine die Kräfte erschöpfende Arbeit, Reise, oder des etwas, am Tage vorgefallen war, die ihm nun die Ruhe nöthiger machen würde, als diesen die Kräfte noch mehr erschöpfenden Genuß“ (Becker, 59).

Dr. Becker riet also zu einer Mäßigung im Sexualleben, da dies einen gesunden Nachwuchs fördere. Folgerichtig wurde von ihm das Schlafen der Ehepartner in getrennten Ehebetten empfohlen:

„Das ist gewiß, bei der nicht völligen Gesundheit des einen oder des andern Gatten, ist das Schlafen in einem Ehebette durchaus nicht rathsam: die Reinlichkeit verbietet dasselbe während der monatlichen Reinigung und des Wochenbettes. Bei zu großer Begierde und zu großer Mühe, sie bei einiger Gelegenheit zu bekämpfen, wird es endlich ebenfalls rathsam seyn, diese so wichtige Gelegenheit zu vermeiden. Dann aber rathe ich nicht allein zu getrennten Schlafstätten, sondern lieber dazu, in verschiedenen, durch Schloß und Riegel abgesonderten, Gemachen zu schlafen. Außerdem ist es gewöhnlich nur ein sehr schwacher Widerstand, den man den Trieben entgegensetzt, die hier so leicht befriedigt werden. In einem andern Falle wird es sich ohne Zweifel am besten so machen, daß zwei aneinander stehende Betten eben so gut ein gemeinschaftliches, als ein doppeltes bilden können" (Becker, 80).

Die „natürliche Begattungsart"

In den medizinischen Ratgebern fanden Unkundige Hinweise auf die „richtige" Stellung beim Beischlaf. Meist war dies die Rückenlage der Frau:

„Die natürliche, in dem Bau des Menschen begründete Begattungsart ist der Beischlaf, Concubitus, eigentlich das Beiliegen, wobei der weibliche Mensch der unterliegende, Succuba, der männliche der aufliegende Theil Incubus s. Compressor, ist. Es giebt aber durch die Noth oder Wollust veranlasste Abweichung, wo nach Art der Thiere, ad modum ferarum, die Begattung durch Coitus et Initus a tergo verrichtet wird" (Osiander I, 227).

Der Beischlaf „nach Art der Thiere" sollte nur in Ausnahmefällen, durch den Körperbau (des Mannes) begründet, stattfinden:

„Der Weg, den die Ruthe des Mannes zu nehmen hat, wird hier ziemlich gegen einen Zoll verkürzt, vorausgesetzt, daß sich das Weib mit den Lenden auch gehörig in die Höhe beuge, daß das Haupt niedriger sey als diese, denn sonst ist die ganze Lage nicht allein ebenfalls unnütz, sondern auch sogar selbst für den Beischlaf, – wie sehr nun vollends für die Zeugung? – unbrauchbar, verhindernd" (Becker, 69).

Vom Beischlaf im Stehen, in sitzender Stellung der Frau und auf der Seite liegend wurde abgeraten. Im übrigen sollte die Frau sich bei der Wahl der Stellung den Wünschen des Mannes fügen. Dr. Becker meinte:

„Wenn auch ebenfalls dem Manne das Recht zusteht, auch in diesem Genusse zu künsteln und ihn auf verschiedene Arten zu erproben, so hüte sich doch das Weib, hier eine Stimme haben zu wollen. Mitten im Rausch der Sinne sey doch stets die holde Schaamhaftigkeit in ihrem Busen mächtig. Nie lasse sie diese vernichten. Sie dulde, gleich der sanften Rose, daß der Mann ihre Reize geniesse, aber sie zeige ihm nicht, daß Begierden in ihr toben, die ihre Würde, ihre Achtung vermindern würden. Geilheit und Schaamlosigkeit, Unersättlichkeit im Genusse der ehelichen Freuden schänden das Weib, und entkräften den Mann, erfüllen ihn mit Eckel für ein Wesen, das nie den Genuß suchen, das ihn, nur aus Liebe sich hingebend, gewährend darf“ (Becker, 72).

Aktive Lust und Leidenschaft sollte Männern reserviert sein. Der Frau blieb passive Anteilnahme, wollte sie nicht die Achtung des Mannes verlieren. Passivität war oberstes Gesetz auch für ihre Bewegungen beim Beischlaf: alles in Grenzen. Nach der Aufnahme des Spermas sollte die Frau sich überhaupt nicht mehr bewegen:

„Zugleich ist es, in Bezug auf das Weib, unumgänglich nothwendig, daß sie nach empfangenem Saamen des Mannes so wenig lebhafte Bewegungen mit den Schenkeln und dem hintern Theile des Leibes mache, als möglich. Je gewöhnlicher diese Bewegung ist; je mehr sie den Genuß des Beischlafes erhöhet, desto mehr wird diese Bewegung selbst die Annäherung der beiderseitigen Zeugungstheile verhindern, theils die Vermischung der Saamenfeuchtigkeiten in so fern einschränken, als die des Mannes nicht hinlänglich Zeit gewinnt, sich, in die Gebärmutter eingespritzt, aufzuhalten“ (Becker, 65).

Trotz dieser Tendenz, der Frau eine passive Rolle in der Sexualität zuzuweisen, gab es Hinweise auf: „das Hauptorgan der Wollust bei dem Weibe“, die Klitoris (Froriep, 92). Dr. Becker bemerkte:

„Bei dem Beischlafe ist er von der entscheidensten Bedeutung, da in ihm das höchste Gefühl der Wollust ist; da ohne ihn durchaus keine Empfänglichkeit für diesen Genuß statt fand“ (Becker, 113).

Mäßigung im Sexualleben wurde Frauen und Männern gleichermaßen nahegelegt. Das „entzückende Wollustgefühl“ wäre zu stark für schwache Naturen. Daher wäre davon abzuraten, es zu oft zu empfinden. Das „elektrische Feuer“ schwäche außerdem den Körper. Überhaupt sollte der Beischlaf nicht aus Lust und Neigung, sondern aus seiner Zweckdienlichkeit heraus vollzogen werden:

„Der Beischlaf sollte, wie alles für den Vernünftigen, nicht sowohl deswegen Werth haben, weil er Genuß verschafft, sondern vielmehr aus dem Grunde, daß er für einen Zweck vom Schöpfer berechnet ist, den man unter allen auf diesem Erdenrunde für den wichtigsten annehmen kann, für die Erhaltung des Geschlechts der Menschen selbst“ (Becker, 29).

Die Stellung der Frau als Objekt des Mannes wird besonders deutlich, wenn es um Ratschläge zur Vorbereitung des ehelichen Verkehrs ging:

„Seht jenes holde Weibchen, sie weiß es recht gut, wie Reinlichkeit und Niedlichkeit ihres nächtlichen Anzuges das sinnliche Vergnügen gleich sehr befördert und unterhält, wie es ihre Reize immer gleich verschönert, und den feinfühlenden Gatten an sie fesselt. Sie ist sorgfältiger bei ihrem Entkleiden am späten Abend als die kokette Dame bei der Morgentoilette“ (Becker, 41).

Die Frau sollte nach Möglichkeit zuvor ein Bad nehmen und sich mit diversen Düften umgeben. Dr. Becker malte eine Idylle der Sinnlichkeit aus:

„Entfernt wird jeder Geruch, den die auf der Haut vertrocknete Ausdünstung haben könnte. Wohlriechendes Wasser benetzt die lockigen Haare und wird auf die schwellende Ottomane gesprengt, die für den Genuß ehelicher Liebe bestimmt ist. Das feinste reinste Linnen, der weichste Mousselin schmiegt sich an die blendenden Glieder. Nichts wird gespart, die Sinnlichkeit zu fesseln, für die sich selbst der wohlduftende Weihrauchsgeruch in dichten Wolken wirbelt“ (Becker, 42).

Für den Mann galten keine Reinlichkeitsvorschriften, es gab keine Hinweise darauf, wie und ob er sich herausputzen sollte, oder wie er sich beim Geschlechtsakt zu verhalten hätte. Der Mann dominierte, die Frau wurde unter dem Deckmantel der Förderung gesunden Nachwuchses zum Objekt degradiert. Obwohl ihr ein Lustempfinden zugestanden wurde, entsteht der Eindruck, daß gerade dieses Lustempfinden wegtrainiert werden sollte. Das Sexualleben sollte von Vernunft und Mäßigung geprägt sein, nicht von Lustempfinden und Leidenschaft.
Mäßigung im Sexualleben bedeutete für die Frauen wohl auf der anderen Seite auch eine Reduzierung der Schwangerschaften, was sicher nicht wenig zur höheren Lebenserwartung beitrug.

3. Die Schwangerschaft

Eine sichere Methode zum Nachweis einer Schwangerschaft gab es Ende des 18. Jahrhunderts noch nicht. Daher war man auf Spekulationen angewiesen. Als sicherster Beweis galt das Ausbleiben der Menstruation. Daneben suchte man nach äußeren Zeichen und stellte ungewisse und gewisse Zeichen einer Schwangerschaft fest. Zu den ungewissen Zeichen, die im übrigen auf Beobachtungen und Berichten der Ärzte gründeten, zählten: eine angenehme Empfindung beim Geschlechtsverkehr auf der Seite der Frau, die mit der des Mannes übereinstimme, Schauder, Ohnmacht, Mattigkeit und Neigung zum Schlaf nach dem Verkehr, eine Veränderung der Gesichtsfarbe und:

„Eine Abneigung gegen den, von welchem die Frau empfangen hat“ (Osiander I, 366).

Von den weiteren 39 aufgeführten ungewissen Schwangerschaftszeichen, die sich auf körperliche Veränderungen bezogen, gelten heute noch als Begleiterscheinungen einer (sicheren) Schwangerschaft:
Schlafsucht und Melancholie, Gesichtsausschläge, Erscheinen von Leberflecken, das Größer-Werden der Brüste und das Erscheinen von blauen Adern auf den Brüsten, eine Veränderung der Farbe der Brustwarzen und:

„Aus den Brüsten und durch die Warzen lässt sich Milch ausstreichen, oder fliesst auch wohl von selbst hervor" (Osiander I, 376).

Die Geruchsnerven und der Magen werden empfindlicher, Übelkeit und Erbrechen sind die Folge. Außerdem erscheinen oft Krampfadern an den Beinen. Der verstärkte Trieb zum Diebstahl zählt allerdings zu den heute nicht mehr gültigen Schwangerschaftszeichen.

Zu den damals gewissen Schwangerschaftszeichen gehörten:

„Active, gegen die untersuchende Hand reagierende Bewegung der Leibesfrucht"

die der Arzt aber erst in der 20. Schwangerschaftswoche feststellen konnte, sowie:

„das deutliche Gefühl eines vorliegenden Kindestheils, welches der Geburtshelfer bei der innern Untersuchung wahrnimmt"

und:

„das Gefühl der Eyhäute und Nachgeburtstheile durch den bereits zum Theil geöffneten Muttermund" (Osiander I, 405).

Die Ärzte waren erst nach 5 Schwangerschaftsmonaten in der Lage, diese mit Sicherheit zu bestätigen. Selbst die Frauen bemerkten ihren schwangeren Zustand vorher oft genug nicht.
Lotte Schiller und ihr Mann meinten, es handelte sich um eine schlimme Krankheit, als sie oft Übelkeit plagte. Beide scheinen mit einer Schwangerschaft nicht gerechnet zu haben. Friedrich Schiller schrieb darüber einem Freund:

„Meine kleine Maus wird mir in sechs bis acht Wochen ein großes, großes Geschenk machen. Sie hat sich Anfang dieses Jahres sehr oft übel befunden, daß mir für ihre Gesundheit ernstlich bange ward, und Sie können denken, theurer Freund, daß der Anblick ihres Leidens und die Furcht, sie vielleicht ganz und gar zu verlieren, meinen eigenen Zustand mir schwer genug machen mußte. Aber wie angenehm hat sich dieses unglückliche Räthsel ihrer Zufälle gelöst. Sie ist schon im achten Monat schwanger, und ich sehe mich nicht bloß von einer schweren Besorgnis befreit, sondern blicke noch einer der schönsten Lebensfreude, nach der ich so lange mich gesehnt habe, entgegen" (an Bartholomäus Fischenich, Jena, 25. 7. 1793; Hennes, 34).

Lotte Schiller litt sehr unter der ersten wie unter der zweiten Schwangerschaft. Auch diese wurde erst nach dem fünften Monat festgestellt.
Mit ihren Beschwerden stand sie nicht allein, denn fast allen Schriftstellerinnen war die Schwangerschaft beschwerlich – einmal wegen fortdauernder Übelkeit, zum anderen wegen körperlicher Bewegungsunfähigkeit. Vor allem die körperlichen Leiden und deren Einfluß auf die Stimmung wurden negativ empfunden.
Caroline von Humboldt schilderte Lottes Zustand drei Wochen vor der Entbindung ihres vierten Kindes:

„Lolo aber schien ungemein angegriffen und hatte um die Augen so tief liegende Züge. Sie kommt auch im Julius nieder“ (an Wilhelm von Humboldt, Erfurt, 18. 4. 1804; Sydow II, 144).

Ganz anders als bei der Menstruation oder gar dem Sexualleben wurde eine Schwangerschaft nicht schamhaft verschwiegen. Die Schwangere berichtete darüber, sobald sie sich sicher war. Briefe gingen hin und her, Informationen wurden ausgetauscht. Trotz alledem waren diese Frauen selten in der Lage, eine Schwangerschaft früher als im 5. Monat zu erkennen. Ebensowenig bemerkten sie die Veränderungen ihres eigenen Körpers in den ersten Schwangerschaftsmonaten. Grund dafür könnte sein, daß eine Schwangerschaft meist nur Unannehmlichkeiten mit sich brachte. So wurde sie bis zu dem Zeitpunkt ignoriert, an dem dies nicht mehr möglich war.

Angst und Leiden

Vor allem die erste Schwangerschaft stellte etwas Bedrohliches dar. Die Gefahr einer Geburt, das Unbekannte, verursachte eine oft beklemmende Angst. Solche Ängste äußerten sich für Caroline Böhmer während ihrer ersten Schwangerschaft in einem Gefühl der Kälte, Dunkelheit und Abgeschlossenheit:

„Mit Trauer seh ich den Schnee, die Scheidewand zwischen mir und der Welt; es ist so ganz wieder das Gefühl vom vorigen Winter; so entblätterten sich die Bäume, so schwärzten sich die Tannen und der Wind rauschte an meinem einsamen Zimmer, die Wolken wallten in tausend Gestalten über uns hin – ich lebte nicht in der Gegenwart, sondern in der Hofnung des Frühlings, und deßen, waß er bringen würde – das war der einzige Unterschied. Jezt hab ich mein Kind, jezt genieße ich des Guts, auf das ich harrte, und welch ein Kind! Meine Auguste ist ein reizendes Geschöpf“ (an Lotte Michaelis, Clausthal, 9. 11. 1785; Schmidt I, 128).

Agnes von Stolberg-Stolbergs Gebärangst verlor sich nie; noch bei der dritten Schwangerschaft äußerte sie ihre Ängste. Auch Charlotte von Kalb betrachtete ihre vierte Schwangerschaft als körperliche Plage, die nur Leiden und schlechte Stimmungen mit sich brachte:

„Mit dieser Schwangerschaft und andern Leiden des Körpers und den Sorgen, womit ich so zu sagen mein und meiner Angehörigen Schicksal fortwälzen muß, habe ich lange Zeit keine Stunde gefunden, in der ich mich der Ruhe mit gesunder Stimmung hätte überlassen dürfen“ (an Lotte Schiller, Anfang 1796; Urlichs II, 223).

Bei der Mehrzahl der Frauen wurde aber die zweite und folgende Schwangerschaft gelassener betrachtet. Caroline Böhmer registrierte bei der zweiten lediglich Stimmungsschwankungen. Sie fürchtete sich nicht mehr vor dem Gebären, sondern spottete über ihre vormalige Ängstlichkeit. Bemerkenswert, wie sie ihre geänderte Aufnahmefähigkeit für Literatur beschrieb:

„Grüß Louisen Michaelis herzlich, und sie sollte gern kommen. Laß sie gleich was zu lesen mitbringen, nach dem Ideal des Chévalier de Ravannes. Anders gilt nichts vor und nach dem Wochenbett. Gott, wie war ich doch das vorigemal so herunter, daß ich, die den Ariost nie mit der geringsten Bewegung las – wie das in der Übersezung auch wohl nicht möglich ist; sondern über das Gethüm von herzbrechenden und lanzenbrechenden Abentheuern leicht hinweg glitschte, dan mit höchstgereizter Einbildungskraft jeden Riesen und Drachen sah, zischen hörte, und heulen konte, über die Schöne, die ihren unverwundbar geglaubten Hals zur Probe dem Schwerdt darbot. Ganz so arg, dächt ich, könt es auch bey den gleichen Leiden nicht wieder werden, denn ich bin vorher gewafnet, und jene Zeiten waren überall eine Crisis der schwärmenden Vernunft: Wörter, die sehr wohl zusammen paßen, ohngeachtet es nicht so scheint. Recht neugierig bin ich, wie es mir dies mal gehn wird" (an Lotte Michaelis, Clausthal, März 1787; Schmidt I, 157).

Ihre gewandelte Stimmung ließ sie gar euphorisch werden:

„So gräßlich die Welt vorgestern aussah, so schön ist sie jezt, voller Sonnenschein, und Vorbedeutungen des kommenden Gottes – " (a. a. O.).

Sophie Mereaus körperlicher und seelischer Zustand verschlechterte sich während der Schwangerschaft. Sie äußerte schon starke Nervosität, als sie diese nur erst vermutete:

„Ich bin nicht krank, aber es ist mir immer als wenn ich mir die Augen reiben müßte, um aufzuwachen. Ich habe Sehnsucht, und doch gegen Alles Widerwillen, genug, es ist mir unbehaglich" (an Clemens Brentano, Weimar, 24. 9. 1803; Gersdorff, 220).

Caroline von Humboldt litt in ihrer dritten Schwangerschaft unter der körperlichen Bewegungsunfähigkeit. Sie hatte starke Rückenschmerzen, deren Ende sie mit der Geburt herbeisehnte. An die Freundin Rahel Levin schrieb sie:

„Ich bin schmerzlich von Ihnen und so manchen die ich liebe getrennt, denn ich kann nicht schreiben, meine Briefe sind bloße Fragmente – ich kann vor Rükkenschmerzen nicht sizzen, nicht liegen, nicht leben. Sie kennen meine Geduld, denken sie nur liebe Kleine wie ich leide. – In 10–12 Tagen steht mir meine Niderkunft bevor. Ich fürchte mich nicht, im Gegentheil, ich freue mich recht eigentlich und lasse die Hofnung nicht fahren, daß es auch dann besser werden wird, aber doch ists mir wunderbar zu Muthe" (Jena, 6. 1. 1797; Leitzmann, 13).

Kurz vor der Geburt war ihr Optimismus verschwunden. Sie fühlte sich so elend, daß sie mit ihrem Tod rechnete. Der körperliche und seelische Schmerz war derartig heftig, daß sie wenige Stunden, bevor sie ihren zweiten Sohn Theodor (ihr drittes Kind) auf die Welt brachte, einen Abschiedsbrief an ihren Mann schrieb:

„Liebes, trautes Wesen. Es verlangt mich Dir noch ein Wort zu sagen, und Euch, meine geliebten Kinder. Ich hoffe, wir bleiben zusammen. Blieben wir nicht, teurer Bill, so bleibe meinem Andenken hold und den süßen Kindern, auch dem kleinen Wesen, das ich erwarte. Erzähle ihnen allen etwas von der Mutter, die sie geliebt hat über alles. Verzeih mir meine Schwachheiten, ich habe Dein schönes reines Wesen doch gewiß tief erkannt und unendlich geliebt. Lebe wohl. Wenn Du Emilien [das Kindermädchen] bei den Kindern behältst, besonders meine ich bei dem jüngsten, und sie führt sich ganz nach Deinem Willen auf, so wünsche ich, daß Du ihr 300 Reichstaler schenkest, wenn das Kleine so weit ist, daß Du seiner körperlichen Pflege wegen ihrer nicht mehr bedarfst" (Jena, 19. 1. 1797; Sydow II, 26).

Johanna Schopenhauer entdeckte ihren schwangeren Zustand auf ihrer ersten großen Reise nach England. Die Schwangerschaft hielt sie aber nicht davon ab, die Reise zu genießen. Sie fühlte sich während der ganzen Zeit wohl und empfand nur ihre zunehmende Schwerfälligkeit als lästig.

Auch Caroline von Humboldt unternahm während einer Schwangerschaft (ihrer vierten) eine Reise. Mit Mann und Kindern war sie bis zum achten Monat durch Spanien und Frankreich unterwegs.

Das Wohlbefinden in der Schwangerschaft hing zu einem großen Teil von der Einstellung der Frau zu Kindern ab. Wurde das Kind gewünscht und bejaht, als etwas Positives, die Mutter Bereicherndes betrachtet, verlief die Schwangerschaft gut. Das hieß aber nicht, daß keine körperlichen Leiden damit verbunden gewesen wären; nur – die Einstellung dazu veränderte sich. Caroline von Humboldt bewertete beispielsweise ihre achte Schwangerschaft sehr hoch. Der Grund dafür war der Tod dreier Kinder, von denen zwei nur wenige Monate alt geworden waren. Das achte Kind sollte es besser haben als die übrigen; die Mutter wollte es um keinen Preis verlieren. Schon im Mutterleib liebkoste und verwöhnte sie es:

„Mein unaussprechliches Leiden vom vorigen Jahre gibt mir einen eigenen rührenden Genuß meines jetzigen Zustandes, einen solchen, wie ich ihn noch nie hatte. Das Schicksal wird erbarmend sein und mir alles Verlorene in diesem Kinde wiedergeben. Meine Gesundheit ist leidlich, die Unbequemlichkeiten vermindern sich, was bleibt, trägt man mit Geduld. Es ist nichts gegen die Belohnung, die am Ende kommt. Es gibt ja doch nichts Schöneres wie Kinder, und nichts Süßeres, als sie zu bekommen" (an Wilhelm von Humboldt, Rom, 10. 11. 1808; Sydow II, 13).

4. Das Ungeborene

Nur eine der Schriftstellerinnen, Caroline Böhmer, berichtete von besonderer Ernährung und Bewegung während der Schwangerschaft. Damit war sie ihrer Zeit fast voraus, war es doch gerade erst modern geworden, Schwangerschaftsdiät und Bewegungstherapie anzuwenden, die der französische Philosoph Jean-Jacques Rousseau Müttern empfahl, die Einfluß auf das Wohlergehen des Ungeborenen nehmen wollten (vgl. Badinter). Schon während der Schwangerschaft sollte die Frau auf ihre Gesundheit achten, um sich auf eine komplikationslose Geburt richtig vorzubereiten. Auch deutsche Ärzte empfahlen, zumindest mit dem Essen, achtzugeben, im übrigen jedoch seine Gewohnheiten nicht zu ändern:

„Ohne wirkliches Gefühl von Mißbehagen aber trenne sich eine Schwangere nicht von ihrer gewohnten Kost; nur bedenke sie immer, dass je mehr ihr Magen und ihre Gedärme durch die wachsende Gebärmutter in die Enge gepresst werden, desto weniger dieselbe mit vielen Speisen und zumal blähenden belästigt werden dürfen" (Osiander II, 48).

Auch beim Trinken sollte die Schwangere bei ihren Gewohnheiten bleiben. Der Arzt riet außerdem, sich in schwangerem Zustand möglichst wenig zu bewegen:

„Was Bewegung und Ruhe betrifft, so muss eine Schwangere sich so viel mässige Bewegung machen als sie, ohne sich und der Frucht zu schaden, machen kann. Die Bewegung muss daher nie in ungewohnte Anstrengung ausarten, oder in eine tanzende Erschütterung der Leibesfrucht bei wilden Tänzen, oder in ein Hin- und Herwerfen des ganzen schwangeren Leibes beim Fahren auf holprichten Wegen, oder in eine mit beständigem Druck auf den Bauch verbundene Beschäftigung, wie beim Tragen von Lasten vor dem Leibe" (Osiander II, 50).

Heftige Kritik übte Osiander an der üblichen Frauenkleidung. Vor allem während einer Schwangerschaft sollte die Frau auf bequeme Kleidung achten. An den gebräuchlichen Unterhemden kritisierte er:

„Das weibliche Hemd hat jedoch den allgemeinen Fehler, dass es kaum die Hälfte der Brust und der Schultern, auch der Arme bedeckt, als ob alle Frauenzimmer in paradiesischem Klima und noch halb und halb im Stande der Unschuld wandelten. Hals-, Nacken-, Schulter- und Brusterkältung sind aber sehr oft die verkannten Ursachen der Brustentzündung, der Lungeneiterung und der Fehlgeburten" (Osiander II, 54).

Makellos saubere Hemden aus Leinwand, Baumwolle oder Wolle empfahl er allgemein, nicht nur für die Zeit der Schwangerschaft. Mit scharfen und bissigen Worten wandte sich Osiander auch gegen das Tragen von Schnürbrüsten vor und während der Schwangerschaft:

„Das, was den Brüsten die zum Säugen einzig zweckmässige, schöne, conische Form giebt, nämlich das freie Wachsthum nach vorne, wird unter dem Einschnüren ganz unmöglich. Fast alle Frauen drücken ihre Brüste breit, dass beim Stillen eine breite Fläche das Gesicht des Säuglings bis zum Ersticken bedeckt, und die meisten jungen Frauenzimmer zwingen sie heutiges Tages gegen die Achselhöhlen, als wollten sie einst unter den Armen durch stillen" (a. a. O.).

Ebenso bemängelte er die Praxis der Frauen, ihren Unterleib lediglich mit einem nach unten offenen Tuch zu bedecken:

„Die Gewohnheit, von Kind auf diese Theile nur mit einem Umhang zu bedekken, der von unten jeden Zutritt von kalter Luft und Staub erlaubt, macht freilich diese Theile gegen die äussere Luft weniger empfindlich, so wie das blos getragene Gesicht und die Hände durch Gewohnheit weniger von Kälte empfinden, als die übrigen Theile des Leibes. Aber der Zutritt von kalter und unreiner Luft an die offenen Geschlechtstheile und an die stärker als andere Theile des Körpers ausdünstende Hüftgegend ist so wenig gleichgültig, dass vielmehr ein Hauptgrund von grossen weiblichen Beschwerden, z. B. der Schleimflüsse aus den Geschlechtstheilen, des schmerzhaften Fliessens der monatlichen Reinigung, der Hysterie, der Eyerstockentzündungen, und der rheumatischen und gichtischen Schmerzen in dieser Entblössung zu suchen ist" (Osiander II, 57).

Er riet, neben einer Art Umhang nach indianischem Vorbild, der zwischen den Beinen durchgezogen und dann um die Hüften gewickelt wurde, zum Tragen von langen Unterhosen:

„Nichts ist daher ernstlicher einer Schwangeren zu empfehlen, als das Tragen weiter und langer Beinkleider, deren breiter Saum unter den Brüsten den Leib umschliesst, und deren Beinbekleidung bis unter die Waden reicht, zwischen den Beinen aber vollkommen übereinander geht und den Luftzutritt abhält. Solche Bekleidung von baumwollenem oder feinwollenem Zeuge muss unmittelbar auf dem Leibe getragen werden" (Osiander II, 58).

Schuhe sollten flach und bequem sein, damit die Frau nicht das Gleichgewicht verliere. Die Haare durften nicht kosmetisch behandelt werden; sie durften weder gelockt noch fest gebunden werden. Außerdem sollte die Frau hygienische Maßnahmen ergreifen, wie beispielsweise das Baden in warmem Wasser.

5. Die Geburtshelfer

Alle Schriftstellerinnen haben zu Hause geboren. Dies war eine damals übliche Praxis, obwohl Gebärhäuser in beinahe jeder Universitätsstadt mit medizinischer Fakultät existierten. In Jena beispielsweise gab es seit 1778 ein Gebärhaus (vgl. Faßbender).
Geburtshelfer war der Hausarzt, zu dem die Familie in einem engeren Verhältnis stand. Von einer Hinzuziehung einer Hebamme war nicht die Rede; es ist aber wahrscheinlich, daß sie dabei war.
Der Hausarzt, der Lotte Schiller entbunden hat, war Johann Christian Stark, der seit 1784 an der Jenaer Universität lehrte. Stark vertrat eine Synthese aus zwei methodischen Hauptrichtungen der Geburtshilfe jener Zeit. Die einen, wie Friedrich Benjamin Osiander, vertraten eine künstliche Geburtshilfe, die Osiander „Entbindungskunst" nannte; Ludwig Ferdinand Froriep dagegen war ein Vertreter der „Wiener Schule", die eine „natürliche Geburt" befürwortete.

Seit der Mitte des 18. Jahrhunderts lehrten im deutschsprachigen Raum neun verschiedene Geburtshelferschulen unterschiedliche Methoden, die vor allem in der Behandlung schwieriger Geburten voneinander abwichen, wogegen bei leichten und einfachen Geburten die gleichen Behandlungsmethoden angewendet wurden. Prinzipiell unterschied man vier Geburtsarten:

„1. a) natürliche, leichte Geburten
   b) langwierige, verzögernde Geburten
2. schwere Kopfgeburten
3. Steiß- und Fußgeburten
4. schleunige, und gefährliche, mit Blutstürzen verbundene, sowie Mißfälle, unzeitige und frühzeitige Geburten" (Starks Archiv II, 1; 41).

Heute kommen lediglich 3 Prozent aller Kinder in der Steißlage zur Welt; nicht der Kopf, sondern Füße und Hinterteil werden zuerst geboren. Nur ein Teil der Gebärenden fiel also unter die Punkte drei und vier. Den Stand der Geburtshilfe und die Alternativen für die Frauen von damals schilderte ein Geburtshelfer so:

„Wohl unserem aufgeklärten Jahrhundert, wo durch wissenschaftliche Behandlung die Geburtshülfe ihre höchste Stuffen erreichte, manche Mütter drohender Gefahr entrissen, viele nutzbare Weltbürger erhalten wurden; Segen und Dank so vielen würdigen Männern, die es für Pflicht hielten, an diesem wichtigen Fach thätig zu arbeiten, und durch so viele neue Erfindungen diese Kunst zu bereichern. Billigst mußten Gebährende Entsezen haben vor Geburtshelfer, welche mit einem ihrer groben Werkzeuge vor dem Geburtsbette erschienen, deren Anblick schon einer Kreisenden Graußen erweckte, durch welche mörderische Werkzeuge Frucht und Mutter aufgeopfert wurden. Mutter und Kind unentbunden begraben zu sehen, war kein seltsames Phaenomen. Gebährende schätzten sich glücklich, solchen Barbaren zu entgehen, hingegen sich Geburtshelfer, welche ohne Werkzeuge entbanden, anzuvertrauen. Wendungen aber, welche ohne bestimmte Kenntnisse, und ohne bestimmte Anzeige vorgenommen werden, so wohlthätig sie übrigens sind, sind nicht nur zweckwidrig, sondern verursachen ebenfalls Verletzungen, die manche Mutter zeitlebens unglücklich machen. Auch hier starben viele unter der Hand eines unwissenden Geburtshelfers und unter großen Schmerzen. Verletzungen haben also mit und ohne Anwendung der Werkzeuge statt und es bleibt immer eine große Wohlthat für ein Land und dessen Bewohner gute Geburtshelfer und geschickte Hebammen zu besitzen" (Starks Archiv VI, 2; 192).

Hilfsmittel des Geburtshelfers

Der Geburtshelfer hatte bei schwierigen Geburten die Wahl zwischen der Zuhilfenahme von Instrumenten oder der Geschicklichkeit seiner Hände. Heute sind 90 Prozent aller Frauen in der Lage, ohne Hilfsmittel oder Eingriffe zu gebären. Nur 10 Prozent der Frauen hätten also, wenn diese Zahlen auf die Vergangenheit übertragen werden, diese Art der ärztlichen Hilfe nötig.

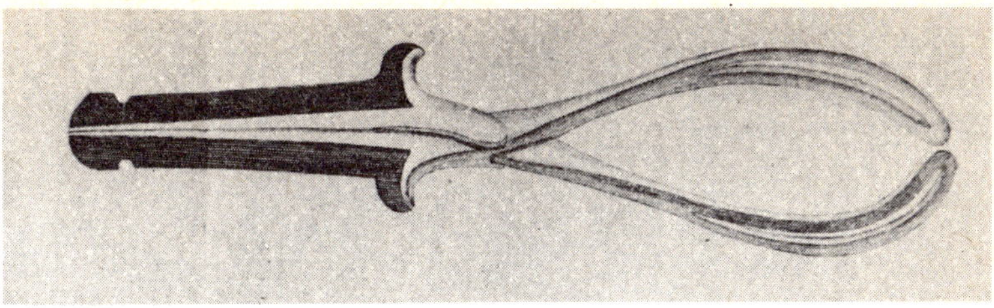

Abb. 35: Gebärzange von J. D. Busch (1796)

Seit dem zweiten Drittel des 18. Jahrhunderts wurde eine Zange zur Geburtshilfe benutzt (vgl. Fischer-Homberger). Jeder Geburtshelfer, der etwas auf sich hielt, entwickelte eine eigene Zange, die alle ungefähr wie auf Abb. 35 aussahen.
Mit dieser Zange packte der Geburtshelfer den Kopf des Kindes und zog es aus dem Mutterleib. Eine Zange wurde in den Fällen angewendet, in denen der Kopf des Kindes nicht durch die Kraft der Preßwehen herausgedrückt werden konnte. Über deren Anwendung berichtete ein Geburtshelfer:

„Wenn die Geburtszange angelegt werden muß, bestimmt schon der Geburtsfall selbst, das heißt: wenn der Wehen ungeachtet der Kopf des Kindes, er mag nun in der obern, mittlern, oder untern Apertur unbeweglich stehen, mit einer Kopfgeschwulst versehen, oder wohl gar mit einer Uebereinanderschiebung der Scheitelknochen, eine widernatürliche Veränderung erlitten haben; und wenn unter diesen Umständen sogar die Wehen nachlassen, lange aussetzen, die Kräfte der Kreissenden sinken; die Geburtszeit weit über den Termin verstrichen, oder mit andern Worten: viele Stunden und Tage, nach dem Wassersprung verlaufen sind, oder wohl gar eine Inflammation der äußeren Geburtstheile zugegen ist, alsdann ist noch das einzige Rettungsmittel übrig, um Mutter und Kind zu erhalten, zur Zange seine Zuflucht zu nehmen“ (Starks Archiv III, 2; 357).

Der Vorläufer der Zange war der Geburtshebel, mit dessen Hilfe man den Kopf des Kindes heraushob.
War das Becken der Mutter zu eng für den Kopf des Kindes, wurde damals schon ein Kaiserschnitt gemacht. Bei diesen schwierigen Fällen mußte sich der Geburtshelfer entscheiden, ob er das Leben des Kindes oder das der Mutter retten wollte. Er erhielt das Kind am Leben, wenn er einen Kaiserschnitt machte. Diese Operation überlebte die Mutter aller Wahrscheinlichkeit nach nicht, denn die Ärzte hatten recht wenig Kenntnis von operativer Hygiene. Wollte der Arzt die Mutter am Leben erhalten, perforierte er, das heißt, er bohrte den Kopf des Kindes an oder zerstückelte den Körper des Kindes im Mutterleib. Eine Perforation war:

„die Verkleinerung des Kopfes, und mit derselben, die Abnahme des Kindes. [. . .] Es ist dies das einzige Rettungsmittel, und diese besteht nach den neuesten Beobachtungen in der geschickten Applikation des scharfen Hakens“ (Starks Archiv IV, 2; 211).

Den Haken benutzte man nur dann, wenn das Kind bereits tot war. Die Geburtshilfe versuchte Ende des 18. Jahrhunderts durch eine Verbesserung der chirurgischen Mittel die Gefährlichkeit des Kaiserschnittes für die Mutter herabzusetzen. Man veränderte die Schnittlinie, die nun längs des Bauches verlief:

„Auch ist durch die neue Operationsart, nach welcher der Schnittpunkt, statt vormals in der Seite, jetzt in der weissen Linie gemacht wird, die Gefahr beim Kaiserschnitt sehr verringert worden. Denn da hierbei weniger Theile getrennt werden, so sind Schmerz und Reiz geringer, und die nachfolgende Endzündung, das Fieber und die krampfhaften Zufälle werden dadurch in eben dem Grade vermindert“ (Starks Archiv V, 2; 340).

Diese Operationen wurden ohne Betäubungsmittel durchgeführt. Die damals bekannten Betäubungsmittel waren Mohnsaft und Opium, über deren Wirksamkeit man sich allerdings stritt. Erst nach der Operation wurde das stärkere Opium zur Beruhigung verabreicht. Vorher nahm der Arzt keine Betäubung vor, da man der Ansicht war, es helfe sowieso nichts.
Ein weiteres Hilfsmittel zur Erleichterung schwieriger Geburten war die Wendung bei Steißlage oder Querlage des Kindes. Hierbei drückte man das Kind von außen in die gewünschte Lage mit dem Kopf nach unten.

6. Die Geburt

Der Geburtsvorgang wurde in fünf Zeiträume eingeteilt: Der Muttermund beginnt sich zu öffnen (1); der Muttermund ist völlig erweitert (2); der Kopf des Kindes tritt in den Geburtskanal ein (3); der Kopf und Leib des Kindes sind geboren (4); die Nachgeburt (5) (vgl. Froriep, 4; Osiander II, 25).
Heute unterscheidet man drei Phasen der Geburt: Eröffnungsphase (Punkt 1 und 2); Austreibungsphase (Punkt 3 und 4), Ausstoßen der Plazenta (Punkt 5, hier als Nachgeburt bezeichnet).
Die Tätigkeit des Geburtshelfers begann während des ersten Zeitraumes. Zunächst untersuchte er die Schwangere. Dies geschah im allgemeinen manuell; nur in den seltensten Fällen durfte er seine Augen zu Hilfe nehmen. Die schwangere Frau war vollständig angezogen und wurde entweder stehend, sitzend oder liegend untersucht. Die Schicklichkeit, so Osiander, erforderte, daß die Frau dabei ihre Kleidung anbehielt:

„Weder bei der äussern noch innern Untersuchung muss der Leib im geringsten entblösst, nicht einmal der Fuß bis über den Waden sichtbar werden, macht irgendein Umstand die Besichtigung einer Stelle am Unterleibe nothwendig, so wird das Kleid oben geöffnet und nur so viel und so lange entblösst, als nöthig ist; daneben alle Vorsicht gebraucht, dass keine unnütze Zuschauer dabei sind" (Osiander II, 212).

Nach dieser Untersuchung ließ der Geburtshelfer seine Instrumente herbeischaffen. Osiander benötigte:

„Eine für die Gebärende und den Geburtshelfer bequeme Geburtsstelle; kaltes und warmes Wasser; eine Bademulde; reines Oel oder Handsalbe; mehrere Handtücher; eine besondere Schürze und Leibchen für den Geburtshelfer; linnene schmale Bändchen für den Nabelrest; die Nabelscheere; die Geburtszange; der Wassersprenger; das Ausdehnungswerkzeug; Aderlasswerkzeuge und das gewöhnliche chirurgische Verbindzeug; Hand- und Fusschlingen; Badeschwämme; blutstillendes Pulver; guter Weinessig; Wein, Zimmttinctur, etwas Laudanum und Bleiessig" (Osiander II, 102).

Froriep, der Vertreter der „natürlichen" Geburtsmethode, hielt dagegen seine Instrumente nur für den Notfall bereit. Er benötigte:

„Fett oder Oel zum Untersuchen, einige Handtücher, ein oder zwei schmale Bändchen (keine Schnüre oder Fäden) zur Unterbindung der Nabelschnur, eine krumme, nicht zu scharfschneidende Nabelschnurscheere mit stumpfen Spitzen, eine kleine Badewanne, eine hinlängliche Quantität kaltes und warmes Wasser, einige Schwämme und eine Mutterspritze; da man nicht weiß, wie die Umstände sich verändern werden, so ist es gut, wenn der Geburtshelfer seine Instrumente bei sich oder wenigstens nicht weit hat. Von Arzneimitteln müssen wenigstens Chamillenaufguß, Riechmittel und einige flüchtige Reizmittel vorhanden seyn" (Froriep, 199).

Anschließend kümmerte sich der Geburtshelfer um die Bereitstellung eines Geburtslagers. Dies konnte ein einfaches Bett sein, das, laut Froriep, so verbreitet werden mußte:

„Man breitet über die Matratze des Bettes, worin die Frau nach der Geburt liegen will, eine gegerbte Rehhaut, deren harrige Seite nach oben gekehrt ist (wenn man diese nicht haben kann, so nimmt man doppeltes Wachstuch); dann macht man die obere Hälfte des Bettes durch eine zusammengelegte Matratze, Stroh- oder Federkissen etwa um einen Fuß höher als die untere und breitet über das Ganze ein Bettuch. Man legt nun die Gebärende so auf den erhöhten Theil des Bettes, daß der Hintere halb frei liegt und die Füße sich auf die untere nicht erhöhte Hälfte des Bettes stützen. Unter den Steiß stopft man noch, um die abfließenden Feuchtigkeiten aufzufangen, einige zusammengelegte Tücher. An die Bettpfosten werden ein paar Handtücher befestigt, an welchen sich die Gebärende beim Verarbeiten der Wehen hält. Durch Unterschieben von Polstern und Kissen, kann man Rücken und Kopf, nach Erforderniß der Umstände, höher oder tiefer legen. Der Geburtshelfer oder die Hebamme steht oder sitzt zur Seite am Rande des Bettes" (Froriep, 300).

Abb. 36: Gebärstuhl von Johann Christian Stark (1791)

Der Gebärstuhl

Osiander empfahl das Gebären auf dem Gebärstuhl, zu dem Froriep nur bei voraussichtlich schwer verlaufenden Geburten riet. Der Gebärstuhl durfte weder zu hoch noch zu niedrig sein.

Osiander entwarf selbst einen derartigen Gebärstuhl:

„Die Sitzfläche muss so beschaffen seyn, dass nicht nur ein Theil der Hinterbakken, sondern jeder Schenkel nach seiner ganzen Länge bis zur Kniekehle aufliegt, und der Ausschnitt muss dem natürlichen dreieckigen Raum, den beide mässig entfernte Schenkel beim Sitzen machen, gleich seyn. [. . .] Diese Sitzfläche muss fest auf vier starken, geraden Beinen stehen; die vorderen Stuhlbeine aber müssen so eingerichtet seyn, dass sie zugleich einen festen Tritt für den Unterfuß haben. Denn vom Knie an müssen die Füße, wenn sie zum Mitarbeiten bei Wehen geschickt seyn sollen, weder gerade ausgestreckt, noch die Knie aufgerichtet und die Ober- und Unterschenkel in einen Winkel gestellt, noch auch die Füsse über den Sitz herabhängend, sondern in einer mässig geneigten Linie auf einen schrägen Tritt festgestellt seyn. [. . .] Der Sitz wird am besten mit starkem Kalbsleder überzogen und mit Rehhaaren handbreit hoch gepolstert. [. . .] Handgriffe, welche die Gebärende zum Verarbeiten der Wehen anfassen soll, werden am besten vorne zu beiden Seiten des Sitzes angebracht, und zwar rund gedrehte hölzerne Griffe, durch die ein starker Riemen geht, der in einem eisernen, in dem Sitzbrett befestigten Krampen sich befindet, und nach Erforderniss der Länge der Arme der Gebärenden kürzer oder länger geschnallt werden kann" (Osiander II, 112).

Diese Stühle waren transportabel und wurden vom Geburtshelfer mitgebracht und aufgestellt.
Die Aktivität des Geburtshelfers steigerte sich in der zweiten Phase des Geburtsvorgangs. Er gab zunächst Anweisungen, man sollte dafür sorgen,

„daß die Gebärende alle lästige, schwere, die Circulation hemmende Kleidung ablege und daß alles, Kniebänder, Ermel, Halstuch etc. so locker als möglich sitze" (Froriep, 297).

Dann mußte sie sich auf das Bett oder auf den Gebärstuhl begeben:

„Auf dem Geburtslager muss die Gebärende mit blossen Hinterleib und Schenkeln liegen, weil sie sonst nicht rein ins Wochenbett gebracht werden kann; sie muss kein langes Kleide, sondern nur ein Hemd und Leibchen anhaben, damit sie nach der Niederkunft ohne Entkleiden ins Wochenbette gehoben werden kann; aber ihr Leib muss vom Hals bis zu den Füssen mit einer leichten Decke oder mit einem Mantel bedeckt seyn der zugleich das Lager zu den Seiten bedeckt, und den Luftzug verhütet" (Osiander II, 119).

Noch immer durfte der Geburtshelfer die schwangere Frau nur bekleidet sehen:

„Während und nach der Geburt muss die Gebärende und Entbundene ohne die dringendste Noth nicht entblösst werden, und der Geburtshelfer hat ohnehin nicht nöthig, seine Augen zu Hülfe zu nehmen; alle seine Geschäfte bis nach völliger Geburt des Kindes muss er nach dem Gefühl, wie ein Blinder verrichten. Ein Geburtshelfer, der, um zu helfen, sehen will oder sehen muss, versteht seine Kunst nicht, und verrichtet sie mit Hülfe des Gesichts gewiss weniger geschickt, als der, der sie ohne solches erlernt hat. Ueberdies erlaubt der Wohlstand, die Achtung und Schonung, die der Geburtshelfer dem gebärende Geschlechte schuldig ist, kein Entblössen, gesetzt auch, die Gebärende mache sich wenig daraus. Der Gedanke, entbunden zu seyn, ohne dass weder der Geburtshelfer, noch die Anwesenden das Geringste von den Geburtstheilen sehen, ist der Entbundenen ungemein beruhigend, und für die Kunst empfehlender und vortheilhafter, als das geschickteste Entbinden bei entblössten Theilen. Der

Geburtshelfer muss es daher auch nicht dulden, wenn Andere, die beistehen, z. B. im Augenblick der Geburt, die Geburtstheile entblössen wollen. Das neugeborene Kind kann gesehen und behandelt werden, ohne daß man nöthig hat, zu sehen, wo es herkam" (Osiander II, 119).

Die Wehen

Die Gebärende war nun auf dem Geburtslager. Nun warteten die Geburtshelfer auf die „Gebärtätigkeit der Natur", zunächst auf die Kontraktionen, die zur „Frucht"-austreibung nötig, laut Osiander aber nicht schmerzhaft waren. Froriep dagegen beschrieb sehr schmerzhafte Wehen:

„Sie sind äußerst schmerzhaft, und kommen sehr schnell hintereinander, und da sich nun noch der Schmerz der Ausdehnung der Geburtstheile zu ihnen gesellt, so bringen sie die Angst und Ungeduld der Gebärenden, ihre Aeußerungen des Schmerzes und ihr Sehnen nach Hülfe auf den höchsten Grad. Der ganze Körper der Gebärenden, vorzüglich ihr Gesicht schwitzt sehr, es stellt sich heftiger Durst, sehr häufig auch Erbrechen ein, der Athem wird kurz, und wird bei dem Verarbeiten der Wehen noch dazu immer angehalten; Arme, Beine und Unterleib zittern, der Blick ist wild und blitzend, oder das Auge ist geschlossen, der Mund wird zum Weinen verzogen, und zuweilen kann die Gebärende sich nicht enthalten, laut zu schreien. Am aller schmerzhaftesten ist aber der Zeitpunkt, wo der Kopf durchschneidet und das Mittelfleisch sich über ihn zurückzieht und erschlafft, denn dann ist die Gebärende fast besinnungslos. [. . .] So wie aber der Kopf geboren ist, lassen für einen Augenblick die Schmerzen nach" (Froriep, 186).

Er wies die Frauen an, diese Preßwehen richtig zu verarbeiten:

„Sie muß zu diesem Behuf Becken und Rücken fixieren, das Kinn auf die Brust halten, damit die Halsmuskeln nicht gespannt sind, sich mit den Händen wo anhalten, ihre Füße anstemmen, und den Athem an sich halten. Die Frau muß aber nicht ohne Noth und nicht länger arbeiten, als eine Wehe dauert. Es müssen ihr dabei die Knie unterstützt, und ein festes rundes Polster unter das Kreuz gelegt werden" (Froriep, 305).

Osianders Hilfe beim Verarbeiten der Preßwehen bechränkte sich dagegen auf einen: „wohl angebrachten Druck im Kreuze" und „ein gemässigt starkes Drücken gegen den ganzen Umfang der äusseren Geburtstheile" (Osiander II, 132).
In der vierten Geburtsphase, kurz vor dem Herauspressen des Kopfes, bemühten sich die Geburtshelfer, einen Dammriß zu verhindern. Mit der Hand wurde ein Gegendruck auf den Damm ausgeübt. Dann holte man mit einem speziellen Handgriff den Körper des Kindes heraus:

„Ueberläßt man das Hervortreiben des Körpers der Geburtsthätigkeit, so giebt man nur darauf Achtung, wohin sich der Kopf dreht. Dreht sich das Gesicht nach dem rechten Schenkel, so legt der Geburtshelfer seine linke Hand unter den Kopf, dreht es sich links, so hält man den Kopf mit der rechten Hand; mit der anderen Hand aber unterstützt man beim Durchschneiden der Schultern, das Mittelfleisch. So wie die Schultern zum Vorscheine kommen, wird der Nacken von der Hand, die bis jetzt unter dem Kopfe lag, zwischen dem Daumen und Zeigefinger (die von einander gespreizt eine Gabel bilden) empfangen, die anderen Finger werden unter die Schulter und zur Seite des Rückens ausgestreckt und das Kind gegen die Seite in die Höhe gebogen, nach welcher das Gesicht gerichtet war. Die andere Hand, die unterdessen das Mittelfleisch noch unterstützt, empfängt und faßt den Steiß so, daß das Kind, so wie es geboren ist, nahe vor den Geschlechtstheile der Mutter auf beiden Händen des Geburtshelfers ruht" (Froriep, 309).

Nach der Durchtrennung der Nabelschnur wurde das Kind einer Helferin übergeben, die es wusch und wickelte. Der Geburtshelfer untersuchte die Mutter und kümmerte sich um die Nachgeburt.

Schmerz und Freude

Einige Schriftstellerinnen berichteten in ihren Briefen über die Geburten ihrer Kinder. Demnach waren bei der Geburt außer dem Arzt noch die Schwester oder die Mutter anwesend. Manchmal war der Ehemann dabei, falls er eine medizinische Ausbildung hatte wie Friedrich Schiller oder selbst Arzt und Geburtshelfer war wie Wilhelm Böhmer.
Keine der Frauen mußte sich, soweit bekannt, einer der beschriebenen Operationen unterziehen.
Caroline Böhmer über die Geburt ihres ersten Kindes Auguste:

„Die lezten 14 Tage über, eingeschloßen in meinem Zimmer vom bösen Wetter und der Furcht vor Ansteckung; zwar wohl Freuden, aber auch Leiden der Mutter im Voraus fühlend – so kam endlich der Tag, der mich in tausend langwierigen Schmerzen und Angst selbst zur Mutter machte. Die lezten Augenblicke vorher trieben meine Anstrengung aufs höchste, denn ich fürchtete, das Kind sey todt – diese Vorstellung, vereint mit dem Anblick des lezten gebrochenen Strahls der Sonne, der in das gegenüberstehende Bett fiel, als wolt er es zu Thränen einweihen – o es war Zeit, daß sie unterbrochen ward. Dann folgte ein nur zu kurzer Rausch der Freude, der sich durchs ganze Haus verbreitete – mein Mann, außer sich über das gerettete Leben seiner Frau und seines Kindes, die arme Lotte, die ich einige Tage nicht gesehn, in der Wonne ihres Herzens, kniend vor meinem Bett – ich deßen alles genießend" (an Luise Gotter, Clausthal, 22. 6. 1785; Schmidt I, 116).

Angst, Schmerzen und Anstrengung stehen im Vordergrund dieses Berichtes. Es war eine langwierige Geburt, die, trotz allem komplikationslos verlief.
Friedrich Wilhelm von Hoven, ein Freund Schillers und Arzt in Ludwigsburg, war Lotte Schillers Geburtshelfer bei ihrer ersten Geburt. Schillers waren zu diesem Zweck extra nach Ludwigsburg gefahren. Ihre Schwester, Caroline von Beulwitz-Wolzogen, schrieb darüber:

„Tröstend und hilfreich war uns der treue Freund v. Hoven in den ängstlichen Tagen der Niederkunft meiner Schwester. ‚Sie war schwer und dauerte lange', sagte er; ‚Schiller zweifelte in manchen Momenten an einem glücklichen Ausgange; er suchte seine Besorgnisse zu verbergen, aber seine Angst blickte sichtbar aus seinem ganzen Betragen hervor. Um so größer war seine Freude nach der endlich glücklich erfolgten Entbindung; es war die Freude des gefühlvollen, edlen Mannes über die Rettung einer zärtlich geliebten Frau und das Entzücken des Vaters über seinen erstgeborenen Sohn‘" (Schillers Leben, 203).

Lotte selbst schrieb im nachhinein:

„Ich erhole mich viel schneller, als ich hoffen konnte, denn ich habe viel Schmerzen ertragen müssen" (an Fritz von Stein, Ludwigsburg, 8. 10. 1793; Ebers, 129).

Auch Caroline von Humboldts erste Geburt war langwierig, schmerzhaft und mit Gefahr für ihr eigenes Leben verbunden.
Die zweite Geburt war meist komplikationsloser als die erste. Friedrich Schiller berichtete seiner Schwiegermutter:

„Freude, liebe chere mere! Vor 2 Stunden kam unsere liebe kleine Frau mit einem frischen und muntern Jungen glücklich nieder. Die Geburt war nicht schwer und die Wehen dauerten gar nicht lang, Stark accouchierte sie, überaus leicht, und das Kind war da, ehe wir es uns träumen ließen" (11. 7. 1796; Oellers, 262).

Allerdings verlief Lottes dritte Geburt wieder schmerzhafter und langsamer. Schiller meldete seiner Schwiegermutter:

„Ich melde nur in zwey Worten, beste Chere Mere daß Lolo diese Nacht (den 11. October) gegen Eilf Uhr glücklich mit einem Mädchen niedergekommen ist. Es hat etwas länger gedauert, weil die Krämpfe stark waren, und starke Kolikschmerzen eintraten; auch ist die gute Lolo durch vielen Blutverlust sehr geschwächt worden" (Jena, 11. 10. 1799; Blumenthal, 102).

Sophie Mereau-Brentano brachte das erste Kind von Clemens Brentano (ihr drittes) ebenfalls unter großen Schmerzen auf die Welt. Nach einer weiteren Geburt erlitt sie infolge eines Unfalls beim Aufhängen eines Spiegels eine Fehlgeburt. Sophie starb bei der Geburt ihres sechsten Kindes, das offensichtlich eine Steiß- oder Querlage hatte. Das Kind kam zwar lebend zur Welt, starb aber auch nach wenigen Stunden. Die Mutter erlag ihren inneren Verletzungen wenig später. Clemens Brentano schilderte die tragischen Ereignisse:

„Mein Weib ordnete freudig unter Wehen alles noch selbst, wir staunten sie an. Mein Weib wollte noch keinen Accoucheur, das Kind hatte eine böse Lage, nach einer Stunde verlangte sie den Accoucheur, ich brachte ihn, keine Gefahr. Um ein Uhr in der Nacht das Kind tot, wodurch weiß Gott. Mein Weib fragt matt nach dem Kind, wehe, wehe, ach, und stirbt wie der Held in der [Schlacht] an der Verblutung" (an Friedrich Carl von Savigny, November 1806; Gersdorff, 70).

Die Gefährlichkeit während einer Geburt beschäftigte das Denken dieser Frauen stark. Sie mußten mit der Gefährdung ihres eigenen Lebens rechnen und wußten, die Stunde der Geburt ihres Kindes konnte die eigene Todesstunde sein. Diese Nähe von Leben und Tod wurde ganz bewußt empfunden. Charlotte von Kalb drückte es so aus:

„Leben, Sterben, Leben – wie nahe berühren sich in *einer* Stunde diese Zustände. Durch Wandlungen in der Natur und durch stille Anschauung sind wir gemahnt, das hoffende Gemüth möchte so gern an Auferstehung glauben. Aber könnte man in diesem Leben Auferstehung fühlen, dann wär' es in der Stunde wo das Auge der Mutter den Erstgeborenen segnet. In Schwäche und Freude hat sie sich selbst und die Welt vergessen; im reinsten Frieden, in sanfter Lust empfängt sie der Schlummer, gestärkter fühlt sie am Morgen der Liebe Band zu dem Geborenen; auch die Wehmuth, daß ihre Bestimmung vollbracht. Nun lebt durch sie ein Wesen, welches den Aether athmen, das die goldne Sonne wärmen wird" (Gedenkblätter, 110).

7. Das Kindbettfieber

Komplikationen ergaben sich bei den meisten Frauen nach der Geburt im Wochenbett. Ärztliche Vorsorge wurde getroffen, indem man der jungen Mutter Wärme, Ruhe und Schlaf nahelegte. Vor allem die Reinlichkeit des Bettes war wichtig, ebenso das häufige Wechseln der Bettwäsche.
Die Wöchnerinnen waren zum einen vom Milchfieber bedroht, das Froriep allerdings für eine natürliche Angelegenheit hielt. Dennoch hielt er dabei Vorsicht für angebracht.
Weitaus gefährlicher für das Leben der Frauen war das Kindbettfieber. Dessen Ursachen waren damals noch unbekannt. Froriep schrieb darüber:

„Ueber die Natur des Kindbettfiebers wußte man, wenn man die große Menge verschiedener Meinungen durchgeht und offenherzig seyn will, immer noch nichts gewisses zu sagen. Das eigentliche Wesen scheint aber doch typhöses Fieber mit Entzündung und nachher anfangender Gangraenescenz des Uterus zu seyn" (Froriep, 256).

Eine Gangräneszenz ist das Absterben von Gewebe an einer Stelle des Körpers. Heute weiß man, daß das Kindbettfieber durch eine Infektion der Gebärmutter entsteht. Verursacht wird sie durch verunreinigte Instrumente oder unsaubere Hände des Arztes. Bis ins 18. Jahrhundert starben an dieser Krankheit nur zwei bis drei Prozent der Wöchnerinnen. Im 18. und 19. Jahrhundert setzte dann, durch verstärkten Einsatz der ärztlichen Geburtshilfe, ein Massensterben der Wöchnerinnen ein. Im „Hôtel de Dieu" in Paris, dem ältesten Gebärhaus der Welt, starben jährlich etwa ein Drittel der Wöchnerinnen.

Die Entdeckung der Ursachen des Kindbettfiebers durch Ignaz Philipp Semmelweis 1847 ließ bis Ende des 19. Jahrhunderts die Sterblichkeitsrate der Wöchnerinnen auf 2,5 Prozent zurückgehen, auf denselben Prozentsatz also, wie vor der Behandlung der Gebärenden durch Ärzte und in Gebärhäusern. Heute ist das Verhältnis auf 2 bis 3 zu 100000 zurückgegangen (vgl. Martius).

Am Kindbettfieber litten:

– Caroline Böhmer nach der Geburt ihres ersten Kindes. Die Krankheit dauerte zwei Wochen; doch erst nach über acht Wochen war Caroline wieder völlig gesund. Sie litt außer am Körperlichen an der fortdauernden Bewegungsunfähigkeit. In einem Brief an ihre Schwester beschrieb sie ihren Zustand:

„Noch habe ich seit meiner Niederkunft kein ganz gesundes Gefühl gehabt und ich fürchte nichts mehr wie das Kränkeln, weswegen ich auch alles thun werde, bald wieder hergestellt zu seyn, [. . .] Es thut mir in allen Gliedern weh, ich kan das Genicke nicht beugen, und wo ich mich anrühre, läufts weiß und roth auf" (an Lotte Michaelis, Clausthal, 15. 6. 1785; Schmidt I, 114).

– Caroline von Humboldt bei ihrem dritten Kind Theodor. Noch fünf Monate nach der Geburt hatte sie sich nicht völlig erholt.

– Lotte Schiller nach der Geburt des dritten Kindes Caroline. Erst nach vier Monaten fühlte sie sich eingermaßen wieder wohl und konnte aus dem Haus gehen. Sie hatte als Geburtshelfer Johann Christian Stark aus Jena. Ganz gesund wurde sie erst nach sechs Monaten. Anschließend mußte sie sich einer Kräuterkur unterziehen. In der Folgezeit legte sie großen Wert auf Körperhygiene.

– Agnes von Stolberg-Stolberg mußte ebenfalls nach der Geburt ihres ersten Kindes eine Kur in Karlsbad machen. Wahrscheinlich litt auch sie am Kindbettfieber.

Alle weiteren Geburten verliefen komplikations- und folgenlos. Lotte Schiller überstand die Geburt ihres vierten Kindes ohne Schwierigkeiten. Sie entband wieder bei Stark in Jena.

Caroline von Humboldts weitere Geburten waren leicht. Jeweils zwei Wochen danach war sie wieder auf der Höhe. Dies wurde erwähnt beim vierten Kind Adelheid, beim sechsten Kind Louise, beim siebten Kind Gustav.

V. Die Mutter

Die französische Historikerin Elisabeth Badinter stellte in ihrer Untersuchung über die „Mutterliebe – Die Geschichte eines Gefühls" einen tiefgreifenden Wandel in der Mutter-Kind-Beziehung im Frankreich des ausgehenden 18. Jahrhunderts fest: War das Kind bis dahin Last allein, so wurde es nun zum kostbarsten aller Güter. Vom 16. bis ins 18. Jahrhundert hinein zählte das Kind in der französischen Familie sehr wenig. Die Eltern sahen im Kind nur das Objekt von Pflege, Aufmerksamkeit und Beanspruchung. Im schlimmsten Fall wurden die Kinder getötet oder ausgesetzt. Bürgerliche und adlige Kinder gab man zumeist aufs Land in Pflegefamilien, in denen sie die ersten Lebensjahre verbrachten. Gleichgültigkeit, ja Desinteresse kennzeichneten somit die Mutter-Kind-Beziehungen in dieser Zeit.
Um 1760 zeichnete sich eine einschneidende Veränderung dieser Beziehungen ab. Jean-Jacques Rousseau war Exponent einer Bewegung, die die „neue Mutterliebe" propagierte. Der Säugling und das Kind sollten zu den bevorzugten Objekten der mütterlichen Zuwendung werden. Ende des 18. Jahrhunderts sah sich zunächst die Frau aus bürgerlichen Kreisen vor neuen mütterlichen Aufgaben der emotionalen und materiellen Fürsorge für das Kind. Die Schriftstellerinnen trugen ihren Teil dazu bei, diese Bewegung hin zur Mütterlichkeit in Deutschland zu verbreiten.

1. Das Stillen als erster Liebesbeweis

Elisabeth Badinter hält das Stillen des Kindes durch die Mutter für einen Ausdruck der „neuen Mutterliebe" (Badinter, 160). Die Frage der Ernährung des Säuglings wurde auch in der deutschen medizinischen Literatur diskutiert. In Frankreich wie in Deutschland stritten sich die Gelehrten, ob die Mutter das Kind stillen, einer Amme übergeben oder mit anderen Mitteln ernähren sollte.

Der Arzt Froriep riet den Müttern, ihre Kinder selbst zu stillen (Froriep, 330). Der Arzt Osiander war gegen eine übermäßige Anwendung dieser „Mode", wie er sich ausdrückte. Seit Rousseau den Müttern das Stillen geraten habe, so Osiander, wollten alle Mütter stillen. Das ginge jedoch nicht:

„Johann Jacob Rousseau aber meinte, die cultivirte, menschliche Natur will nicht stillen; würde sie jedoch zu dem Zustand der uncultivirten Menschen zurückkehren, so würde Alles in der Welt besser. Er liess es sich daher besonders angelegen seyn, den Müttern die Pflicht des Selbststillens ans Herz zu legen. (Anmerkung des Autors: Er selbst aber liess nicht einmal seine unehelichen Kinder an ihrer Mutter Brust stillen, sondern schickte sie ins Findelhaus. Der menschenfreundliche Rousseau!) Und da Rousseau eine Zeitlang das Muster aller sentimentalen Erzieher, Erzieherinnen und ihrer erzogenen, jungen Frauenzimmer war, so nehmen sich Frauen aus allen Ständen vor, künftig ihre Kinder selbst zu stillen, und Kaiserinnen, Königinnen und Fürstinnen beeiferten sich, den niederen Ständen mit gutem Beispiel voranzugehen. Das war fein und löblich. Das Selbststillen wurde dadurch eine Zeitlang zur Mode; aber sie dauerte, wie alle Moden, nur kurze Zeit. Was die guten Mütter nicht bedachten und Rousseau nicht wusste, erfuhren sie nur zu bald, nämlich, dass der gute Willen der Einzelnen die Verhältnisse ihres Lebens, welche dem Stillen im Wege stehen, nicht zu ändern vermöge, und dass zu dem Willen die Kraft und das Vermögen des Vollbringens hinzukommen müsse. Nicht eine vollkommene Brust und reichliche, gute Milch, nicht guter Vorsatz und fester Wille macht eine Fürstin fähig zu stillen. [. . .] Das Kind aber kann nicht nach dem Hofceremoniell auf die mütterliche Brust warten, auch sie nicht annehmen und aussaugen, wenn die Oberhofmeisterin es haben will. [. . .] Ebendasselbe ist bei so vielen andern Ständen der Fall. Die Mutter will stillen, damit sie zu der Classe der guten Mütter gezählt werde, aber sie will nicht von Visiten, Assembleen und Schauspielen wegbleiben" (Osiander II, 179).

Osiander kritisierte die Praxis vieler Mütter, ihr Kind nach der Geburt in eine Pflegefamilie zu geben:

„Manche Eltern finden es gar bequem, wenn sie ihr Kind nur der Amme hingeben können, ohne sich selbst um dasselbe viel bekümmern zu dürfen; so wie Pariser Frauen es für das Beste halten, ihre Kinder gleich aufs Land in Kost zu geben, um mit der Kindererziehung sich nicht weiter befassen zu dürfen. Kommt das Kind nach Jahren aus der fremden Fütterung, so wird es in eine fremde Pension versetzt, und von dem Augenblick der Geburt bis zur Zeit, wo der Mensch in einen selbstgewählten Stand übergeht, ist z. B. der Sohn des Hauses diesem so fremd, dass er so gut als gar kein elterliches Haus hat. Welche kindliche und elterliche Liebe kann da statt finden?" (Osiander II, 188).

Die Kindersterblichkeit war, auch bedingt durch die nachlässige Sorgfalt der Pflegefamilien, entsprechend hoch. Um diese herabzusetzen, wurde eine besondere Beziehung der Eltern, vor allem der Mutter, zum Säugling propagiert (Badinter, 91). Diese Propagandabewegung hin zur „neuen Mütterlichkeit" steckte in Deutschland Ende des 18. und Anfang des 19. Jahrhunderts noch in den Anfängen. Froriep empfahl bereits das

Selbststillen, während Osiander für eine Zwischenlösung war, nämlich für die Anstellung einer Amme im Haus. Diese mußte allerdings hohen Anforderungen genügen: Sie mußte gesund sein, dazu schön und sauber. War dies nicht der Fall, so sollten die Säuglinge mit Milch von Kühen oder Ziegen ernährt werden. In diesem Fall wurde das Kind entweder mit einem Löffel oder mit einer Saugflasche gefüttert:

„Diese verdünnte Milch kann dem Kinde in den ersten Tagen nach der Geburt mit einem kleinen knöchernen oder hörnernen Löffel gereicht werden, bald aber aus einer Saugkanne, Saugflasche, die am reinlichsten von Glas bereitet (Anmerkung: Ganz silberne, zinnerne, thönerne oder hölzerne Saugfläschchen taugen nichts, weil man nicht, wie in gläsernen, sehen kann, ob sie vollkommen rein sind, worauf es doch sehr ankommt, wenn die Milch darinn nicht gleich gerinnen soll.), mit schmalem Halse, und einem Schraubendeckel von Elfenbein versehen ist, der oben eine warzenähnliche durchlöcherte Saugröhre hat" (Osiander II, 193).

Osiander war dafür, das Kind regelmäßig und zu bestimmten Zeiten zu füttern, nicht etwa immer nur dann, wenn es schrie. Das Kind brauche sechsmal am Tag Nahrung, alle vier Stunden.

Enge Bindung

Caroline von Humboldt stillte die meisten ihrer Kinder selbst. Obwohl sie das Verlangen des Kindes nach Nahrung oft als Störung empfand, nahm sie sich Zeit und ließ alles andere dafür liegen. Durch das Stillen entwickelte sich eine enge Bindung zwischen Mutter und Kind. Caroline merkte, daß der Säugling von ihr allein abhängig war, und genoß diese neue, gewichtige Rolle. Sie fühlte sich dadurch aufgewertet und war stolz darauf, einen anderen Menschen durch eigene Kraft am Leben erhalten zu können. Das Ende der Stillzeit war für sie entsprechend schmerzlich:

„Ich bin leidlich wohl, aber traurig, da mir die schöne Zeit so mächtig zu Ende geht, und Brüderchen so ganz der Mutterbrust entwächst. Ach, so tief hat mich kaum je etwas geschmerzt, wenn er schon nun für einen großen Jungen und für keinen Säugling mehr gelten wird. Der große Junge wird nicht mehr so mein sein, wie es der kleine war. Ich werde nichts, nimmer, nimmer nichts mehr haben, was in diesem Sinne mir mehr so gehören wird wie dieser Junge" (an Wilhelm von Humboldt, Jena, 1795; Sydow II, 23).

Obwohl auch die Kinder Caroline, Wilhelm und Theodor von der Mutter gestillt wurden, äußerte sie sich nur bei Wilhelm begeistert darüber. Bei den anderen Kindern, vor allem bei den Mädchen, war das Stillen eher eine Selbstverständlichkeit. Die Entwöhnung empfand sie dagegen nicht nur bei Wilhelm, sondern auch bei Theodor als hart:

„Mir geht es nicht besser, die Schmerzen im rechten Fuß und Arm dauern fort, und besonders leide ich an den Augen. Vielleicht wird es besser mit dem Entwöhnen, vielleicht auch nicht, denn ich kenne mich zu gut, um nicht zu wissen, daß alles, was mich in der Seele schmerzt und stört, einen unmittelbaren Einfluß auf meine Gesundheit hat, und das so frühe Entwöhnen meines Theodor schmerzt mich unendlich, obgleich ich, wie die Dinge nun einmal stehen, es für sein Wohl am zuträglichsten halte" (an Wilhelm von Humboldt, Jena, 1. 5. 1797; Sydow II, 46).

Außer der Tochter Adelheid wurde auch Gabrielle, wegen der Reise nach Rom allerdings nur vier Monate lang, von der Mutter gestillt. Anschließend ernährte sie eine Amme. Die ältere Schwester Caroline erinnerte sich:

„Du, theure Gabriele, warest zur Zeit der Abreise noch nicht ganz vier Monate. Die geliebte Mutter stillte Dich noch, aber ihr Arzt wollte auf der langen Reise das Selbstnähren nicht zugeben, weil er besorgte, daß sie sich zu sehr angreifen werde. So mußte denn die liebe Mutter sich zu einer Amme entschließen, was sie höchst ungern that, und diese war denn auch sehr schlecht und unsorgsam" (Bülow, 28).

Das Wunschkind Hermann schließlich wurde so lange gestillt, bis es wirklich nicht mehr anders ging:

„Mein geliebtes Herz, gib mir nicht schuld, listig wegen des Entwöhnens gewesen zu sein. Es war wirklich meine Absicht, und ohne die vorhandene Reise, wo es doch ein schrekliches Embarras ist, was man einem Kinde geben will, wäre es geschehen. Hermann ist stark im Zahnen begriffen und hat daher einige Tage weniger blühend ausgesehen" (Caroline von Humboldt an Wilhelm von Humboldt, Rom, 26. 5. 1810; Sydow III, 401).

2. Die Abschaffung des Wickelkissens

Für einen weiteren Liebesbeweis der „neuen Mutter" hält Elisabeth Badinter die Abschaffung des traditionellen Wickelkissens (Badinter, 162). Der Säugling wurde bisher in eine lange, handbreite Binde fest eingewickelt, so daß er sich nicht mehr rühren konnte. Vor allem für arbeitende Mütter war das Wickelkissen eine bequeme Lösung, denn sie konnten ihr derart stillgelegtes Kind überall hin mitnehmen, ohne ständig darauf achtgeben zu müssen. Der Arzt Osiander kritisierte diese Bequemlichkeiten der Mütter und riet:

„Weit besser ist es daher, das Kind, vorne mit einem Hemdchen und Kleidchen bedeckt, zwischen den Beinen aber mit einer Windel, welche die Unreinigkeiten aufnimmt und fleissig gewechselt wird, versehen, in einer abgenähten Matratze zu tragen. Die von baumwollenem Zeuge verfertigte und mit Baumwolle gefütterte Matratze muss so lang seyn, dass das ganze Kind vom Kopfe bis zu den gestreckten Füssen darauf liegen, das untere Ende aber noch bis an die Brust herausgeschlagen und mit Bändern da geknüpft, und der ganz untere Theil locker umwickelt werden kann. Die Hände und bekleideten Arme sind ausser der Matratze, das Kind kann sie frei bewegen und instinctmässig auf seine Augen legen. Die Füsse kann es an den Leib anziehen und strecken, und sich die vom Wachsthum und Gebrauch seiner Füsse nöthige Bewegung machen. Der Kopf des Kindes wird am besten mit einer gestrickten, lockeren Baumwollenmütze bedeckt, welche, ohne zu drücken, den Kopf warmhält, und ihn ungehindert ausdünsten lässt. Alle Mützen, die viele harte Nähte haben, und mit gesteiften Bändern geknüpft werden, thun dem Kinde weh, und verursachen, selbst zuweilen durch eine scharfe Farbe, dass das Kind am Halse wund wird" (Osiander II, 176).

Auch in der damals einsetzenden Abkehr vom Wickelkissen zeigte sich der Wandel in der Einstellung zum Kind: Die Mutter opferte ihren eigenen Bewegungsspielraum für den des Kindes. Dadurch, daß das Kind nicht mehr eingeschnürt war und sich frei bewegen konnte, ergaben sich, fast nebenbei, ganz andere Beziehungsmöglichkeiten der Mutter zum Säugling als bisher.

3. Die zärtliche Liebe zum Kind

Die „neue Mutter" bewunderte ihr Kind über alles. Im Vergleich mit anderen Kindern war das eigene immer das beste, schönste und gescheiteste. Lotte Schiller etwa berichtete ganz entzückt über den erst vier Wochen alten Sohn Karl:

„Mein kleiner Carl wird Sie recht freuen, er ist schon recht wohlgezogen und macht so ernsthafte Gesichter, als wenn er Pläne zu Trauerspielen in seinem Köpfchen herumtrüge. Er sieht Schillern und auch mir ähnlich, wahrscheinlich wird er blondes Haar bekommen, und hat blaue Augen. Ich bin nicht partheiisch, denke ich, aber ich habe noch nicht viele kleine Kinder gesehen, die so gefällig anzusehen sind, wie der kleine" (an Fritz von Stein, Ludwigsburg, 8. 10. 1793; Ebers, 129).

Caroline von Humboldt schrieb über ihr drittes Kind, den zwei Monate alten Theodor:

„Ich habe ein schönes und sehr starkes Kind, meine Liebe, das Knäbchen wird Ihnen gewiß gefallen. Er hat die dunkelblauesten Augen die ich in meinem Leben sah, eine schöne Form von Kopf, einen schönen Körper, *sehr geschikte Finger* um den Mund und Kinn herum findet man sähe er dem Bruder ähnlich. Der Bruder ist noch viel schöner geworden, Sie werden sich ganz ernstlich in ihn verlieben" (an Rahel Levin, Jena, 6. 3. 1797; Leitzmann, 15).

Die Begeisterung für das eigene Kind war allerdings rein mütterlich-subjektiv. So gingen die Meinungen gerade über dieses „Knäbchen" Theodor weit auseinander. Caroline Böhmer teilte ihre Ansicht über Theodor einer Freundin mit, ohne ein Blatt vor den Mund zu nehmen:

„Die Humboldten hat ein drittes Kind seit drei Wochen, so hässlich wie die beiden ersten" (an Luise Gotter, Jena, 13. 2. 1797; Schmidt I, 416).

Hinter den zärtlichsten Beschreibungen der Kinder stand die Liebe und Zärtlichkeit, die die Mutter für sie empfand. Das Kind wurde zum bevorzugten Objekt der mütterlichen Zuwendung, wie für Johanna der kleine Sohn Arthur. Sie betrachtete ihn gewissermaßen als Spielzeug, das, scheinbar ohne Eigenleben, Gegenstand mütterlicher Freude und Aufmerksamkeit war:

„Wie alle jungen Mütter spielte auch ich mit meiner neuen Puppe, war fest überzeugt, daß kein schöneres, frömmeres und für sein Alter klügeres Kind auf Gottes Erdboden lebe als das meinige, und hatte am Tage wie bei der Nacht kaum einen anderen Gedanken als meinen Sohn Arthur" (Jugenderinnerungen, 252).

Die neue Liebe zum Kleinkind eignete sich hervorragend zur eigenen Bedürfnisbefriedigung der Mütter. Das Kind wurde so zum Ersatz für anderweitig unbefriedigte Bedürfnisse nach Zärtlichkeit und Körperlichkeit. Caroline von Humboldt schrieb während ihrer achten Schwangerschaft ihrem Mann:

„Laß es Dir ja nicht leid sein, daß ich guter Hoffnung bin, ach nein, ich bitte Dich, glaube nur, seit Gustavs Tod war es mein einziger Wunsch, meine liebste Hoffnung. Ich hatte eine solche Sehnsucht nach seinen holden Augen, nach dem Lallen seiner lieben Kinderstimme, nach dem Liebkosen seiner Händchen behalten, daß ich oft, oft geglaubt habe, mein Herz müsse brechen" (Rom, 31. 12. 1808; Sydow III, 57).

Eine Stelle aus Lotte Schillers Tagebuch macht ein weiteres Element der „neuen Mutterliebe", das Schützen- und Behüten-Wollen der Kinder, deutlich:

„Wie wir die Kinder lieben in unserm Schooß als uns noch unbekannte Wesen, deren Werden und Sein wir ahnen und nicht mit dem Ruf der Liebe sie ins Dasein bringen können, wenn wir es möchten; – sie sollen da sein, leben, von uns das Leben empfangen aus der Hand Gottes; wir können ihre menschlichen Anlagen leiten, aber nicht dem Geist die Richtung geben, wie wir möchten; wir sehen ihr Schicksal und können nicht mit der Hand der Liebe in das Rad greifen und sein Herabrollen verhüten" (Urlichs I, 67).

Obwohl sie stets die mütterlich-schützende Hand über ihren Kindern halten wollte, mußte sie dennoch die Erfahrung machen, daß mit zunehmendem Alter der Kinder auch der Abstand zu ihnen größer wurde. Johanna Schopenhauer hegte ganz ähnliche Gefühle ihrem Sohn Arthur gegenüber, trotz der vielen Streitigkeiten mit ihm, als er heranwuchs. Sie unterstützte ihn in allen Angelegenheiten und baute ihm so manches Mal bei Schwierigkeiten goldene Brücken.

Kindersprache

Körperkontakt und Zärtlichkeiten zwischen Mutter und Kind waren unerläßlicher Bestandteil der „neuen Mutterliebe" (Badinter, 163). Da

der Säugling nicht mehr in die Binden eingewickelt war, wurde er mehr liebkost als bisher.
Diese Zärtlichkeiten zwischen Mutter und Kind schlugen sich in Kosenamen für die Kinder nieder. In den Briefen tauchten auf: „Wickelnarr", „der kleine Adelnarr", „der kleine liebe Sohn", „der Herr K", „das Ernstli", „die Kleine", „das kleine Schätzgen", „das Liebchen", „mein Pipi".
Lotte Schiller entwickelte im Umgang mit ihren Kindern eine Kindersprache, die sie auch in Briefen an Friedrich Schiller benutzte. Dabei verniedlichte sie Gegenstände und veränderte den Satzbau. Auch wählte sie kindersprachliche Ausdrücke, etwa „Hottos" für Pferde. Man berichtete sich gegenseitig viel über kleine Begebenheiten im Leben der Kinder; dabei wurden vor allem lustige Einzelheiten aus dem Kinderalltag erwähnt. Wenn Verhaltensweisen der Kinder humorvoll nacherzählt wurden, geschah dies oft in der Sprache der Kleinkinder oder in dem, was die Mütter dafür hielten. Diese Geschichtchen, von der Mutter berichtet, mußten außer zur Erheiterung der Leserin oder des Lesers dafür herhalten, darzustellen, wie klug und erwachsen ihre Kleinen schon waren.
Doch auch Negatives wurde in den Berichten nicht verschwiegen. So mußte der Vater Friedrich Schiller erfahren, wie schlecht sich der Sohn Ernst der Herzogin gegenüber benommen hatte:

„Uebrigens schlägt er auch oft, und hat letzt die Herzogin geschlagen, und macht mit niemand Complimente" (Ezelbach, 10. 9. 1794; Fielitz III, 87).

Humboldts Tochter Caroline wollte sich nicht waschen lassen, wenn der Vater nicht da war. Sofort wurde diesem berichtet:

„Die Li ist überartig gewesen, ein kleine Szene am Vormittag abgerechnet, wo sie sich nicht wollte waschen lassen und immer nachher rief, als ich sie ein unartiges Kind nannte: ‚Bill wieder kommen, Kind wieder gut'" (Caroline von Humboldt an Wilhelm von Humboldt, Jena, 21. 11. 1794; Sydow II, 18).

Die mütterliche Wertskala
Die Liebe zu den eigenen Kindern war nicht grundsätzlich auf alle gleich verteilt: Söhne standen in der mütterlichen Wertskala höher als Töchter. Zwar wurde auch die Tochter akzeptiert und geliebt, doch auf eine andere Art als der Sohn.
Während gegenüber Söhnen ein gewisser Stolz der Mutter mitschwang, wenn vor allem der Verstand geliebt wurde, war es gegenüber den Töchtern eine Art zärtlicher Zuneigung für deren sanfte Art und hübsches Aussehen, wie es etwa Caroline Böhmer an ihrer ersten Tochter Auguste liebte. Agnes von Stolberg-Stolberg charakterisierte ihre Kinder so:

„Sie machen uns alle jedes in seiner Art unendl[ich] viel Freude, Ernst mit seinem Ernst, ist so vernünftig und interessiert und der Erguß seines liebenden kleinen frommen Herzens rührt mich oft zu süßen Thränen. Maria ist ein kleiner Schmetterling, so froh, so mild, so sanft, so schmeichelnd, ein süßes kleines Mädel!" (an Ernestine Voß, Neuenburg, 18. 12. 1787; H).

Lotte Schiller war sich sicher, daß sie Söhne mehr liebte als Töchter, bevor sie überhaupt Töchter hatte. Bei diesem Vor-Urteil blieb sie auch, als sie schließlich deren zwei hatte. Die hohe Wertschätzung für Söhne war auch bei Dorothea Veit-Schlegel festzustellen. Sie übertrieb theatralisch ins Aktuell-Politische:

„Können Sie sich wohl ein herrlicheres Loos denken als Buonapartes Mutter zu sein?" (an Zelter, Jena, 11. 4. 1800; Körner, 28).

Unterschiedliches Verhalten von Söhnen und Töchtern wurde bewußt gefördert. Bei Töchtern fand Empfindsamkeit und Anpassung, bei Söhnen Aggressivität den mütterlichen Zuspruch.

4. Die Sorge um das Kind

Durch das Fehlen der bisher üblichen Distanz war auch neu, daß die „neue Mutter" die körperliche und geistige Entwicklung der Kinder genau beobachtete. In den Briefen wurden die verschiedenen Entwicklungsstufen beschrieben, so das Sprechen der ersten Worte:

„Heut hat er Papa gesagt" (Lotte Schiller an Friedrich Schiller, Ezelbach, 10. 9. 1794; Fielitz III, 87).

Genauso wie vom Sprechen einfacher Sätze, ebenfalls ein Erfolgserlebnis, das die Mutter für sich buchte, wurde begeistert von den Erfolgen im Sitzen des Jüngsten erzählt:

„Der kleine Bruder ist wohl und munter und hat heute ganz allein und ohne Rückhalt wohl eine Viertel Stunde auf Schillers Teppich gesessen" (Caroline von Humboldt an Wilhelm von Humboldt, Jena, 24. 11. 1794; Sydow II, 19).

Einen Bericht wert war auch das Laufen am Laufband und ohne fremde Hilfe:

„Die Kinder sind wohl, und das kleine Liebgen benutzt deinen Sopha an dem es heute und gestern recht herum spaziert ist, und bald Muth hat allein zu gehen. Es ist heute vom Sopha zu einen Stuhl ohne wiederspruch gewandelt, und hält sich sehr leicht nur an" (Lotte Schiller an Friedrich Schiller, 7. 3. 1801; Fielitz III, 154).

Andere besondere Fertigkeiten wurden herausgestellt, vor allem die Tatsache, daß das eigene Kind wegen eben dieser Fertigkeiten auch von anderen geliebt wurde.

Entsprechend dem Stolz über Fortschritte war die Sorge um die Gesundheit und körperliche Entwicklung der Kinder. Ihr Gesundheitszustand war häufig Gegenstand von Gesprächen und Berichten. Auch diese Sorge kann als ein Element der „neuen Mutterliebe" gelten. Mangels anderer Informationsquellen informierten sich die Mütter gegenseitig über die Krankheiten der Kinder. Entstehung, Verlauf und Behandlungsmethoden wurden ausführlich erörtert.
Als besondere Gefahren wurden das Zahnen und die Pocken betrachtet. Zum Schutz gegen die ansteckenden Pocken wurden die Kinder schon vom Arzt geimpft. Während der anschließenden Immunisierungsphase erhielten sie eine aufopfernde Pflege.
Die Sorge um die Gesundheit der Kinder hörte jedoch nicht mit steigendem Alter des Kindes auf. Schwierigkeiten der Töchter mit der Menstruation während der Pubertät wurden in den Briefen ebenso abgehandelt wie ihre späteren psychischen Probleme in der Ehe.

Der grausame Tod

Trotz dieser Sorgen und Mühen starben viele Kinder im frühen Alter. Der Tod eines Kindes wurde als eine Katastrophe empfunden, die die Mutter nur schwer verkraften konnte. Der Mutter war das Kind emotional so nahe, daß es zum beinahe unersetzlichen Wesen wurde. Dies gilt als weiteres Merkmal der „neuen Mutterliebe" (Badinter, 165).
Dorothea Veit verglich ihre Empfindungen beim Tod ihres Vaters mit denen beim Tod ihres erstgeborenen Sohnes:

> „Seitdem ich Mutter bin, kann ich nicht mit Ruhe am Tode denken – Rousseau hat das mütterliche Herz nicht gekannt! mit Aufopferung seines Lebens, dem Kinde das Leben retten, ist natürlich, welche Mutter kann in einen solchen Augenblick überlegen? aber mit Ruhe aus ihrer Mitte scheiden? die unmündigen Lieben auf ewig, mit Ruhe verlassen? das glaube ich nicht, daß kann nie sein. Auch Sie bedaure ich lieber Freund! Sie müssen sehr beim Tode Ihrer Mutter gelitten haben; aber kindliche Liebe ist nur Schatten gegen die Liebe der Mutter zu ihren Kindern. Ich war eine kurze Zeit betäubt, u[nd], Sinnlos, da mein großer, mein geliebter Vater starb! doch stiller, Gesundheit nagender, drückender Gram verließ mich nicht, da mir mein Erstgebohrener starb; ein Säugling, dessen existenz mit der meines Vaters in gar keinen Vergleich zu bringen war, u[nd] doch!" (an Carl von Brinkmann, Berlin, 25. 12. 1791; Wieneke, 274).

Nachdem Dorothea zwei von vier Kindern verloren hatte, brach sie bei den geringfügigsten Zeichen des Unwohlseins ihrer beiden verbliebenen Söhne in Panik aus. So auch, als Sohn Philipp seine ersten Zähne bekam:

> „Etwas wird meine Fröhlichkeit doch niedergeschlagen dadurch, daß mein Kleiner jetzt sehr am Zahnmachen leidet – Gott erhalte ihn mir, ich wüßte nicht wie ich seinen Tod (den ich doch alle Augenblik sehr nahe sehe) wie ich den ertragen sollte!" (an Rahel Levin, Schönhausen, 4. 8. 1793; Wieneke, 284).

Von Charlotte von Kalbs vier Kindern starben ebenfalls zwei im Säuglingsalter. Charlotte empfand den Tod dieser Kinder als einen kleinen eigenen Tod. Oft verstärkte sich ihr Schmerz durch die Illusion, die Kinder wären noch am Leben. Einem Freund gestand sie:

„Zwei Kinder habe ich schon beweint. O wie eisern sind deine Gesetze, Natur, dem Mutterherzen! Durch ihre Seele drang ein Schwert, die Mutter wird mit dem Kinde begraben, und wie belebt durchdringt gleichsam die Seele wieder die nachwandelnde Gestalt, wie sie vormals that, als der Liebling noch in ihren Armen ruhte. Meine Phantasie hat noch erbleichte Bilder, die ihr der Schmerz gezeichnet hat“ (an Jean Paul, Weimar, 26. 3. 1796; Nerrlich, 4).

Caroline Böhmers vier Kinder starben alle vorzeitig. Als sogar die schon 15jährige Auguste starb, löste dies bei Caroline eine tiefe Lebenskrise aus. Monatelang quälte sie sich mit Selbstzweifeln und wünschte sich, lieber selbst gestorben zu sein.
Von Caroline von Humboldts acht Kindern starben drei sehr jung. Vor allem der Tod von Wilhelm im Alter von neun Jahren bedeutete einen tiefen Einschnitt in ihr Leben. Ihre Trauer um ihn war so groß, daß sie von ihrem Leben als einem
„Gewebe voller Leiden“ sprach (an Carl Friedrich von Dacheröden, Rom, 2. 9. 1803; Sydow II, 115). Ihrer Freundin Lotte Schiller schrieb sie:

„Ach ich bin auf das ganze Leben hinaus sehr unglücklich geworden, ich kann den Schmerz tragen, aber er geht wachsend mit mir in die dunkle Zukunft, und ich blicke in den Abgrund meines eigenen Herzens, wie in den der Zeit, die dunkel vor mir ausgebreitet liegt. Weh! möget ihr nie erfahren, was das ist, wenn das Geliebteste starr und kalt vor einem liegt; wenn das, was euch das Nächste war, euch fremd erscheint“ (Rom, 17. 9. 1803; Urlichs II, 191).

Louise, ihr sechstes Kind, starb nach nur vier Monaten. Dieser Tod brachte Caroline an den Rand des Wahnsinns. Als dann auch noch das siebte Kind starb, wurde sie von schweren Depressionen ergriffen. Doch auch sie, wie die anderen vom Tod ihrer Kinder tief betroffenen Frauen, fand, trotz des Gefühls der Auswegslosigkeit, aus diesen Lebenskrisen wieder heraus. Nach deren Überwindung versuchte sie, den Tod zu rationalisieren. Sie betrachtete nun den Tod eines Erwachsenen als etwas Natürliches, den Tod kleiner Kinder dagegen als etwas Tragisches, da mit ihnen die Zukunft sterbe. Auch hätten sie noch nicht am planenden, bewußten Leben teilgenommen, während ältere Menschen das Leben gelebt und hinter sich hatten. Ihrem Mann schrieb Caroline:

„Ich bin aufs tiefste, aufs allertiefste gerührt worden durch das, was Du in einem Deiner letzten Briefe über den Tod sagtest – ja, wohl ist er eigentlich ein Vermittler zwischen Tod und Leben und stellt das Schöne und Geliebte vollendet und abgeschlossen zur Bewunderung der Welt hin. Nur, wenn er in so blühendem

Alter das Geliebte trifft, so hat er für den Moment des Scheidens auch noch das besonders Schmerzliche, daß er die Hoffnungen und Träume und Ahndungen der Seele zerstört und gewaltsam abschneidet. Bei einem Erwachsenen sind sie zum Teil erfüllt, man weiß, er selbst hat empfunden, wohin sich alles im Gemüt neigt, aber bei einem vielversprechenden Kinde liegt das Leben verschlossen wie die duftende Blume in der vollstrotzenden Knospe. Der Tod gesunder, wohlorganisierter Kinder ist daher von allen Toden der schrecklichste, der unnatürlichste eigentlich" (Albano, 5. 8. 1809; Sydow III, 210).

Von Sophie Mereau-Brentanos sechs Kindern überlebte nur die Tochter Hulda (aus ihrer ersten Ehe mit Mereau). Sohn Gustav, ebenfalls aus erster Ehe, starb im Alter von fünf Jahren. Vier Kinder Sophies mit Clemens Brentano starben in den ersten Lebenswochen. Tochter Joachime beispielsweise starb an Scharlach. Nach dem Tod des ersten Kindes aus zweiter Ehe, Ariel, plagten Sophie Gewissensbisse, da sie ihn in Pflege gab. Als sie wieder schwanger war, schrieb sie an ihren Mann:

„Wegen Jette [ihrer Schwester] folgendes: Es ist jetzt mein wichtigstes Geschäft auf der Welt, für das neue, zarte Leben in mir, die größte Sorge zu tragen. Ich bin fest entschlossen es, die ganze erste Zeit über, in keine fremde Hände zu geben – denn ich weiß, was mich noch jetzt für Vermutungen wegen des armen Ariels, an den ich jetzt oft denke, quälen und wie schlecht ich jede erkaufte Pflege, auch die bezahlteste, gefunden habe. Ich selbst möchte von keinem Mietling Dienste empfangen, und Jette ist die einzige treue Seele für mich auf der Welt, die mir das alles gern leistet, von der ich es gern annehme" (Heidelberg, 17. 11. 1804; Gersdorff, 324).

Nach dem Tod eines oder mehrerer Kinder wuchs die mütterliche Sorge um die Gesundheit der Kinder. Auch der Tod des Ehemannes war den Frauen Anlaß, stärker auf das Wohlbefinden der Kinder zu achten.

5. Die Kindheit der Schriftstellerinnen

Kindererziehung war bis Ende des 18. Jahrhunderts keine Angelegenheit der Eltern (Badinter, 91). Der Säugling kam erst in eine Pflegefamilie; das vierjährige Kind kehrte dann ins Elternhaus zurück und wurde dort von Hauslehrer/inne/n erzogen. Im Alter von 8 bis 10 Jahren wurden die Kinder ins Pensionat oder ins Kloster geschickt. Erst mit 14 oder 15 Jahren kehrten sie ins Elternhaus zurück – bis sie heirateten.
Dieses französische Erziehungsschema galt nur noch zum Teil für die Erziehung der Schriftstellerinnen selbst. Die ersten Jahre verbrachten sie im Elternhaus, nicht in einer Pflegefamilie. Sie wurden jedoch nicht von ihren Müttern, sondern von Ammen und Kinderfrauen betreut. Die Ausbildung übernahmen Gouvernanten oder Hauslehrer.
Die Töchter von Lengefeld wuchsen auf dem Land auf. Ihre Mutter stand der Hauswirtschaft vor und brachte sehr wenig Zeit für ihre Kin-

der auf. Erzogen wurden sie von einer Verwandten. Eine kurze Zeit übernahm dann eine französische Gouvernante die Erziehung. Den Unterricht übernahmen Lehrer, die ins Haus kamen. Lotte dachte daran mit Unbehagen zurück:

„Ich hatte Unterricht in den Morgenstunden; ich lernte nicht gern, und es war mir peinlich, wenn ich die Stunde schlagen hörte, und mein Lehrer begann eine neue Materie des Unterrichts. Französisch lernte ich auch nicht gern; Zeichnen und Schreiben wurden mir auch schwer. Aber am allerunangenehmsten war mir die Tanzstunde. [. . .] Nach dem Essen kam der Lehrer, und wir hatten Unterricht in der Geographie, lasen Zeitungen oder schrieben Briefe. Alsdann kam noch der französische Sprachmeister, und unsere Stunden hatten ein Ende" (Erinnerungen; Urlichs I, 31).

Verantwortlich für diese schulische Ausbildung der Töchter zeichnete der Vater. Ihm lag nicht nur ihr Wissen am Herzen, sondern auch die Körperertüchtigung. Caroline erinnerte sich:

„Er bemühte sich sorgsam um die Ausbildung unsres Körpers; ihm machte es große Freude, wenn wir nach den Lehrstunden in muntern Spielen in freier Luft unsre physischen Kräfte übten. Unser Haus lag frei an einem Berge, und wir genossen alles Erfreuliche und Unbeschränkte des Landlebens. Dann sorgte er für die Entwicklung unsers Verstandes. Seiner klaren und weiten Weltansicht, die sich meist bei Tisch, wo er gerne lange saß, aussprach und die gar nicht im Lehrton, sondern im heitern Gespräch in uns überging, verdankten wir eine frühe Anregung desselben" (Schillers Leben, 98).

Neben der Schulung des Verstandes und des Körpers lernten die Töchter, was Caroline nicht erwähnte, die Mithilfe in der Haus- bzw. Landwirtschaft. Lotte dagegen berichtete über ihre Erfahrungen als Kind in der ländlichen Hauswirtschaft der Mutter:

„Es war uns eine eigene Freude, die Ernte einfahren zu sehen, und an diese wiederkehrende Freude knüpften wir unsere Erinnerungen. Bald halfen wir die Gemüse aufzubewahren, bald das Obst für den Winter zu legen, bald halfen wir einmachen, Obst trocknen. Alles wurde uns wichtig, und es wurde mit einer Art Wichtigkeit behandelt, wovon man nur in einer einfachen Lebensweise einen Begriff hat. Das ganze Haus hatte nur einen Gesichtspunkt bei einem ökonomischen Fest; Alles war beschäftigt. Ich zog indeß freilich lieber auf dem Berg herum, den sich meine kindische Phantasie vergrößerte, suchte Blumen und Zweige und kam oft recht von Dornen zerrissen zurück und ganz athemlos. Bald wollte ich eine Blume pflücken, die unzugänglich war, bald fiel ich aus Unvorsichtigkeit den Berg hinunter, ohne Wunden ging keine meiner Streifereien ab" (Erinnerungen; Urlichs I, 31).

Die Erziehung der anderen Frauen vollzog sich etwa nach demselben Schema. Caroline von Dacheröden wurde von einer Gouvernante erzogen, mit der sie sich schlecht verstand. Die Gouvernante schränkte ihren Bewegungsspielraum beim Aufenthalt in der Stadt stark ein. Auf dem Land, in Burgörner, konnte sich Caroline freier bewegen.

Früher Unterricht

Moses Mendelssohn unterrichtete seine Tochter Brendel gemeinsam mit ihren Brüdern in Philosophie und Religion selbst. Zusätzlich erhielten die Kinder Unterricht in Literatur und Mathematik durch Mendelssohns Schüler.

Johanna Trosiener ging schon im Alter von drei Jahren täglich zweimal in eine öffentliche Schule. Dort lernte sie als erstes Stillsitzen. Ihr Interesse für die Zeichenkunst entwickelte sich rasch, brachten doch die Lehrerinnen dieser Schule als Schwestern des Zeichners Chodowiecki genug an Kenntnissen und Fähigkeiten mit. Bald lernte Johanna auch Lesen und Schreiben. Mit sechs Jahren verließ sie die Schule. Dann erhielt sie Unterricht durch einen Hauslehrer in Französisch. Nach dessen mäßigem Erfolg wurde ein Theologie-Referendar angestellt, der jeden Vormittag eine Stunde Unterricht mit wechselnden Themen abhielt. Ein Nachbar lehrte Johanna die englische Sprache. Nach wenig erfolgreichen Tanzstunden wurde sie jeden Nachmittag von zwei bis sieben Uhr zu Mamsell Ackermann gebracht, um dort Französisch zu lernen. Ihr Tagesablauf sah so aus:

„Jameson [der englische Nachbar], Kuschel [der Theologie-Referendar], der Tanzmeister und eine gute alte Frau, die in feinen Wäschenähen und Stopfen mich zu unterrichten kam, nahmen bis Mittag meine Morgenstunden in Anspruch, um zwei Uhr nachmittags wurde ich zur Mamsell Ackermann gebracht, bei der wir bis sieben Uhr verweilten, und bei meiner Nachhausekunft fand ich oft noch meinen freundlichen Jameson auf mich wartend, bei dem ich denn noch das letzte Abendstündchen vor dem Nachtessen recht vergnügt zubrachte“ (Jugenderinnerungen, 111).

Bei Mamsell Ackermann lernten die Mädchen außer der Sprache gutes Benehmen:

„Ungeschicktes Auftreten, ein schwerfälliger Gang, Türenwerfen, überhaupt unnötiges Geräusch zogen lange Strafpredigten nach sich, die eine sehr harte Strafe uns dünkten, weil sie die gräßlichste Langeweile uns erregten“ (Jugenderinnerungen, 112).

Ebenso wie Johanna war Charlotte Marschalk von Ostheim schon als Kind zeitlich stark eingebunden. Sie und ihre Geschwister wurden von morgens bis abends beschäftigt; zum kindgemäßen Spielen, wie Charlotte in ihren Memoiren bedauernd feststellt, blieb keine Zeit. Die Beschäftigungen erstreckten sich vom Kräutersammeln für Kranke bis zu Gesellschaften und Ausflügen.

Nach dem Tod beider Eltern wurden die Geschwister bei Verwandten untergebracht. Dort lernten die Schwestern hauswirtschaftliche Fertigkeiten. Charlotte schilderte in ihren Memoiren, welchen Tätigkeiten die Kinder damals nachgingen:

„Die eine Schwester fesselte nur das Spinnrad, die jüngere war lieblich, zur Schlauheit geneigt, ich aber war zu beiden nicht geschickt. Für ein Wesen, welches schon so manchen Eindruck erhalten, in manchen Umgebungen gelebt, war diese Lage zu unthätig. Einigermaßen wurde dieser Mißstand durch meine Nachbarin gehoben, die auf selber Gallerie wohnte. Diese hatte mehr aus Neigung und zur Uebung die Führung der Wirthschaft übernommen, und die häufigen Gastbesuche erhielten die Thätige in steter Uebung. Da wurde ich denn auch zu diesem Zweck beschäftiget, mit Maaß und Gewicht, denn man erlaubte keine Willkür. Häusliche Sorgfalt ist die sinnigste Wohlthat, sie sei aber stets so fern von Aengstlichkeit wie von Vergeudung" (Gedenkblätter, 25).

Ein Mädchenpensionat, wie es das traditionelle französische Erziehungsschema vorsah, besuchten nur zwei Schriftstellerinnen: Therese Heyne und Caroline Michaelis, die Göttinger Professorentöchter.

6. Erziehung als mütterliche Aufgabe

Im Gegensatz zu allen anderen schriftstellernden „neuen Müttern" erzog Caroline von Beulwitz-Wolzogen ihr Kind in den ersten Jahren nicht selbst. Sohn Adolph wuchs in einer Pflegefamilie auf, in der er bis zum Alter von etwa fünf Jahren blieb. Nach seiner Rückkehr ins Elternhaus kam Caroline mit seiner Erziehung nicht zurecht. Ihre Mutter mußte eigens anreisen, um ihn zu pflegen und zu erziehen. Adolph galt in der Verwandtschaft als ein schwieriges, sensibles und ernstes Kind.

Alle übrigen Frauen übernahmen selbst die Erziehung der Kinder. Diese wesentliche Neuerung im privaten Erziehungswesen bedeutete eine Erweiterung der Kompetenzen der Frau und Mutter. Die Mütter nahmen diese neue, selbstgesetzte Aufgabe sehr ernst:

Dorothea Veit wurde von ihren Kindern derart beansprucht, daß sie für gesellschaftliche Verpflichtungen keine Zeit und Energie mehr hatte. Auch Caroline von Humboldt verbrachte viel Zeit mit der Erziehung ihres ersten Kindes Wilhelm. Sie wurde allerdings von Dienstboten zum Teil entlastet, ebenso wie Lotte Schiller.

Die Arbeit mit den Kindern wurde als sehr zeitraubend empfunden, denn die Mutter war ständig gefordert, sich mit den Kindern zu beschäftigen. Zusätzlich zu den allgemeinen erzieherischen Aufgaben fiel nun auch der Unterricht der Kinder in das Aufgabengebiet der Mutter. Diese neue Art der umfassenden Kindererziehung durch die Mütter wurde von ihnen selbst als wichtige Aufgabe und als wertvolle Arbeit betrachtet.

Das Ideal: dem Kind die Freiheit

Die Vorstellungen der Mütter über die Erziehung der Kinder schwankten zwischen zwei Prinzipien: größtmögliche Freiheit für das Kind oder Anpassung des Kindes an gesellschaftliche Normen. Schon vor ihrer

Heirat mit Friedrich Schiller entwickelte Lotte Vorstellungen, wie sie die gemeinsamen Kinder erziehen wollte. Die Kinder sollten nicht mit Ängsten und Drohungen geplagt werden, sondern frei und aufgeklärt aufwachsen. Sie sah in der Kindheit die Wurzeln für spätere psychische Schäden, die nicht wieder gut zu machen waren. Dies wollte sie durch Aufklärung und Liebe vermeiden:

„Wie gut ists doch, wenn wir die Verhältnisse der Dinge einsehen lernen in der physischen Welt. Wie viele Menschen zittern bei dem fürchterlichen Getöse des Donners, glauben den rächenden Gott zu hören. Man sollte nur stets den Kindern die reinsten einfachsten Begriffe einbringen von den Auftritten der Natur. Sie würden das Leben leichter und froher genießen; haben sie auch nicht die sonderbarsten Ideen und abgeschmacktesten Begriffe von den Dingen, so thut doch die Dunkelheit und Verworrenheit eben so viel Schaden. Die Kinder nehmen die schwächsten Eindrücke begierig auf, und es bleiben alsdann tausend Sachen in der Seele eingewurzelt, die sie unmöglich so leicht wieder austilgen können, und die alsdann Hindernisse zur Fortschreitung des Eingangs der wahren und reinen Begriffe in die Seele legen, die die Zeit und Vernunft nicht so leicht daraus vertilgen können" (Tagebuch, 18. 6. 1788; Urlichs I, 52).

Ein wichtiges Erziehungsideal von Lotte war, den Kindern Aufrichtigkeit gegenüber Gefühlen, Freude und Schmerz, beizubringen. Die Kinder sollten sich körperlich und geistig wohlfühlen. Sie verglich ihre Erziehungsprinzipien mit denen von Verwandten, an denen sie herbe Kritik übte. Über ihren Vetter Friedrich von Wurmb äußerte sie:

„Friz ist ein recht guter Mensch, und erweckt einem das Gefühl des Wohlwollens, aber er ist noch verschloßner wie die Schwester. Und sieht so gedrückt und abgelebt aus, daß er einem betrübt. – Ich habe bey diesen beyden Geschwistern rechte Beobachtungen über die Erziehungsweise gemacht, und mich über dem Onkel recht geärgert von neuen; denn er ist allein Schuld daran, daß sie so sind, weil er sie so viel geprügelt hat. Sie werden niemals zeigen können, daß sie froh sind, und den Menschen wohlwollen, weil sie frühe so viel Furcht hatten. Unsre Kinder die wir gottlob nicht so erzogen haben, gehen ordentlich unter denen herum als wesen anderer Art. Sie zeigen ihr Wohlbehagen, und ihren Schmerz, und haben kein physisches uebelseyn zu fürchten. Man sieht es ihnen schon an, daß sie, weil es ihnen wohlgeht, auch wohlwollende und liebende Gemüther haben" (an Friedrich Schiller, Weimar, 21. 3. 1801; Fielitz III, 171).

Dasselbe Ziel, nämlich Aufrichtigkeit gegenüber Gefühlen, hatte auch Caroline von Humboldt bei der Erziehung ihrer Kinder. Carline Böhmer ging davon aus, daß Kindern bestimmte Anlagen angeboren waren, die sie als Mutter fördern konnte. Sie möchte keine folgsamen, gedrillten Kinder – wie sie selbst wohl eines gewesen war –, sondern freie, selbständige Wesen. Sie verstand Kindererziehung nicht als Abrichtung, sondern mehr als beobachtendes Leiten, mit dem sie die Kinder vor „bösen Gewohnheiten" bewahren und ihre Eindrücke lenken wollte. Größtmögliche Freiheit für das Kind war also auch Carolines Erziehungsprinzip.

Im Verhalten der Mutter kindlichen Spielen gegenüber bewies sich die Aufrichtigkeit dieser Einstellung: Das Austoben der Kinder wurde toleriert, auch wenn damit Lärm und Unannehmlichkeiten verbunden waren.

Gegenpol dieser Erziehungsmethode war die Anpassung der Kinder an bestehende gesellschaftliche Normen unter den Begriffen Bravheit und Wohlerzogenheit. Dazu gehörte auch die Vermittlung von Geschlechtsrollen, nach denen die Kinder erzogen wurden. Lotte Schiller schrieb nach der Geburt eines Sohnes:

„Ich bin sehr froh, daß es keine Tochter ist, denn ich möchte nicht gern eine haben; ich habe so viele Gründe, die mich die Söhne mehr lieben machen, theils aus anderen, theils auch meinen Neigungen nach. Es würde mir recht viel Aufopferung kosten, eine große Tochter um mich zu sehen, weil ich zu hohe Begriffe habe von dem, wie unser Geschlecht seyn könnte, und durch alles, was die Frauen umgiebt, wird ihre Bildung verhindert so zu seyn, wie es meine idealische Weiblichkeit seyn sollte. Und ich mag immer lieber das hohe Bild in mir herumtragen und selbst darnach streben, als ein Wesen, das so nahe mit mir zusammen hinge, das ich wie mich selbst ansähe, den gewöhnlichen Weg ohne Rettung wandeln zu sehen. – Meine beiden Kleinen sollen keine Ideale werden, aber es ist leichter, sie zu vervollkommnen und ihrem Charakter nach sie zu bilden. Bei den Frauen ist Alles gegen sie, um sie ihrem Charakter treu bleiben zu lassen, wie die Welt und die unabänderlichen Dinge einmal sind" (an Fritz von Stein, Jena, 3. 3. 1798; Ebers, 135).

Lotte äußerte hier eine Angst vor einer Tochter, die für sie ein Spiegelbild ihrer selbst darstellen würde. Dieses Spiegelbild würde aller Wahrscheinlichkeit nach, den gesellschaftlichen Umständen entsprechend, nicht den Idealvorstellungen Lottes von Weiblichkeit gleichkommen. Die Erziehung von Söhnen fiel Lotte von daher leichter; das Prinzip Freiheit in der Erziehung scheint für Lotte bei Söhnen leichter realisierbar als bei Töchtern.

Erziehung der Töchter

Schon in der Auswahl des Spielzeugs fand die Geschlechtertrennung statt. Mädchen spielten mit Puppen und Hausrat. Damit sollten sie sich auf ihre zukünftigen Aufgaben als Hausmütter vorbereiten. Humboldts Tochter Caroline bekam beispielsweise ein Waschhaus, einen Korb mit Wäsche und Puppen zum Geburtstag. Die Töchter Adelheid und Gabrielle erhielten als Spielzeug Puppen, Handkörbchen, ein Bauspiel aus Häusern und Bäumen und ein Puppenhaus.

Das durch derartiges Spielzeug gestellte Lernziel für die Töchter war die Ausbildung manueller Fertigkeiten, der Fähigkeit, alleine zu sein und sich alleine zu beschäftigen, sowie der Fähigkeit, Beziehungen wahrzu-

nehmen. Auf die Entwicklung von Beziehungen zu Männern und die Entfaltung „weiblicher Tugenden" wurde dabei besonderer Wert gelegt. Als Besonderheiten „weiblicher Tugend" galten Schüchternheit und Empfindsamkeit. Typisch dafür war, in welchen „Fächern" die Töchter unterrichtet wurden:
Auguste Böhmer lernte Klavierspielen und Singen, Französisch, Zeichnen, Schreiben und Literatur. Caroline Schiller lernte Lesen und Strikken. Beide Schiller-Töchter wurden in enger Bindung an die Mutter erzogen und erhielten eine recht spärliche Bildung.
Caroline von Humboldt (jun.) lernte Gitarrespielen und Französisch. Die Tochter des Sprachforschers erhielt eine außergewöhnliche Sprachausbildung: Mit 17 Jahren lernte sie Griechisch und sollte wegen ihres großen Talents noch Türkisch oder Arabisch lernen. Den Unterricht übernahmen Hauslehrer, nicht etwa der Vater.
Adelheid und Gabrielle lernten Deutsch, denn sie sprachen von Kind auf Italienisch, und Geografie. Adelheid erhielt außerdem Musikunterricht. Sie teilte alle Stunden mit ihrer Schwester Gabrielle bis zu ihrer Verlobung.
Friederike Brun ermöglichte ihren Töchtern ein geringeres Maß an Geistesbildung. Allerdings scheint der Familie in der Töchterausbildung etwas gefehlt zu haben, was Friederike „Schönheit der Tugend" nannte. Also lernten die Töchter zusätzlich Zeichnen und Musizieren. Therese Forster-Huber unterrichtete Tochter Luise und die Pflegetochter selbst. Am Nachmittag erteilte sie ihnen drei Stunden Unterricht, den Abend füllte sie mit Lesen und Konversation. Luise erhielt eine Ausbildung in hauswirtschaftlichen Fertigkeiten durch ihre praktische Mithilfe im Haushalt. Sie erlernte Sticken und das Anfertigen von künstlichen Blumen. Eher nebenbei lernte sie die französische Sprache. Therese legte in der Erziehung ihrer Tochter Luise Wert auf eine Mischung von Bildung (Lesen von antiken Dichtern), Hausarbeit, Kinderwartung, Beweglichkeit und Lustigkeit. Von einem Mehr an Bildung hielt sie nichts, obwohl sie selbst eine gute erfahren hatte. Ausgaben für Schulunterricht für Mädchen waren in ihren Augen Geldverschwendung, da die Bildung in der herrschenden Gesellschaft nicht anwendbar wäre und sich als Investition nicht rentierte. Sie selbst lehrte ihre Töchter während der Hausarbeit. Diese Belehrung beschränkte sich größtenteils aufs Geschichtenerzählen. Eine Ausbildung der Tochter in Musik, Zeichnen und Tanzen hielt sie zwar für unerläßlich, mußte aber darauf verzichten, da sie kein Geld dafür übrig hatte. Luise konnte weißnähen, schneidern, stricken und sticken, sie bügelte und wusch im Taglohn; auch las sie gerne Werke über Geschichte und Geografie und Übersetzungen antiker Dichter.

Es ist also ein großer Unterschied festzustellen zwischen der Erziehung, die die Schriftstellerinnen als Kinder erhalten hatten, und derjenigen, die sie den eigenen Töchtern zukommen ließen. Die Töchter wurden in einem ausgeprägten weiblichen Rollenschema erzogen. Allzuviel Bildung wurde ihnen nicht gestattet, sie erhielten nicht einmal den Grad an Bildung, den ihre Mütter hatten.

Ergebnis davon war, daß die Töchter auf diese Weise brave Hausfrauen wurden. Ihre Empfindsamkeit und Schwäche förderten ihre schreibenden Mütter als Merkmale der bürgerlichen Weiblichkeit. Sie wurden dazu angehalten, verständnisvolle und unterhaltsame Partnerinnen ihrer zukünftigen Ehemänner zu sein. Das Wesentliche an der Erziehung der Töchter war ihre Qualifikation als gute Ehefrau und Mutter, da das vorrangige Ziel dieser Erziehung die Verheiratung war. Obwohl auch die „neuen Mütter“ versuchten, auf die Partnerwahl der Töchter Einfluß zu nehmen, zwangen sie sie doch nicht zu einer von der Tochter abgelehnten Konvenienzehe.

Erziehung der Söhne

Söhne erhielten grundsätzlich eine qualifiziertere Ausbildung. Therese Forster-Huber schickte ihren Sohn Aimé auf ein kostspieliges Internat. Seine Ausbildung erschien ihr wichtiger als die ihrer Töchter, und diese selbst verzichteten gerne zugunsten des Bruders.

Obwohl von der Mutter erzogen, wurden die Söhne nur zum Teil von ihr auch unterrichtet. Charlotte von Kalb gefiel es gar nicht, daß die Familie ihren Sohn ihrer Unterrichtung entzog:

> „So ward der Knabe, der schon etwas lesen konnte, Denen übergeben, die noch die Fibel mit ihm übten. Vorher war seine Zeit geordnet und erfüllt, nun aber die Stunde mit der leeren Fibel und die übrige Zeit des Tages vom Wirbel nichtiger Knabenspiele zerstreut“ (Gedenkblätter, 159).

Der Hauslehrer hatte ihre Funktion übernommen. Karl Schiller dagegen ging schon früh täglich zu einem Lehrer. Mit acht Jahren lernte er dort Latein, mit elf Jahren Griechisch. Sein Bruder begann mit acht Jahren ebenfalls Latein zu lernen. Ihr täglicher Unterricht in der Schule dauerte sechs Stunden.

Philipp Veit besuchte ebenfalls eine öffentliche Schule. Zusätzlich erhielt er von Friedrich Schlegel, dem Freund der Mutter, Privatstunden. Johanna Schopenhauers Sohn Arthur ging nach Abbruch einer Kaufmannsausbildung ebenfalls in eine öffentliche Schule.

Die divergierende Erziehung von Töchtern und Söhnen begann schon im Kleinkindalter: Ein Sohn hatte grundsätzlich größere Freiheiten, er durfte frech und aggressiv sein. Folgerichtig, daß Humboldts Ältester eine Arche Noah, eine Wache mit Soldatenfiguren und einen Stall geschenkt bekam.

Männlich und intelligent, charakterstark und bedürfnislos, das waren die Merkmale, zu denen hin sich die Söhne entwickeln sollten. Dorothea Veit-Schlegel sparte in ihren Briefen an beide Söhne nicht mit Ermahnungen und Ratschlägen. Aus diesem Grund ist ihre Erziehungsarbeit leicht nachzuvollziehen. Vor allem Philipp war die Zielscheibe der mütterlichen Ermahnungen. Stets hielt sie ihn an, sich gut zu benehmen und vor allem seinen Lehrern zu Willen zu sein. Diese Aufforderungen zur Unterordnung zogen sich über Jahre hin. Sie betrafen auch die Streitigkeiten zwischen den Brüdern. Dorothea forderte Philipp auf, in den Auseinandersetzungen mit seinem Bruder zurückzustecken, gleichzeitig stärkte sie aber sein dadurch angeschlagenes Selbstbewußtsein, indem sie versicherte, er hätte die bessere Erziehung und wäre aus diesem Grund längerfristig im Vorteil. Diese Taktik, Philipp Recht zu geben, ihn gleichzeitig aber durch Appelle an seine Einsicht zum Nachgeben zu zwingen, bewährte sich immer wieder.

Weitere Ermahnungen betrafen den Fleiß in der Schule und Philipps Gesundheit. Dorothea versuchte zu verhindern, daß der Sohn sich körperlich zu sehr anstrengte oder sich gar erkältete. Auch Sohn Johannes bekam zu hören:

„Erinnere Dich meiner Warnung, liebster Johann, nicht nach dem Essen mit einem beliebigen Buch aufs Sopha zu liegen oder gar ein Schläfchen zu machen. Wende diese Nachessenszeit lieber zum Spazierengehen an; widrigenfalls wirst Du dickes Blut machen. [. . .] Auch wünschte ich, dass Du oft anstatt des Biers Wasser mit etwas Wein tränkest; Du musst alles vermeiden, was dickes Blut macht“ (Wien, 25. 11. 1808; Raich I, 311).

Die Briefe der folgenden Jahre waren schließlich voller religiöser Ermahnungen, die den Übertritt der Söhne zum katholischen Glauben zum Ziel hatten. Vor allem mit dem Glanz und Prunk der katholischen Kirche versuchte sie ihre Söhne zu fesseln. Als beide ihren Willen zum Übertritt bekundeten, jubelte sie. Doch als der ältere Sohn Johannes wieder zögerte, beschwor sie ihn:

„Ich hoffe doch, es wird noch Dein ernstlicher Wille sein, Dich zum Christenthum zu wenden, und wenn dem so ist, so lass uns in diesem heiligen Beginnen nicht länger zögern; hier ist alles vorbereitet und es kann in der gehörigen Stille vorgenommen werden“ (Wien, 11. 2. 1809; Raich I, 327).

Es kam sogar zu einer Auseinandersetzung mit dem Vater Simon Veit, dessen religiöse Toleranz seinen Kindern ihre Freiheit zur Wahl und damit zum Bruch mit der jüdischen Tradition der Familie ließ. Auch als endlich das mütterliche Ziel, Philipps Übertritt zum katholischen Glauben, erreicht war, gab es weitere Briefe der Mutter voller Ermahnungen bezüglich der religiösen Ausübung:

„Wenn es möglich ist, mein Philipp, so gehe jeden Morgen, wenn auch nur zu einem kurzen Gebet in die Kirche. Es ist nicht zu beschreiben, was diese gottselige Gewohnheit für eine Wirkung für den ganzen Tag hat. Es wird Dir sicher keinen Morgen, wenn Du erwachst, an allerlei Ursachen und Ausreden mangeln, um diesesmal *nicht* in die Kirche zu gehen, es bis um 10 oder 11 aufzuschieben u[nd] d[er]gl[eichen]. Ich weiss das recht gut, denn es geht mir selber eben so – aber giebt man diesen Einflüsterungen unserer schlechten Natur nach, so ist es um die Zufriedenheit für diesen Tag rein geschehen (und wissen wir, ob dieser unzufriedene Tag nicht unser letzter ist?)" (Wien, 31. 10. 1810; Raich I, 440).

Sowohl auf die Wahl der Lektüre der Söhne als auch auf deren Berufswahl versuchte Dorothea massiv Einfluß zu nehmen. Dabei waren die mütterlichen Ratschläge an Johannes weniger intensiv, stand er ihr doch ferner als Philipp, da er lange bei seinem Vater in Berlin lebte.
Die Söhne sollten, ganz im Gegensatz zu den Töchtern, einen ordentlichen und krisenfesten Beruf zwecks späteren Gelderwerbs erlernen. Dafür wurde ihnen eine gute Ausbildung finanziert. Nach den Wünschen des Vaters sollten Philipp und Johannes Veit den Kaufmannsberuf erlernen; bei der Mutter fanden sie dagegen Unterstützung für ihren Wunsch, Künstler zu werden.
Arthur Schopenhauer brach ebenfalls eine vom Vater gewollte Ausbildung als Kaufmann ab, denn der Beruf gefiel und lag ihm nicht. Auch er fand mit seinen Neigungen bei seiner Mutter Gehör, die ihm eine gute Schulausbildung verschaffte.
Lotte Schiller wollte ihre Söhne in den Staatsdienst bringen. Karls Studium der Forstwirtschaft sollte ihm den krisensicheren Beruf des Försters bringen. Aimé Huber wurde auf ein Internat geschickt, um dort die Landwirtschaft zu erlernen. Trotz seiner Intelligenz war er aber nur ein mittelmäßiger Schüler. Therese Forster-Huber wünschte sich für ihn, daß er kein Gelehrter, sondern Soldat, Förster oder Landwirt würde. Diese Berufe hielt sie für zukunftssicher.

VI. Das politische Interesse

Während die Revolution durch Frankreich tobte, meldeten sich auch weibliche Stimmen mit Forderungen zur Tagespolitik (vgl. Gouges). Im deutschsprachigen Raum traten Frauen seltener mit politischen Forderungen an die Öffentlichkeit. Ihre Teilnahme am politischen Zeitgeschehen war leiser und weniger auffällig.

1. Jugendliche Begeisterung

Schon in ihrer Jugendzeit zeigten die Schriftstellerinnen Interesse an politischen Fragen. Schwärmerisch war ihre Bewunderung oder leidenschaftlich ihre Abneigung bestimmter politischer Persönlichkeiten. Freiheitsbewegungen in anderen Ländern, wie in der Schweiz oder in Amerika, verfolgten sie mit Interesse und tiefer Sympathie. Johanna Schopenhauer hatte schon in der Kindheit Einblicke in die große Politik. Sie haßte, geprägt durch das Elternhaus, Friedrich den Großen und die Preußen, die 1772 die wichtigste Einnahmequelle ihrer Heimatstadt Danzig, den Hafen, durch die Teilung Polens an sich gebracht hatten. Grenze und Zollschranken machten den Danziger Bürgern, also auch der Kaufmannstochter Johanna, das tägliche Leben schwer. Johanna war mit republikanischen Ideen aufgewachsen. Ihre Einstellung gegen die Aristokratie begleitete sie auch während ihrer Ehe. Am Beispiel einer Geschichte läßt sich diese nachlesen, die Johanna, gemeinsam mit Ehemann und Freundin, in einem Badeort erlebte. Sie sollte, durch Vermittlung einer anderen Dame, der Herzogin von Braunschweig vorgestellt werden. Als sie erfuhr, daß sie der Konvention gemäß der Herzogin bei dieser Gelegenheit Hand oder Rock küssen mußte, weigerte sie sich voller Empörung:

„Wir, keinem Fürsten untertan, freigeborene Frauen, wir sollten einer anderen Frau, die weder unsere Mutter noch Großmutter war, die Hand küssen, oder vollends gar bis zur Erde uns beugen, um den Saum ihres Gewandes zu ergreifen? [. . .] Der Gedanke, daß man ein solches uns zumuten könne, brachte mein republikanisches Blut in heftige Wallung. Feuerrot, mit blitzenden Augen und zornbewegter Stimme erklärte ich, daß ich für meine Person unter solchen Bedingungen der mir zugedachten Ehre entsagen müsse, und meine Hamburger Freundin, durch mein Beispiel ermutigt, stimmte mir bei" (Jugenderinnerungen, 215).

2. Die Französische Revolution

Den Ausbruch der Französischen Revolution erlebten die Schriftstellerinnen als erwachsene, politisch sehr interessierte Frauen. Caroline Böhmer schrieb ihrer Schwester in heller Aufregung in den ersten Monaten der Revolution:

„Ich weis nicht wohin ich mich wenden soll, denn die heutigen Zeitungen enthalten so große unerhörte prächtige Dinge, daß ich heiß von ihrer Lektüre geworden bin" (an Lotte Michaelis, Marburg, 1789; Schmidt I, 194).

Die Begeisterung für die Aufständischen regte sich nicht nur bei Caroline, sondern auch bei den anderen Schriftstellerinnen. Mit Ausnahme Charlotte von Kalbs, die aus ihrer aristokratischen Gesinnung nie einen Hehl machte.

Die Mainzer Republik

Therese Forster und Caroline Böhmer lebten während der Mainzer Republik im Kreis der Jakobiner. Ihr – zumindest emotionales – Engagement für diese Republik hing mit der Person Georg Forsters zusammen, der in Mainz führender Jakobiner war. Caroline Böhmer war oft Gast in der Familie Forster, in der die täglichen Ereignisse heftig diskutiert wurden:

„Wir können noch sehr lebhafte Sceenen herbekommen, wenn der Krieg ausbrechen sollte – ich ging ums Leben nicht von hier – denk nur, wenn ich meinen Enkeln erzähle, wie ich eine Belagerung erlebt habe, wie man einen alten geistlichen Herrn die lange Nase abgeschnitten und die Demokraten sie auf öffentlichen Markt gebraten haben – wir sind doch in einem höchst interreßanten politischen Zeitpunkt, und das giebt mir außer den klugen Sachen, die ich Abends beym Theetisch höre, gewaltig viel zu denken, wenn ich allein, in meinen recht hübschen Zimmerchen in dem engen Gäßchen sitze, und Halstücher ausnähe, wie ich eben thue" (an Luise Gotter, Mainz, 20. 4. 1792; Schmidt I, 250).

Eine aktive Teilnahme beider Frauen am Jakobinerclub dagegen, wie Sigrid Damm im biografischen Essay zur Briefausgabe von Caroline Böhmer-Schlegel-Schelling (1980) annimmt, ist nicht belegt und auch nicht wahrscheinlich. Dort waren nämlich Frauen per Beschluß der Versammlung von der Teilnahme ausgeschlossen. Dies bestätigte Therese Forster-Huber in einem Brief an General von Kalkreuth (Geiger,

82). Sie betonte darin, daß in den Jakobinerclub keine Frauen aufgenommen werden durften und daß sie kein Recht hatten, eigene Versammlungen durchzuführen.
Caroline von Beulwitz dagegen war der Mainzer Republik gegenüber skeptisch eingestellt:

„Zu etwas Gescheitem kanns gewiß mit der Mainzer Freiheit nicht kommen. Die Deutschen sind noch viel zu unkultivirt, um sie auf Begriffe zu gründen, und viel zu phlegmatisch, um sich an einer schönen Illusion zu weiden“ (an Lotte Schiller, Rudolstadt, November oder Dezember 1792; Fielitz III, 70).

Im Mühlrad der Politik

Caroline Böhmer geriet bei der Ausreise aus Mainz in das Mühlrad der Politik. Sie wurde von den Preußen als Geisel für Georg Forster festgehalten.

„Geißel soll ich seyn *darum:* Mainzer Bürger sind als Geißeln nach Strasburg geführt – man sucht sie frey zu machen, ehe Mainz übergeht, um nicht da etwa Verbrecher entwischen laßen zu müßen. Man will die Weiber schrecken, denen man genaue Verbindungen, wenn auch nicht avouirte [eingestandene], mit Französischen Bürgern zugetraut. Mich soll Forster erlösen. – Das *kan* F. nicht, und ich werds nie von ihm fordern – denn wir stehn nicht in diesem Verhältniß“ (an Friedrich Gotter, Königstein, 16. 5. 1793; Schmidt I, 288).

Über ihre Haftbedingungen auf der Festung Königstein schrieb sie voller Empörung:

„Gehen Sie hin, lieber Gotter, und sehn Sie den schrecklichen Aufenthalt, den ich gestern verlaßen habe – athmen Sie die schneidende Luft ein, die dort herrscht – laßen Sie sich von den, durch die schädlichsten Dünste verpesteten Zugwind durchwehn – sehn Sie die traurigen Gestalten, die Stundenweis in das Freye getrieben werden, um das Ungeziefer abzuschütteln, vor dem Sie dann Mühe haben sich selbst zu hüten – denken Sie sich in einem Zimmer mit 7 anderen Menschen, ohne einen Augenblick von Ruhe und Stille, und genöthigt, sich stündlich mit der Reinigung deßen, was Sie umgiebt zu beschäftigen, damit Sie im Staube nicht vergehn – und dann ein Herz voll der tiefsten Indignation gegen die gepriesne Gerechtigkeit, die mit jeden Tage durch die Klagen Unglücklicher vermehrt wird, welche ohne Untersuchung dort schmachten, wie sie von ohngefähr aufgegriffen wurden –“ (an Friedrich Gotter, Kronenburg, 15. 6. 1793; Schmidt I, 290).

Nach ihrer Freilassung traf sie die Verachtung und Reglementierung der Gesellschaft. Sie durfte sich in ihrer Heimatstadt Göttingen nicht mehr aufhalten. Noch Jahre später traf Caroline der Haß und die Verachtung bürgerlich-konservativer Gesellschaftskreise.

Die Frage der Gewalt

Die meisten Schriftstellerinnen wandten sich in der radikalen jakobinischen Phase von der Revolution ab. Der Grund dafür war die Brutalität, von der sie hörten. Lotte Schiller war darüber sehr enttäuscht:

„Man möchte fast lieber von der Aristokraten-Partie sein, weil sich die Gegenpartie in so schlechtem Lichte zeigt. Seit dem grausamen Tod Ludwigs haben die Franken ihren Kredit bei mir verloren. Auch die Art, wie sie in den Rheingegenden zur Freiheit bekehren wollen, empört. Wenn das nicht Despotismus ist, so ists gewiß der, den die Könige ausüben und ausübten, noch weniger –" (an Christophine Reinwald, Jena, 1. 4. 1793; Urlichs, I, 340).

Anders Johanna Schopenhauer: Sie stand auch später zu ihrer Begeisterung über die Ereignisse in Frankreich:

„Etwas Mord, einzelne Greueltaten, die bei der Eroberung der Bastille vorgefallen waren und noch täglich, leider in immer steigender Anzahl sich erneuerten, wurden als in solchen Zeiten unvermeidlich nicht sonderlich beachtet. Verjährte Krebsschäden sind nicht mit Rosenwasser zu heilen, war ein damals sehr beliebter Kernspruch. Und was war denn die Hinrichtung eines oder zweier Elender, die, strotzend von erpreßtem Reichtum und Wohlleben, das hungernde, nach Brot schreiende Volk zur Zielscheibe ihres Witzes zu wählen sich erkühnt hatten? Was war sie, verglichen mit dem unheilvollen Geschick jenes Greises, der bei der Zerstörung der Bastille im dunkelsten Keller aufgefunden worden war?" (Jugenderinnerungen, 264).

Allerdings bemerkte Johanna auch einen Widerspruch in ihrer damaligen Einstellung, den sie dann so ausdrückte:

„Jetzt war das Rächerschwert der strafenden Gerechtigkeit in den Händen des wütenden, im Blutdurst und wilder Zerstörungssucht immer mehr sich entflammenden Volkes. Die Stelle der damals noch nicht erfundenen Guillotine vertrat einstweilen der berüchtigte Laternenpfahl, die Prozedur dabei war noch kürzer; schauerliche Mordtaten fielen täglich vor, doch wir in der Ferne gedachten nur der Missetaten der Mächtigen und Großen, die das jetzt nicht mehr zu bändigende Volk bis zur Verzweiflung getrieben, und entschuldigten, was wir nicht billigen konnten. Lustig sangen wir ‚Ah, ça ira, ça ira, ça ira! les aristocrates à la laterne!' und wären halb des Todes gewesen, hätten wir einen von ihnen hinführen sehen müssen, absonderlich ich, die ich über meine gefiederten Untertanen auf dem Hühnerhofe nie ohne bängliches Herzklopfen ein Todesurteil aussprechen konnte" (Jugenderinnerungen, 266).

Die eigentliche Begeisterung, die dahinter stand, war radikal, emotional und doch rein verbal. Sie galt Ereignissen, die sich in weiter Entfernung abspielten.

3. Napoleon und die Kriegsgefahr

Ebenso wie die Politik der Jakobiner lehnte Caroline von Beulwitz-Wolzogen auch die nachfolgende Politik Napoleons ab. Aus eigenem Erleben schilderte sie die politischen Zustände in Frankreich:

„Das Gouvernement ist schändlich, jetzt kann ichs schreiben. Frankreich ist kein Staat, sondern ein erobertes Land, wo der Eroberer despotisiert. Keine öffentliche, legale Verwaltung, keine Spur von Rechtlichkeit; Alles stiehlt. Es wird aber auch nicht lange dauern, fürchte ich, und B[ounaparte] lebt immer in Todes furcht" (an Lotte Schiller, Stuttgart, 1. 10. 1802; Urlichs II, 86).

Diese Abneigung gegenüber der Politik Napoleons mischte sich mit der Furcht vor neuen kriegerischen Auseinandersetzungen. Lotte Schiller machte sich in ihrem Tagebuch tiefgehende Gedanken über den Krieg:

„Wenn man sich kultivierte Nationen denkt, die in ruhigen Zeiten nach der höchsten Verfeinerung streben, und sie plötzlich in den schreckenvollen Kriegszustand versetzt sieht, da ist aller Glaube an moralische Steigerung der Vollkommenheit plötzlich vernichtet. Wenn Mensch gegen Mensch steht, wenn er sein Leben vertheidigt, sein Individuum retten will, wird er sich alle Grausamkeiten gegen den, der ihn anfällt, erlauben; er wird wie ein Raubthier nur sein eigenes Wesen retten wollen. So lange Kriege möglich sind, so lange Einzelne wagen können, an ihren Vortheil das Glück ihrer Völker zu wagen; wenn kein Herrscher fühlt, daß das Glück des ruhigen Bewohner seines Eigenthums mehr werth ist als ein schreckenvoller Ruhm der Siege; so lange sind wir immer nur auf einer eingebildeten Höhe. Wenn fremde Menschen für einen elenden Lohn für ihren erkauften Herrn streiten, wenn Verbrecher, denen nichts mehr heilig ist in der Welt, dadurch wieder Mitglieder der Gesellschaft werden, daß sie Soldaten werden, so lange wird ein Krieg immer das schrecklichste Phänomen in der moralischen Welt sein. Ein losgebundener Zustand, ein Leben, wo nur rohe Kraftäußerung etwas gilt, wie kann der Menschen bilden und zu Moralität zurückführen?" (April 1807; Urlichs I, 65).

Die durch den Krieg entblößte Schlechtigkeit unter den Menschen beklagte Caroline Böhmer-Schlegel-Schelling nach der preußischen Niederlage gegen die Franzosen bei Jena:

„Aber wie zerrissen sieht es in der Welt aus – welche Unsumme von Elend, vernichteten Wohlstand, Schlechtigkeit – welcher gänzliche Mangel an der gemeinsten Sicherheit. Man hört nichts andres in der Nähe und Ferne. Wie mag den Menschen zu Muth seyn, die nun wirklich drinnen stecken mit ihren Geist und Gemüth, und nicht eine Atmosphäre um sich her ziehn können, in welche das alles nur scheinbar dringt. Wie viel lieber wollte ich in einem Dorf auf der Schlachtlinie von Jena gewohnt haben und in Staub mit getreten seyn, als mir die Seele anstecken lassen durch diese abscheuliche Verwirrung aller moralischen Dinge" (an Luise und Friedrich Gotter, München, 4. 1. 1807; Schmidt II, 485).

Dorothea Veit-Schlegel und Friedrich Schlegel lebten 1809, als Österreich gegen Napoleon verlor, bereits in Wien und waren pro Österreich eingestellt (Schlegel war in österreichischen Diensten). In der Ablehnung Napoleons setzte Dorothea auf die Österreicher, denen ihrer Ansicht nach die politische Zukunft Deutschlands gehörte. Preußen hatte ihrer Meinung nach abgewirtschaftet, wie sie Karl August Varnhagen von Ense, einem Freund aus der gemeinsamen Berliner Zeit, zu verstehen gab:

„Wir hören Wunderdinge von der Stimmung und den Absichten dort [in Berlin] und können uns, die wir den Winter 1808 und 9 hier gesehen, nicht gut denken, daß Sie oder sonst ein Gleichgesinnter nicht thätigen Antheil nehmen wird. Aber freilich sieht alles in der Ferne anders aus, besonders von hier aus gesehen, wo man wie eingesperrt seufzen muß. – Über die Schande und Ehre Preußens, worüber Sie so seufzen, denke ich etwas anders als Sie, und das liegt wiederum in der großen Verschiedenheit unserer Ansichten, insofern ich eine Christin mich zu sein erfreue, und Sie noch in traurigem Heidenthum befangen sind. Nicht die Strafe ist Schande und nicht die Busse, vielweniger noch die mit Aufopferung und Selbstüberwindung errungene Besserung, sondern die Sünde allein. Damals als unsre Landsleute und Herrscher im Uebermuth des schlecht erworbenen Besitzes und der triumphirenden Sicherheit sich ihrer Herrlichkeit, Macht und Grösse erfreuten, damals als sie den Fluch der betrogenen und verlassenen Verbündeten auf sich geladen hatten, damals war die Zeit der tiefsten Schande nach unsrer Ansicht, jetzt ist alles das überwunden, gebüsst und ganz vorüber und kömmt wohl nie wieder. Und im Grunde ist es wirklich kein Unglück, was sie jetzt erfahren; es war vielmehr nach allem, was vorgegangen, ein zu starkes Selbstgefühl, zu glauben, dass man da allein sich frei machen würde können. Deutschlands Stamm ist ausgeschlagen, die Zweige liegen zerstreut und einzeln umher und müssen auf einen frischen Stamm geimpft werden, wenn sie nicht untergehen sollen. Umsonst hofft man, dass sie von selber Wurzel fassen können. Ist es nun nicht besser, man wird auf eine recht starke Kerneiche geimpft als auf jenen halb verschimmelten Lorbeer – der Raub der Köche und Zierde der Komödianten?" (Wien, 23. 2. 1813; Raich II, 141).

Genau die entgegengesetzte Position nahm Caroline von Humboldt ein. Preußen würde politisch und moralisch gestärkt aus den Befreiungskriegen gegen Napoleon hervorgehen, so ihre Prognose nach der Frühjahrsoffensive der Preußen:

„Preußen hat in dieser Zeitperiode eine Kraft geäußert und entwickelt und zum Theil in das wirklich reele und handelnde Leben übertragen, die einem Preußen als die Wiege künftiger gesetzmäßiger Freiheit sehr teuer machen" (an Wilhelm von Humboldt, Wien, 19. 7. 1813; Sydow IV, 66).

4. Patriotische Gefühle

Therese Forster-Huber wiederum sympathisierte mit Napoleon, den sie für den Vollstrecker der Französischen Revolution im übrigen Europa und dessen Ein- bzw. Übergriffe sie für richtig und politisch-fortschrittlich hielt. Der Patriotismus, den sie in Deutschland erlebte, war ihr allzu oberflächlich, ja falsch, wie sie ihrem Vater mitteilte:

„Diese Zeit fordert uns mehr wie eine andre auf unser Glück im Familien leben zu suchen, und gewiß kann die moralische Verbesserung der Staaten nur von da aus gehofft werden. Ich verwerfe kein andres Mittel, aber schöne Bücher schreiben, von Germanischer Herrlichkeit träumen, in die Patriotenposaune stoßen, wunderbare Erziehungsmethoden erfinden – das alles bildet die Menschen nicht – lebte jeder ernst, heiter, beschränkt in seinem kleinen Kreise so würde wieder Kraft und Einigkeit bestehen, ohne daß so laut und viel gesprochen würde" (Stuttgart, 14. 10. 1810; B 928).

Hin- und hergerissen zwischen dem Abscheu gegen den Krieg und der Hoffnung auf Befreiung von der französischen Fremdherrschaft, neigten die Schriftstellerinnen sich aber auch dem Patriotismus zu. Lotte Schiller schrieb darüber:

„Die Zeit ängstigt einen, wo man ist, und ich weiß nicht, wo ich Ruhe finden könnte; denn Antheil muß ich nehmen und wäre es nur für vergangene Leiden. Und die Menschheit im Ganzen hat genug Prüfung erlitten, um Jahre lang sich die Phantasie mit Schmerz zu erfüllen. Von der Nähe der Kriegsscenen möchte ich nicht wieder leiden, und wenn wir wieder in die Lage kommen könnten, so verbürge ich mich gern in den Schoos der Alpen. Mein Gefühl für's Vaterland ist zu mächtig und ich erkenne nur die Partei, die nicht uns mit der Dauer unsrer jetzigen Zustände bedroht. Wer uns hilft, das Gefühl unsrer selbst wieder zu erlangen, den ehre ich und dessen Macht" (an Carl Ludwig von Knebel, Weimar, 6. 3. 1813; Düntzer, 110).

Doch trotz aller patriotischen Gefühle, aus denen heraus die Befreiungskriege geführt wurden, nahm Lotte eindeutig gegen den Krieg Stellung:

„Mir ist eigentlich das Leben und Treiben der militärischen Welt immer widrig. Das Schreien, Laufen, Trommeln usw. es ist nur ein beweglicher Müßiggang; denn wenn es darauf ankommt, so verliert sich die Kraft des Einzelnen gänzlich, und ein Stein, der dazu bestimmt ist, ein Gebäude tragen zu helfen, ist ebensoviel werth als ein denkendes Wesen in einem Quarré. Ich bin von denen, die jede Aussicht einer künftigen Ruhe gern ergreifen, und da ich so ziemlich wenig von der Welt überhaupt erwarte, so kann ich nicht klagen, daß sich eine Aussicht zum Frieden zeigt, und denke darüber wie Sie. Die Welt liegt im Argen, und was man wünscht und möchte, muß man ja ohnehin in seinem Busen bewahren. Ich empfinde jetzt immer die Schönheit und Wahrheit dieser Worte. Die Welt ist meinem Ideal nicht reif, und es können noch Jahrhunderte vergehen, ehe es der Menschheit gelingt, das Gute und Rechte zu ergreifen und zu bewahren, wenn solche Motive die Handlungen leiten, wie wir erfahren und auch beobachtet haben in der Geschichte" (an Carl Ludwig von Knebel, 14. 6. 1813; Düntzer, 113).

Die Söhne und der Krieg

Die Zeit der Freiheitskriege stellte im übrigen die Schriftstellerinnen vor ein besonderes Problem, egal, auf welcher Seite sie politisch standen: Sie hatten Söhne im wehrfähigen Alter. Fühlten sie sich als Patriotinnen, so hielten sie es für ihre Pflicht, ihre Söhne in den Krieg zu schicken. Andererseits waren die gefühlsmäßigen Bindungen an die Söhne so stark, daß der Gedanke, sie auf dem Schlachtfeld sterben sehen zu müssen, fast unerträglich war:

„Die Angst um meine Kinder, deren Schicksal ich immer weniger in der Gewalt habe, je älter sie werden, liegt mir in manchen Momenten recht auf dem Herzen. Es würde mich aber auch schmerzen, wenn sie nicht kriegslustig wären; und doch traure ich, daß ein hartes Loss sie treffen kann, denn ich habe gar zu viele trübe Eindrücke bekommen in den vorigen Jahren und alle Noth des Geschickes empfunden" (Lotte Schiller an Prinzessin Caroline, Weimar, 2. 1. 1814; Urlichs I, 670).

Lotte Schillers Sohn Karl wurde Soldat, Sohn Ernst blieb zu Hause, weil er noch zu jung war. Damit war die mütterliche Sorge geteilt:

„Ob ich gleich alle Pflichten fühle und in meinem Herzen nicht unwerth an diejenigen mich anschließen darf, die Opfer mit Fassung bringen, so ist es doch ein Riß in meine Existenz, den mir nicht leicht eine Begebenheit wieder heilen kann, denn ich lebe nur in den geliebten Kindern und habe zu viel schmerzliche Scenen erlebt, zu klar gesehen, welchem Schicksal er entgegen gehet, um nicht meine Ruhe aufzugeben“ (an Prinzessin Caroline, Weimar, 13. 1. 1814; Urlichs I, 671).

Die Tochter strickte indessen Socken für die Soldaten.

Auch Caroline vom Humboldt bangte um das Leben des Sohnes Theodor, der Soldat wurde. Aus Furcht, noch weitere Kinder zu verlieren, konzentrierte sie sich ganz auf den Rest der Familie und versuchte, mit dem Kleinsten und den Töchtern ihre Sorgen zu vergessen.
Zunächst merkwürdig muß die Begeisterung von Dorothea Veit-Schlegel anmuten, als ihr Sohn Philipp in den Kampf zog. Ihre vorrangige Sorge galt der Frage, ob er warm genug angezogen wäre:

„Ich beschwöre Dich Philipp, dass Du Dir, sobald Du in eine Stadt kömmst (schon in Töplitz geht es); dass du Dir nicht allein einen Mantel schaffst, im Fall Du keinen haben solltest, sondern auch warme Strümpfe und etwas Flanell, entweder als Leibbinde oder als Kamisol. [. . .] Ich zittere, wenn ich an Deine Gesundheit denke in diesem entsetzlichen nassen Wetter. [. . .] Gott und seine Heiligen wollen Dich beschützen! [. . .] Wie siehst Du aus, was hast Du an? wie ist Dir zu Muth? was hast Du für ein Pferd? kannst Du auch wohl zum Beten kommen? nur ein Vater unser und Ave Maria, und nur alles und immer in der Gegenwart Gottes!“ (Wien, 11. 9. 1813; Raich II, 202).

Ihrer religiösen Anschauung nach legte sie das Leben des Sohnes in Gottes Hand. Vordergründig war ihre Sorge um das Wohlbefinden Philipps größer als um sein Überleben. Ihre Briefe an den Sohn ergeben – ihr und ihm zur Beruhigung? – den Eindruck, als ob es sich beim Kriegseinsatz um einen Spaziergang im schlechten Wetter handelte. Dieses krampfhafte Leugnen der wirklichen Gefahr zerbrach sofort, als Philipp tatsächlich in Lebensgefahr geriet und nur mit knapper Not dem Tod entkam. Das tiefe Erschrecken über diesen Vorfall und dessen glücklichen Ausgang führte sie noch näher an ihren christlichen Glauben heran:

„Viele Tage lang konnte ich das Bild nicht vor meiner Seele wegschaffen, es war wie festgebannt vor meinen Augen – unaufhörlich danke ich Gott und der heiligen Jungfrau für Deine wunderbare Errettung. Dein guter Schutzengel behüte Dich ferner“ (an Philipp Veit, Wien, 21. 11. 1813; Raich II, 214).

So fern den gefahrvollen Ereignissen, die ihre Söhne umgaben, mußten die Mütter sich Ersatzwirklichkeiten schaffen: Dorothea wich aus in die Religion, Caroline in die Familie. Natürlich war dann die wohlbehaltene Rückkehr der Söhne Grund zu großer Freude und Erleichterung.

5. Freiheitsliebe

Im politischen Bereich sympathisierten die Schriftstellerinnen mit den Ideen von Freiheit und Gleichheit. Sie waren über die laufenden politischen Ereignisse erstaunlich gut aus Zeitungen, Augenzeugenberichten und eigenen Eindrücken informiert. Ihr politischer Standpunkt war meist identisch mit dem ihres Freundeskreises, in dem ausführlich über Politik diskutiert und die persönliche Meinung frei geäußert wurde. Dabei blieb es auch nach dem Einsetzen der Restauration 1815.
Die Liebe zur Freiheit nahmen die Schriftstellerinnen sehr persönlich. Schon in den durch die Französische Revolution sehr bewegten neunziger Jahren wurden sie nicht in der großen Politik, sondern in ihrem eigenen Leben aktiv und veränderten, was sie bedrückte oder ihnen mißfiel. Dorothea Veit schrieb nach ihrer Scheidung von Simon Veit an einen Freund:

„Wie durch einen Zauberschlag kam ihr Brief gerade jezt, in einen Moment, wo ich seit langer Zeit wieder einmal recht lebhaft, recht tief im Herzen das Bedürfniß fühle, alles was mir lieb, was mir werth ist recht eng um mich zu versammeln, und mich meines erworbnen, meines kostbaren Eigenthums zu erfreuen, wie eine freygelassne, die nun erst etwas ihr eigen nennen darf, nachdem sie sich selbst angehört; und nun mit eifersüchtiger Sorgfalt es bewacht. Denken Sie sich mein Gefühl, so lange ich lebe, ist dies das erste Mal, daß ich von der Furcht frei bin, eine unangenehme Unterhaltung eine lästige Gegenwart, oder gar eine demütigende Grobheit ertragen zu müssen. Kaum fühle ich mich noch recht – noch bis jezt ist mir es wie einer, der lange eine große Last getragen, er glaubt sie noch zu fühlen nachdem er ihrer schon längst entledigt ist. Jezt bin ich was ich längst hätte sein sollen lieber Freund! jezt bin ich glücklich, und gut – keine *Gruseley* mehr, keine Beschämung vielleicht würden Sie mich auch nicht mehr so hart finden, ich lebe in Frieden mit allem was mich umgiebt!" (an Carl von Brinkmann, Berlin, 2. 2. 1799; Wieneke, 287).

Sie genoß ihre selbstgewählte Freiheit und blühte auf. Ganz ähnliche Veränderungen spürte auch Caroline Böhmer nach dem Tod ihres ersten Mannes:

„Sie haben mich in einer Lage gekant, wo ich von allen Seiten eingeschränkt, durch den Druck meines eignen Gewichts niedersank – grausam bin ich herausgerißen, doch fühl ich daß ich es bin, denn es ist so hell um mich geworden als wenn ich zum erstenmal lebte, wie der Kranke der ins Leben zurückkehrt, und eine Kraft nach der anderen wiedererlangt, reine Frühlingsluft athmet, und in nie empfundenem Bewußtseyn schwelgt" (an Wilhelm Meyer, Göttingen, 1. 3. 1789; Schmidt I, 175).

Aufleben, in Freiheit atmen, zu wissen: alles, was sie tat, war ihre Entscheidung – damit war eine gutgemeinte, von ihren Freunden Friedrich und Luise Gotter arrangierte Ehe nun nicht mehr vereinbar. Ihrem Freund Meyer offenbarte sie ihre Lebensphilosophie einer neuen weiblichen Freiheit:

„Im Ernst, mein lieber Meyer, die gottlose kleine Frau – die cokette junge Witwe – denn es giebt doch dergleichen Lesearten über mich – feßelte durch ihre unscheinbare Hülle – ihn – Du weißt seinen Nahmen – und ich stand an – das ganze Lebensgewirr kreuzte sich in meinem Kopf – so oder so! 3 Tage lang wars mir ein Räthsel – es lößte sich zuletzt in die Frage auf: wilst Du gebunden seyn, und gemächlich leben, und in weltlichem Ansehn stehn bis ans Ende Deiner Tage – oder frey, müßtest Du es auch mit *Sorgen* erkaufen. – Die träge Natur lenkte sich dorthin – und die reine innerste Flamme der Seele ergriff dieses – ich fühle was ich muß – weil ich fühle was ich kan – schelte mich niemand unvernünftig – ich habe wohl erwogen, und kenne den ganzen Werth einer Lage, wie sie sich in die gewöhnliche Reihe der Dinge paßt – aber verblenden kont er mich nicht über den wahren Werth des Lebens. Wer sicher ist, die Folge nie zu bejammern, darf thun was ihm gut dünkt. Ich hätte mich freylich noch sehr nützlich für den Staat machen können, wenn ich ihm eine Haushaltung besorgt, und ein halb Duzend Kinder mehr erzogen hätte, wie mein einziges liebes Mädchen – aber es geschieht eben so gut ohne mich, und keine Glückseeligkeit wird dann dabey zerstückt – für des lieben Gottes Staat ists also beßer" (Göttingen, 29. 10. 1791; Schmidt I, 229).

Zentraler Teil des Lebensgefühls dieser Schriftstellerinnen war ein elementares Bedürfnis nach Freiheit. Sophie Mereau-Brentano beschrieb es nach einem Streit mit Clemens recht anschaulich:

„Es ist wahr, ein Gefühl ist in mir, ein einziges, welches nicht Dein gehört. Es ist das Gefühl der Freiheit. Was es ist, weiß ich nicht; es ist mir angeboren, und Du verletzest es zuweilen. Verteidigen kann ich es nicht, denn wer sich verteidigen muß, ist nicht frei; betrügen kann ich nicht, denn Betrug ist Zwang, kannst Du es also mehr schonen, wie bisher, so bin ich zufriedner" (an Clemens Brentano, Heidelberg, 17. 11. 1804; Gersdorff, 324).

VII. Frauen unter sich

Das Verhältnis der Schriftstellerinnen zu anderen Frauen war geprägt von Ablehnung und negativen Gefühlen. Beispiel dafür gibt eine Briefstelle von Caroline von Beulwitz, als sie über das Zusammensein mit ihrer Mutter und deren Freundin Charlotte von Stein schrieb:

„Die Gesellschaft der zwei Frauen ist doch sehr leer, und ans Entwickeln und Verfolgen von Ideen ist mit ihnen nicht zu denken, die ihren drehen sich ganz um den Kreis des gewöhnlichen Lebens herum, und alle Kleinigkeiten machen sie wichtig, daß mir die Zeit sehr lang dabei wird. Kenntnisse haben sie auch nicht in der Deutlichkeit, sie mittheilen zu können. Das Gewebe von Coquetterie, Rivalität und Armseligkeit in ihrer weimarischen Gesellschaft, das mir aus ihren Erzählungen deutlich wird, gibt mir eine unangenehme Aussicht auf meinen dortigen Aufenthalt – sie werden mich damit ennuyieren [langweilen], eben weil ich keine Partei nehme. Wenn ich nicht manchmal etwas Vernünftiges von Goethe oder Herder zu hören bekomme, so verspreche ich mir Langeweile, oder liegt es in meiner Seele?" (an Friedrich Schiller, Rudolstadt, 28. 10. 1789; Fielitz II, 73).

Ihre Schwester Lotte bezeichnete die Eigenschaften, die sie bei „gewöhnlichen" Frauen entdeckt zu haben glaubte, näher:

„Die meisten sind so arm, so eng, hängen soviel an Armseligkeiten, und sind so klein, daß es mich drücken könnte, ihnen nahe zu sein" (an Friedrich Schiller, Rudolstadt, 30. 11. 1789; Fielitz II, 153).

Aus dem großen Kreis ihrer Geschlechtsgenossinnen fühlten sich die Schriftstellerinnen herausgehoben. Wogegen sie sich untereinander, als gebildete Frauen, für ebenbürtig hielten – wenn nicht Neid und Konkurrenz sie trennten.

1. Freundschaft

Dorothea Veit-Schlegel hatte eine von tiefempfundenen Gefühlen geprägte Freundschaft mit Elisabeth Paulus, der sie gestand:

„Wie danke ich dir geliebte liebende Seele daß du mir deine Empfindungen für mich mittheilst! Ja ich fühle es und widerhohle es mit Freuden du bist meine erwählte gefundene Schwester, und so wie du, so fühl auch ich daß wir im Geiste unzertrennlich sind. [. . .] Außer Friedrichs Schwester Charlotte Ernst, habe ich nie eine Frau geliebt wie dich –, Charlotte ist eine vortreffliche höchst verehrenswürdige Frau, ich wollte du kenntest sie; sie würde dich gewiß auch recht lieben können; aber freilich so *verliebt* in dich wie ich bin, würde sie vielleicht nicht seyn! Ja recht eigentlich verliebt, ich kann mich oft nach diesen Augen sehnen, nach dem Ton deiner Rede, wie ein Verliebter, eine wahre Begierde habe ich nach dir; wenn ich dich einmal wieder sehe, so magst du nur froh seyn daß ich so viel Zähne verloren habe, ich glaube ich müßte dich beißen" (Köln, 26. 10. 1804; K).

Das Fest des Wiedersehens mit der Freundin malte sich Dorothea überschwenglich aus:

„Meine Gesundheit ist jetzt besser als sie seit Jahren war, und ich brauche dieselben Mittel, und kein anderes als die du brauchst, nemlich Wein, und nichts als Wein! [. . .] Wie werden wir uns niedlich ausnehmen liebe Elisabeth wenn wir uns wieder sehen werden bei einem runden Tischchen eine jede ihr Glas und ihre Flasche Wein vor sich! Aber dein Rumpfnäschen beneide ich dir, denn wenn es nun (wie doch gewiß geschehen wird) zu Kupfer Nasen bei uns kömt dann ist meine ehrwürdige Adlernase ein wahres Scandal, und der deinigen wird man kaum etwas ansehen –" (Köln, 30. 6. 1806; K).

Die echten Freundschaften unter den Frauen hielten oft ein Leben lang, etwa jene zwischen Caroline Böhmer-Schlegel-Schelling und Luise Gotter oder zwischen Caroline von Beulwitz-Wolzogen, ihrer Schwester Lotte Schiller und Caroline von Humboldt. Vor allem die beiden letztgenannten Carolinen verband ein besonders inniges, liebevolles Verhältnis. Sehnsüchtig beschrieb Caroline von Humboldt eine Begegnung mit der Freundin:

„An ihrem heiligen Herzen wird das meine wieder reger werden, hoffender und vermögender die Zukunft zu fassen. [. . .] Einzig weh und süß war das Gefühl, mit dem ich sie wieder in meine Arme schloß, an ihren Blicken hing" (an Wilhelm von Humboldt, Erfurt, 20. 12. 1790; Sydow I, 339).

Doch auch innerhalb dieser tiefen Freundschaften fand oftmals ein drastischer Wechsel zwischen Zu- und Abneigung statt. Die Freundschaft zwischen Caroline Böhmer-Schlegel-Schelling und Therese Forster-Huber war von dieser Ambivalenz gekennzeichnet. Caroline empfand dieses Auf und Ab besonders stark:

„Auf ihre Freundschaft hab ich nie gerechnet – es giebt keine unter Weibern – ich zweifle selbst daran, daß sie mir recht aufrichtig gut ist – doch muß sie mich achten, und das thut das nehmliche – ich bin eine Art von Nebenbuhlerin, ohne meine Rechte geltend zu machen – das ist heilsam – und ich liebe sie, weil sie mir merkwürdig ist, und es bleiben wird, wenn sie mir auch nicht mehr neu ist" (an Wilhelm Meyer, Göttingen, 6. 12. 1791; Schmidt I, 242).

Drei Jahre später, nachdem sie im Zusammenleben mit Therese in Mainz reichlich Erfahrungen gesammelt hatte, gewannen Abneigung und Kritik die Oberhand. In einem Brief an ihren Freund Meyer zieht sie gekränkt Bilanz:

„Ein paar Tage, nachdem ich Sie gesehn hatte, kam ein Brief von Theresen an, ein Manifest der Selbstherrscherin der Reußen an die Republik Pohlen. Sie berichtet mir, daß sie nun seit 12 Jahren an der Existenz meines Herzens gezweifelt, und mir ein bloßes *Kunstgefühl* zugetraut hätte – das soll ihr Unrecht gegen mich erklären. Haben Sie darum gewußt? Mir komt das wie ein rechter *Kunstgedanke* vor. Auch wären wir Rivalinnen gewesen von Kindsbeinen an. Es will hervorleuchten, als hätte sie mich mehr für die ihrige gehalten, als ich jemals selbst mich dafür hielt, und weiß der Himmel, daß es nie Einfluß auf meine Beurtheilung und meine Liebe hatte“ (Lucka, 9. 12. 1793; Schmidt I, 315).

Aus den innigen Gefühlen der anfänglichen Freundschaft schälte sich eine größer werdende Abneigung gegen Therese heraus. Nach dem Empfang einer ihrer Briefe schrieb Caroline an Freund Meyer:

„Therese hat mich mit Rath überschüttet. Du kanst ruhig meinetwegen seyn – Von dem Einfluß *dieses* Sternes bin ich entzaubert –“ (Gotha, 20. 2. 1794; Schmidt I, 320).

In den Briefen Thereses an Caroline standen außer den erwähnten wohlgemeinten Ratschlägen auch Vorwürfe wie:

„Anfangs schokirte mich Deine Gegenwart in Gotha, die mir Marianne schrieb, eh Dein Brief von Dez. kam, ich war unzufrieden; Deine Gründe befriedigen mich völlig, überhaupt Dein ganzer Brief; daß mein unendlich zerfleischtes Herz Dich hart findet und Dir jetzt nur mit einer kindlichen Weichheit antworten kann, wirst Du verstehen“ (Neuchâtel, 25. 2. 1794; Schmidt I, 324).

Bezeichnend für die Treue, die in einer langen Freundschaft gehalten wurde, war, wie Caroline trotz aller Distanz Therese gegen die Vorwürfe Meyers verteidigte:

„Schäme Dich, mir so von Theresen zu sprechen, und wiße, daß Deine diesmaligen Voraussezungen grundfalsch sind. [. . .] Du magst ein Recht haben Theresen zu verabscheuen, so gut wie ich: gleichgültig gegen sie geworden zu seyn, in so fern man das gegen jemand seyn kan, in dem man ein so großes Genie zum Guten erkennt – allein Du hast bey weiten nicht Recht in allem, was Du ihr zutraust, und sobald es so unartige Dinge sind, solst Du mir nichts von ihr sagen. [. . .] Wenn ich Dich sprechen könte, lieber Freund, Du würdest einsehen, daß ich diese große Schwachheit meines Lebens abgelegt habe – aber ich kan das Gefühl nicht ablegen, welches es mir unmöglich macht, Haß und Bitterkeit an die Stelle derselben zu sezen. Therese hat mir so unendlich viel Böses gethan, wovon ich fast täglich neue Spuren entdecke, daß es niederträchtig seyn würde sie zu lieben – ich wüßte auch nicht, wie ich das anfangen sollte – eben so wenig als wie zu glauben, daß sie zu nichts von dem mehr fähig sey, wozu sie gebohren war“ (Gotha, 7. 6. 1794; Schmidt I, 340).

Nach einer Auseinandersetzung über die Schuld an Georg Forsters einsamen Tod in Frankreich brach Caroline schließlich die Verbindung mit Therese ganz ab. Über eine andere Freundin ließ sie sich aber über die ehemalige Freundin informieren. Das Band der Freundschaft riß also nicht ganz ab.

2. Streit

Das spannungsreichste Verhältnis war jedoch das zwischen Caroline Böhmer-Schlegel und Dorothea Veit. Während der Anfangszeit der Jenaer Hausgemeinschaft, in der beide mit ihren Lebensgefährten lebten, schrieb Dorothea:

„Mit Caroline bin ich sehr zufrieden, ich stehe mit ihr auf's beste, und das ist nicht so etwas leichtes; denn sie schmeichelt nicht ein einziges Mal und thut dergleichen nie aus reiner Gefälligkeit, ich musste also von ihrer Seite eine etwas scharfe Prüfung ausstehen, eh' sie mir gut ward, freundlich war sie aber von Anfang an“ (an Rahel Levin, Jena, 18. 11. 1799; Raich I, 21).

Dorothea war nach ihrer Scheidung mit Friedrich Schlegel von Berlin nach Jena gekommen. Dort fand sie in dieser Hausgemeinschaft, in der sie ein Zimmer im Erdgeschoß des Hauses bewohnte, eine festgefügte Ordnung der Menschen vor, die sich gut kannten und gewissermaßen aufeinander eingespielt waren: Caroline und August Wilhelm arbeiteten viel miteinander, und die Geselligkeit hatte in diesem Haus ebenfalls ihren festen Platz. Dorothea fühlte sich offensichtlich unsicher, war sie doch als Berliner Jüdin und als geschiedene Frau gesellschaftlich nicht gerade eine gute Partie. Caroline störte sich jedoch daran überhaupt nicht; sie wußte, was es hieß, von der Gesellschaft ausgestoßen worden zu sein, und nahm Dorothea bereitwillig auf. Doch Dorothea war dies nicht genug. Ein halbes Jahr später mischte sich in die Vorbehalte, die sie Caroline gegenüber hegte, schon mehr Kritik. Offensichtlich nahm Caroline Friedrich, den Lebensgefährten Dorotheas, nicht so ernst, wie Dorothea und er selbst es wünschten. Caroline war zu dieser Zeit ernsthaft krank, und Dorothea hielt ihre Meinung aus Rücksicht zurück, wie sie an Friedrich Schleiermacher schrieb:

„Lieber Freund, ich weiß nicht ob Sie mich lieber haben würden, wenn Sie Zeuge wären wie diplomatisch ich mich hier durchwinde, denn Carolinens Kranckheit verbietet alles dreiste Reden. Ich selbst mag mich nicht so leiden. Dem Friedrich bin ich nicht genug grob, ob er mir gleich einen guten Theil Vornehmheit nicht absprechen kann. Aber gröber kann und darf ich jezt nicht seyn, eigentlich habe ich selbst mich über keine Art von Unbill zu beschweren, im Gegentheil, ich habe Carolinen recht viel zu verdanken, sie war die erste, die mich öffentlich anerkannte; und wenn es auch nur der Muth seyn sollte, so werde ich ihn ihr doch nie vergeßen. Auch gebe ich ihr bey weitem nicht so viel Absicht schuld, als Friedrich ihr zur Last legt, vielmehr erkenne ich erst jezt, daß sie ganz unbesonnen, und höchst egoistisch, aber wie ein unverständiges Kind blos für die Gegenwart bedacht ist, sie ist gar keines weiten Plans fähig. Friedrich begegnet sie aber höchst unwürdig, und ist durchaus nicht im Stande ihn zu begreifen, sie ist ganz übermüthig gegen ihn, und dies ist der Punkt worüber ich keinen Scherz verstehe! Sie wünscht meine Gesellschaft um mit ihr das Bad zu besuchen, sie wird nach

Franken ins Bockliter Bad, es wäre auch für mich heilsam; aber wie kann ich mit Friedrichs Familie zusammen bleiben, bey dieser Gelegenheit werde ich ihr dann meine Meynung nicht verbergen“ (Jena, 4. 4. 1800; Wieneke, 318).

Friedrich, Dorothea, Caroline und ihre Tochter Auguste reisten, trotz aller Mißstimmung und Spötteleien, im Sommer 1800 nach Bad Bocklet. Dort spitzten sich die Ereignisse dann zu, nachdem Friedrich Schelling dazugestoßen war, den Friedrich und folglich auch Dorothea als beruflichen Konkurrenten betrachtete, der zudem auch noch erfolgreicher war. Der Stein des Anstoßes war Auguste. Sie erkrankte und starb im Juli 1800 in Bad Bocklet an der Ruhr. Friedrich und Dorothea machten Schelling für ihren Tod verantwortlich, indem sie ihm vorwarfen, er hätte nicht rechtzeitig und auch nicht den richtigen Arzt gerufen und außerdem selbst sich in die Behandlung der Kranken eingemischt. Im Streit um diese Frage brach die Jenaer Hausgemeinschaft auseinander und wurde aufgelöst. Nachdem Caroline ihren Kummer um den Verlust der Tochter überwunden hatte, schrieb sie an Schelling über die Reaktion August Wilhelm Schlegels:

„Über die Veit denkt Wilhelm nun nach und nach fast wie wir – ich habe ihm auch gesagt, daß sie so über das Innre unsers Hauses geschwatzt und gelogen hat, was er als einen sehr schlechten Dienst gegen sich selber anerkannte“ (Braunschweig, Oktober 1800; Schmidt II, 6).

Caroline, die nicht nach Jena zurückgekehrt war, sondern sich einstweilen in Braunschweig niedergelassen hatte, nahm Dorothea übel, daß sie die Spekulationen über Augustes Tod verbreitete. Außerdem bemerkte Caroline nach ihrer Rückkehr nach Jena, daß im Haushalt einiges fehlte, was Dorothea sich für ihre neue Wohnung ausgeliehen hatte. Voller Wut schrieb Caroline an August Wilhelm:

„übrigens hat es sich so zugetragen, wie ich vermuthen muste – die Veit hat nichts von sich hören lassen. Sie hat nicht einmal geschickt, ob mir etwa noch einiges fehle (und immer entdeck ich neue deficits). Das ist unstreitig unverschämt, aber mir eben recht. Ich fahre fort über sie zu schweigen, indeß sie unstreitig redet, aber niemals und unter keinen Umständen kann man mir es nun zumuthen, daß ich sie wiedersehe“ (Jena, 15. 5. 1801; Schmidt II, 138).

3. Haßgefühle

Carolines Gekränktheit über die leichtfertige Dorothea steigerte sich bis zum Haß, als sie eines Tages schrieb:

„Wenn sie nur jemand todschlagen wollte, ehe ich stürbe“ (an August Wilhelm Schlegel, Jena, 23. 11. 1801; Schmidt II, 215).

Dorothea stand Caroline jedoch in nichts nach. Noch Jahre später schrieb sie über die ehemalige Schwägerin in gehässigem Ton an ihre Freundin Elisabeth Paulus, die damals wie Caroline Würzburger Professorengattin war und mit Caroline Umgang hatte:

„Daß die Schelling sich einen Doktor Köhler angeschafft hat, hörte ich schon hier von den Studenten, ich wollte es aber immer nicht recht glauben und hielt es eben für Geschwätz. Es soll ein ganz unbedeutender Mensch von Seiten des Geistes seyn. wie ich hörte ist es ein hübscher junger Kerl, der Geld verdient. Das ist ja ganz rasend! Bey dieser Gelegenheit fällt mir ein, was Wilhelm [Schlegel] damals sagte, als sich ihr Verhältniß mit Schelling manifestirte: ‚O', sagte er im größten Grimm, sie ist noch nicht am Ende, ihr nächster Liebhaber läuft noch im Husaren Habitchen herum! – Das wäre ein Spas wenn sie Schelling untreu würde! – Aber durch dieses neue Verhältniß wird es mir nun klar, warum Schelling grade jetzt bissiger und zänkischer ist als jemals, daran hat sie ganz allein schuld; sie muß ihn nun beschäftigung genug geben, theils damit er ihr nicht mit überflüßiger Liebe beschwerlich fällt, theils damit er nicht Achtung auf sie giebt. So machte sie es grade damals Wilhelm, der sich gewiß niemals mit der Litteratur Zeitung in so häßliche Streitigkeiten eingelassen haben würde (Obgleich er längst willens war nichts mehr zu recensiren, aber er hätte ganz still sich zurückgezogen) wenn sie ihn nicht auf tausend Arten dazu verhetzte und so hatte er die Hände voll zu thun, und konnte sich nicht um sie so viel kümmern, auch mußte unterdessen er so für Schelling focht, der sich während der Zeit mit ihr über den armen Schelm noch lustig machte, mußte die Uebersetzung des Shakespear liegen bleiben, wozu er sie immer in der Nähe brauchte, welches ihr dann sehr ungelegen war. Du wirst dich erinnern daß der ganze Streit wegen Recension des Schellings herkam, und wirst mir also um desto eher glauben. Die ganze Streitschrift die damals unter Schellings Namen gegen die Litteratur-Zeitung erschien, ist von Wilhelm; damit erreichte sie den doppelten Endzweck erstlich Wilhelm zu beschäftigen, zweitens ihn mit Schelling zu verbinden und gewissermaßen mit Friedrich zu entzweyen, welches ihr aber dank seynes Friedrichs großmüthigen Charakter, und meiner Friedfertigkeit, nicht gelang. – Wie sehr muß sie sich aber noch verschlimmert haben? Sie tobt und wüthet ja jetzt als ob sie ewig betrunken wäre. Vor einigen Tagen kam ein Student aus Würzburg, ein junger Arzt und Anhänger Schellings hier durch, da er Schlegel wollte kennen lernen, und nicht wußte daß er verreißt sei, so kam er zu mir; ich sprach mit ihm von allerley; frug nach dir, da ich aber hörte, daß er dich nicht viel gesehen hatte und ich bedachte daß er ein junger Arzt als wahrscheinlich ein Anfänger Schellings sey, so fragte ich weiter gar nicht nach der Madame Schelling; was hätte ich auch nach sie zu fragen? Den andern Tag erfuhr ich durch einen Bekannten, der junge Mann sey sehr froh gewesen, daß ich nicht mit ihm von der Schelling gesprochen, würde er dadurch in der größten Verlegenheit gerathen seyn, weil sie ganz öffentlich so sehr auf mich schimpft. – Wie ist es möglich so selbstvergessen zu seyn? wie kann sie sich selber so tief herabwürdigen daß sie in Gegenwart von Studenten übels von einer Person spricht, die diesen Studenten ja sehr gleichgültig seyn muß; es ist ja ein bloßer Zufall wenn einer von diesen Leuten mich nur zu sehen bekömmt – Aber was hat sie dadurch gewonnen? Ohne daß es mich die geringste Anstrengung gekostet, hat jener junge Mann nun eine weit bessere Meynung von mir als von ihr; ich habe also immer größern Vortheil je mehr sie schimpft. [. . .] Bertram empfiehlt sich dir; er ist ein eifriger Katholik, und studirt Tag und Nacht auf einen recht kräftigen Exorcismus, um wenn er nach Würzburg kömmt den

Teufel, oder die Legion Teufel aus Madame Luzifer [das ist Caroline] zu bannen, daß sie recht mit Gestank aus ihr fahren, die Herde den unsauberen Geist aufzunehmen wird gewiß nicht weit seyn, dazu werden sich eine Menge der andächtigen Zuhörer Schellings wohl sattsam qualifizieren; durch dieses Wunder hofft Bertram dich von der Wahrheit des Katholischen Glaubens zu überzeugen, und doch in den Schoos der alleinseligmachenden Kirche zu führen. Einstweilen ist er erbötig dir alle Mittel welche die Katholische Kirche gegen alle Anfechtungen des Bösen habe, zuzuschicken. Als da sind: Gertrudis Zettelchen gegen alles böse Ungeziefer, Gesegnetes Räucherwerk gegen allerhand Unrath, Gesegneten Krautwisch gegen Donnerwetter. Das kräftigste unter allen ist das sogenannte *Teufels-Geißelchen,* das die besondre Eigenschaft hat den Satanas wenn er sich auch in den schönsten Engel verkleidet habe, sobald er davon berührt werde in seiner ursprünglichen Mißgestalt zu zeigen mit Klauen, Hörnern, Schwanz etc. Dies Büchelchen in einem eleganten Theezirkel, heimlich der Madame Luzifer unter den *Allerwerthesten* geschoben, müßte von erfreulicher Würkung seyn. Sind auch in Würzburg die Kamine weit genug zu einer möglichst schnellen Retirade? –" (Köln, Pfingsten 1805; K).

Doch die ehemalige Schwägerin war nicht die einzige Frau, die Dorothea mit Haßgefühlen verfolgte. Sophie Mereau gehörte auch dazu. Sophie, Clemens Brentano, Friedrich und Dorothea waren einander kurze Zeit freundschaftlich verbunden. Bis der Dichter Clemens dem Dichter Friedrich zum Konkurrenten wurde, und die Schriftstellerin Sophie zur Rivalin der Schriftstellerin Dorothea. An Elisabeth Paulus schrieb Dorothea:

„Von Brentanos hören wir und sehen nichts, das ist mir eins von den guten Dingen hier, das man von dergl[eichen] Affen nichts erfährt; hier bekümmern sich die leute mehr um die Reliquien der Heil: drey Könige als um Clemens Brentano. Das Sophiechen nicht glücklich mit ihm seyn würde war voraus zu sehen; ich bin auch im Stillen überzeugt irgend eine geheime Nothwendigkeit hat sie zu dieser komischen Heyrath *gezwungen.* [. . .] Ich habe dieser Tage den Roman der Sophie Brentano gelesen. Das intereßanteste darin war mir die Art wie sie das Verhältniß mit Friedrich erwähnt, und in welchem Licht sie es sehr zierlich zu setzen weiß, ich weis nicht ob sie selber es durch diese rosenfarbne Brille betrachtet, oder ob sie andern blos diese Brille aufsetzen möchte. Es ist in Eduard und Amande, der Antonio bei welchem ich glaube das sie bestimmt f[riedrich] vor Augen hatte. Uebrigens weis ich von dem Buche nichts zu sagen, mir ist der Hochmuth dieser höchst subjektiven Darstellung fatal und kömt mir sündlich und frevelhaft vor" (Köln, 20. 9. 1804; K).

Der Grund für die „komische Heirat" Sophies mit Clemens war tatsächlich, wie Dorothea leicht boshaft angedeutet hatte, eine Schwangerschaft.

4. Klatsch und Intrigen

Mit Intrigen und Klatsch umspannen sich die Schriftstellerinnen gegenseitig, je nach literarischer Couleur und dem entsprechenden Freundeskreis. Die streitbare Dorothea schnitt man im Schillerschen Freundeskreis:

„Der Lucinden-Schlegel war – mit seiner *Schönen* kann man zwar nicht sagen, doch *seiner* Schönen hier [das ist Dorothea]. Er ist wüthend über Körner und uns gewesen, daß wir keine Notiz von ihnen genommen haben, und hat sich bitter über uns gegen Senfft beklagt. Die ganze Coterie, gesteh ich, ist mir ein Gräuel, und ich bezeuge nur dem gern Achtung, für den ich Achtung fühle“ (Minna Körner an Lotte Schiller, Loschwitz, 30. 5. 1802; Urlichs II, 38).

Literarische Fehden wirkten sich aufs Privatleben weiter Kreise aus. Obwohl die Romantiker untereinander auch noch zerstritten waren, warf man sie im anderen literarischen Lager, nämlich im Schillerschen Freundes- und Verwandtenkreis, alle in einen Topf.
Caroline von Beulwitz-Wolzogen über Friedrich Schlegel und Dorothea:

„Die Schlegelsche Pastete ist angekommen [in Paris]. Schlabrendorf, an den sie Briefe hatten, wollte sie mir bringen; ich habe mich aber sehr für die Ehre bedankt. Mehrere Leute haben die Bekanntschaft schon ausgeschlagen. Im Grund thun sie wohl hier zu bleiben, wo sie Niemand kennt und sie auch weiter Niemand inkommodieren [belästigen]“ (an Lotte Schiller, Paris, 28. 7. 1802; Urlichs II, 77).

Friedrich Schiller nannte Caroline Böhmer-Schlegel-Schelling abschätzig „Dame Luzifer“. Selbst als Caroline Jena und die literarischen Streitigkeiten von Romantik contra Klassik hinter sich gelassen hatte, wurde sie von Gehässigkeiten des Schillerschen Freundeskreises verfolgt. Henriette von Hoven, selbst damals Würzburger Professorengattin, gehörte zu denjenigen, die Caroline Ausschweifungen und Verschwendung, Einmischung in die Angelegenheiten anderer und üble Nachrede unterstellten. Henriette schrieb einen langen Brief an Lotte Schiller, in dem sie ihre Erfahrungen mit Caroline schilderte:

„Die Nachrichten, die ich über die berühmte Dame erhalten hatte, der Eindruck, den ihr persönliches Betragen auf mich machte, waren nicht geeignet, mir Muth zu machen und ihren Umgang zu wünschen; im Gegentheil, es fiel mir schwer, wenn ich mich mit ihr in einem Hause dachte, und darum weigerte ich mich, unsere freie Wohnung [im selben Haus wie Caroline] zu beziehen. Hoven tröstete mich damit, daß mit dem Teufel gut auszukommen sei, wenn man ihn kenne. Die Eltern von Sch[elling?], die seit meiner frühen Jugend viel Liebe für mich hatten, verhelten mir nicht daß sie befürchteten, dieser böse Dämon möchte meinen Frieden stören. Ich nahm mir nun vor, recht klug, gefällig und höflich zu sein und mich übrigens entfernt zu halten. Ich gestehe, daß es mich Ueberwindung kostete, die äußeren Zeichen der Achtung zu beobachten; ich zwang mich um Hovens, um ihres Mannes willen. Schon in Ludwigsburg hatte sie angefangen, nach Hoven ihr Netz auszuwerfen; als er hier ankam, gab sie sich alle Mühe, ihm gefällig zu sein; sie schmeichelte, lispelte, that gelehrt, süß, verschämt, putzte sich, hüpfte um ihn her, wollte für ihn sorgen, kurz, sie bot alle Künste auf. Meine

Ankunft war ihr höchst fatal, ob sie sich gleich freundlich gegen mich zeigte. Sie fing bald an, mich bearbeiten zu wollen und meine Gefälligkeit zu mißbrauchen: Mein höflicher Widerstand machte sie nur dreister. Sie versuchte, mit ihrer Gelehrsamkeit zu imponiren, ich bemerkte es nicht. Sie putzte sich wie ein fünfzehnjähriges Mädchen und zeigte mir diese Herrlichkeiten mit gravitätischem Schritte; ich that, als sähe ich es nicht und zog immer wieder mein gewöhnliches Kleid an. Sie ließ sich austragen, ausfahren, ich sollte sie begleiten; ich entschuldigte mich. Sie legte Spitzen, Zeuge, allerlei Dinge vor mir aus und setzte mit bestimmtem Tone dazu, daß ich solches kaufen und – haben müßte. Ich erwiederte kalt, daß ich keine Lust hätte. Sie tadelte meine häusliche Einrichtung, ich lächelte dazu; sie spottete über dieses und jenes, ich hörte es nicht, zog mich aber natürlich immer mehr von ihr zurück. Demungeachtet hofmeisterte, corrigirte sie unaufhörlich, borgte Verschiedenes aus meiner Haushaltung, als wären die Sachen nur für sie da. Als ich wegen künftigen Gesellschaften allerlei anschaffen *sollte* und mit dürren Worten erklärte, daß wir *nie* Gesellschaften geben würden, ward sie wüthend, lief davon, schalt mich träge, geizig. – – Ich verfolgte ruhig meinen Lebensplan und achtete nicht auf ihr glänzendes Beispiel. Weder die Menge der prächtigen Kleider, die Trumeaus [hohe Wandspiegel] zu 100 Talern, die Fußteppiche, kostbaren Ofenschirme, türkischen Sitze, noch die Bedienung änderten das Mindeste in meiner häuslichen Einrichtung. Dafür erhielt ich freilich einen Ehrentitel – die schwäbische Küchenmagd. [. . .] Was haben denn Sie an ihr gesündigt? Sie und Schiller stehen gar nicht in Gnaden. Ueberhaupt scheint es mir, daß Niemand einen eigentlichen Werth bei ihr hat, als ihr eigenes Ich, sogar ihr unterthäniger Gemahl nicht, ob sie gleich höchst zärtlich thut, ihm die Hände tausendmal leckt, und, wie Hoven sagt, mit ihm grünäugelt. Er ist ein unglücklicher Mensch. Sie wird ihm überall seine Existenz verkümmern. Es ist sehr zu beklagen, daß sie so mächtigen Einfluß auf ihn hat, ob sie ihn gleich oft mißhandelt und despotisirt und dann wieder auf der Erde kriecht. Die Augen werden ihm noch schrecklich aufgehen" (Würzburg, 4. 4. 1804; Urlichs II, 271).

Elisabeth Paulus, von Dorothea Veit-Schlegel bestens über Caroline informiert, hatte bereits einen Monat vorher an Lotte Schiller ähnliche Haßtiraden über Caroline geschrieben:

„Von dem Uebel, wie Schiller zu Hufeland sagte, sind wir so ziemlich befreit. Diese bösartige Natur hat durch eben so boshafte als dumm erfundene Lügen über mich die Hoven abhalten wollen mit mir umzugehen; als sie sah, daß ihr dieß nicht gelang, so wurde sie gegen die Hoven impertinent, und nun sehen wir sie gar nicht mehr. Auch Schelling hat bei dieser Gelegenheit bewiesen, daß er ein folgsamer Ehemann ist und daß die bösen Einflüsse dieser Madame Luzifer kräftig auf ihn wirken. Es ist recht gut, daß unsere Wohnung durch eine Kirche von der ihrigen getrennt ist, wo nach katholischer Sitte kräftig geräuchert wird" (Würzburg, 11. 3. 1804; Urlichs III, 187).

Ein bißchen Licht in das Dunkel gegenseitiger Anschuldigungen und Unterstellungen bringt der Brief der Professorengattin Niethammer an Lotte Schiller, die alle Beteiligten aus der gemeinsamen Jenaer Zeit kannte und etwas weniger emotional über die ganze Angelegenheit urteilte, die als „Würzburger Frauenkrieg" schon einen Historiker beschäftigte (vgl. Schmidt II, 646):

„Die alten Jenenser schließen sich sehr an uns an, vorzüglich Paulus, ob es Neigung oder Noth ist, untersuche ich nicht; so lange ich mich gut dabei befinde, frage ich nicht, nach welchem Motiv sie handeln. Sie kennen sie, wissen, daß sie sehr liebenswürdig sein kann, und so zeigte sie sich jetzo mir, wirkt also dadurch angenehm auf mich und meine Laune. Vertrauen kann man nicht zu ihr fassen, weil ihr nichts wichtig und lieb ist als ihr eignes Ich; sie lebt hier aber ganz anders als in Jena, viel geselliger, weiblicher; auch ihn bringt sie dadurch mehr unter die Menschen, was gut für seine Gesundheit ist. Uebrigens ist er auch der alte Paulus noch, der so heimlich seinen Weg geht, der aber mit allen Leuten gut auskommt, außer mit Schelling: an dieser Fehde mußte er mit Theil nehmen, denn die Weiber schürten so lange, bis es lichterloh brannte; Paulus hätte sich gewiß durchgedrückt, so ruhten sie aber nicht eher mit hin und her sagen, bis denn jeder Theil daran nehmen mußte. Die Schelling, wie sie her kam, war noch mit der Paulus gespannt, raisonnierte also über die Paulus ganz abscheulich, weil sie glaubte, sich damit rein zu waschen; sie mochte aber raisonnieren so viel sie wollte, so konnte sie weder den Königstein [Carolines Gefängnisaufenthalt] noch Mainz [ihr Aufenthalt während der Mainzer Republik bei Therese und vor allem dem Jakobiner Georg Forster] wegwaschen, da wußten die Würzburger sehr gut, was für eine Rolle sie dort gespielt hatte. Dieß wurde der Paulus aus Freundschaft oder Klatschsucht wieder gesagt; sie gieng aber doch zur Schelling um des äußern Anstands wegen, und diese Dame ließ sich dann auch artig finden, daß sie beide den alten Groll vergessend sich aufs Neue aneinander anschloßen. So formirten denn die Madam Schelling, Paulus, Hoven, Hufeland eine hübsche Quadrille, bis die Schelling ihre Herrschsucht wieder lebendig werden und wirken ließ. Das war nun freilich hart für die Damen, die alle selbst sehr klug sind; das Reich zerfiel also zum zweiten Mal und steht nun in öffentlicher Fehde gegeneinander. Wie ich hierher kam, wurde ich mit nichts als mit Grobheiten, Anmaßungen und Lügen, die die Schelling alle sollte begangen haben, unterhalten, am meisten ist aber die Hoven wüthend auf sie; die wird nicht fertig, von der Heldendame zu reden, so daß ich wirklich dieses unerschöpflichen Themas wegen wenig noch von ihr weiß, als daß sie sehr von der Frau Luzifern muß gemißhandelt worden sein, und darinnen wohl auch der Grund mit liegt, daß es ihr hier nicht gefällt. Diese ist sehr unzufrieden mit Würzburg, freilich mag sie in Ludwigsburg eine angenehmere Lage gehabt haben, um deßwillen sie die hiesige nicht lieb gewinnen könne; nur ist daran das arme Würzburg unschuldig" (Würzburg, 25. 10. 1804; Urlichs III, 181).

VIII. Die elegante Dame

Jede Frau, die elegant sein wollte – und Eleganz war beim weiblichen Bürgertum erstrebenswert – trug, was die Mode an Neuem mit sich brachte. Der Zeitintervall, in dem sich damals das äußere Erscheinungsbild der Mode wandelte, betrug ungefähr zehn Jahre. Die modebewußte Dame orientierte sich am „Journal des Luxus und der Moden", einem vielgelesenen Modejournal, das in bunten Zeichnungen und Artikeln den jeweils neuesten Trend meldete. Für die Schriftstellerinnen war dies aber nicht die einzige Quelle. Von ihren Reisen in die damaligen Modezentren London und Paris brachten sie den „letzten Schrei" mit nach Hause. Insgesamt vier Moderichtungen machten die Schriftstellerinnen seit ihrer Jugend mit.

1. Künstlichkeit

In ihrer Jugend, zwischen 1760 und 1780, prägte massive Künstlichkeit das Aussehen der Mädchen:

„Ein ungeheurer, mit Drahtgestellen und Roßhaar unterbauter, mit großen Massen von Federn, Blumen, Bändern gekrönter Haarturm setzte über meinem Haupte meiner Länge wenigstens eine Elle zu; die weißen, kaum mehr als zolldikken Stelzchen unter den mit goldgestickten Schleifen gezierten Ballschuhen suchten dagegen am Ende meiner kleinen Person dieses Mißverhältnis auszugleichen; obschon sie die Höhe des Kopfputzes bei weitem nicht erreichen konnten, waren sie doch hoch genug, um mich fast nur mit den Fußspitzen den Boden berühren zu lassen. Ein aus dicht aneinandergefügten Fischbeinstäbchen zusammengesetzer Harnisch, fest und steif genug, um einer Flintenkugel zu widerstehen, trieb gewaltsam Arme und Schultern zurück, die Brust heraus und schnürte über den Hüften die Taille zur Wespenform ein. Das Vernünftigste von diesem jede freie Bewegung hemmenden Korsett war ein ziemlich starker eiserner Bügel, der den Druck desselben von der Brust abhielt. Und nun der Reifrock! Und über diesem der mit Falbeln und allerhand unbeschreiblichen Kinderlitzchen fast bis ans Knie hinauf garnierte seidne Rock und über diesem noch das mit einer langen Schleppe versehene Kleid vom nämlichen Stoff; dieses ging vorn so weit auseinander und war zu beiden Seiten ebenso garniert wie der Rock; Hals und Brust wurden freier getragen, als man es jetzt schicklich finden würde, ein großer

Abb. 37: Therese Heyne

Abb. 38: Auguste Hüsener: Charlotte Marschalk von Ostheim (1780)

Strauß von künstlichen Blumen vollendete den Putz. Die Ärmel reichten bis an den Ellbogen und waren bis zu den Schultern hinauf mit Blonden und Band reich garniert" (Johanna Schopenhauer, Jugenderinnerungen, 165).

Johanna Schopenhauer beschrieb derart anschaulich die Kleidung ihrer Jugend. Leider ist von ihr aus dieser Zeit kein Portrait oder Bild vorhanden. Das Jugendbild von Therese Forster-Huber zeigt jedoch die Mode, wie sie Johanna Schopenhauer beschrieb (Abb. 37).

Therese trägt die Haare aus dem Gesicht gebürstet und aufgesteckt. Eine Schleife krönt den Haarturm. Die Frisur allein schon verleiht ihr ein strenges und erwachsenes Aussehen, das lediglich durch die kindliche Schleife etwas gebrochen wird. Ihr Oberkörper ist bis zur Taille fest eingeschnürt. Das Mieder preßt ihn zusammen und drückt die Brust nach oben. Rüschen zieren die halblangen Ärmel und den weiten Halsausschnitt, der sie ebenfalls reif und erwachsen erscheinen läßt. Die wenig mädchenhafte kleine Gestalt wirkt puppenhaft steif und gekünstelt.

Auf Charlotte von Kalbs Jugendportrait (Abb. 38) fällt der enorme Kopfputz ins Auge, der etwa die Ausmaße hat wie der von Johanna Schopenhauer beschriebene.

Charlotte trägt ihre Haare streng aus dem Gesicht gebürstet, gesichtshoch aufgetürmt und mit künstlichen Blumen verziert. Sie ist, sowcit es der Schulter- und Brustansatz nahelegt, ebenso gekleidet wie Therese Heyne. Der weite Halsausschnitt, die strenge Frisur machen die 19jährige künstlich und erwachsen. Auch sie ist in ein Mieder eingeschnürt, weshalb sie so puppenhaft steif auf einem Stuhl sitzt.

Die Schnürbrust

Die von Johanna Schopenhauer als „Harnisch“ disqualifizierte Schnürbrust war jahrzehntelang ein unentbehrliches Requisit weiblicher Mode. Die Frauen waren überzeugt von ihrer Nützlichkeit:

„Die Schnürbrust hält den Leib ohne Anstrengung in einer geraden Stellung, sie schützt ihn im Winter gegen Erkältung, und ohne sie wird der schlanke Wuchs nicht gebildet, der doch nach dem Urtheile der Männer ein wesentliches Stück der Schönheit ausmacht“ (Journal VI, 2/1791; 52).

Das von diesen Frauen angestrebte Schönheitsideal war eine schmale, zierliche Figur, oder, wie sie selbst sagten,

„eine zerbrechliche Wespengestalt“ (Journal VI, 2/1791; 53).

Um diesem Ideal gerecht zu werden, schnürten sie den Oberkörper derart ein, daß sie nicht mehr in der Lage waren, ihn zu beugen und etwas zu Boden Gefallenes wieder aufzuheben.

In den achtziger Jahren entfachten Mediziner, die von einer gesundheitlichen Schädigung vor allem des ungeborenen Kindes durch eingeschnürte Oberkörper überzeugt waren, eine Diskussion um Für und Wider des Schnürleibs. Eine Kritikerin des Schnürleibs erinnerte sich an ihre Kindheit, als sie diesen tragen mußte:

„Noch mit Schaudern erinnere ich mich einer Schnürbrust die ich in meiner frühen Jugend getragen, welche freylich in ihrer Art nicht von der besten Sorte war. Aber was half es? Es gieng damit wie mit hundert anderen Dingen in der Welt; alle Jahre bekam ich einen dergleichen neuen Panzer; der Schneider hatte ihn einmal gebracht, er war bezahlt, und ich mußte ihn tragen bis das Jahr um war“ (Journal VI, 2/1791; 58).

Wie von Johanna Schopenhauer beschrieben, war dieser „Panzer“ mit starken Fischbeinstäben versehen; über der Brust war ein Eisenband eingenäht. Dies alles hielt den Körper der Frau in dieser schmalen und zerbrechlich wirkenden Form.

Auf Abb. 39 ist zu sehen, was sich unter den auf den Portraits sichtbaren Kleidern verbarg:

– der Schnürleib, der den Oberkörper bis zur Hüfte einzwängte und die Brust nach oben drückte. Die Zeichnung macht deutlich, wie sehr sich die Körperproportionen durch den Schnürleib veränderten, wie schmal

Abb. 39: Schnürbrust, Unterhemd und Unterrock, französisch (um 1780)

durch künstlichen Zwang der Oberkörper bis zur Taille werden konnte.
– das Unterhemd mit den halblangen und weiten Ärmeln wurde unter dem Schnürleib getragen.
– der Unterrock fiel unterhalb des Schnürleibs weit und locker.

Abb. 40: Untergestell, unter dem Unterrock zu tragen, aus Holz (um 1750)

Der Unterbau

Abb. 40 zeigt, was sich unter dem Unterrock noch versteckte: ein hölzernes Gestell, das, um die Hüften gebunden, für überdimensionale Seitenbreite sorgte. Der optische Eindruck der zerbrechlich erscheinenden schmalen Taille wurde durch diese künstlich aufgebaute Hüftbreite um ein Wesentliches verstärkt.

Abb. 41: Moritz Oppenheim: Lessing, Lavater und Mendelssohns

Auf Abb. 41 ist rechts hinten Fromet Mendelssohn, die Mutter Dorothea Veit-Schlegels, zu sehen. Sie ist nach der eben herrschenden Mode gekleidet: Der Oberkörper ist bis zur Taille schmal, weil eingeschnürt, die Hüften sind durch den hölzernen Unterbau breit. Auf dem Bild tritt sie gerade zur Türe herein und bringt den um den Tisch gruppierten Männern drei Kaffeetassen auf einem Tablett. Hinter dem Tisch steht Lessing, am Tisch sitzen rechts Lavater und links Moses Mendelssohn, ihr Mann.

Vornehme Blässe

Nicht nur Haare und Kleidung richteten sich nach wechselnden Moden, sondern auch das Make-Up. Gefragt war damals eine blasse Hautfarbe, die zu Johanna Schopenhauers Jugendzeiten, wie sie sich erinnerte, mit sogenannten Muschen, kleinen schwarzen Schönheitspflästerchen, belebt wurde:

„Diese aus schwarzem, sogenanntem englischen Pflaster geschlagenen, winzig kleinen vollen und halben Monde, Sternchen und Herzchen sollten, mit Auswahl und Geschmack im Gesicht angebracht, die Reize desselben erhöhen, den Ausdruck des Mienenspiels beleben. Eine Reihe kleinster, bis etwas größeren steigender Monde im äußern Augenwinkel diente dazu, die Augen größer erscheinen zu lassen und ihren Glanz zu erhöhen; ein paar Sternchen im Mundwinkel sollten dem Lächeln etwas bezaubernd Schalkhaftes geben, eine am rechten Orte auf den Wangen angebrachte Musche in etwas größerem Format, Sonnen, Täubchen, Liebesgötterchen sogar. Diese hießen vorzugsweise Assassins, vermutlich wegen ihrer mörderischen Wirkung auf die Herzen" (Jugenderinnerungen, 167).

Die modebewußten Frauen achteten darauf, sich möglichst wenig an der frischen Luft aufzuhalten, um sich ihre blasse Hautfarbe zu erhalten. Auch mit Hüten schützten sie ihre Haut vor der Sonne. Zusätzlich benutzten diese Frauen weiße Schminke, die allerdings mit gesundheitsschädlichen Stoffen vermischt war, wie Blei und Quecksilber. Ein Rezept für „weiße unschädliche Schminke" lautete:

„Man sucht die schönsten und weißesten Stücke von dem Talk, einer Art Speckstein, aus, und pulvert sie in einem erwärmten messingenen Mörser, und siebt sie durch ein seidenes Sieb, oder beutelt das Pulver durch dichte Leinwand durch. Hierauf begießt man das Pulver in einer verstopften gläsernen Flasche mit destillirten Essig, schüttelt es damit gut durch, und läßt es einige Wochen lang stehen, wobei jedoch täglich alles einigemal gut umgeschüttelt werden muß. Nun läßt man das Pulver setzen, und gießt den Weinessig behutsam ab. Man gießt dann auf das Pulver reines Wasser, schüttelt es damit durch, läßt es setzen, und gießt das Wasser wieder ab, und auf diese Art wäscht man es 6 bis 8 mal mit frischem Wasser aus: wenn es nun gehörig weiß ist, so läßt man es trocknen, und zerreibt es in einem achatnen Mörser und bewahrt es auf. Sollte der gepulverte Talg zu stark glänzen, so glüht man ihn in einem Tiegel aus. Man wendet diese weiße Schminke eben so an wie den Carmin, indem man den Finger oder ein Stückchen Papier gleichförmig mit Pommade bestreicht, und dann einen oder einen halben Gran des Pulvers damit aufnimmt. Es wischt sich selbst bei dem Schwitzen nicht ab" (Trommsdorf, 177).

2. Freiheit

Ein Wandel in der Frauenmode hin zu etwas mehr Körperfreiheit setzte sich in den achtziger Jahren durch. Die Schnürbrust wurde abgelöst vom Korsett oder Leibchen. Eine Verfechterin der neuen Mode schrieb im „Journal des Luxus und in der Moden":

„Da unsere Sitten, und die Art uns zu kleiden, schlechterdings etwas verlangen, das den Leib auf eine anständige Art zusammenhält, so glaube ich ist das Beste was wir wählen können, eine leichte Art von Corsets oder Leibchen, wo nur alle 2 oder 3 Finger breit ein fein geschabtes Fischbein steht, und welche unten durch eingesezte Zwickel den Hüften gehörigen Raum giebt" (Journal VI, 2/1791; 61).

Dieses Kleidungsstück kam aus England. Es war:

„von feinem weißem Gurte, hinten im Rücken, in den Seiten, und vorn mit etlichen schwachen Stäben Fischbein und Leder besezt" (a. a. O.).

Das Leibchen war also nur eine gemäßigte Variation der Schnürbrust. Es preßte, allerdings nicht mehr so stark, noch immer den Oberkörper der Frau zusammen. Das Gefühl, sich in einem „Harnisch" oder „Panzer" zu befinden, war jedoch nun verschwunden. Die Frauen gewannen damit etwas an Bewegungsfreiheit. Allerdings galt es den Frauen nach wie vor als modern, ihrem Körper durch äußeren Zwang eine bestimmte Form zu geben.
Zur selben Zeit wurde auch der an den Hüften ausgebuchtete Reifrock unmodern. Johanna Schopenhauer brachte von ihrer Reise nach England und Frankreich 1787 bis 1788 die neue Mode mit:

„Meine Erscheinung nach der Reise führte im Kreise meiner Landsmänninnen eine große Revolution herbei. Sämtliche Poschen und Reifröcke sanken in ihr voriges Nichts zusammen, denn gleich am ersten Tag meiner Ankunft in Paris waren die meinigen als eine unerträgliche Antiquität, und mode d'avant hier, dem herrschenden Geschmacke zum Opfer gefallen. Die Frisur war von den lästigen Unterlagen befreit, und alle Damen ließen nach meinem Beispiel zwischen den tief ins Gesicht gezogenen, bis auf die Schultern herabhängenden, wohlpomadisierten und gepuderten Locken nur Mund, Augen und Nase sichtbar werden" (Jugenderinnerungen, 252).

Das Porträt von Charlotte von Kalb (Abb. 42) zeigt die 24jährige nach dieser neuen Mode gekleidet. Im Vergleich mit ihrem Jugendportrait (Abb. 38) wird deutlich: Den Oberkörper zwängt das Korsett nicht mehr

Abb. 42: H. R. Schmidt:
Charlotte von Kalb (1785)

Abb. 43: Charlotte von Stein:
Lotte von Lengefeld (1791)

Abb. 44: Ludovike Simanowiz:
Charlotte Schiller (1794)

Abb. 45: Ludovike Simanowiz:
Charlotte Schiller (1794)

so ein wie früher. Die aufgeputzte Steifheit und Puppenhaftigkeit sind nun verschwunden. Charlotte wirkt befreit und sinnlich, umgeben von lockeren und luftigen Stoffen. Auch die Haare trägt sie nun nicht mehr streng gebürstet und fest aufgesteckt, sondern offen und nur leicht gerafft. Die Locken fallen bis auf die Schultern. Charlottes Blick wirkt verträumt und sehnsuchtsvoll, ganz im Gegensatz zum puppenhaften Wesen des Jugendportraits. Eine sichtbare Veränderung von Steifheit zur Sensibilität, vom Zwang zur Freiheit hat stattgefunden.

Das Porträit von Lotte von Lengefeld (Abb. 43) ist in den achtziger Jahren entstanden. Auch bei ihr wird die locker fallende Haarpracht lediglich von einem Band festgehalten. Der Unterschied zur vorangegangenen, strengen und künstlichen Frisurenmode ist also ganz offensichtlich.

A la Sauvage
Der Begriff, mit dem die neue Frisur bezeichnet wurde, nämlich „Chevelure à la Sauvage“ paßt so ganz zu dem Bild von Lotte Schiller (Abb. 44). Lottes Locken fallen wild und ungebändigt auf ihre Schultern. Dieses Portrait zeigt eine selbstbewußte und von Zwängen befreit erscheinende junge Frau.

Auf Abb. 45 trägt Lotte Schiller ein Kleid, das das Modejournal die „deutsche Tracht“ nannte (Journal VII, 9/1792; 25). Es liegt nicht mehr allzu eng am Oberkörper an. Der Rock fällt weit und locker ab der Taille, die durch ein breites, helleres Band betont wurde. Auffallend auch die langen Ärmel. Den weiten Brust- und Halsausschnitt bedeckt sie mit einer Art Bluse.

3. Natürlichkeit

Ab Mitte der neunziger Jahre wandelte die Mode sich von neuem. Die „Chemise“ mit „englischer Taille“ wurde modern. Diese Kleidungsform orientierte sich an der antiken Tunika: Der Rock wurde enger und endete in einer Schleppe, die Taille stieg bis unter die Brust. Bertuchs Modejournal beschrieb diese neue Mode so:

> „Die Chemise ist von weißem Linon, mit einem Busenstreifen von Spitzen, und wird ohne Halstuch getragen“ (Journal X, 1/1795; 44).

Die neue Mode trug die Frau so,

„daß der Unterrock hart über die Hüften, der zweyte Rock aber eine Hand breit über jenen weiter herauf unter die Brust gebunden wird, und dieß also bey schlank gewachsenen Figuren, wo die Natur dem Unter- und Oberrocke diesen nöthigen Zwischenraum giebt, das schön Abfließende der Form macht" (Journal X, 3/1795; 146).

Diese Art der Frauenkleidung symbolisierte in den Augen der damaligen Zeitgenossen eine Hinwendung zur Natürlichkeit, zu natürlichen Körperformen. Im „Journal des Luxus und der Moden" war darüber zu lesen:

„Die zierlichste und geschmackvollste Kleidung wäre demnach die, welche die natürlichen Formen mit Decenz errathen läßt, und dem Auge keinen Zwang, keine Fesseln verräth" (Journal XIII, 7/1798; 395).

Freiheit von den Zwängen des Schnürleibs beinhaltete schon die vorangegangene Mode. Jetzt waren auch die fischbeinverstärkten Taillenleibchen passé. Natürlichkeit war gefragt. Was darunter zu verstehen war, geht aus einer weiteren Beschreibung der Tunika hervor:

„Um sie den Formen des Körpers so sehr als möglich anzuschmiegen, umschlingt man sie mit einem Bande, einem Gürtel, einer Schärpe, dort wo es ihn am mindesten zwängt. Dieser Ort ist natürlich die Zone unmittelbar über der Magenhöhle" (a. a. O.).

Doch ganz so natürlich und im Einklang mit dem Körperbau, wie das Modejournal vorgab, war auch diese Mode nicht. Ein Korsett, das früher nur den Oberkörper einzwängte, wurde noch immer getragen. Auch die neue Mode mit den jugendlich schmalen Hüften kam nicht ohne dieses Hilfsmittel aus. So trug die Frau unter der „Chemise" weiterhin ein mit Fischbein verstärktes Korsett, das nun allerdings nicht mehr die Rippen zusammenpreßte, sondern über die Hüften reichte und diese einschnürte. Um die Brust hochzudrücken, hatte das Korsett am oberen Ende gepolsterte tassenförmige Ausbuchtungen.

Die Unterhose

Unter der Tunika trug die Frau entweder den traditionellen Unterrock oder sogenannte „Pantalons" an dessen Stelle. Abb. 46 zeigt solche Unterhosen der modischen Dame. In der Regel reichte diese Unterhose bis zum Knie oder bis zur Wade. Sie war im Schritt offen und wurde in der Taille mit Bändern verknüpft. Die Nachforschungen der englischen Historikerin Phillis Cunnington ergaben, daß in England die Unterhose von Frauen erst im 19. Jahrhundert getragen wurde. Cunnington stellt diese Tatsache als Revolution in der Frauenmode dar, denn vorher wurden Unterhosen in England jahrhundertelang nur von Männern getragen. In Frankreich war die Unterhose seit ihrer Einführung aus

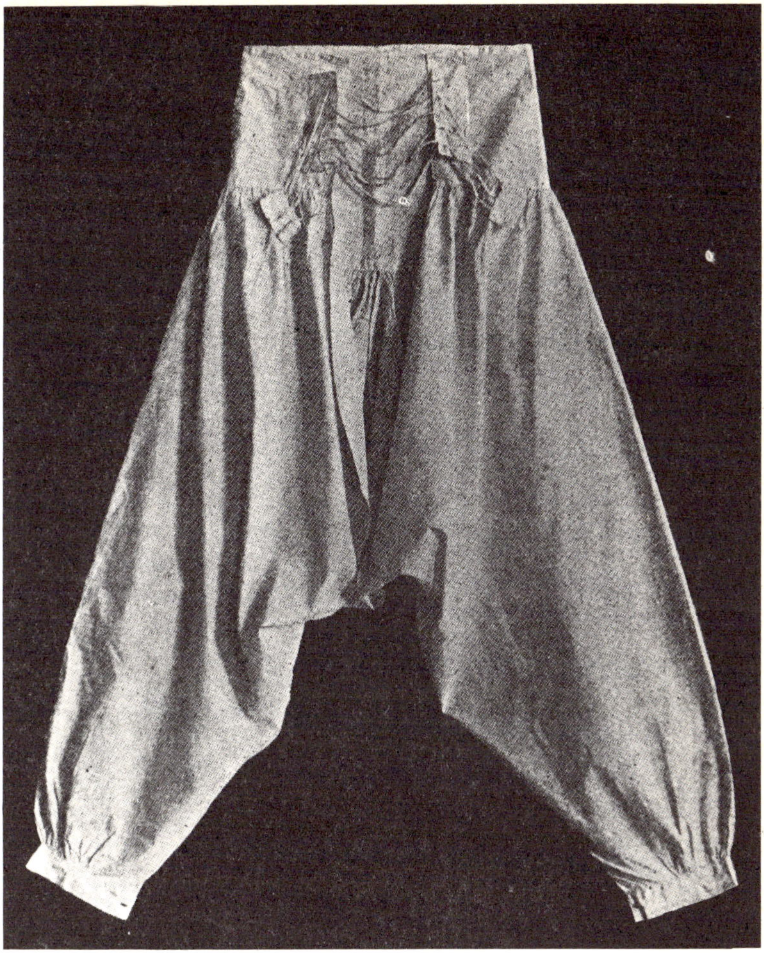

Abb. 46: Damen-Unterhose aus Batist, von der Herzogin von Kent getragen (um 1820)

Italien seit Mitte des 17. Jahrhunderts in Mode gekommen. Da die deutsche Mode im 18. Jahrhundert sich mehr an Frankreich orientierte, ist anzunehmen, daß auch deutsche Frauen Ende des 18. Jahrhunderts solche Unterhosen trugen.

Bequemes Schuhwerk

Auch die Schuhe wurden „natürlicher“ und bequemer. Nach der Abkehr vom Stöckelschuh, den die Schriftstellerinnen in ihrer Jugend trugen, wurden „griechische Schuhe“ Mode,

„die den Fuß sehr gut kleiden, und wegen des breiten Absatzes sehr sicher und bequem zum Gehen sind“ (Journal IV, 11/1789; 497).

Dieser Schuh war flach, hatte einen kleinen, sehr breiten Absatz und wurde wie eine Römersandale bis zum Knöchel mit Bändern gebunden. Eine andere Schuhform hatte einen etwas höheren Absatz war „von hellblauem Atlas“ und lief nach vorne spitz zu. Eine Rosette diente als Verzierung (Journal IX, 5/1794; 244).

Blühende Gesichtsfarbe

Wie die Kleidung änderte sich nun auch das Make-Up in Richtung Natürlichkeit. Auf die bisherige weiße Schminke kam nun noch das Rouge, die rote Schminke. „Carminroth“ konnte ebenso wie alle anderen Schminken selbst zu Hause zubereitet werden. Denn auch dafür gab es ein Rezept:

„Wenn man sich des Carmins als Schminke bedienen will, so verfertiget man sich eine Pommade aus frisch ausgewaschenen Schweinefett und weißen Wachs, man taucht den Finger oder ein zusammen gedrehtes Papierchen hinein, und nimmt dann so viel Carmin als einen Stecknadelkopf groß, und reibt es gut untereinander, und trägt es auf“ (Trommsdorf, 197).

Dieses Wangenrouge verlieh blühendes, natürliches und gesundes Aussehen.

Doppelte Eleganz

In der Jenaer Hausgemeinschaft wetteiferten Caroline Böhmer-Schlegel und Dorothea Veit in Sachen Mode. Beide waren in jener Zeit nach dem neuesten Trend gekleidet: Caroline (Abb. 47) trägt ein Kleid mit griechischer Taille, die durch ein Band unter der Brust verstärkt wird. Ein Shawl, ebenfalls ein Requisit der neuen Mode, verdeckt jedoch den größten Teil des Kleides. Die Frisur ist à la Sauvage: die Haare werden oben gebunden und fallen in Locken bis auf die Schultern.
Ebenso wie Caroline trägt Dorothea (Abb. 48) ein schmales Halstuch. Ihr Kleid, ebenfalls der neue Tunika-Schnitt, wirkt jedoch bescheidener im Faltenwurf, aber dennoch recht elegant. Ihre Haare, ebenfalls durch ein Band gehalten, sind kürzer und weniger füllig. Auch die Haarfarbe war eine modische Neuerung. In ihrer Jugend puderten die Frauen ihre Haare weiß oder blond. Seit der „Chevelure à la Sauvage“ behielten die Haare ihre natürliche Farbe, wurden lediglich mit wohlriechendem

Abb. 47:
Friedrich August Tischbein:
Caroline Schlegel (März 1798)

Abb. 48:
Dorothea Veit (1798)

Pulver behandelt und pomadisiert. Die Haarfülle dieser Frisuren war jedoch meistens nicht ganz echt. So schrieb Dorothea Veit eine Bitte an Rahel Levin:

„Kaufen Sie für mich, erstlich einen Strich von Haaren vorzubinden, damit man sich nicht zu wickeln braucht (die Probe meiner Haare liegt hierbei)" (Ende 1801; Wieneke, 350).

Die Frisur wurde also durch künstliche Haarteile ergänzt.

4. Lieblichkeit

Der nächste Wandel der Mode, etwa 1804, war von der Kleidung her weniger einschneidend. Die Kleidersäume rutschten bis zum Knöchel. Die Taille blieb unterhalb der Brust. Die Ärmel der Kleider wurden länger und oft zu Puffärmeln. Caroline von Humboldt trägt auf Abb. 49 diese Mode.

Abb. 49: Wilhelm von Schadow:
Caroline von Humboldt (um 1815)

Abb. 50: Gerhard von Kügelgen:
Johanna Schopenhauer (1814)

Abb. 51: Ambron: Caroline von Wolzogen

Die neue Frisurenmode legte die Haare eng um den Kopf und steckte sie teilweise auf. An den Seiten fielen nur noch vereinzelt Löckchen. Johanna Schopenhauer war in etwa so frisiert (Abb. 50). Hinten sind die Haare hoch aufgesteckt, vorne und an der Seite fallen Löckchen. Der Ausschnitt des Kleides, das Johanna trägt, ist weiter als der von Caroline von Humboldts Kleid. Das Dekolleté schmückt eine Perlenkette. Die langen Ärmel des Kleides zieren Epauletten aus Spitze.

Abb. 51 zeigt das Gesicht von Caroline von Beulwitz-Wolzogen, wie es von kleinen Löckchen umrahmt wird. Das übrige Haar ist aufgesteckt und wird von einer Art Stirnband aus Perlen gehalten. Die Unterschiede der Frisuren fallen ins Auge: à la Sauvage war nun passé – aufgesteckte Lieblichkeit war statt Wildheit und Leidenschaft gefragt.

Gegen die Kälte
An kühleren Tagen dienten die hochmodernen Cashmereshawls als Mantelersatz. Außerdem behalfen sich die Frauen bei Kälte mit dem Überrock, der über der Tunika getragen wurde. Caroline Böhmer-Schlegel schrieb über einen solchen:

„Ich komme eben von einem langen Spaziergang nach Hause nachdem ich auch zu diesen Herbstfahrten ausgerüstet bin, denn wie ich von Weimar zurückkam, fand ich richtig einen vortreflichen Überrock vom feinsten Casimir fumée de Londres. Die Richtern und Londern, die mich Tags drauf besuchten, brachten ähnliche aus Wien mit, wo es der Lodern sehr gefallen hat" (an Luise Gotter, Jena, 17. 10. 1802; Schmidt II, 345).

Dennoch scheinen Überrock und Shawls eine zu leichte Bekleidung gewesen zu sein; leichte und schwerere Erkältungen waren an der Tagesordnung. Denn bis Anfang des 19. Jahrhunderts, als sie wieder in Mode kamen, trugen diese Frauen auch im Winter keine richtigen Mäntel. Daß sie schließlich doch wieder als winterliche Bekleidung gebraucht wurden, belegt eine Anfrage von Therese Forster-Huber aus dem Jahr 1813:

„Wie stoisch Sie sind, werden Sie doch ungefehr erfahren ob man in München so einen großen Mantel von schwarzen wattirten Tafft fertig und wie theuer kauft. Ich mögte Luise einen schaffen und habe nicht zeit ihn, wie den meinen selbst zu machen" (an Unbekannt, Günzburg, 13. 2. 1813; I).

5. Das Ideal: ewige Jugend

Die Mode jener Zeit, ob mit starker oder schwacher Einschnürung von Brust und Taille – pries ein Schönheitsideal an, das in erster Linie die Frauen sehr schlank sehen wollte. Deshalb hatten die meisten Frauen Probleme mit der Figur. Friederike Brun schrieb ihrer Freundin:

„Eine Schlafmützige Gleichmuth in der ich vegetire macht daß ich sehr stark werde welches mir ein wahres Greuel ist – ich wollte mich mager hungern, allein das griff meine Nerven an u[nd] ich ward nun aufgetrieben – ich habe mich also in das Geschik der Münters ergeben und eße bis ich satt bin – allein ich habe doch einen Wiederwillen wider mich selbst dabei u[nd] kann mich unmöglich in dieser ierdischen Schwerfälligkeit mehr als eine poetische Person ansehn“ (an Caroline von Humboldt, Kopenhagen, 31. 5. 1811; Foerst-Crato, 37).

Außerdem gab es für die Frauen einen Zwang zur Jugendlichkeit. Das Älterwerden wurde von vielen als ärgerliche Erscheinung registriert. Dorothea Veit-Schlegel notierte in ihrem Tagebuch:

„Ist man über die vierzig, so ist es ganz gleichgültig, was man anzieht oder wie man es anzieht; nur müssen wir uns dann hüten, nichts jugendliches anzulegen, sondern bloß auf den Anstand und Bequemlichkeit sehen. Eine alte Frau kann nicht genug in allem ihrem Thun und Lassen Ruhe und bequemes Betragen annehmen; jede Bewegung, die *Gefallenwollen* verräth, ist lächerlich; eigentlich muss man schon früher, als *nothwendig* ist, die Rolle der Alten übernehmen, damit man sie hernach weiss“ (1811; Raich II, 125).

Als sie dies schrieb, war sie 48 Jahre alt. Aus derselben Zeit existiert ein von ihrem Sohn Philipp gezeichnetes Portrait von ihr (Abb. 52). Es zeigt sie, vor allem im Vergleich mit dem Portrait aus dem Jahr 1798 (Abb. 48), tatsächlich als äußerlich alte Frau, obwohl nur 13 Jahre zwischen beiden Portraits liegen.

Abb. 52:
Philipp Veit:
Dorothea Schlegel (1811)

Daß sie dies selbst kritisch registrierte, zeigt der Brief an einen Bekannten, in dem sie ihn auf ihr stark verändertes Aussehen vorsorglich hinwies:

„[...] nur daß die Zeit, anstatt mit ihren leisen Flügeln über mich hinzuschweben, etwas mit breiten Elephantenfüssen über mich weggetrampelt zu sein scheint. Erschrecken Sie also gar nicht zu sehr, wenn Sie mich wiedersehen, und machen Sie mir ein hübsches, freundliches Gesicht" (an Sulpiz Boisserée, Wien, 8. 12. 1813; Raich II, 223)

Charlotte von Kalb fühlte sich bereits mit 36 Jahren alt. Therese Forster-Huber äußerte Entsprechendes mit 46 Jahren.

Abhilfe durch Kosmetik

Kein Wunder, daß die Frauen alles taten, um ihr jugendliches Aussehen mit Waschungen und Hautcremes möglichst zu erhalten. Das Rezept „Zur Verschönerung des Teint und Verhütung von Runzeln" lautete:

„Man nehme Regenwasser oder gutes Flußwasser ein Maaß, oder mehr, setze es in einem neuen Topf aufs Feuer, werfe ein Paar Hände voll Gerste hinein, bedecke den Topf und lasse alles so lange sieden, bis die Gerste platzt. Dann läßt man es erkalten, und seihet es durch dichte Leinewand. Auf jedes Pfund dieser Flüssigkeit nimmt man nun zwanzig Gran trocknen zerriebenen Balsam von Tolu peruvianischen Balsam, und schüttelt es in einer verstopften Flasche so lange, bis sich der Balsam ganz damit vereiniget hat. Man wäscht sich mit diesem Absud des Morgens und des Abends" (Trommsdorf, 166).

Kompensation durch Mode

Für jede Gelegenheit gab es die passende Kleidung: etwa das schlichte Hauskleid für den Alltag, oder das Gesellschaftskleid für den Festtag. Für den „Courtag", den Tag, an dem die Frauen am Hof des ansässigen Fürsten zu Gast waren, machten sie besonders aufwendige Toilette. Die Kleidung, die sie dann trugen, wurde von einer festen Etikette bestimmt. Bei einer Einladung zum Tee beispielsweise wurde das Erscheinen in Kleidern ohne Schleppe verlangt. Bei größeren festlichen Anlässen trug die modische Dame:

„Hofrobben, Samtschleppen, Goldfransen etc. etc." (Friederike Brun an Caroline von Humboldt, Kopenhagen, 18. 3. 1813; Foerst-Crato, 97.

Das Verhältnis, das die Frauen zu ihrer äußeren Erscheinung hatten, war eindeutig: Alle waren, bis zu einem gewissen Alter, bestrebt, sich modisch zu kleiden. Und abgesehen von den Modetrends waren alle Frauen stets um gefälliges Aussehen bemüht. Ganz wie Ulrike Prokop das Verhältnis der Frauen des 20. Jahrhunderts zur Mode beschreibt, verhielt es sich auch schon am Ende des 18. Jahrhunderts bei den Schriftstellerinnen: Die Unzufriedenheit, die ungestillten Sehnsüchte des

Alltags wurden in immer wechselnden Moden kompensiert. Die Anpassung an modische Veränderungen bedeutete eine Unterbrechung der Routine, der Monotonie, in der die Frauen lebten und die sie deutlich spürten (Prokop, 125).
Caroline Böhmer schrieb aus dem kleinen Städtchen Clausthal an ihre Schwester in Göttingen, die ihr ab und zu modische Neuigkeiten besorgte:

„Laß Dichs nicht anfechten, wenn man Dich um Deiner Sorgfalt für meinen Puz auslacht. Laß Dich nicht hinreißen zu denken, für die Docktorsfrau wär alles gut genug, sondern sez Dich an meine Stelle. Ich puze mich nicht für das Schlaraffenvolk aus den Gebirgen, ich putz mich blos für mich selbst und – Böhmer – mir ists nicht genug, jenen Sand in die Augen zu streun, sondern unerkant in eleganten Verdienst will ich wirklich seyn waß ich scheine, und wenn denn einmal ein Fremder in den Zirkel tritt, sollen seine geschmackvollern Augen gezwungen werden zu sagen, das ist mehr denn Clausthal!" (an Lotte Michaelis, Clausthal 1. 3. 1785; Schmidt I, 119).

Nicht zuletzt hatte der Aufwand, der für das Aussehen verwendet wurde, die Funktion, Männern zu gefallen.
Dorothea Veit-Schlegel teilte die Frauen in ihrem Verhältnis zur Mode in zwei Gruppen ein:

„Ich kenne zwei hübsche Frauen, die sich beide sehr schön kleiden, aber auf die verschiedenste Weise. Die eine bekümmert sich eigentlich nicht um die Mode, sondern trägt nur das Edelste und Kostbarste, und weil sie nichts trägt, als was ihr angemessen ist, so steht ihr alles, was sie trägt, obgleich es nicht allein gegen, sondern vielmehr über die Mode ist; man macht ihr daher alles nach, weil man es in der Mode glaubt, und es kleidet doch andre ganz hässlich. Die andere ist nicht allein sehr bemüht, das zur Mode zu machen, was sie trägt, sie nimmt auch die Moden mit vielem Eifer und Feuer an und bildet sich recht treuherzig jedesmal ein, das zu sein, wovon sie das Costum trägt, und macht mit dem grössten Ernst die Capriolen und Gesichter dazu: Französin im Caraco, Engländerin mit Hut und Schnürleib, Türkin mit dem Turban, Griechin mit der Tunika u. s. w." (Tagebuch 1801; Raich I, 92).

Teure Eleganz

Modeneuigkeiten zu tragen, war nebenbei auch eine Frage des Geldes. Welche Abhängigkeit davon bestand, zeigt der Brief der ehemals Luxus gewohnten Dorothea Veit, in dem sie das Anerbieten Rahel Levins mit bitterem Spott zurückwies, ihr aus Paris etwas mitzubringen:

„bonnets? rouge? Odeurs? O Liebe hätten Sie die kleine klägliche Umgebung gesehen in die ich mich gerade befand als ich diese Anerbietungen las, Sie hätten gewis mit mir gelacht! Der Tausend! wißen Sie denn ganz und gar nicht wie man arm ist?" (Ende 1801; Wieneke, 350).

Nicht nur in Paris oder London, auch in Berlin gab es elegante Accessoirs zu kaufen. Caroline Böhmer-Schlegel bat ihren Mann August

Wilhelm Schlegel, der sich gerade in Berlin aufhielt, um eine Gefälligkeit für ihre Freundin:

„Luisen wirst Du eine Gefälligkeit erzeigen können, wenn Du bald von einer eleganten Freundin Dir ein Umschlagetuch für sie aussuchen lässest, etwas bey Link und Schulz von gedruckten Nesseltuch oder seidnen Bast nach der neuesten Mode, den Preis jedoch nicht höher als 5 rh. [Reichstaler], die sie mir erstatten wollen“ (Braunschweig, 2. 3. 1801; Schmidt II, 55).

Als die Freundin schließlich das Tuch erhalten hatte, wurde Caroline ganz neidisch und schwatzte es ihr ab. Sie berichtete darüber ihrem Mann:

„Höre, das Tuch ist so überirdisch, daß ich es noch an mich gebracht habe mit Luisens guten Willen, ich habe ihr einen grünen englischen Castorhut, den ich geschenkt bekam in Haarburg, dafür gegeben und ihr versprochen, daß Du ihr eine Kleinigkeit mitbringen solst, was ich Dir schon noch angeben werde“ (Braunschweig, 20. 4. 1801; Schmidt II, 106).

Und sie bestellte etwa einen Monat später:

„ein bouquet weißer Blumen, wie sie auf eine Mütze passen“ (Jena, 18. 5. 1801; Schmidt II, 149).

Diese Bestellung widerrief sie nach einigen Tagen:

„Wenn Du die bestellten Sachen noch nicht eingekauft hast, so bitte ich um Erlaubniß, das Bouquet für Luise in ein paar weißseidne schöne Frauenstrümpfe für sie [zu] verwandeln. Ich denke ihr dann dazu ein paar solche Schuh zu geben, wie ich Dich um welche bat, denn ich habe wirklich dergleichen, sie sind mir nur zu gros, und ich habe sie noch nie getragen. Sie braucht beydes sehr nöthig. Wir wünschen auch, daß Du Dich nach dem Preise von weißem Crepflor erkundigen möchtest durch Mad. Meyer, um, wenn er wohlfeil dort ist, vielleicht noch eine Bestellung zu machen. Willst Du das wohl artigst nicht vergessen“ (Mai 1801; Schmidt II, 149).

Arbeitsmethode und historischer Zusammenhang

I. Zur Methode der Rekonstruktion

Die vorliegende Rekonstruktion der Lebenszusammenhänge von Schriftstellerinnen reiht sich ein in die historische Frauenforschung, die so alt ist wie die Frauenbewegung selbst. Frauen Ende des 18. Jahrhunderts und speziell die Schriftstellerinnen sind für einige Forscherinnen schon früher interessant gewesen. Bei meinen Recherchen konnte ich daher zurückgreifen auf verschiedene historische und literaturwissenschaftliche Arbeiten von Frauen, die Ende des 19. Jahrhunderts bis in die dreißiger Jahre dieses Jahrhunderts erschienen sind:

Bäumer (1921²), Blos (1929), Boy-ed (1920), Faßbinder (1930), Freudenthal (1934), Frost (1913²), Halparin (1935), Harder (1912), Hassel (1898), Klokow (1881), Neumann (1927), Pataky (1898), Susman (1929), Tanneberger (1928), Toelpe (1927), Touaillon (1919).

Arbeiten aus den siebziger Jahren, neue Ansätze der Frauenforschung, lieferten mir darüber hinaus weitere grundsätzliche Anhaltspunkte.

1. Fragestellung und Voraussetzungen

Erstes Ziel meiner Arbeit war das „Sichtbarmachen von Frauen in der Geschichte“, ein Begriff, den Gisela Bock in einer Analyse des aktuellen Forschungsstandes prägte (Bock 1983). Dabei geht mein Beitrag sowohl über den „additiv-kompensatorischen“ als auch über den „kontributiven“ Ansatz (Bock) hinaus. Denn: nicht nur die „Hälfte“ der Geschichte betrifft das weibliche Geschlecht, wie der kompensatorische Ansatz nahelegt; geschriebene Geschichte ist nicht nur diejenige der Männer, zu der ich einfach noch die der Frauen dazulegen muß. Historische Frauenforschung kann andererseits auch nicht als Beitrag der Frauen zu Allgemeingeschichte betrieben werden (kontributiver Ansatz), denn Frauen waren meist in anderen Bereichen tätig als Männer, und wir werden sie in den Bereichen, die die „Allgemeingeschichte“ erfaßt, oft vergeblich suchen. Über das erste Ziel hinaus, nämlich dem „Sichtbarmachen von

Frauen in der Geschichte", muß weibliche Existenz überhaupt historisiert werden (Opitz). Dies aber nun nicht im Sinne einer am männlichen Vergleich fixierten Gegenkultur, sondern in einer Erforschung von Entstehung und Wandel weiblicher Existenz.
Die vorliegende Arbeit soll so Beispiel sein für die Möglichkeit, umfassend die Lebenszusammenhänge von Frauen in einer bestimmten Zeit zu rekonstruieren, um somit tatsächlich einen Teil von Frauengeschichte zu schreiben. Ich betrachte die Arbeit aber auch als Beispiel für die Möglichkeit, überhaupt Lebenszusammenhänge zu rekonstruieren – unabhängig vom Forschungsobjekt Frau oder Mann –, um damit einen Beitrag zur Geschichte des Alltags zu leisten.
Meinen Blick für das Thema „weibliche Lebenszusammenhänge" schärfte Ulrike Prokop: „Weiblicher Lebenszusammenhang – Von der Beschränktheit der Strategien und der Unangemessenheit der Wünsche" (1976). Sie leitete aus einer soziologischen Analyse des weiblichen Alltagslebens in der Bundesrepublik Deutschland weibliche Lebenszusammenhänge mit eigener Dynamik und Wertigkeit ab. Sie zeigte vier Bereiche auf, die bestimmend sind für den weiblichen Lebenszusammenhang: An erster und wichtigster Stelle steht die Familie, an zweiter der Haushalt; ihm folgt als drittwichtigster Bereich der Freundes- und Bekanntenkreis. Erst an vierter Stelle steht die Erwerbstätigkeit, die auf die drei anderen, wichtigeren Bereiche bezogen wird.
Die gesamte weibliche Produktivität ist nach Ulrike Prokops Erkenntnissen mehreren Faktoren unterworfen: der Alltäglichkeit der Arbeit in Haushalt und Familie, der Monotonie und auch Routine in der Hausarbeit, dem Bemühen um soziale und zwischenmenschliche Beziehungen, der Wiederholung in der Kindererziehung sowie den herrschenden Machtstrukturen von Öffentlichkeit und Kommunikation.
Diese Erkenntnisse führten mich zu wichtigen Fragen: Ergibt sich im historischen Rückblick an der von ihr – für die heutigen Verhältnisse – aufgeführten Wertigkeit im Frauenalltag und im Frauenbewußtsein eine Veränderung? Stand zu Beginn der industriellen Gesellschaft schon die Familie im Mittelpunkt des Frauenalltags? Welches waren die zentralen Punkte im damaligen Lebenszusammenhang? An welcher Stelle stand die Berufstätigkeit der Frau? Welches Verhältnis ergab sich zwischen Haushalt, Familie und Berufstätigkeit? Und schließlich: Welche Rolle spielte der Freundes- und Bekanntenkreis im weiblichen Lebenszusammenhang?
Ein weiterer wesentlicher Anhaltspunkt war für mich Silvia Bovenschen: „Die imaginierte Weiblichkeit – Exemplarische Untersuchungen zu kulturgeschichtlichen und literarischen Präsentationsformen des Weiblichen" (1979). Ihre Ergebnisse verstand ich als Warnung vor dem, was

die Literatur des 18. Jahrhunderts als „imaginierte“ Weiblichkeit vorgab: Weiblichkeit als kulturell und zeitlich bedingte stereotype und imaginierte Präsentationsform.

2. Die Suche nach geeigneten Frauen

So gewarnt, begann ich meine Suche nicht in der Literatur, auch nicht in der von Frauen geschriebenen, sondern suchte nach einem Weg, näher an Frauen heranzukommen, um sie selbst sprechen zu lassen. Ich ging zurück bis zur Mitte des 18. Jahrhunderts. Zunächst galt mein Augenmerk zusammenhängenden Darstellungen über die Geschichte der Frau. Hanstein (1899, 1900), Klemm (1859) und Scherr (1865²) lieferten mir zwar Informationen, waren aber für meine Zwecke, ich wollte ja originäre Frauenaussagen, wegen ihrer altertümlichen, teilweise reaktionären Sicht der Frau nicht brauchbar. Doch sie lieferten mir erste Namen, Lebensläufe, Zusammenhänge.
An diesen Namen entlang tastete ich mich durch die Literaturgeschichte weiter, bis ich auf zwei hilfreichere Werke stieß: Schindel (1823–25) und Friedrichs (1981). Hier tat sich ein Meer von Namen, Lebensläufen und Werken auf, was mich sehr überraschte. Mit so vielen schreibenden Frauen hatte ich nicht gerechnet, denn es waren nicht nur die Bekannten oder die Frauen berühmter Männer, Töchter berühmter Väter oder Mütter berühmter Söhne, sondern hunderte unbekannte Frauen, die wir heute zu den Schriftstellerinnen des 18. und vor allem des 19. Jahrhunderts zählen dürfen.
Wie sollte ich damit zurechtkommen? Wie sollte ich jemals von allen Frauen Lebenszusammenhänge ableiten können?
Ich mußte schweren Herzen den Kreis einschränken. Dazu stellte ich fünf Kriterien auf:

1. Alle Frauen lebten im deutschsprachigen Raum.
2. Alle Frauen sind zwischen 1760 und 1770 geboren. Der zeitliche Schwerpunkt der Untersuchung liegt auf dem letzten Jahrzehnt des 18. und auf dem ersten Jahrzehnt des 19. Jahrhunderts.
3. Alle Frauen gehörten einer sozialen Schicht an, dem sogenannten Bildungsbürgertum. Sie stammten aus wohlhabenden bürgerlichen oder adligen Familien. Aus der Zugehörigkeit zur selben sozialen Schicht ergeben sich vergleichbare Tätigkeiten im hauswirtschaftlichen und im beruflichen Bereich.
4. Alle Frauen waren Schriftstellerinnen, genauer: sie waren eine Zeit ihres Lebens literarisch tätig gewesen und hatten das Glück, ihre literarischen Produkte verkaufen zu können.
5. Alle Frauen mußten ausreichende und aussagekräftige Quellen hinterlassen haben.

In diesem Raster blieben elf Schriftstellerinnen hängen. Herausgefallen waren damit ältere (z. B. Sophie LaRoche) und jüngere (z. B. Caroline von Günderode) Schriftstellerinnen, interessante Künstlerinnen (z. B. Dora Stock), Pädagoginnen (z. B. Amalia Holst) und Frauen, die weder schrieben noch künstlerisch tätig waren (z. B. Caroline von Herder). Von einer großen Anzahl von Schriftstellerinnen gab es keine oder nicht genug persönliche Quellen. Deshalb mußte ich auch auf sie verzichten.

3. Frauenbriefe als historische Quellen

Was zählte nun aber zu den persönlichen Quellen? Für den gewählten Zeitabschnitt kamen vorrangig Briefe in Betracht. Sie waren damals zwischen Freunden und Bekannten *das* Kommunikationsmittel. In gedruckter Form gab es sie erst lange nach dem Tod der Schreiberinnen. Sie wurden also erst im Nachhinein zum literarischen Produkt. Geschrieben wurde der Brief, um Nachrichten und intime Gefühle, Allgemeines und Persönliches Freunden und Bekannten zu übermitteln. Gerade das Beiläufige dieser nicht für die Öffentlichkeit bestimmten Briefe machte sie für meinen Zweck so wertvoll. Hier suchte und fand ich die direkten und persönlichsten Aussagen der Schreiberinnen.
Der Brief machte gerade in jenen Jahren einen Wandel vom „subjektiv-privaten zu einem subjektiv-literarischen Medium" durch (Bovenschen, 211). Dieser Wandel ermöglichte einigen Frauen mit einem neuartigen Produkt, dem Briefroman, den Eintritt in die literarische Zunft. Die zahlreichen Frauenbriefe des 18. Jahrhunderts hatten aber kaum den von Jürgen Habermas Männerbriefen zuerkannten Publikumsbezug (Habermas, 63). Zwar wurden besonders gelungene Frauenbriefe, ähnlich wie Männerbriefe, im Bekanntenkreis herumgezeigt. Aber dies war kein Anlaß, an eine Veröffentlichung auch nur zu denken. Briefe berühmter Männer wurden dagegen trotz (oder gerade wegen?) ihrer Subjektivität schon zu ihren Lebzeiten gedruckt.
Rahel Varnhagen von Ense, die nicht (außer ihrer enormen Briefproduktion) zu den Schriftstellerinnen zählte und aus diesem Grund in meiner Untersuchung nicht auftaucht, merkte am Schluß eines Briefes an, was sich alles ereignete, als sie diesen Brief schrieb:

> „Bei mir war während diesem Brief: Herr Passalaqua, denn ein Schneider, dem ich Kinderkleider bezahlte; ein Billett um Bücher von der Generalin von Hünerbein; verschiedentlich meine Jungfer, ich soll ausgehn! will sie." (an Minna von Zielinski, Berlin, 1828; Kemp, 308).

Charlotte von Kalb zählte in ihren Memoiren spaßeshalber auf, was Frauen einander im allgemeinen brieflich mitteilten:

„Wetter und Weg – Schleife und Schuhe – Blumen wie Kuchen –“ (Gedenkblätter, 136).

Empfänger der Briefe waren Freundinnen, Freunde, Verlobte, Ehemänner, gute Bekannte. Der Aussagewert der Briefquellen als Darstellung privatester Gefühle steigt mit der Intensität der Beziehung zum jeweiligen Briefpartner.

Der Wert der Quellen

Bei der Einschätzung der Briefe als Quellen merkte ich jedoch bald, daß die heute noch auffindbaren Briefe der Frauen nicht alles wiedergaben, was die Schreibende dachte, fühlte und tat. Banales, Selbstverständliches und aus moralischen Gründen nicht schriftlich Fixierbares wurde – leider – oft ausgelassen. Briefe an engste Freunde wurden schließlich auch nur dann geschrieben, wenn die Brief-Partner nicht zusammen lebten. So gingen Briefe nur hin und her, wenn eine Person auf Reisen war und die andere zu Hause blieb. Ebenso, wenn Ehefrau und Ehemann nicht denselben Wohnort hatten, oder wenn die Freundin an einem anderen Ort wohnte. Es war mir also kaum möglich, anhand eines Briefwechsels einer Person lückenlose Auskunft über ihr Alltagsleben zu erhalten. Briefe gaben nur Ausschnitte wieder, die allerdings dann, wenn ich die mehrerer Personen zusammen betrachtete, einander ergänzten. Zudem: Briefe hatten andere Schwerpunkte als das Alltagsleben. Über die verschiedensten Dinge wurde brieflich kommuniziert; nur am Rande, geradezu beiläufig, erschienen Schilderungen des Alltags. Mit der Zeit wurde mir auch klar, daß die Zahl der überlieferten Briefe vom Sammelfieber der Briefempfänger/innen abhing. Bei weitem nicht alle tatsächlich geschriebenen Briefe existieren heute noch. Ob sie weggeworfen oder gesammelt wurden, bestimmte der Grad, in welchem die Schreiberin von der Empfängerin geschätzt wurde. Daneben war dies auch abhängig von der Wertung des Geschriebenen: Galt es als wertvoll oder als unnütz?

Nach dem Tod der Briefschreiberinnen verwalteten Kinder, später Enkel/innen den Nachlaß (vgl. Sydow I, Vorwort). Auch durch diese Übernahmen sind wahrscheinlich Briefe verlorengegangen. Nur ein ausgesprochener Briefsammler wie Karl August Varnhagen von Ense archivierte sämtliche eigene Korrespondenzen und diejenigen seiner Ehefrau.

Je mehr ich las, desto mehr mußte ich erkennen, daß viel Wissenwertes fehlte. Ich fand heraus, daß einige Frauen so manche geschriebene Briefe zurückforderten. Der Inhalt der Briefe war ihnen im Nachhinein, oft nach Jahren erst, aus politischen oder moralischen Gründen unangenehm geworden. Sie vernichteten einzelne Briefbögen, ganze Briefe oder vollständige Briefwechsel.

Caroline Böhmer-Schlegel-Schelling etwa forderte ihre Briefe mit sehr wahrscheinlich politisch brisantem Inhalt, die sie während ihres Aufenthaltes in der Mainzer Republik und während ihres Gefängnisaufenthaltes in Königstein geschrieben hatte, von ihrer Schwester Luise Wiedemann sowie von Therese Forster-Huber und Ludwig Ferdinand Huber zurück (Schmidt I, Vorwort). Alle diese Briefe wurden von ihr vernichtet. So wissen wir heute recht wenig über die damaligen politischen Vorstellungen und Aktivitäten Carolines. Da viele ihrer erhaltenen Briefe außerdem nur noch fragmentarisch existieren, ist es wahrscheinlich, daß sie auch Briefstellen selbst abschnitt.
Charlotte von Kalb schilderte, wie sie ihren Briefwechsel mit Friedrich Schiller verbrannte (Gedenkblätter, 161). Auch Therese Forster-Huber warf große Teile ihrer Korrespondenz ins Feuer (Geiger, 379). Caroline von Beulwitz-Wolzogen verfügte testamentarisch die Vernichtung eines Teiles ihres Nachlasses, von dessen Vollzug der Herausgeber ihres Nachlasses berichtet (Hase I, Vorwort). Darüber hinaus machte sie im Briefwechsel mit Schiller Zeilen und Worte unkenntlich oder besserte sie aus. Damit sollte das Dreiecksverhältnis zwischen ihr, Schiller und ihrer Schwester verschleiert werden. Der Herausgeber kommentiert:

„Man erkennt noch deutlich die Correcturen der späten, zitternden Hand in Schillers fester schöner Handschrift, wie an die Stelle des Plurals oder vielmehr Duals der Singular gesetzt, und an besonders leidenschaftlichen Stellen die Caroline gestrichen und eine ‚theure Lotte' zur Abschrift für den Druck eingeschoben ist“ (a. a. O.).

Und dennoch blieben hunderte von langen, kurzen, interessanten oder langweiligen Briefen übrig, die heute in Archiven in der BRD, DDR, Polen und in Privatbesitz verstreut sind. Die öffentlich Zugänglichen beschaffte ich mir.

Die Zensur der Herausgeber/innen

Nachdem ich die handschriftlichen Briefe entziffert und gelesen hatte, kämmte ich die zahlreichen Briefsammlungen nach den vollständigsten durch. Ich hatte ja nun Vergleichsmöglichkeiten. Dabei mußte ich feststellen, daß die Herausgeber/innen dieser Briefsammlungen oft eine subjektive Auswahl aus den umfangreichen Korrespondenzen trafen, je nach Moralvorstellungen, Zeitgeist und Lebensansichten. Löbliche Ausnahmen waren Fielitz und Foerst-Crato. Die meisten Herausgeber/innen ließen nicht nur ganze Briefe unter den Tisch fallen, sondern kürzten auch so manchen Brief. Oft betrafen die Streichungen gerade die Stellen, die Auskunft über das Alltagsleben geben, da dies für zu langweilig und damit für wertlos oder sogar für moralisch anstößig gehalten wurde. Nicht benutzen konnte ich daher jene Ausgabe von Caroline

Böhmer-Schlegel-Schellings Briefen, bei der der Herausgeber Waitz die in seinen Augen politisch und moralisch verwerflichen Stellen wegließ. Sydow, Leitzmann und Raich erwähnten gar die von ihnen vorgenommenen Kürzungen weder im Vorwort noch kennzeichneten sie sie im Text. Erst im Vergleich mit den Handschriften fielen mir ihre Ausgrenzungen auf.
Fielitz vermerkte die Auslassung einiger Worte „pathologischen Inhalts“ mit exakter Angabe ihrer Anzahl. Es handelte sich um zwei Berichte Friedrich Schillers an seine Schwiegermutter über zwei von Lotte glücklich überstandene Entbindungen.
Schmidt wie Leitzmann strichen vor allem Alltägliches und allzu Persönliches. Schmidt gab jeweils in Klammern an, was er ausgelassen hatte: Hausangelegenheiten, Besorgungen. In den handschriftlichen Briefen Carolines fand ich dann die betreffenden Stellen, oft nur einzelne Sätze über Einkaufen, Aufträge, Wohnungswechsel oder das liebe Geld. Vor allem Erwähnungen von Schulden im Schlegelschen Familien- und Bekanntenkreis hatte Schmidt restlos gestrichen.
Die meisten Herausgeber/innen korrigierten vor dem Druck die Sprache und Schreibweise der Briefschreiberinnen. Fehlende Satzzeichen wurden ergänzt, die altertümliche Schreibweise wurde modernisiert, Schreibfehler wurden korrigiert. Dagegen ließen Fielitz, Foerst-Crato, Körner und Wieneke neben Schreibfehlern auch Dialektfehler stehen. Dadurch gewinnen diese Briefe an Originalität. Denn oft schrieben die Frauen nach dem Gehör, weniger nach orthografischen Richtlinien. Dies verlieh den Briefen sehr individuelle Züge.
Die subtile Zensur der Herausgeber/innen fiel mir gerade im Vergleich mit den Handschriften auf. Alltägliches, was für mich wichtig gewesen wäre, war verloren, wenn ich das Original nicht zur Verfügung hatte.

4. Subjektivität und ihre Ergänzung

Mit dem traditionellen Handwerkszeug der historischen Zunft war ich also einer Handvoll Frauen sehr nahe gekommen. Nun stellte sich das Problem: Konnte ich mit dem Raster, das Ulrike Prokop für heutige weibliche Lebenszusammenhänge aufgestellt hatte, an diese Frauen herangehen, die in einer ganz anderen Zeit, unter ganz anderen Bedingungen gelebt hatten?
Hätte ich das Raster nun einfach auf die von mir gewählte Untersuchungszeit übertragen, wäre dies wieder eine der oft anzutreffenden, aber unzulässigen und ahistorischen Projektionen heutiger Denkmuster auf die Geschichte geworden. Ich machte mich also, ohne zunächst ein

Raster anzulegen, an die Analyse der Briefe. Ich durchforschte sie nach Aussagen, die Auskunft gaben über das, was für die Frauen selbst subjektiv lebensbestimmend gewesen ist. Nur die eigenen Aussagen der Frauen sollten dabei Maßstab sein. Damit hatte ich eine erste Untersuchungsebene: die persönliche Ebene des subjektiven Erlebens dieser Frauen. Verschiedene Bereiche kristallisierten sich bei dieser Briefanalyse heraus:

- Hauswirtschaft
- Schriftstellerei
- Wohnverhältnisse
- Sexualität
- Schwangerschaft, Geburt
- Verhältnis zu Kindern, zum Lebenspartner, zu anderen Menschen überhaupt
- Ansichten über Politik und Kultur
- Mode

Ich ordnete sämtliche Aussagen in diese Bereiche und begann, jeden Bereich für sich zu untersuchen. Dabei kam ich zur zweiten Ebene: zur Rekonstruktion der äußeren Umgebung. Hiermit konnte ich die Lebensbereiche der Frauen in materieller Hinsicht erfassen. Diesen Schritt hatte ich mir einfacher vorgestellt, als er war. Nur ein Beispiel: Eine Küche aus dieser Zeit, die exakt für den Familien- und Einkommensstand der Schriftstellerinnen gepaßt hätte, fand ich nicht. Die Küche im Kirschgartenmuseum in Basel war zu prächtig und kostbar, als daß die Schriftstellerinnen sie sich hätten leisten können. Diese Erfahrung mit Wohnungseinrichtungen machte ich häufig: In Museen sind aus der von mir gewählten Zeit entweder nur kostbare Stücke ausgestellt oder bäuerliche. Ganz anders ist dagegen die Epoche später mit ihren bürgerlichen Biedermeierzimmern repräsentiert.

Zur Hauswirtschaft

Zur Rekonstruktion einer Küche und deren Einrichtung habe ich schließlich auf vorhandene Puppenküchen jener Zeit zurückgegriffen. In ihnen fand ich, angeregt von Wilckens (1978), alle wichtigen Gegenstände und konnte den Aufbau einer Küche damit rekonstruieren. Doch die Dinge waren kalt und tot, und vieles sagte mir überhaupt nichts. Ich erfüllte sie mit Leben, indem ich zeitgenössische Lektüre über Hauswirtschaft heranzog (Poser und Groß-Naedlitz). Hier erlebte ich eine angenehme Überraschung, denn es tat sich eine Fülle von für und von Frauen verfaßten Lehrbüchern zur Hauswirtschaft auf. Ich wählte diejenigen aus, die vom Erscheinungsjahr her möglicherweise von den Schriftstellerinnen benutzt wurden. Bei den Kochbüchern habe ich dazu noch einen inhaltlichen Querschnitt vorgenommen: von den üppigen Rezepten der

Friederike Luise Loeffler, die „Landschaftsköchin“ war (sie bekochte die Abgeordneten des damaligen Herzogtums Württemberg) bis zum sparsamen „Dresdner Kochbuch“.
Briefe, Kochbücher, Lehrbücher zur Hauswirtschaft und Puppenküchen waren also die Quellen für meine Rekonstruktion der hauswirtschaftlichen Tätigkeiten der Schriftstellerinnen.

Zu den Wohnverhältnissen
Als Quellen zur Rekonstruktion der Wohnverhältnisse dienten Beschreibungen der Wohnungen bzw. Häuser in den Briefen. Aufgrund dieser brieflichen Schilderungen habe ich Skizzen entworfen, die Grund- und Aufrisse der Wohnungen darstellen. Diese Skizzen sind allerdings nicht maßstabsgetreu.
Einen maßstabsgetreuen Rekonstruktionsversuch der Schillerschen Wohnung in Weimar (Windischengasse 8, 2. Obergeschoß) stellte mir der Direktor der Bau- und Denkmalpflege der Nationalen Forschungs- und Gedenkstätten der klassischen deutschen Literatur in Weimar, Herr Dr. Seifert, zur Verfügung.
Einige der von den Frauen bewohnten Häuser stehen heute noch. Nach Möglichkeit habe ich auch diese zur Rekonstruktion benutzt. Innenräume habe ich mit zeitgenössischen bildlichen Darstellungen sowie mit Museumsstücken zu erfassen versucht.

Zum Verhältnis zum Lebenspartner
Was konnte ich nun aber über immaterielle Dinge, etwa das Verhältnis der Schriftstellerinnen zu ihren Ehemännern oder Partnern, herausfinden? Zunächst schwebte mir auch hier die Rekonstruktion vor: Was spielte sich damals zwischen den Geschlechtern ab? Doch dann fiel mir auf, daß dies nicht die zentrale Frage sein konnte. Zudem: was sich tatsächlich zwischen den Partnern abspielte, ist nie ganz wahrheitsgetreu nachzuvollziehen. Es kam vielmehr darauf an, herauszufinden, welche Gefühle die Frau zum Mann damals entwickelte. Ich beschränkte mich also bei der Analyse auf die subjektiven Erfahrungen, die die Schriftstellerinnen in ihren Briefen äußerten.

Zu Schwangerschaft und Gebären
Einzelheiten über Schwangerschaft und Geburt waren aus den Briefen kaum zu erfahren. Daher habe ich auf zeitgenössische Lehrbücher zur Geburtshilfe zurückgegriffen. Diese illustrieren die Vorstellungen der maßgebenden Ärzte und Geburtshelfer der Zeit über die Vorgänge im weiblichen Körper und geben Auskunft über den damaligen Stand der

gynäkologischen Forschung. Die Analyse der medizinischen Literatur stellt eine Möglichkeit dar, wie die Umstände beim Gebären erfaßt werden können. Die gewonnenen Erkenntnisse sind jedoch nur unter der Einschränkung zu würdigen, daß diese Literatur von der Seite der Ärzte her beschreibt, nicht von der Seite der Gebärenden selbst. Johann Christian Stark, der Geburtshelfer Lotte Schillers, gab eine Zeitschrift zur Geburtshilfe heraus, in der ich ebenfalls Einzelheiten nachgeschlagen habe.

Zur Mode

Modejournale habe ich als Quellen für Kleidung und Mode, aber auch als Quellen für die Gestaltung der Inneneinrichtung verwendet. Das von Friedrich Justin Bertuch herausgegebene „Journal des Luxus und der Moden" erschien 1786 bis 1827 monatlich. Es fand mit seinen Berichten aus den Modezentren London und Paris, seinen Artikeln über Kunstgewerbe und Möbel und seiner regelmäßigen Theaterberichterstattung großen Anklang bei den gebildeten Leser/innen/n. Zu alldem bisher Aufgezählten kamen noch Memoiren der Schriftstellerinnen. Manche Familie konnte auch mit einer eigenen Chronik aufwarten.

Grundlage meiner Untersuchung waren also die Briefe der Frauen. Die anderen Quellen habe ich als Ergänzung benutzt, um Vorgänge zu erhellen und zu illustrieren. Nur am Rand habe ich mit Briefen von Männern gearbeitet. An den Stellen, an denen ich sie angeführt habe, dienen sie lediglich zur bereichernden Darstellung alltäglicher Vorgänge.

Die Lebensläufe der Frauen waren die Ausgangspunkte meiner Forschungen. An ihnen entlang gehend, habe ich die Lebenszusammenhänge aufgerollt. Ich wollte ja keine Aneinanderreihung von elf Biografien, nicht den individuellen Alltag jeder einzelnen Frau darstellen. Dies können nur Einzelbiografien leisten, die allerdings erst noch geschrieben werden müßten. Zwar gibt es zahlreiche Biografien dieser Schriftstellerinnen. Sie sind jedoch meist veraltet, mit wenig Sorgfalt recherchiert oder gar tendenziös geschrieben und daher heute als Biografie kaum brauchbar.

Bei der Erfassung eines lückenlosen Lebenslaufs, was natürlich auch zum Lebenszusammenhang gehörte, mußte ich teilweise Umwege gehen. Die „Neue Deutsche Biografie" führt zwar die Schriftstellerinnen auf, ist aber noch nicht vollständig erschienen. In der „Allgemeinen Deutschen Biografie" mußte ich über Ehemänner, Väter oder Brüder nach Lebensdaten der Schriftstellerinnen suchen. Schindel jedoch gab oft auch über Kinder, Schwestern und Brüder Auskunft.

5. Die Geschichte weiblicher Produktivität

Im Verlauf der Arbeit entwickelte sich also meine Methode zur Erfassung weiblicher Lebenszusammenhänge:
Der erste Schritt ist die Festlegung auf einen Zeitabschnitt und auf einen Personenkreis. Dann beginnt die Suche nach direkten und persönlichen Aussagen der Frauen. Diese Aussagen werden nach für die Frauen subjektiv zentralen Lebensbereichen gegliedert. Dann wird jeder einzelne Bereich in sich analysiert und mit anderen Quellen ergänzt. Der Phantasie und dem Spürsinn sind dabei keine Grenzen gesetzt: Kleider, Schuhe, Möbel, Bilder, Häuser, Gärten, Spielsachen, Geschriebenes, Gedrucktes, Gemaltes und vieles andere mehr. Am Schluß stehen zentrale Lebensbereiche nebeneinander. Querverbindungen und Wechselwirkungen untereinander ergeben sich von selbst. Mit dieser Methode kann die Frage nach der weiblichen Produktivität nicht spekulativ, sondern konkret für eine Gruppe von Frauen und für einen Zeitabschnitt beantwortet werden. Bei allem kommt es darauf an, weiblichen Aktivitäten Aufmerksamkeit zu schenken, und sich nicht daran zu orientieren, was *die* Geschichte über Schwerpunkte der Zeit sagt.
Als ökonomische Basis weiblicher Lebenszusammenhänge ergibt sich so der Bereich weiblicher Tätigkeiten im allgemeinen. Dazu gehört die „frauenzentrierte Familienökonomie" (Kuhn 1983) und sämtliche weibliche Tätigkeiten, die Geld einbringen.
Für die Rekonstruktion jeglichen Frauenalltags ist der weibliche Körper, seine biologischen Funktionen wie Schwangerschaft und Geburt ebenfalls von zentraler Bedeutung. Hinzu kommt das Verhältnis der Frau zu ihrem Körper, ihre Sexualität sowie die äußere Aufmachung der Frau: die Requisiten der Weiblichkeit. Das Denken der Frau bestimmt als dritter wesentlicher Punkt den Lebenszusammenhang. Ihr Verhältnis zu den herrschenden Machtstrukturen fällt ebenso darunter wie deren Auswirkungen auf ihr Leben, auf ihr Handeln im allgemeinen und im persönlichen Bereich. Der zwischenmenschliche Bereich ist zentral im weiblichen Lebenszusammenhang. Sämtliche Gefühle der Frau, Gefühle den Lebenspartnern und den Kindern gegenüber gehören dazu. Aus den Gefühlen heraus ergeben sich Querverbindungen zu Tätigkeiten, vor allem im zwischenmenschlich-häuslichen Bereich; oder Zusammenhänge zu biologischen Funktionen.

II. Das Lebensmosaik der Schriftstellerinnen im historischen Zusammenhang

Die Frauenforschung der letzten zwei Jahrzehnte hat – bedingt durch den in diesem Bereich von Nationalsozialismus und Nachkriegszeit hinterlassenen Kahlschlag – die Geschichte der Frau eher Schritt für Schritt von heute aus zurückverfolgt. Aus diesem Grund wissen wir heute recht viel (aber noch nicht genug!) über das 20. und 19. Jahrhundert, und viel weniger über das 18. Jahrhundert und die Zeit davor. Aus der bisher bekannten und erforschten Geschichte der Frau ergibt sich aber für die einzelnen Bereiche des Lebenszusammenhangs der zwischen 1760 und 1770 geborenen deutschen Schriftstellerinnen eine Einordnung in grobe Entwicklungslinien.

1. Haus-Wirtschaft und Haus-Arbeit

Im Bereich der Hauswirtschaft waren diese Schriftstellerinnen Vorläuferinnen einer Entwicklung, die sich bis Ende des 19. Jahrhunderts allgemein durchsetzte. Diese Frauen kauften schon Ende des 18. Jahrhunderts die benötigten Lebensmittel beim Händler und auf dem Markt, hielten sie doch eine Vorratswirtschaft auf der Basis der Eigenproduktion nicht mehr in dem Maß aufrecht wie ihre Mütter und Großmütter. Die Frauen des Bürgertums allgemein hatten diesen Wandel erst gegen Ende des 19. Jahrhunderts vollzogen.
Über die Forschungsergebnisse von Freudenthal hinaus bestätigt dies eine Analyse Sybille Meyers über die Hausarbeit von Frauen des Bildungsbürgertums in der wilhelminischen Zeit. Über die Hauswirtschaft des 18. Jahrhunderts zum direkten Vergleich und zur Vorgeschichte der Hauswirtschaft der Schriftstellerinnen wissen wir allerdings noch recht wenig. Die Arbeiten zu diesem Thema von Alwin Schultz (1890) und Irmintraud Richarz (1971) sind zwar informativ, reichen aber für einen Gesamteindruck nicht aus. Das Prinzip reiner Vorratswirtschaft blieb bis ins 20. Jahrhundert Bestandteil der Hauswirtschaft. Nur der Schwerpunkt der hauswirtschaftlichen Tätigkeiten verlagerte sich, denn die

Reinlichkeit einer Wohnung wurde immer wichtiger. Somit wurde ein wesentlicher Schwerpunkt der häuslichen Geschäfte das regelmäßige und gründliche Putzen von Hausrat und Wohnungen.
Die Tendenz zur Sparsamkeit, die im Haushalt des ausgehenden 18. Jahrhunderts schon vorhanden war, verstärkte sich im Verlauf des 19. Jahrhunderts. Finanzielle Belastungen wurden durch vermehrte Frauenarbeit in der Hauswirtschaft, durch Arbeitsintensivierung reduziert. Dabei erfolgten allerdings keine Rückgriffe auf eine verstärkte Eigenproduktion nach traditionellem Vorbild. Dafür fehlten allein schon die Voraussetzungen, nämlich der Grundbesitz oder eine ausreichende Geldsumme zum Anmieten eines Grundstücks, das zum Selbstanbau genutzt werden konnte. Gespart wurde dadurch, daß die Hausfauen aus Resten Möbel und Kleinigkeiten für die Wohnungseinrichtungen bastelten.
Die Wohnverhältnisse der Schriftstellerinnen zeigten eine Trennung von Gesellschaftsräumen und Privaträumen, die typisch für das damalige Bürgertum war. Die Gesellschaftsräume dienten der Repräsentation, die Privaträume wurden nur von Familienmitgliedern genutzt. Im weiteren Verlauf des 19. Jahrhunderts wurden die Gesellschaftszimmer zur „kalten Pracht“, die nur dann bewohnt wurden, wenn Gäste erwartet wurden. An der Ausgestaltung der übrigen Räume wurde gespart, um das Gesellschaftszimmer luxuriös einrichten zu können. Dort fanden zwar nur selten große Gesellschaften statt, doch wenn gefeiert wurde, gab man erhebliche Geldsummen dafür aus. Die übrige Zeit sparte die Hausfrau an Lebensmitteln, wo es nur ging.
Ein gemeinsames Schlafzimmer der Ehepartner wurde erst Anfang bis Mitte des 19. Jahrhunderts eingerichtet. Für die Kinder gab es ein eigenes Kinderzimmer (Zinn, 20). Der Raum, den die Schriftstellerinnen mit ihren Kindern teilten, in dem sie arbeiteten und schliefen und der traditionellerweise vom männlichen Arbeitsbereich innerhalb der Wohnung abgetrennt war, fiel im 19. Jahrhundert weg. Dieser Prozeß des Verschwindens eines gemeinsamen Bereiches von Mutter und Kind aus der Wohnung müßte allerdings durch genauere Analysen der bürgerlichen Wohnverhältnisse in bezug auf die Frau näher beschrieben werden. Die Analyse von Sibylle Meyer geht auf diese Frage nicht ein.
Veränderungen vollzogen sich auch innerhalb der Küche. Bis in die Mitte des 18. Jahrhunderts hinein war die Feuerstelle des Herdes direkt auf dem Fußboden. Die Köchin kauerte auf einem kleinen Hocker direkt vor der Feuerstelle. Ende des 18. Jahrhunderts baute man Herde in Tischhöhe, vor denen die Köchin im Stehen hantierte. Auf der Herdoberfläche war das offene Feuer. Qualm und Hitze durchzogen den Raum. Dies wurde anders, als mobile gußeiserne Herde – sie wurden ab

1830 industriell gefertigt – das Feuer in sich hielten. Der Herd war nun mobil und konnte überall in der Küche, wo es geeignet erschien, plaziert werden. Die alte Herdform war dagegen fest gemauert gewesen. Erst durch die Eisenherde war auch eine direkte Feuergefahr für die Köchin nicht mehr vorhanden. Das Kochen war außerhalb der Küche nicht mehr so stark wahrnehmbar, denn der Qualm zog durch einen kleinen Schornstein ab. Die Köchin mußte sich nicht mehr vor Funkenschlag und Hitze des offenen Feuers schützen, und die Hitze beim Kochen war leichter zu regulieren und zu dosieren.

Variationen dieser Herdform waren eingelassene Feuerlöcher, in die extrem in die Länge gezogene Töpfe gesteckt wurden. Der Herd hielt, im Gegensatz zum offenen Feuer, die Hitze konzentriert zusammen. Somit konnte Holz und Kohle eingespart werden. Dieser Herd entwickelte sich zum Gasherd, später zum Elektroherd.

Auch die Rußentwicklung in der Küche reduzierte sich nach Einführung des Eisenherdes. Von daher wurden die Küchengeräte nicht mehr so schnell schmutzig. Sie wurden außerdem seit dem Biedermeier in Küchenschränken verwahrt.

An der Zuständigkeit der Frau für die Hauswirtschaft änderte sich bis ins 20. Jahrhundert hinein nichts. Diese Zuständigkeit durchzog nicht nur das Bürgertum, sondern wurde zur allgemeingültigen Norm (Wolf-Graf, 237).

Überhaupt wurde Reinlichkeit oberstes Prinzip für die häuslichen Geschäfte. Da sie sich zunehmend nur noch innerhalb des Hauses abspielten, waren sie auch als Arbeit von außerhalb nicht mehr wahrnehmbar. In der Hauswirtschaft der städtischen Bürgerin Ende des 19. Jahrhunderts fiel schließlich die Eigenproduktion weg. Ihre Geschäfte wurden zu einer Hausarbeit, die sich auf Reinigungsarbeiten, Kochen und die Anfertigung von Einrichtungsgegenständen, die „Hand"-Arbeit, beschränkte.

Was bei den Schriftstellerinnen Ende des 18. Jahrhunderts als Befreiung begann, was eine Freistellung von der Last der Eigenproduktion gewesen war, wurde im 19. Jahrhundert zum Zwang. Die Hausfrau wurde von Geschäften, die sie im Haus hielten, regelrecht eingeschlossen. Sie galten außerdem nicht als produktiv, aber vermehrten sich so sehr, daß den Frauen kaum Zeit für andere Dinge blieb. Ende des 18. Jahrhunderts war dies noch anders gewesen, obwohl etwa die Schriftstellerei der Tätigkeit in der Hauswirtschaft untergeordnet war. Beide Tätigkeiten zusammen bildeten aber die ökonomische Basis des Lebenszusammenhangs dieser Frauen. Die Priorität der Hauswirtschaft rührte von der Verantwortlichkeit der Frauen für die Planung und Organisation des Hauswesens her. In ihrer Funktion als Leiterinnen des Hauswesens waren auch die schriftstellernden Frauen nicht zu ersetzen. Weder der Ehemann noch die Dienstboten waren dafür ausgebildet. Lediglich den Töchtern war es, bei entsprechender Erziehung, möglich, diese Tätigkeiten zu übernehmen.

2. Schreiben als Frauen-Beruf?

Die Schriftstellerei war kein bloßer Zeitvertreib, sondern – wie erwähnt – für die Finanzen der Familie unabdingbar. Die Art der Wirtschaftsführung (Ankauf von Rohprodukten zur Weiterverarbeitung, Warenkauf) bedingte einen vermehrten Gelderwerb, wozu diese Frauen durch ihre Schriftstellerei beitrugen. Dennoch war für diese Tätigkeit kein festgelegter Freiraum vorhanden. Geschrieben wurde, wann immer Zeit dazu gefunden wurde: tagsüber oder auch nachts. Die Rekonstruktion der Wohnverhältnisse zeigte eine Aufteilung der Privaträume in einen männlichen Arbeits- und Schlafbereich und einen weiblichen. Allerdings teilte die Frau ihren Bereich mit den Kindern. Ein speziell männlicher, abgesonderter Arbeitsbereich läßt sich seit dem 13. Jahrhundert in den Wohnungen der Handwerker und Händler ausmachen (Meier-Oberist, 87). Diese Tatsache schließt die Existenz eines traditonell weiblichen Bereiches innerhalb der Wohnung mit ein. Der Begriff „Frauenzimmer“ weist darauf hin. Ursprünglich wurden damit die weiblichen Dienerinnen der Burgherrin bezeichnet, die in den Frauen-Zimmern der Burg gemeinsam wohnten (Wolf-Graf, 302). Im 18. Jahrhundert bedeutete „Frauenzimmer“ noch neutral „Frau“, während im 19. Jahrhundert der Begriff deutlich abgewertet wurde.
Endlich „Ein Zimmer für sich allein“ forderte Virginia Woolf im 20. Jahrhundert für schreibende Frauen (1928). Sie begründete diese Forderung mit einem Vergleich der Arbeitsbedingungen schreibender Frauen und Männer. Ihre Auflistung der Geschichte schreibender Frauen in England zeigt, daß die Mehrzahl der Schriftstellerinnen nur nebenher, in knapp bemessenen Zwischenräumen, die ihnen Haushalt, Ehemann und Kinder ließen, Zeit zur literarischen Produktion fanden. Der männliche Schriftsteller war in vielerlei Hinsicht besser gestellt. Er war frei von häuslichen und erzieherischen Pflichten; er hatte zeitlich, gedanklich und räumlich einen Freiraum. Um dieses Mißverhältnis auszugleichen, forderte Virginia Woolf denselben Freiraum für Frauen. Den deutschen Schriftstellerinnen Ende des 18. Jahrhunderts ging es nicht anders als ihren englischen Kolleginnen. Auch sie hatten kein Zimmer für sich alleine. Zwar waren sie in ihrem Bereich innerhalb des Hauses unabhän-

gig vom Ehepartner, dafür aber umso abhängiger von Kindern und Küche. Die Schriftstellerei lief nebenher, so wichtig sie auch als Verdienstquelle war.

Im Vergleich zu ihrer Zeit und den herrschenden Normen erscheint die Schriftstellerin Ende des 18. Jahrhunderts als eine Ausnahmefrau. Den Beruf ergriff sie aus wirtschaftlicher Not, dafür geschult war sie durch ihre von der Aufklärung geprägte besondere Erziehung. Die Erziehung der eigenen Kinder, speziell der Töchter, erfolgte nach anderen als den selbst genossenen Kriterien. Die Töchter erzog sie zur guten Hausfrau und Mutter, nicht aber zum selbständigen Denken und damit zur Fähigkeit der Schriftstellerei. Ihr eigenes Wissen und ihre Fertigkeiten gab sie also nicht an ihre Töchter weiter. Sie vermittelte ihnen das, was sie für fortschrittlich, zukunftsträchtig und zeitgemäß ansah, und das war eben nicht die geistige Tätigkeit.

Es gibt also keine direkte Linie der Schriftstellerei der Frauen vom 18. bis ins 20. Jahrhundert. Die Grenzen des weiblichen Tuns im 19. Jahrhundert waren durch vielfältige Aufgaben in Haushalt und Erziehung so eng gesteckt, daß die Durchsetzung des Berufswunsches von jungen (und auch älteren) schriftstellernden und talentierten Frauen zunächst einmal Kampf gegen Familie und Gesellschaft bedeutete. Große Hindernisse galt es für sie zu überwinden. Als Beispiele stehen dafür Luise Aston (Goetzinger) oder Fanny Lewald (Venske). Tatsächlich war Ende des 18. Jahrhunderts die Gesellschaft noch offener und tolerierte Frauenberufe. Die erfolgreiche Schriftstellerin hatte nicht in dem Maß um ihre Anerkennung zu kämpfen wie im 19. Jahrhundert. Die zwischen 1760 und 1770 geborenen Schriftstellerinnen hatten auch – bei allen häuslichen Pflichten – den nötigen Freiraum zum Schreiben, konnten die literarischen Produkte verkaufen, davon leben und sogar eine Familie ernähren. Sie waren durch ihre Lebenspraxis Avantgarde der Frauenliteratur, fühlten sich aber nicht verpflichtet, diese als Tradition ihren Töchtern weiterzugeben.

3. Körper und Kind

In der Frauenforschung wird seit einigen Jahren diskutiert, ob die bisherigen Zäsuren der Allgemeingeschichte auch für die Geschichte der Frau von Bedeutung sind; oder ob diese Periodisierungen in Frage gestellt werden müssen zur Historisierung weiblicher Existenz (Bock, 38).

Eine Entwicklungslinie der ökonomischen Grundlagen im weiblichen Lebenszusammenhang ergab sich aus Veränderungen in der Hauswirtschaft und Berufstätigkeit bürgerlicher Frauen im 18. und 19. Jahrhundert. Drei Stufen der Wirtschaftsführung von Eigenproduktion, Kauf und häuslicher Verarbeitung halbfertiger Produkte bis zum Warenkauf haben sich ergeben. Konsequenzen dieser Entwicklung waren Verlust von handfester Produktivität im häuslichen Geschäft, gleichzeitig eine Zunahme von auf die Wohnung selbst beschränkten Tätigkeiten. Der Warenkauf bedingte eine Zunahme des Gelderwerbs der Frauen (zum Beispiel durch Schriftstellerei) als Zubrot oder als finanzielle Selbständigkeit.

Eine weitere Zäsur bei der Historisierung weiblicher Existenz ergibt sich, wenn die Umstände des Gebärens betrachtet werden. Im 18. Jahrhundert begann die Systematisierung und Technisierung des Geburtsvorgangs. Von männlichen Geburtshelfern wurde der Geburtshebel und die Gebärzange eingeführt. Diese Instrumente halfen sicher vielen Frauen und minderten die Risiken beim Gebären. Die ärztlichen Eingriffe in den Geburtsvorgang hatten jedoch andererseits das Kindbettfieber zur Folge. Erst in der Mitte des 19. Jahrhunderts erkannten die Ärzte die mangelnde Hygiene als dessen Ursache. Bis zu dieser Zeit starb eine große Anzahl von Wöchnerinnen am Kindbettfieber. Ob die Technisierung des Geburtsvorgangs eine Erleichterung der Geburt darstellt, ist heute stark umstritten (Bosten Women's Health Collective). Unwiderlegbare Tatsache ist jedoch, daß die Todesfälle bei Geburten seit dem 19. Jahrhundert zurückgegangen sind (Fischer-Homberger).

Von Elisabeth Badinter wurde eine weitere Zäsur im Frauenleben thematisiert: der Wandel in der Beziehung der Mutter zum Kind. In Frankreich stellte sie ab 1760 das Aufkommen der Mutterliebe in ihrer bürgerlichen Form fest. In Deutschland erfolgte dies zwanzig bis fünfundzwanzig Jahre später.

Der Forderung der Ärzte des ausgehenden 18. Jahrhunderts und des 19. Jahrhunderts nach verstärkter Rücksichtnahme auf das Ungeborene während der Schwangerschaft folgte dieser Einstellungswandel der Frauen. Das Kind rückte seit dieser Zeit immer mehr in den Vordergrund und spielte eine immer bedeutendere Rolle im weiblichen Lebenszusammenhang. Die Frau verstand sich immer mehr als verantwortungsvolle Mutter. Die Beschäftigung mit dem Kind gewann Vorrang vor anderen Tätigkeiten. Spezifisch mütterliche Aufgaben, wie Pflege und Erziehung der Kinder, kamen zu den hauswirtschaftlichen Tätigkeiten und, in unserem Beispiel, zur Schriftstellerei hinzu. Im Verhalten zu ihren Kindern setzten die Schriftstellerinnen Maßstäbe, die im 19. Jahrhundert von Frauen aller Schichten übernommen wurden (Badinter). Eine genauere Analyse dieser Übernahme, vor allem durch die Frauen der unteren Schichten, steht allerdings noch aus.

Einzelne der Schriftstellerinnen sahen in der Mutterschaft eine politische Aufgabe. Sie wollten auf das politische und gesellschaftliche Geschehen einwirken, indem sie Kinder gebären und diese als aktive, freiheitsliebende und gefühlvolle Menschen erziehen wollten. Diese Politisierung der Mutterschaft blieb jedoch bei den Schriftstellerinnen nur Tendenz, die mit dem Patriotismus zur Zeit der Freiheitskriege – der Zeit, in der diese Äußerungen fielen – zu erklären ist. Zwanzig Jahre später war in Frankreich bei den frühsozialistischen Frauen aus der Tendenz eine Bewegung geworden (Grubitzsch/Lagpacan). Diese Frauen fühlten sich über ihre persönliche Mutterschaft hinaus als Mütter für die Gesellschaft verantwortlich. Aus diesem Grund setzten sie sich innerhalb der frühen sozialistischen Bewegung für eine Gesellschaftsveränderung ein. Mitte bis Ende des 19. Jahrhunderts gewann die soziale Mutterschaft auch in Deutschland an Bedeutung (Stoehr). Der Kampf um Frauenberufe spielte sich in diesem Rahmen ab. Die Frau verstand sich als Mutter und sah die mütterliche Fürsorge als gesellschaftliche und politische Frauenaufgabe. So waren die ersten bürgerlichen Frauenberufe, die sich die Frauenbewegung erkämpfte, neben dem der Schriftstellerin der Beruf der Erzieherin, der Krankenschwester, der Kindergärtnerin, der Sozialarbeiterin (Greven-Aschoff).
Die Kindererziehung übernahmen die Schriftstellerinnen zum größten Teil selbst. Sie erzogen ihre Kinder streng nach dem bürgerlichen Geschlechtsrollenschema: die Töchter zu einer aufs häusliche Wirken gerichteten Weiblichkeit, die Söhne zu einer auf öffentlich-berufliches Wirken gerichteten Männlichkeit. Wie schon erwähnt, stand vor allem die Erziehung der Töchter im Widerspruch zur eigenen anspruchsvollen Erziehung, die allerdings eine Ausnahme war. In bürgerlichen und adligen Kreisen des 18. Jahrhunderts fand die Ausbildung der Mädchen allgemein durch Privatlehrer statt, doch diese beschränkte sich meist auf religiöse Bildung und „Gesellschaftsdressur“ (Risse-Stumbries). Die schreibenden Mütter gaben ihren Töchtern nicht einmal das Maß an Geistesbildung mit, das sie selbst genossen hatten. Viel größerer Wert wurde auf deren Ausbildung in hauswirtschaftlichen Angelegenheiten gelegt sowie darauf, daß die Töchter unterhaltsame Partnerinnen der Männer wurden. Dieser Widerspruch, den die Schriftstellerinnen im übrigen nicht wahrnahmen, ist durch das Aufkommen der Liebesbeziehungen zu erklären. Die Schriftstellerinnen hatten die Liebesheirat gegen die Konvenienzehe erkämpfen müssen. Nun wollten sie ihre Töchter für die Liebe und für die selbstbestimmte Partnerschaft erziehen und ihnen ihre eigenen, innerhalb der Konvenienzehen erlebten Enttäuschungen ersparen. Daß dies auf Kosten der Geistesbildung der Töchter ging, wurde von ihnen nicht wahrgenommen. Damit begann ein Prozeß,

in dem Mädchen immer weniger Bildung vermittelt und sie ganz allgemein zu guten Hausfrauen, Ehefrauen und Müttern erzogen wurden. Das blieb Grundsatz der Mädchenerziehung im 19. Jahrhundert (Blochmann/Simmel/Zinneker). Erst die Frauenbewegung des 19. Jahrhunderts protestierte gegen die vernachlässigte Mädchenerziehung und erreichte die Einrichtung von Ausbildungsstätten für Mädchen und Frauen (Greven-Aschoff/Möhrmann/Twellmann).

4. Freiheit und Liebe

Der Aufstand der Schriftstellerinnen gegen herkömmliche Praktiken des Zusammenlebens von Frau und Mann bildet eine weitere Zäsur in der weiblichen Geschichtsschreibung. Ihr Ausbruch aus den von ihnen als kalt und zwanghaft empfundenen Konvenienzehen war allerdings Bestandteil einer größeren gesellschaftlichen Bewegung jener Zeit hin zur Entwicklung der Individualität (Shorter). Diese Frauen verstanden sich – im Vergleich zu den Generationen vor ihnen – erstmals als Individuen und nicht mehr als Mitglieder einer festgefügten Ständegesellschaft. Bisher hatten Frauen allgemein ohne Widerspruch den ihnen durch Geburt und Status zugewiesenen Platz innerhalb von Gesellschaft und Ehe eingenommen. Nun entwickelten zumindest gebildete Frauen individuelle Bedürfnisse und versuchten, nach diesen Bedürfnissen zu leben. Doch oft gelang ihnen die Befreiung von der Tradition erst im späteren Verlauf ihres Lebens. Noch das ganze 19. Jahrhundert hindurch, sowohl während der ersten (1848) als auch der zweiten (1865) Frauenbewegung, zog sich der Kampf der Frauen gegen die Konvenienzehe. Die Schriftstellerinnen waren wiederum durch ihre Lebenspraxis Vorläuferinnen dieses Kampfes, der nach ihnen immer öffentlicher und damit erfolgreicher geführt wurde (Möhrmann).

Weibliche Befreiung verstanden die zwischen 1760 und 1770 geborenen Schriftstellerinnen stets als Weg zur privaten, persönlichen Freiheit. Wie aus den Fesseln der Konvenienzehe befreiten sich diese Frauen auch aus der einengenden Kleidung: Als solche galten ihnen Schnürbrüste, aufgetürmte Perücken und Stöckelschuhe. In den neunziger Jahren des 18. Jahrhunderts war das Äußere der Schriftstellerinnen den geringsten Zwängen unterworfen. Frisuren und Kleidung waren locker, natürlich und bequem. Ebenfalls in diese Zeit fallen die Scheidungen und Trennungen, die Ausbrüche dieser Frauen aus den Konvenienzehen.

Was sie an deren Stelle setzen wollten, blieb zunächst einmal offen. Doch zeigten sich in diesen Kämpfen um persönliche Freiheit neue Werte und Moralvorstellungen, die in den Liebesbeziehungen zum Ausdruck kamen, die diese Frauen eingingen. In diesen Liebesbeziehungen bildeten Frau und Mann eine Einheit, deren Grundlage das Gefühl füreinander war. Die Befreiung aus der Konvenienzehe mündete in diese Liebesbeziehungen ein, in den Wunsch also, einer emotionalen, intensiven und engen Frau-Mann-Einheit anzugehören. Diese Frauen wollten statt Distanz und Gleichgültigkeit der Konvenienzehe Liebe, Wärme und Nähe zum jeweiligen Partner. Um die Verwirklichung des Liebesbedürfnisses kämpften sie. Die derartige freiwillige Bindung an einen Mann, das Eingehen eines auf Liebe beruhenden Verhältnisses war noch so konträr zu den herrschenden Normen, daß es von ihnen als Befreiung verstanden werden mußte.

Ein Element der Unfreiheit war jedoch auch diesen Liebesbeziehungen eigen, unterwarfen sich die Frauen doch in diesen engen emotionalen Verbindungen einer Zweitrangigkeit. Sie fühlten sich in der neuen weiblich-männlichen Dualität als – minderwertiger – Gegenpol des Mannes. Dies führte zu einer Überbewertung des Männlichen und zu einer Unterbewertung des Weiblichen. Diese eigene Unterbewertung wurde jedoch nicht als Verlust oder Nachteil empfunden, sondern, im Gegenteil, durch die Freiwilligkeit und emotionale Zusammengehörigkeit als neugewonnene Stärke und eben als Befreiung.

Oft genug rutschten diese Frauen, die sich dem Männlich-Erwachsenen unterordneten und zum Partner aufblickten, in eine Kinder-Rolle. Auch äußerlich kam dieses kindhaft-unterordnende Verhalten zum Ausdruck: Der Trend zur Jugendlichkeit in der Frauenmode hielt Ende des 18. Jahrhunderts seinen Einzug. Die junge, schlanke Frau mit feiner und glatter Haut wurde das Modeideal. Jugendlichkeit löste die eher barock anmutenden Formen der reifen Frau, die bis dahin als Schönheitsideal gegolten hatten, ab (Wex).

Die Unterordnung dieser Frauen hatte für sie unabsehbare, weitreichende Konsequenzen, denn das Denken in der Frau-Mann-Polarisierung zeigte sich auch in anderen Bereichen des täglichen Lebens. Unselbständigkeit und Passivität wurden im 19. Jahrhundert – anders als früher – als Bestandteil des weiblichen Wesens betrachtet. Männer sahen Frauen nun als unmündige Wesen an, ja verachteten sie; Frauen fühlten sich schwach, passiv und unterlegen (Beauvoir). Die Unterordnung der Frau erscheint als Widerspruch in bezug auf die gesellschaftliche Entwicklung hin zur Individualität. Veränderungen der ökonomischen Gegebenheiten standen hinter der Herausbildung individueller Persönlichkeiten. Der freie Markt des industriellen Kapitalismus verlangte autonome, aus eigenem Antrieb handelnde Persönlichkeiten, denn nur solche konnten miteinander in Konkurrenz treten (Shorter). War aber die Frau, die in der Liebesbeziehung lebte und sich dem Mann gänzlich unterordnete, eine autonome Persönlichkeit?

Dies muß wohl verneint werden, obgleich der Ausbruch dieser Frauen aus der Konvenienzehe ihr Streben nach Individualität zum Ausdruck brachte. Die autonome Persönlichkeit ging, kaum daß sie im Ansatz entstanden war, durch die zweitrangige Zugehörigkeit zur Frau-Mann-Einheit schnell wieder verloren. Im Verlauf des 19. Jahrhunderts mußte die Frau sich ihre individuellen Rechte und Freiheiten, ihre Persönlichkeit, erst erkämpfen. Die Frauenbewegung des 19. Jahrhunderts nahm diesen Kampf auf breiter Ebene auf (Greven-Aschoff/Möhrmann/Twellmann).

Doch aus welchem Grund ging die Individualität der Frau im Dualismus der Frau-Mann-Einheit unter? Dieser Vorgang wird bei eingehender Betrachtung der Lebenszusammenhänge der Schriftstellerinnen verständlich. Als Kinder wuchsen sie noch in einer Ständegesellschaft auf, in der jede und jeder in eine soziale Gruppe sicher eingebunden war. Gleichheitsgedanken der Französischen Revolution, aufgeklärte Erziehung und die auch in Deutschland in Bewegung geratene Gesellschaft machte es ihnen möglich, sich aus diesen Zwängen zu befreien. Sie gingen selbstgewählte, ganz von ihren Gefühlen bestimmte Bindungen ein. Diese Befreiung war mit privaten Kämpfen verbunden, die hart und langwierig waren. Doch weil jegliche Normen und Vorbilder für diese neue Lebensart fehlten, entwickelte sich eine Angst vor der Freiheit, vor der Ungebundenheit. Aus dieser Angst heraus klammerten sich diese Frauen an den Geliebten – und schufen sich dadurch neue Fesseln. Die gewohnte Zugehörigkeit zur sozialen Einheit der Ständegesellschaft wurde ersetzt durch die Zugehörigkeit zur Frau-Mann-Einheit. Es blieb also der innere Zwang zu einer Zugehörigkeit, die sich aber von einer sozial vorgegebenen zu einer emotionalen wandelte. Wirkliche Freiheit und Unabhängigkeit wurden von einigen Schriftstellerinnen zwar kurze Zeit gelebt, aber schnell wieder aufgegeben. Angst, Unsicherheit, gesellschaftliche Ächtung waren zu groß.

Aus demselben Grund blieben die Schriftstellerinnen auch in politischen Dingen bei Meinungsäußerungen stehen und beteiligten sich nicht aktiv an den Freiheitsbewegungen der Zeit. Ganz auszuschließen ist es allerdings nicht, daß eine direkte weibliche Beteiligung an politischen Vorgängen vorhanden war. Zeugnisse für diese vage Möglichkeit wurden jedoch noch nicht gesichtet. Doch auch die Beteiligung von Frauen an der Revolution 1848/49 wurde erst in den letzten Jahren bekannt (Hummel-Haasis). Es wäre also durchaus lohnenswert, dieser Frage einmal nachzugehen.

Das Aufkommen der Liebesehe bildet also eine weitere Zäsur bei der Historisierung weiblicher Existenz. Was Männer damals politisch in Freiheitskämpfen umsetzten, lief bei Frauen sehr persönlich ab: als

Kampf um die freie Wahl des Lebenspartners. Gefühle und der Kampf um das Auslebenkönnen der Gefühle spielten hierbei eine große Rolle. Die Freiheit der Wahl, die emotionale Bindung an den Mann erfuhr ihre Grenzen in der damit zusammenhängenden freiwilligen Unterordnung. Die emotionale Frau-Mann-Einheit wurde zentral. Jahrzehnte später war die vormals neue Freiheit zur Fessel geworden: Die Frau war gebunden, sie mußte sich ihre persönliche, soziale und politische Freiheit erst erkämpfen.

Am Ende des 18. Jahrhunderts befinden sich, nach allem, Schnitt- und Ausgangspunkte bedeutsamer Entwicklungslinien in der Geschichte der Frau.

1. Die ökonomische Basis im weiblichen Lebenszusammenhang verändert sich auf zwei Ebenen: In der Hauswirtschaft ergibt sich eine Entwicklung von Eigenproduktion zum Warenkauf. Daraus folgt als zweite Ebene der Zwang zum Gelderwerb: Vermehrter Bedarf nach Geld führt zu gesteigerten Tätigkeiten auf diesem Gebiet. Es ist der Beginn von zahlreichen Frauenberufen.

2. Die biologischen Funktionen des weiblichen Körpers wie der Gebärvorgang unterliegen zunehmend der Technisierung. Diese bringt für Frauen sowohl eine Erleichterung (bei Risikogeburten) als auch eine Gefährdung (durch das Kindbettfieber) mit sich.

Das Aufkommen einer engen Mutter-Kind-Bindung ändert auch das Verhältnis der Frau zum eigenen Körper. Indem das Kind im weiblichen Lebenszusammenhang immer zentraler und bedeutender wird, verändert sich die Einstellung der Frau zum Ungeborenen und ihre Bereitschaft, darauf Rücksicht zu nehmen.

3. Die Mutterschaft und die damit verbundenen Tätigkeiten, wie Beschäftigung mit dem Kind, seine Pflege und seine Erziehung, nehmen immer mehr Platz im weiblichen Lebenszusammenhang ein. Selbst unverheiratete und kinderlose Frauen fühlen sich im Rahmen einer sozialen Mutterschaft zunehmend für die Gesellschaft verantwortlich.

4. Im zwischenmenschlich-partnerschaftlichen Bereich ergibt sich durch das Aufkommen der Liebesehe eine neue Wertigkeit der Gefühle der Frau zum Mann. Emotionen werden zunehmend zum Bindeglied zwischen den Geschlechtern. Dies bringt einen Kampf gegen Traditionen, etwa gegen die Konvenienzehe, mit sich, der von einer persönlichen Ebene in eine gesellschaftliche übergeht.

Die zwischen 1760 und 1770 geborenen Schriftstellerinnen waren Schrittmacherinnen dieser vier Entwicklungslinien, die im 19. Jahrhundert für Frauen zur Norm, aber auch zur Fessel wurden. Um diese Zäsuren genauer zu belegen, bedarf es allerdings noch weiterer Forschungen über weibliche Lebenszusammenhänge im 17. und 18. Jahrhundert. Die damalige Tätigkeit von Frauen in der Hauswirtschaft und beim Gelderwerb, die (von Badinter für Frankreich beschriebene) Kälte und Gleichgültigkeit der Mutter ihren Kindern gegenüber und vieles mehr bietet noch ein weites Feld für weitere Forschungen.

Anhang

I. Quellen

1. Handschriften

A: Staats- und Universitätsbibliothek Hamburg, Handschriftenabteilung: Campe-Sammlung 2 (Therese Forster-Huber)
B: Niedersächsische Staats- und Universitätsbibliothek Göttingen, Handschriftenabteilung: Nachlaß Therese Huber: Briefe an Christian Heyne. (Nr. 926, 928)
C: Sächsische Landesbibliothek Dresden, Handschriftenabteilung: h 37, Bd. 94, Nr. 42, 46, 59 (Therese Huber)
D: A. a. O.: h 37, Bd. 86, Nr. 22 (Therese Huber)
E: A. a. O.: e 90, XIX, Bd. 23, Nr. 30 (Dorothea Schlegel)
F: A. a. O.: e 90, XIX, Bd. 22, Nr. 18 (Caroline Schlegel)
G: Karl-Marx-Universität Leipzig, Universitätsbibliothek, Handschriftenabteilung: Sophie Mereau
H: Bayerische Staatsbibliothek München, Handschriftenabteilung: Vossiana 43a (Agnes von Stolberg)
I: A. a. O.: Scherereriana VIII (Huber, Therese)
K: Universitätsbibliothek Heidelberg, Handschriftenabteilung: Heid. Hss. 850 (Dorothea Schlegel)

2. Veröffentlichte Quellen

Becker, Gottfried Wilhelm: Der Rathgeber vor, bei und nach dem Beischlafe. Wiesbaden 1816⁶. Nachdruck Karlsruhe 1981 (1. Auflage Naumburg 1804)

Brun, Friederike/Humboldt, Caroline von: Frauen zur Goethezeit. Ein Briefwechsel. Hrsg.: Ilse Foerst-Crato. Düsseldorf 1975

Bülow, Gabriele von: Ein Lebensbild aus den Familienpapieren Wilhelm von Humboldts und seiner Kinder. 1791–1887. Berlin 1909[13]

Froriep, Ludwig Friedrich: Theoretisch-praktisches Handbuch der Geburtshülfe, zum Gebrauche bei academischen Vorlesungen und für angehende Geburtshelfer. 4. vermehrte Auflage Weimar 1810 (1. Auflage Weimar 1802)

Göppinger Kochbuch, Band 1, Göppingen 1789; Band 2, Göppingen 1790

Goethe, Johann Wolfgang von: Briefe von Goethe und dessen Mutter an Friedrich Freiherr von Stein. Nebst einigen Beilagen. Hrsg.: I. Ebers und August Kahlert. Leipzig 1846

Haberland, Helga/Pehnt, Wolfgang (Hrsg.): Frauen der Goethezeit in Briefen, Dokumenten und Bildern. Von der Gottschedin bis Bettina von Arnim. Stuttgart 1960

Hauswirthin, die gelehrige: Ein Handbuch für Frauenzimmer, welches die ganze Kochkunst, sowohl Tafel-, Fasten- als Civilspeisen, alle Art Backwerk, Eingemachten, Geräucherten, Liqueurs, Sommer- und Winter-Getränke, Geleen, in 872 Rubriken umfaßt. Mit einem Anhang vom Kochen, Fleiß, Sparsamkeit, Ordnung, Trenschieren und Vorlegen. Von einer Freundin der Kochkunst. 3. vermehrte und verbesserte Auflage Reutlingen 1815

Haußvater, der kluge: beym wirthschaftlichen Geschäfte der Aufbehaltung verschiedener wirthschaftlicher Produkte und einiger anderer Dinge. 2. verbesserte und vielvermehrte Auflage Leipzig 1769

Hegewisch, Franz Herrmann: Neues Nordisches Archiv für Naturkunde, Arzneywissenschaft und Chirurgie. Band 1, o. O. 1807

Humboldt, Caroline von: Briefe an den Grafen Schlabrendorff. In: Im neuen Reich. Wochenschrift für das Leben des deutschen Volkes. Hrsg.: Wentzel. Jahrgang 8, o. O. 1878

Dieselbe: Briefwechsel mit Rahel und Varnhagen. Hrsg.: Albert Leitzmann. Weimar 1896

Dieselbe: Neue Briefe (an Brinkmann, Schweighäuser, Welcker), Haym gewidmet. Hrsg.: Albert Leitzmann. Halle 1901

Dieselbe: Karoline von Humboldt in ihren Briefen an Alexander von Rennenkampff. Nebst einer Charakteristik beider als Einleitung und einem Anhange von Albrecht Stauffer. Berlin 1904

Dieselbe/Humboldt, Wilhelm von: Wilhelm und Caroline von Humboldt in ihren Briefen. Hrsg.: Anna von Sydow. Band 1: Briefe aus der Brautzeit 1787–1791. Berlin 1906. Band 2: Von der Vermählung bis zu Humboldts Scheiden aus Rom 1791–1808. Berlin 1907. Band 3: Weltbürgertum und preußischer Staatsdienst. Briefe aus Rom und Berlin – Königsberg 1808–1810. Berlin 1909. Band 4: Federn und Schwerter in den Freiheitskriegen. Briefe von 1812–1815. Berlin 1910. Band 5: Diplomatische Friedensarbeit. 1815–1817. Berlin 1912

Dieselben: Brautbriefe. Hrsg.: Albert Leitzmann. Leipzig 1920

Dieselben: in ihren Briefen 1788–1835. Hrsg.: Anna von Sydow. Berlin 1920

Dieselbe: Das Lebensbild einer deutschen Frau. Aus ihren Briefen gestaltet von Herrmann Hettler. Leipzig 1933

Dieselbe/Welcker, Friedrich Gottlieb: Briefwechsel 1807–1826. Hrsg.: Erna Sander-Rindtorff. Bonn 1936

Dieselbe/Humboldt, Wilhelm von: Ein Leben in Briefen. Hrsg.: Herbert Nette. Düsseldorf/Köln 1956

Inbegriff, kurzer, aller Wissenschaften welche zu Errichtung einer guten Oeconomie und Hauswirthschaft erforderlich sind. Frankfurt/Leipzig 1770

Jäckel, Günter (Hrsg.): Das Volk braucht Licht. Frauen zur Zeit des Aufbruchs 1790–1848 in ihren Briefen. Darmstadt 1970

Journal des Luxus und der Moden: Hrsg.: Friedrich Justin Bertuch und Georg Melchior Kraus. Weimar 1786–1827

Kalb, Charlotte von: Briefe an Jean Paul und dessen Gattin. Hrsg.: P. Nerrlich. Berlin 1882

Dieselbe: Gedenkblätter. Berlin 1851

Dieselbe: Charlotte. Gedenkblätter von Charlotte von Kalb. Hrsg.: Emil Palleske, Stuttgart 1879

Dieselbe: Briefe an Schiller. Hrsg.: J. Petersen. in: Jahrbuch der Goethe-Gesellschaft, Band 12, o. O. 1928

Klarmann, Johann Ludwig: Geschichte der Familie Kalb auf Kalbsrieth. Mit bes. Rücksicht auf Charlotte von Kalb und ihre nächsten Angehörigen. Nach den Quellen bearbeitet. Erlangen 1902

Loeffler, Friederike Luise: Oekonomisches Handbuch für Frauenzimmer. Band 1. Neue vermehrte Auflage Stuttgart 1795. Nachdruck Stuttgart 1977 (1. Auflage 1791)

Mereau-Brentano, Sophie/Brentano, Clemens: Lebe der Liebe und liebe das Leben. Der Briefwechsel von Clemens Brentano und Sophie Mereau. Mit einer Einleitung hrsg. von Dagmar von Gersdorff. Frankfurt/M. 1981

Neues Dresdner Koch-, Back- und Wirthschaftsbuch. Ronneburg, Leipzig 1805. Hrsg. vom Museum für Geschichte der Stadt Dresden. Dresden o. J.

Niemann, Albert: Unveröffentlichte Briefe von Albert Niemann und Caroline Schlegel. Hrsg.: Georg Droescher und Georg Elsner. Berlin 1931

Nudow, H.: Aphorismen über die Erkenntnis der Menschennatur im lebenden gesunden Zustande. Riga 1791

Osiander, Friedrich Benjamin: Denkwürdigkeiten für die Heilkunde und Geburtshülfe. Göttingen 1794–1795

Derselbe: Lehrbuch der Hebammenkunst. Göttingen 1796

Derselbe: Grundriß der Entbindungskunst. 2 Bände, Göttingen 1802

Derselbe: Handbuch der Entbindungskunst. 2. von Johann Friedrich Osiander vermehrte Auflage, Band 1, Tübingen 1829; Band 2, Tübingen 1830 (Basiert auf: Lehrbuch der Entbindungskunst. Göttingen 1799. 1. Auflage in drei Bänden, Tübingen 1818–1827)

Roussell, Pierre: Physiologie des weiblichen Geschlechts (Übersetzt von Christian Friedrich Michaelis). Berlin 1786

Schaarschmidt, Samuel: Medizinische und chirurgische Nachrichten. Berlin 1743

Schiller, Charlotte/Schiller, Friedrich von: Andenken an Bartholomäus Fischenich. Meist aus Briefen von Friedrich von Schiller und Charlotte von Schiller. Hrsg.: J. H. Hennes. Stuttgart/Tübingen 1841

Dieselbe: Briefe von Schillers Gattin an einen vertrauten Freund (d. i. C. L. von Knebel). Hrsg.: Heinrich Düntzer. Leipzig 1856

Dieselbe/Schiller, Friedrich: Schiller und Lotte. 1788. 1789. Hrsg.: Emilie von Gleichen-Rußwurm und Heinrich Hennes. Stuttgart/Augsburg 1856

Dieselbe: Charlotte von Schiller und ihre Freunde. Hrsg.: Ludwig Urlichs. Band 1, Stuttgart 1860. Band 2, Stuttgart 1862. Band 3, Stuttgart 1865

Dieselbe/Schiller, Friedrich: Schiller und Lotte. 1788–1805. Hrsg.: Wilhelm Fielitz. Dritte, den ganzen Briefwechsel umfassende Ausgabe. 2 Bände, Stuttgart 1879

Dieselbe: Charlotte von Schiller und ihre Freunde. Auswahl aus ihrer Korrespondenz. Hrsg.: Ludwig Geiger. Berlin 1909

Schiller, Friedrich: Werke. Nationalausgabe. Band 28: Briefwechsel. Schillers Briefe. 1. 7. 1795–31. 10. 1796. Hrsg.: Norbert Oellers. Weimar 1969. Band 30: Briefwechsel. Schillers Briefe. 1. 1. 1798–31. 12. 1800. Hrsg.: Lieselotte Blumenthal. Weimar 1961

Schlegel-Schelling, Caroline: Caroline. Briefe an ihre Geschwister, ihre Tochter Auguste, die Familie Gotter, F. L. W. Meyer, A. W. und Fr. Schlegel, J. Schelling u. a., nebst Briefen von A. W. und Fr. Schlegel, u. a. Hrsg.: Georg Waitz. Leipzig 1871

Dieselbe: Caroline und ihre Freunde. Mittheilungen aus Briefen. Hrsg.: Georg Waitz. Leipzig 1882

Dieselbe: Caroline Michaelis. Eine Auswahl ihrer Briefe. Hrsg.: Helene Stöcker. Berlin 1912

Dieselbe: Caroline. Briefe aus der Frühromantik. Nach Georg Waitz vermehrt hrsg. von Erich Schmidt. 2 Bände, Leipzig 1913

Dieselbe: Carolines Leben in ihren Briefen. Auf Grund der von Erich Schmidt besorgten Gesamtausgabe in Auswahl hrsg. von Reinhard Buchwald. Eingeleitet von Ricarda Huch. Leipzig 1923

Dieselbe: Unruhevolles Herz. Briefe der Caroline Schelling. Hrsg.: Willi Koch. Ebenhausen 1951

Dieselbe: „Lieber Freund, ich komme weit her schon an diesem frühen Morgen." Caroline Schlegel-Schelling in ihren Briefen. Hrsg. und mit einem Essay eingeleitet von Sigrid Damm. Darmstadt, Neuwied 1980 (Gekürzte Ausgabe von: Begegnung mit Caroline. Leipzig 1979)

Dieselbe/Schlegel, Dorothea: Caroline und Dorothea Schlegel in Briefen. Hrsg.: Ernst Wieneke. Weimar 1914

Schlegel, Dorothea von: Dorothea von Schlegel, geb. Mendelssohn, und deren Söhne Johannes und Philipp Veit. Briefwechsel. Hrsg.: J. M. Raich. 2 Bände, Mainz 1881

Dieselbe/Schlegel, Friedrich: Briefe an die Familie Paulus. Hrsg.: Rud. Unger. In: Deutsche Literaturdenkmale des 18. und 19. Jahrhunderts, Nr. 146. Neue Folge, Nr. 26. Berlin-Steglitz 1913

Dieselben: Briefe von und an Friedrich und Dorothea Schlegel. Hrsg.: Josef Körner. Berlin 1926

Schopenhauer, Johanna: Briefe an Karl von Holtei. Leipzig 1870

Dieselbe: Damals in Weimar. Erinnerungen und Briefe von und an Johanna Schopenhauer: Hrsg.: H. Houben. Leipzig 1924

Dieselbe: Ihr glücklichen Augen. Jugenderinnerungen, Tagebücher, Briefe. Berlin 1978

Schütze, Stephan: Die Abendgesellschaften der Hofräthin Schopenhauer in Weimar, 1806–1830. In: Weimars Album zur vierten Säkularfeier der Buchdruckerkunst am 24. Juni 1840, S. 183–204

Stainer, Anna Maria: Das Kochbuch der Anna Maria Stainer. 1789, Hrsg.: Leomare Qualtinger. Wien/Heidelberg 1978

Stark, Johann Christian (Hrsg.): Archiv für Geburtshilfe, Frauenzimmer und neugeborner Kinder Krankheiten. 6 Bände, Jena 1787–1797. Fortgesetzt als: Neues Archiv . . . 2 Bände, Jena 1798–1803

Zeichenlehre für Geburtshelfer. Von **. In: a. a. O., 2. Band, 1. Stück, Jena 1789, S. 41

Wegelin, Adrian: Etwas von der Zange und deren Anwendung. In: a. a. 0., 2. Band, 2. Stück, Jena 1789, S. 86ff. Derselbe: Einige Betrachtungen über die Instrumente überhaupt, und insbesondere über den Hebel und den Haken. In: a. a. O., 2. Band, 3. Stück, Jena 1790, S. 45ff.

Stark, Johann Christian: Beschreibung eines bequemen Geburtsstuhls. In: a. a. O., 3. Band, 1. Stück, Jena 1791, S. 175

Zeichenlehre für Geburtshelfer. Von **. In: a. a. O., 3. Band, 2. Stück, Jena 1791, S. 348ff.

Fragmente aus dem Briefwechsel zweyer Geburtshelfer. Erster Brief vom Kaiserschnitt. In: a. a. O., 3. Band, 3. Stück, Jena 1791, S. 481ff.

Zeichenlehre für Geburtshelfer. In: a. a. O., 4. Band, 2. Stück, Jena 1792, S. 197ff.

Schuwicht, D. H. J.: Ueber die Zuverlässigkeit des Kaiserschnitts. In: a. a. O., 5. Band, 2. Stück, Jena 1793, S. 333ff.

Wegelin, Adrian: Von der Wendungskunst. In: a. a. O., 6. Band, 2. Stück, Jena 1795, S. 192ff.

Busch, J. D.: Beschreibung einer neuen Geburtszange nebst einigen Beobachtungen über ihre Anwendung. In: a. a. O., 6. Band, 3. Stück, Jena 1796, S. 438ff.

Steinlein, Josef: De fluxu menstruo. Bamberg 1815

Trommsdorf, Johann Barthol.: Kallopistria, oder die Kunst der Toilette für die elegante Welt. Erfurt 1805. Nachdruck Leipzig 1981

Weydlich, Josef: Lehre der Geburtshilfe zur Anwendung nach ächten Grundsätzen und der Erfahrung gemäß bearbeitet, auch mit praktischen Bemerkungen durchgehend erläutert. Wien 1797

Wirthschaftsbuch, das neue, für Frauenzimmer, giebt Unterricht in allen nur möglichen nützlichen wirthschaftlichen Kenntnißen, die sowohl in der Stadt, als auf dem Lande praktisch anwendbar sind, und die ein lediges, so wie ein verheurathetes Frauenzimmer zieren, und in jedem Stande glücklich machen können. Hrsg. von einer der Wirthschaft emsig befließenen Hausmutter. Graetz 1792² (1. Auflage 1791)

Wolzogen, Caroline von: Schillers Leben. Verfaßt aus Erinnerungen der Familie, seinen eigenen Briefen und den Nachrichten seines Freundes Körner. Stuttgart, Tübingen 1830

Dieselbe: Literarischer Nachlaß. Hrsg.: C. A. Hase. 2 Bände, Leipzig 1867² (1. Auflage Leipzig 1848)

Wolzogen und Neuhaus, Karl August von: Geschichte des Reichsfreiherrlich von Wolzogenschen Geschlechts. 2 Bände, Leipzig 1859

II. Werke der Schriftstellerinnen

1. Caroline von Beulwitz-Wolzogen

Briefe aus der Schweiz. In: Pomona für Teutschlands Töchter. Hrsg. von Sophie LaRoche. Heft 5, S. 405–410. Majus 1784

Schreiben einer jungen Dame auf ihrer Reise durch die Schweiz. In: Pomona für Teutschlands Töchter. Hrsg. von Sophie LaRoche. Heft 5, S. 477–487. Majus 1784

Der Leukadische Fels (Schauspiel). In: Neue Thalia. Hrsg. von Friedrich Schiller. Band 2, Stück 5, S. 241–266; Stück 6, S. 275–297. Leipzig 1792

Agnes von Lilien. In: Die Horen, eine Monatsschrift. Hrsg. von Friedrich Schiller. Band 8, 10. und 12. Stück, Tübingen 1796; Band 9, 2. Stück, Tübingen 1797; Band 10, 5. Stück, Tübingen 1797

Agnes von Lilien. Berlin 1798

Walther und Nanny. In: Taschenbuch für Damen. Hrsg. von Huber/Lafontaine/Pfeffel. Tübingen 1800

Der Zigeuner. In: Taschenbuch für Damen. Hrsg. von Huber/Lafontaine/Pfeffel. Tübingen 1801

Erzählung. In: Taschenbuch für Damen. Hrsg. von Huber/Lafontaine/Pfeffel. Tübingen 1802

Erzählungen. Berlin 1802

Erzählungen. Stuttgart, Band 1, 1826, Band 2, 1827

Schillers Leben. Verfaßt aus Erinnerungen der Familie, seinen eigenen Briefen und den Nachrichten seines Freundes Körner. Stuttgart, Tübingen 1830

Adele; Mundts Delphin. O. O. 1839

Cordelia. Leipzig 1840

Das neue Jahr. Leipzig 1842

Aus einer kleinen Stadt. Leipzig 1842

Literarischer Nachlaß. Leipzig 1848–49

2. Caroline Böhmer-Schlegel-Schelling

Übersetzung mit August Wilhelm Schlegel: Romeo und Julia von Shakespeare. Berlin 1796

Die Höhle des Todes (Übersetzung eines Lustspiels). Leipzig 1800

Mitarbeit bei: Kritiken August Wilhelm Schlegels. In: Göttinger Gelehrten Anzeiger, 1789, 1790

Kritiken August Wilhelm Schlegels von einigen Schauspielen und Romanen (Iffland, F. Schulz, Lafontaine)
Mit August Wilhelm Schlegel: Die Gemälde
Mit August Wilhelm Schlegel: Über Shakespeares Romeo und Julia
Über Johannes Müller. In: Athenäum. Hrsg. von Friedrich Schlegel, Beil. 6
Kritik über Erzählungen von Kotzebue und Eberhard, mit einem Zusatz von Friedrich Schelling. Oktober 1798
Über August Wilhelm Schlegels Ion-Aufführung im Weimarer Theater. In: Elegante Zeitung. Hrsg.: Spatzier
Über Varnhagens und Chamissos Musenalmanach 1804ff. In: Jenaer L. Z. Nr. 107 (Unterzeichnet mit MZ), 1805
Über Aurora, eine Zeitschrift aus dem südlichen Deutschland, 1804
Über Beckers Erholungen, 1806
Über Hubers Erzählungen
Über Julchen Grünthal von Fr. Unger
Nachtwachen, ein Roman, unter dem Pseudonym „Bonaventura", wird Friedrich Schelling zugeschrieben, ist möglicherweise von ihr
Übersetzungen aus dem Italienischen. Gedruckt: Sonett von Petrarca
Bearbeitung französischer Singspiele

3. Friederike Brun

Tagebuch meiner ersten Reise. Kopenhagen 1782
An meine Kinder (Gedicht). In: Dt. Merkur. Hrsg. von Wieland. Weimar Juni 1787, S. 244
Lied einer jungen Mutter (Gedicht). In: Musenalmanach. Hrsg. von Voß, Göckingk. Göttingen 1789, S. 104
Der Vorhof des Heiligthums (Gedicht). In: Dt. Merkur. Hrsg. von Böttiger. Weimar August 1791, S. 407
Wiedersehen (Gedicht). In: Musenalmanach. Hrsg. von Voß, Göckingk. Göttingen 1792, S. 156
Die sieben Hügel (Gedicht). In: Musenalmanach. Hrsg. von Voß, Göckingk. Göttingen 1794, S. 187
Wiegenlied, im Mai zu singen. In: Musenalmanach. Hrsg. von Voß, Göckingk. Göttingen 1795, S. 138
Ich denke Dein (Gedicht). In: Musenalmanach. Hrsg. von Voß, Göckingk. Göttingen 1795, S. 177
Gedichte. 1. Band, Zürich 1795, 1798^2, 1803^3, 1806^4. 2. Band, Darmstadt 1812, 1814^2. 3. Band, Bonn 1820
Stimme des Lorbeers; Der Sarkofag; die Urne unter den Blumen. In: Dt. Merkur. Hrsg. von Böttiger. Weimar April 1796, S. 424
Rom (Gedicht). In: Dt. Merkur. Hrsg. von Böttiger. Weimar Juli 1796, S. 525
Gedichte. In: Dt. Magazin. Hrsg. von Eggers. 1797ff.
Die heilige Schaar der 800 Schweizer Jünglinge. In: Dt. Merkur. Hrsg. von Böttiger. Weimar Mai 1798, S. 52
Prosaische Schriften (Reiseberichte). Band 1 und 2, Zürich 1799. Band 3, Zürich 1800. Band 4, Zürich 1801
Tagebuch einer Reise durch die ... Schweiz. Kopenhagen 1800

Lied auf dem Rigiberg gesungen. In: Musenalmanach. Hrsg. von Friedrich Schiller. Weimar 1798, S. 181
Terracina (Gedicht). In: a. a. O., Weimar 1798, S. 294
Tag und Nacht (Gedicht). In: a. a. O., Weimar 1799, S. 63
Die Locken des Mägdleins (Gedicht). In: a. a. O., Weimar 1799, S. 75
An E. Schimmelmann, an seinem Geburtstage (Gedicht). In: Dt. Merkur. Hrsg. von Böttiger. Weimar Juli 1800, S. 183
Denkmal auf den verstorbenen Landschaftsmaler Hesse. In: a. a. O., Weimar Juli 1800, S. 217
Trauergesang am Grabe des Jahrhunderts (Gedicht). In: a. a. O., Weimar 1801, S. 86
Abschiedsscenen aus Neapel und Rom. In: a. a. O., Weimar Juni 1801, S. 129
Epistel an meinen Sohn Carl, zu s. Confirmation u. Geburtstage. In: Erholungen. Hrsg. von Becker. Band II, 1801
Die Schlacht bei Copenhagen, am grünen Donnerstage (Kantate). In: a. a. O., Band III, S. 40
Annibales Christus zu Dresden. In: a. a. O., Band IV, 1802, S. 205
Thorwaldsens Jason. In: Dt. Merkur. Hrsg. von Böttiger. November 1803
Die Landschaft. In: a. a. O., Dezember 1803, S. 589
Niobes Büste. In. Almanach zum geselligen Vergnügen. Hrsg. von Becker. 1805, S. 228
Die Madonna Raphaels. In: a. a. O., S. 253
Episoden aus Reisen. Band 1, Zürich 1807. Band 2, Zürich 1809. Band 3, Heidelberg 1816. Band 4, Pesth 1818
Auf Angelika Kaufmanns Tod. In: Zeitung für die elegante Welt. 1807, Nr. 204
Briefe aus Rom. Hrsg. von Böttiger. Dresden 1816
Gedichte. In: Almanach poetischer Spiele. Hrsg. von Haug. 1816
Als ich vom Aschenkegel des Vesuvs, auf noch glühender Lava, den Mond untergehen sah; Das Bambino von Araceli in Rom. In: Taschenbuch der Liebe und Freundschaft. 1817, S. 261
Briefe aus Rom. In: Morgenblatt, Mai 1817
Winterspaziergang in Bern. In: a. a. O., Nr. 121, 1821
Hellas in Europa. In: a. a. O., Nr. 256, 1821
Ida. In: a. a. O., Nr. 268, 1821
Lieder für Hellas. In: a. a. O., Nr. 307, 1821
Die Gefallenen bei Stirka und die Sieger bei Mytilene, 2 Chöre der Freunde Hellas. In: Abend-Zeitung, 1821
Scenen aus einer Herbst-Villeggiatur in Albano. In: Iduna, Teil 2, 1821, S. 31
Chorgesang der Freunde Hellas. Siegerweihe der Griechen. In: Orginalien. Hrsg. von Lotz. 1821, Nr. 90
Die algierischen Raubschiffe, auf die Griechen. In: a. a. O., 1821, Nr. 99
Germanien und Hellas. In: a. a. O., 1821, Nr. 100
Hellas an Europa. In: a. a. O., 1821, Nr. 120
Der Weg nach Emmahus. In: Morgenblatt, Nr. 154, 1822
Als die Dulderin vollendet hatte (Gedicht). In: a. a. O., Nr. 55, 1823
Erinnerungen aus Rom. In: Deutsche Blätter. Hrsg. von Schall. Holtey 1823
Wahrheit aus Morgenträumen oder Idas ästhetische Entwicklung. Aarau 1824
Römisches Leben. 2 Bände, Leipzig 1833

4. Therese Forster-Huber

Emilie von Varmont (Übersetzung). Eine Geschichte in Briefen, von Louvet. Tübingen 1794

Der Trostlose (Übersetzung). Lustspiel. Berlin 1794

Neues französisches Theater (Übersetzungen). Leipzig 1795–1797

Drei Weiber (Übersetzung). Eine Novelle aus dem französischen Manuscript des Abbé de la Tour. Leipzig 1795

Die Familie Seldorf. Roman. Tübingen 1795–1796

Adele von Senange (Übersetzung). Tübingen 1795

Louise, ein Beitrag zur Geschichte der Convenienz. Roman. Leipzig 1796

Erzählungen. Braunschweig 1801–1802

Ludwig Ferdinand Hubers sämtliche Werke, nebst seiner Biographie. Tübingen 1806

Noch war es Zeit, oder die goldene Hochzeit. In: Taschenbuch für Damen. Tübingen 1807

Bemerkungen über Holland aus dem Reisejournal einer deutschen Frau. Leipzig 1811

Ludwig Ferdinand Hubers gesammelte Erzählungen, fortgesetzt von Therese Huber. Stuttgart, Tübingen 1819

Hannah, der Herrnhuterin Deborah Findling. Leipzig 1821

Die Ehelosen. Leipzig 1829

Johann Georg Forsters Briefwechsel, nebst einigen Nachrichten von seinem Leben. Leipzig 1829

Ellen Percy, oder Erziehung durch Schicksal. Leipzig 1822. Wien 1827[2]

Jugendmuth. Leipzig 1824

Erzählungen. Gesammelt und hrsg. von Aimé Huber. 6 Teile. Leipzig 1830–1833

Die Geschichte des Cevennenkrieges. Ein Lesebuch für Ungelehrte. Nach Memoiren und geschichtlichen Nachrichten erzählt von der verstorbenen Therese Huber. Stuttgart, Tübingen 1834

Aufsätze in Journalen und Taschenbüchern, z. B.: Verstand kommt nicht vor den Jahren. In: Urania, 1817, S. 58

Theorrytes, eine Priestergeschichte. In: a. a. O., 1818, S. 181

Die Verkannte. In: a. a. O., 1819

Der Kriegsgefangene. In: Minerva, 1818, S. 65

Ehestandsgeschichten. In: Taschenbuch für Damen, 1818

Die Jugendfreunde. In: a. a. O., 1819

Die ungleiche Heirath. In: a. a. O., 1820

Drei Abschnitte aus dem Leben eines guten Weibes. In: a. a. O., 1822

Die Heilige Katharine; St. Ullrich, zwei Legenden. In: Schwäbisches Taschenbuch, 1820

Viele Artikel im Morgenblatt, das sie ab 1819 redigierte.

5. Caroline von Humboldt

Übersetzung aus dem Italienischen: Der rasende Roland von Ariost. In: Neue Thalia. Hrsg. von Friedrich Schiller. 3. Band, 1. Stück, 1793, S. 84–107

Über eine Übersetzung aus dem Griechischen von Plutarch und die Übersetzung und Druck einer Ode schrieb sie an Wilhelm von Humboldt (30. 7. 1792; Sydow II, S. 17).

6. Charlotte von Kalb

1817 erschien ein Dialog: „Der Dämon des Wuchers“ oder „Der Traum, erweckt durch eine dämonische Sage“. Dieses Werk war 10 Bogen lang; 3 Bogen wurden in einer Auflage von 1000 Stück gedruckt; der Rest wurde nicht veröffentlicht.
Cornelia. Für die Freude der Verewigten als Manuscript gedruckt. Berlin 1851
Charlotte. Gedenkblätter. Hrsg. von Edda von Kalb. Berlin 1851

7. Sophie Mereau-Brentano

Das Blüthenalter der Empfindung. Gotha 1794
Briefe der Ninon de Lenclos (Übersetzung). In: Erholungen. Leipzig 1797
Die Prinzessin von Cleves. Frei nach dem Französischen bearbeitet. In: Roman-Kalender für das Jahr 1799. Göttingen 1798. Wien 1799
Der Prinz von Condé. Nach dem Französischen als ein Beitrag zur Sittengeschichte der damaligen Zeit. In: Damenkalender 1800. Berlin 1800
Gedichte. 2 Bände, Berlin 1800–1802
Kalathiskos. 2 Bände, Berlin 1801–1802
Amanda und Eduard. Ein Roman in Briefen. 2 Bände, Frankfurt/M. 1803
Die Margarethenhöhle oder Die Nonnenerzählung. Aus dem Englischen. 2 Bände, Penig 1804–1805
Spanische und italienische Novellen. 2 Bände, Penig 1804–1805
Bunte Reihe kleiner Schriften. Frankfurt/M. 1805
Bruchstücke aus den Briefen und dem Leben der Ninon de Lenclos. In: Journal für deutsche Frauen. Leipzig 1805
Sapho und Phaon oder Der Sturz von Leukate. Roman nach dem Englischen. Aschaffenburg 1806
Fiametta. Aus dem Italienischen des Boccaccio übersetzt. Berlin 1806

8. Charlotte Schiller

Autun und Manon (Übersetzung). In: Journal der Romane. 3. Band, S. 217
Der Prozeß (Übersetzung). In: a. a. O., 4. Band, S. 67. und: Berlin 1801
Die Nonne (Übersetzung). In: Flora, I, S. 163
Die neue Pamela (Übersetzung). In: Flora, II, S. 81
Weitere, unveröffentlichte literarische Produktionen in: Charlotte von Schiller und ihre Freunde. Hrsg.: Ludwig Urlichs. Band 1, Stuttgart 1860

9. Johanna Schopenhauer

Carl Ludwig Fernow's Leben. Tübingen 1810. Frankfurt 1825[2]
Fernow's Jugendjahre. In: Morgenblatt, Nr. 230, 1810
Über Therese Huber. In: Journal des Luxus und der Moden, August 1811, S. 540

Erinnerungen von einer Reise durch England, Schottland ... im Jahr 1803–1805. 2 Bände, Rudolstadt 1813. 2. verbesserte und vermehrte Auflage Leipzig 1818
Die große Überschwemmung in Holland im Jahr 1809. In: Journal des Luxus und der Moden, August 1813, S. 453
Paris und seine Bewohner, wie sie sind und wie sie waren. In: a. a. O., Mai 1814, S. 292
Novellen, fremde und eigene. Rudolstadt 1816
Reise durchs südliche Frankreich. Leipzig 1817
Ausfluch an den Rhein und dessen nächste Umgebungen, im Sommer des ersten friedlichen Jahres. Leipzig 1818
Gabriele, ein Roman. 3 Bände, Leipzig 1819/20
Das Danziger Bild. In: Morgenblatt, Nr. 38, 1821
Johann von Schoveel (biografische Skizze). In: Abend-Zeitung, Nr. 131–137, 1821
Johann von Eyck und seine Nachfolger. 2 Bände, Frankfurt/M. 1822
Die Tante, ein Roman in 2 Theilen. Frankfurt/M. 1823
Der Günstling. In: Das Rheinische Taschenbuch, 1823
Haß und Liebe. In: a. a. O., 1824
Leontine. In: Cornelia, Taschenbuch, 1824, S. 248
Reise von Paris durch das südliche Frankreich bis Chamonny. In: Bibliothek der neuesten Entdeckungsreisen, 9. Band, Wien 1825
Sidonia, ein Roman. Frankfurt/M. 1827
Erzählungen. Wien 1827
Sämtliche Schriften. 24 Bände. Leipzig, Frankfurt/M. 1830/31
Ausflug an den Niederrhein und nach Belgien im Jahre 1828. Leipzig 1831
Richard Wood, Roman. Leipzig 1837
Jugendleben und Wanderbilder. Hrsg. von Adele Schopenhauer. Braunschweig 1839
Weitere Beiträge in Bertuch's Journal des Luxus und der Moden, anonym oder mit J. S. gezeichnet; ebenso im Morgenblatt.

10. Agnes von Stolberg-Stolberg

Sie an ihn. Auf der Reise. In: Musenalmanach. Hrsg. von Voß. 1784, S. 89 (Unter Friedrich Leopold von Stolberg-Stolbergs Namen). Auch in: Christian und Friedrich Leopold, Grafen von Stolberg. Gesammelte Werke. Band 1, Teil 1. Hamburg 1820–1821. Nachdruck Hildesheim, New York 1974, S. 332
Lied. In: Musenalmanach, 1788, S. 204. Auch in: Werke (s. o.), S. 319 unter dem Titel: Lied auf dem Wasser zu singen. Für meine Agnes
Wiegenlied. In: Musenalmanach, 1789, S. 197. Unter dem Pseudonym Psyche. Auch in: Werke (s. o.), S. 361, unter dem Titel: Wiegenlied, zu singen für meine Agnes
Es ist wahrscheinlich, daß folgende andere Gedichte auch von ihr sind:
An ihren Stolberg, von Agnes. 1783. In: Werke (s. o.), S. 352
Rundgesang nach der Geburt eines Knaben, 1783. In: a. a. O., S. 356
Lied für Agnes, ihren Kleinen in Schlaf zu singen, 1784. In: a. a. O., S. 406
Rundgesang nach der Geburt eines kleinen Mädchens, 1785. In: a. a. O., S. 419

Ode. Der Abend. An Agnes, 1785. In: a. a. O., S. 427
Aura. In: Insel, S. 210/36. Unter dem Pseudonym Psyche
Die Einfalt. In: Insel, S. 204
Der größte Gedanken. In: Insel, S. 204

11. Dorothea Veit-Schlegel

Florentin. Hrsg. von Friedrich Schlegel. Anonym. Lübeck/Leipzig 1801
Geschichte des Zauberers Merlin; Geschichte der schönen und tugendsamen Euryanthe. In: Sammlung romantischer Dichtungen des Mittelalters. Aus gedruckten und handschriftlichen Quellen hrsg. von Friedrich Schlegel. Leipzig 1804
Lother und Maller. Eine Rittergeschichte aus einer ungedruckten Handschrift, hrsg. und bearbeitet von Friedrich Schlegel. Frankfurt 1805
Corinne oder Italien von Frau von Staël. Übersetzt von Friedrich Schlegel. Berlin 1807–1808
Aufsätze in Friedrich Schlegels Athenäum und Europa
Gedichte im Poetischen Almanach. Mit D. unterzeichnet

III. Sekundärliteratur

Ackermann, Hans Christian: Wohnen im Hause zum „Kirschgarten" in Basel. Basel 1976

Allgemeine Deutsche Biographie. Hrsg. von der histor. Kommission bei der königl. Akademie der Wissenschaften. Leipzig, Band 1 (1875) – 55 (1910)

Anemüller, Ernst: Schiller und die Schwestern von Lengefeld. Detmold 1920

Arbeitsgruppe „Unbeachtete Produktionsformen": Katalog zur Ausstellung „Unbeachtete Produktionsformen" der Neuen Gesellschaft für Bildende Kunst in Zusammenarbeit mit dem Künstlerhaus Bethanien. Berlin 1982

Aries, Philippe: Geschichte der Kindheit (L'enfant et la vie familiale dans l'ancien régime). München/Wien 1975

Badinter, Elisabeth: L'amour en plus. Paris 1980. Dt.: Die Mutterliebe. Geschichte eines Gefühls vom17. Jahrhundert bis heute. München 1981

Bauer, Hans: Tisch und Tafel in alten Zeiten. Leipzig 1967

Baugert, Albrecht: Kleinmöbel aus 3 Jahrhunderten. Typen – Stile – Meister. München 1978

Bäumer, Gertrud: Studien über Frauen. Berlin 1921²

Beauvoir, Simone de: Le Deuxième Sexe. Paris 1949. Dt.: Das andere Geschlecht. Sitte und Sexus der Frau. Reinbek bei Hamburg 1968

Beuys, Barbara: Familienleben in Deutschland. Reinbek bei Hamburg 1980

Blochmann, Elisabeth: Das „Frauenzimmer" und die „Gelehrsamkeit". Eine Studie über die Anfänge des Mädchenschulwesens in Deutschland. Heidelberg 1966

Blos, Anna: Frauen in Schwaben. 15 Lebensbilder. Stuttgart 1929

Bock, Gisela: Historische Frauenforschung: Fragestellungen und Perspektiven. In: Karin Hausen (Hrsg.): Frauen suchen ihre Geschichte. München 1983, S. 22

Bock, Gisela/Duden, Barbara: Arbeit aus Liebe – Liebe als Arbeit. Zur Entstehung der Hausarbeit im Kapitalismus. In: Frauen und Wissenschaft. Beiträge zur Berliner Sommeruniversität für Frauen, Juli 1977. Berlin 1977, S. 118–199

Bock, Ulla/Witych, Barbara: Thema: Frau. Bibliographie der deutschsprachigen Literatur zur Frauenfrage 1949–1979. Bielefeld 1980

Boehn, Max von: Die Mode. Menschen und Moden im 19. Jahrhundert. Nach Bildern und Kupfern der Zeit. Ausgewählt von Oskar Fischel. Band 5: 1790–1817. München 1908

Boetcher Joeres, Ruth-Ellen: Die Anfänge der deutschen Frauenbewegung: Louise Otto-Peters. Frankfurt/M. 1983

Bollnow, Otto Friedrich: Unruhe und Geborgenheit im Weltbild neuer Dichter. Stuttgart 1953

Bondet, Robert: Die bürgerliche Familie. In: Heidi Rosenbaum (Hrsg.): Familie und Gesellschaftsstruktur. Frankfurt/M. 1974, S. 282ff.
The Boston Women's Health Book Collective: Our bodies, Ourselves. 2 Bände, New York 1971. Dt.: Unser Körper, unser Leben. Ein Handbuch von Frauen für Frauen. Band 1, überarbeitete Auflage Reinbek bei Hamburg 1982. Band 2, überarbeitete und aktualisierte Neuausgabe Reinbek bei Hamburg 1981
Bovenschen, Silvia: Die imaginierte Weiblichkeit. Exemplarische Untersuchungen zu kulturgeschichtlichen und literarischen Präsentationsformen des Weiblichen. Frankfurt/M. 1979
Boy-ed, Ida: Charlotte von Kalb. Eine psychologische Studie. Stuttgart/Berlin 1920
Brachvogel, Carry: Eva in der Politik. Ein Buch über die politische Tätigkeit der Frau. Leipzig 1920
Braun-Ronsdorf, Margarete: Modische Eleganz. Europäische Kostümgeschichte 1789–1929. München 1963
Brinkler-Gabler, Gisela (Hrsg.): Deutsche Dichterinnen vom 16. Jahrhundert bis zur Gegenwart. Gedichte und Lebensläufe. Frankfurt/M. 1978
British Museum, General Catalogue of Printed Books. London, Band 1 (1965) – Band 263 (1966)
Brockhaus' Kleines Konversationslexikon. 5. vollständig neubearbeitete Auflage. 2 Bände, Leipzig 1911
Bruford, W. H.: Die gesellschaftlichen Grundlagen der Goethezeit. Weimar 1936
Derselbe: Deutsche Kultur der Goethezeit. Konstanz 1965
Brunner, Otto: Das „ganze Haus“ und die alteuropäische „Ökonomik“. In: F. Oeter (Hrsg.): Familie und Gesellschaft. Tübingen 1966
Buchmann, Rudolf: Helden und Mächte des romantischen Kunstmärchens. Beiträge zu einer Motiv- und Stilparallele. In: Oska Walzel (Hrsg.): Untersuchungen zur neueren Sprach- und Literaturgeschichte. Neue Folge, Heft 6. Leipzig 1910. Nachdruck Hildesheim 1976
Büttner, Horst/Meißner, Günter: Bürgerhäuser in Europa. Stuttgart 1981
Cunnington, Phillis/Willet, C.: The History of Underclothes. London 1951
De Mause, L. (Hrsg.): Hört ihr die Kinder weinen. Eine psychogenetische Geschichte der Kindheit. Frankfurt/M. 1982[2]
Deibel, F.: Dorothea Schlegel als Schriftstellerin im Zusammenhang mit der romantischen Schule. Berlin 1905
Delany, Janice/Lupton, Mary/Toth, Emily: The Curse. New York 1976. Dt.: übersetzt von Adelheid und Christine Zöfel: Menstruation. Die Kulturgeschichte eines Tabus. Courage Sonderheft, Nr. 1, Berlin 1979
Didier, Christina/Golz, Jochen: Das Schillerhaus in Weimar. Nationale Forschungs- und Gedenkstätten der klassischen deutschen Literatur in Weimar. Weimar 1981[3]
Diepgen, Paul: Die Frauenheilkunde der Alten Welt. Handbuch der Gynäkologie. Band 12, Teil 1: Geschichte der Frauenheilkunde I. München 1937
Dowling, Colette: The Cinderella-Complex – Women's Hidden Fear of Independence. 1981. Dt.: Der Cinderella Komplex – Die heimliche Angst der Frauen vor der Unabhängigkeit. Frankfurt/M. 1982
Duden, Barbara: Das schöne Eigentum. Zur Herausbildung des bürgerlichen Frauenbildes an der Wende vom 18. zum 19. Jahrhundert. In: Kursbuch, hrsg. von Karl Markus Michel und Harald Wieser. Nr. 47: Frauen. März 1977. Berlin 1977, S. 125ff.
Eiben, Georg: Geschichte des Gastwirtschaftswesens. Leipzig 1907

Elias, Norbert: Über den Prozeß der Zivilisation. Soziogenetische und psychogenetische Untersuchungen. 2 Bände, Frankfurt/M. 1976

Engelsing, Rolf: Zur Stellung der Dienstboten in der bürgerlichen Familie im 18. und 19. Jahrhundert. In: Heidi Rosenbaum (Hrsg.): Familie und Gesellschaftsstruktur. Frankfurt/M. 1974, S. 286 ff.

Erikson, E. H.: Kindheit und Gesellschaft. Stuttgart 1982[8]

Eulenberg, Herbert: Glückliche Frauen. Hellerau 1929

Fasbender, Heinrich: Geschichte der Geburtshilfe. Jena 1906. Nachdruck Hildesheim 1964

Faßbinder, Klara Marie: Frauenleben durch die Jahrhunderte. Band 2, Münster 1930

Feist, Peter: Die National Gallery London. 4. überarb. Auflage Leipzig 1976

Femmel, Gerhard: Friedrich Schiller. Stätten seines Lebens und Wirkens. Weimar 1955

Firestone, Sulamith: The Dialectiv of Sex. New York 1970. Dt.: Frauenbefreiung und sexuelle Revoltion. Übersetzt von Gesine Strempel-Frohner. Frankfurt/M. 1975

Fischer-Homberger, Esther: Frankheit Frau, und andere Arbeiten zur Medizingeschichte der Frau. Bern/Stuttgart/Wien 1979

Fortunati, Polda/Duden, Barbara: Frauen, Staat und Widerstand in den Anfängen des Kapitalismus. In: Frauen als bezahlte und unbezahlte Arbeitskräfte. Beiträge zur 2. Berliner Sommeruniversität für Frauen, Oktober 1977. Berlin 1978. S. 196–206

Foucault, Michael: Sexualität und Wahrheit. Der Wille zum Wissen. Frankfurt/M. 1977

Frels, Wilhelm: Deutsche Dichterhandschriften von 1400 bis 1900. Leipzig 1934

Frenzel, Elisabeth: Stoff-, Motiv- und Symbolforschung. Stuttgart 1963

Freud, Sigmund: Die Weiblichkeit. In: Neue Folge der Vorlesungen zur Einführung in die Psychoanalyse. In: Siegmund Freud: Studienausgabe. Band 1, Frankfurt/M. 1969, S. 545 ff.

Freudenthal, Margarete: Gestaltwandel der städtischen bürgerlichen und proletarischen Hauswirtschaft unter besonderer Berücksichtigung des Typenwandels von Frau und Familie, vornehmlich in Südwest-Deutschland zwischen 1760 und 1933. 1. Teil: Von 1760 bis 1910. Würzburg 1934 (Nur 1. Teil erschienen)

Friedrichs, Elisabeth: Die deutschsprachigen Schriftstellerinnen des 18. und 19. Jahrhunderts. Ein Lexikon (Repertorien zur Deutschen Literaturgeschichte, hrsg. von Paul Raabe, Band 9). Stuttgart 1981

Frost, Laura: Johanna Schopenhauer. Ein Frauenleben aus der klassischen Zeit. Leipzig 1913[2]

Frühsorge, Gotthard: Die Einheit aller Geschäfte. Tradition und Veränderung des „Hausmutter"-Bildes in der Ökonomieliteratur des 18. Jahrhunderts. In: Günter Schulz (Hrsg.): Wolfenbütteler Studien zur Aufklärung. Band 3. Wolfenbüttel 1976, S. 137 ff.

Fuchs, Eduard: Illustrierte Sittengeschichte vom Mittelalter bis zur Gegenwart. Band 2 und 3, mit Ergänzungsbänden. München 1912

Gauß, C. J./Wilde, B.: Die deutschen Geburtshelferschulen. Bausteine zur Geschichte der Geburtshilfe. München 1956

Geiger, Ludwig: Berlin 1688–1840. Geschichte des geistigen Lebens der preußischen Hauptstadt. Band 2. Berlin 1895

Derselbe: Therese Huber. Stuttgart 1901

Gelehrten- und Schriftstellernachlässe in den Bibliotheken der DDR. Band 1, Berlin 1959. Band 2, Berlin 1968. Band 3, Berlin 1971

Gerhard, Ute: Verhältnisse und Verhinderungen. Frauenarbeit, Familie und Rechte der Frauen im 19. Jahrhundert. Mit Dokumenten. Frankfurt/M. 1978

Dieselbe/Hannover-Drück, Elisabeth/Schmitter, Romina (Hrsg.): „Dem Reich der Freiheit werb ich Bürgerinnen". Die Frauenzeitung von Louise Otto (Jg. 1849/50, Meißen), Frankfurt/M. 1979

Gerth, Hans H.: Bürgerliche Intelligenz um 1800. Zur Soziologie des deutschen Frühliberalismus. Göttingen 1976

Gesamtkatalog der Preußischen Bibliotheken. Hrsg. von der Preußischen Staatsbibliothek. Ab Band 9 unter dem Titel: Deutscher Gesamtkatalog. Berlin, Band 1 (1931) - 14 (1939)

Geschichte, Illustrierte, des 19. Jahrhunderts. Mit zahlreichen Textillustrationen, Kunstbeilagen und Karten. Stuttgart 1890

Gleichen-Rußwurm, Alexander von: Vom Zopf zur Romantik. Leipzig 1916

Derselbe: Geselligkeit. Sitten und Gebräuche der europäischen Welt 1789–1900. Stuttgart 1910

Goedeke, Karl: Grundriß zur Geschichte der deutschen Literatur aus den Quellen. Fortgeführt von Edmund Goeze. Dresden, Band 1 (1884) - 10 (1913). Berlin, Band 11 (1951) - 15 (1964). Nachdruck Lichtenstein 1975

Goethe- und Schillerarchiv, Weimar. Bestandverzeichnis. Weimar 1961

Goetzinger, Germaine: Für die Selbstverwirklichung der Frau: Louise Aston. In Selbsterzeugnissen und Dokumenten. Frankfurt/M. 1983

Gouges, Olympe Marie de: Schriften. Hrsg.: Monika Dillier, Vera Mostrowansky, Regula Wyss. Frankfurt/M. Basel 1980

Greven-Aschoff, Barbara: Die bürgerliche Frauenbewegung in Deutschland 1894–1933. Göttingen 1981

Grubitzsch, Helga/Lagpacan, Loretta: „Freiheit für die Frauen – Freiheit für das Volk!" Sozialistische Frauen in Frankreich 1830–1848. Frankfurt/M. 1980

Habermas, Jürgen: Strukturwandel der Öffentlichkeit. Neuwied 1968[3]

Halparin, Natalie: Die deutschen Schriftstellerinnen in der 2. Hälfte des 18. Jahrhunderts. Frankfurt/M. 1935

Hanstein, Adalbert von: Die Frauen in der Gechichte des Deutschen Geisteslebens des 18. und 19. Jahrhunderts. Erstes Buch: In der Zeit des Aufschwungs des Deutschen Geisteslebens. Leipzig 1899. Zweites Buch: In der Jugendzeit der großen Volkserzieher und der großen Dichter. Leipzig 1900

Harder, Agnes: Bahnbrechende Frauen. Hrsg. aus Anlaß der Ausstellung „Die Frau in Haus und Beruf" vom Deutschen Lyceums-Club. Berlin 1912

Hassel, Henriette: Geschichte der deutschen Frauenwelt in der Culturbewegung der Zeiten bis zur Gegenwart. Braunschweig 1898

Heilborn, Ernst: Zwischen zwei Revolutionen. Der Geist der Schinkelzeit (1789–1848). Berlin 1927

Henke, Susanne: Dorothea Mendelssohn, spätere Schlegel. In: Mamas Pfirsiche. Frauen und Literatur 6. Münster o. J.

Henkel, Martin/Taubert, Rolf: Das Weib im Conflict mit den socialen Verhältnissen. Mathilde Franziska Anneke und die erste deutsche Frauenzeitung. Bochum 1976

Herrmann, Ullrich: Erziehung und Schulunterricht für Mädchen im 18. Jahrhundert. In: Günter Schulz (Hrsg.): Wolfenbütteler Studien zur Aufklärung: Band 3. Wolfenbüttel 1976, S. 101ff.

Hinz, Sigrid: Innenraum und Möbel. Berlin 1976

Hoffmann, Moritz: 2000 Jahre Gaststätte. Frankfurt 1954

Hoffmann-Axthelm, Inge: „Geisterfamilie". Studien zur Geselligkeit der Frühromantik. Frankfurt/M. 1973

Horkheimer, Max: Die Erziehungsleistung der bürgerlichen Familie: In: Heidi Rosenbaum (Hrsg.): Familie und Gesellschaftsstruktur. Frankfurt/M. 1974, S. 297ff.

Huck, Gerhard (Hrsg.): Sozialgeschichte der Freizeit. Untersuchungen zum Wandel der Alltagskultur in Deutschland. Wuppertal 1980

Hummel-Haasis, Gerlinde (Hrsg.): Schwestern zerreißt eure Ketten. Zeugnisse zur Geschichte der Frauen in der Revolution von 1848/49. München 1982

Jacks, Gisela: Modechronik, Modekritik oder Modediktat. In: Waffen- und Kostümkunde. Heft 1, o. O. 1982, S. 34ff.

Janssen-Jurreit, Marielouise: Sexismus. Über die Abtreibung der Frauenfrage. Frankfurt/M. 1979[3]

Jebens, Sabine: Das literarische Frauenbild in der Mitte des 18. Jahrhunderts. Weibliche Bildung und Sexualität bei Richardson und Gellert. In: Beiträge zur feministischen Theorie und Praxis. Nr. 5: Frauengeschichte. München 1981, S. 11ff.

Kayser, Christian Gottlob: Bücherlexikon. 1750–1832. Graz, Band 1 (1961) – 36 (1963)

Kickbusch, Ilona: Weiblichkeit. Sozialgeschichtliche Überlegungen zur Familie. In: Beiträge zur feministischen Theorie und Praxis. Band 2: Berichte vom Kölner Kongreß: „Feministische Theorie und Praxis in sozialen und pädagogischen Berufsfeldern". November 1978. München 1979, S. 54ff.

Kiener, Franz: Kleidung, Mode und Mensch. München 1956

Klein, Ruth: Lexikon der Mode. Baden-Baden 1950

Klemm, Gustav: Die Frauen. Culturgeschichtliche Schilderungen des Zustandes und Einflusses der Frauen in den verschiedenen Zonen und Zeitaltern. Band 2 und 3. Dresden 1859

Klepper, Eduard: Die Mode des 18. Jahrhunderts. München 1971

Derselbe: Die Aufklärung der Dame. 1700–1800. Nach zeitgenössischen Berichten und Vorlagen. Berlin 1957

Kleßmann, Eckart: Caroline. Das Leben der Caroline Michaelis-Böhmer-Schlegel-Schelling 1763–1809. München 1980[2]

Klokow, Ida: Die Frau in der Geschichte. Leben und Charakter der Frauen aller Zeiten, sowie deren Einfluß auf die Kulturgeschichte des Menschengeschlechts. Leipzig, Berlin 1881

Kluckhohn, Paul: Die Auffassung der Liebe in der Literatur des 18. Jahrunderts und in der deutschen Romantik. Tübingen 1966[6]

Korff, Gottfried: Puppenstuben als Spiegel bürgerlicher Wohnkultur. In: Lutz Niethammer (Hrsg.): Wohnen im Wandel. Beiträge zur Geschichte des Alltags in der bürgerlichen Gesellschaft. Wuppertal 1979

Kosch, Wilhelm: Deutsches Literatur-Lexikon. 2. vollst. neubearb. und stark erw. Auflage Bern, Band 1 (1947) – 4 (1958)

Derselbe: Deutsches Literatur-Lexikon. 3. völlig neu bearb. Auflage Bern, Band 1 (1966) – 8 (1981)

Kreisel, Heinrich: Die Kunst des deutschen Möbels. München 1973

Kroell, Christina: Heimliche Verführung. Ein Modejournal 1786–1827; o. O. u. J.

Krull, E.: Das Wirken der Frau im frühen deutschen Zeitschriftenwesen. In: Beiträge zur Erforschung der deutschen Zeitschrift. Band 5. Berlin 1939

Kuhn, Annette: Das Geschlecht – eine historische Kategorie? In: Frauen in der Geschichte IV. Hrsg. von Ilse Brehmer/Juliane Jacobi-Dittrich/Elke Kleinau/Annette Kuhn. „Wissen heißt leben ...“ Beiträge zur Bildungsgeschichte von Frauen im 18. und 19.Jahrhundert. Düsseldorf 1983, S. 29

Kupferberg, Herbert: Die Mendelssohns. Tübingen, Stuttgart 1972

Lachmanski, M.: Die deutschen Frauenzeitschriften des 18. Jahrhunderts. Diss. Berlin 1900

Lahnstein, Peter: Report einer „guten alten Zeit“. Zeugnisse und Berichte 1750–1805. Stuttgart 1970

Langer-Hagedorn, Barbara: Eine schriftstellernde Patrizierin. Die Geschichte der Johanna Schopenhauer nach Briefen, Kritiken und Tagebüchern. In: Mamas Pfirsiche. Frauen und Literatur 7. Münster 1977, S. 93ff.

Leifgen, Ingrid/Müllners, Helga: Frauen und Literatur im klassischen Weimar. Unveröffentlichte Seminararbeit am Germanistischen Institut in Aachen im Februar 1980

Lewald, Fanny: Meine Lebensgeschichte. Hrsg. und eingeleitet von Gisela Brinkler-Gabler. Frankfurt/M. 1980

Lexikon der Frau in zwei Bänden. Zürich, Band 1, 1953, Band 2, 1954

Linnhoff, Ursula: „Zur Freiheit, oh, zur einzig wahren“. Schreibende Frauen kämpfen um ihre Rechte. Köln/Berlin 1979

Luz, Wilhelm: Das Büchlein vom Bad. Berlin 1958

Lux, Josef August: Empire und Biedermeier. Eine Sammlung von Möbeln und Innenräumen. Stuttgart 1930

Marcuse, Julian: Bäder und Badewesen in Vergangenheit und Gegenwart. Stuttgart 1903

Martius, Gerhard (Hrsg.): Hebammenlehrbuch. Stuttgart 1979[3]

Mebes, Paul: Um 1800. Architektur und Handwerk im letzten Jahrhundert ihrer traditionellen Entwicklung. 2 Bände, München 1908

Meier-Oberist, Edmund: Kulturgeschichte des Wohnens im abendländischen Raum. Hamburg 1956

Meillassoux, Claude: Die wilden Früchte der Frau. Über häusliche Produktion und kapitalistische Wirtschaft. Frankfurt/M. 1976[2]

Meyer, Sibylle: Das Theater mit der Hausarbeit. Bürgerliche Repräsentation in der Familie der wilhelminischen Zeit. Frankfurt/M./New York 1982

Meyer-Ehlers, G.: Wohnerfahrungen. Wiesbaden/Berlin 1963

Missenharter, Hermann: Herzöge, Bürger, Könige. Stuttgarts Geschichte, wie sie nicht im Schulbuch steht. Stuttgart 1974

Möhrmann, Renate: Die andere Frau. Emanzipationsansätze deutscher Schriftstellerinnen im Vorfelde der Achtundvierziger Revolution. Stuttgart 1977

Dieselbe (Hrsg.): Frauenemanzipation im deutschen Vormärz. Texte und Dokumente. Stuttgart 1977

Moeller, Helmut: Die kleinbürgerliche Familie im 18. Jahrhundert. Verhalten und Gruppenkultur. Berlin 1969

Mörmann, Klemens (Hrsg.): Der deutsche Museumsführer. Museen und Sammlungen in der BRD und Westberlin. Frankfurt/M. 1979

Montagu, A.: Körperkontakt: die Bedeutung der Haut für die Entwicklung des Menschen. Stuttgart 1980

Mosapp, Hermann: Charlotte von Schiller. Ein Lebens- und Charakterbild. Heilbronn 1896

Muchow, Hans Heinrich: Jugend und Zeitgeist. Morphologie der Kulturpubertät. Reinbek bei Hamburg 1962

Müller, Brunhilde: Der „Kampf um die Hosen". Veränderte Situation der Frau durch die Entstehung der Hausarbeit. Unveröffentlichte Diplomarbeit in Soziologie an der FU Berlin 1978

Müller-Hess, Hans Georg: Die Lehre von der Menstruation vom Beginn der Neuzeit bis zur Begründung der Zellenlehre. Berlin, 1938. Nachdruck Nendeln, Liechtenstein 1977

Die Nachlässe in den Bibliotheken der BRD. Boppard am Rhein 1969

Die Nachlässe in den Deutschen Archiven. Boppard am Rhein 1971

Nachlässe und Sammlungen in der Handschriftenabteilung des Schiller-Nationalmuseums und des Deutschen Literaturarchivs. Marbach am Neckar 1972

The National Union Catalog. Chicago/London. Band 1 (1968) – 750 (1981)

Neue Deutsche Biographie. Hrsg. von der histor. Kommission bei der bayr. Akademie der Wissenschaften. Berlin, Band 1 (1953) – 13 (1982)

Neumann, Ilse: Die Frauen der französischen Revolution. Quellenhefte zum Frauenleben in der Geschichte. Hrsg. von Emmy Beckmann und Irma Stoß. Heft 14, B erlin 1927

Nissen, Walter: Göttinger Gedenktafeln. Göttingen 1962

Nolte, U.: Die Entwicklung der weiblichen Bildung von der Aufklärung bis zur deutschen Romantik. Diss. Mainz 1952

Oberempt, G.: Eine Erfolgsautorin der Biedermeierzeit. Studien zur zeitgen. Rezeption von Ida Hahn-Hahns frühen Gesellschaftsromanen. In: W. Woesler (Hrsg.): Kleine Beiträge zur Droste-Forschung 1972/73. Dühnen 1973

Opitz, Claudia: Der „andere Blick" der Frauen in die Geschichte. In: Beiträge zur feministischen Theorie und Praxis. 7. Jg. (1984), Heft 11: Frauenforschung oder feministische Forschung? Köln 1984, S. 61

Ortmann, Hedwig: Geben ist seliger als Nehmen. Über die Schwierigkeiten, in einer patriarchalen Gesellschaft das Leben mit Kindern zu behaupten. In: Feministische Studien. Jg. 2, Nr. 1. Weinheim 1983, S. 39–53

Panke, Birgit: Bürgerliches Frauenbild und Geschlechtsrollenzuweisungen in der literarischen und brieflichen Produktion des 18. Jahrhunderts. In: Beiträge zur feministischen Theorie und Praxis. Nr. 5: Frauengeschichte. München 1981, S. 6ff.

Pataky, Sophie: Lexikon deutscher Frauen der Feder. Berlin 1898. Nachdruck Bern 1971

Pjotrowsky, Boris: Die Eremitage. Zürich, Stuttgart 1982

Poser und Groß-Naedlitz, Ingeborg von: Bibliographie des Schrifttums zur Wirtschaftslehre des Haushalts. Stuttgart 1969

Praz, Mario: Die Inneneinrichtung. München 1965

Prokop, Ulrike: Weiblicher Lebenszusammenhang. Von der Beschränktheit der Strategien und der Unangemessenheit der Wünsche. Frankfurt/M. 1976

Rauers, Friedrich: Kulturgeschichte der Gaststätte. Teil 2. Berlin 1942

Rich, Adrienne: Von Frauen geboren. Mutterschaft als Erfahrung und Institution. München 1979

Richarz, Irmintraud: Herrschaftliche Haushalte in vorindustrieller Zeit im Weserraum. Berlin 1971

Risse-Stumbries, Susanne: Erziehung und Bildung der Frau in der 2. Hälfte des 18. Jahrhunderts. Frankfurt/M., Tübingen 1980

Rutschky, Katharina (Hrsg.): Schwarze Pädagogik. Quellen zur Naturgeschichte der bürgerlichen Erziehung. Frankfurt/M./Berlin/Wien 1977

Sanford, Jutta Schroers: The origins of German Feminism. German Women 1789–1870. Ohio State University, Diss., 1976

Schenk, Herrad: Geschlechtsrollenwandel und Sexismus. Zur Sozialpsychologie geschlechtsspezifischen Verhaltens. Weinheim/Basel 1979

Dieselbe: Die feministische Herausforderung. 150 Jahre Frauenbewegung in Deutschland. München 1980

Scherr, Johannes: Geschichte der Deutschen Frauenwelt. 2 Bände, Leipzig 1865[2]. Neuauflage unter dem Titel: Kulturgeschichte der deutschen Frau. Dresden 1928

Scheu, Ursula: Wir werden nicht als Mädchen geboren – wir werden dazu gemacht. Zur frühkindlichen Entwicklung in unserer Gesellschaft. Frankfurt/M. 1977

Schindel, Carl Wilhelm Otto August von: Die deutschen Schriftstellerinnen des 19. Jahrhunderts. 3 Bände, Leipzig 1823–1825. Nachdruck 1978

Schivelbusch, Wolfgang: Das Paradies, der Geschmack und die Vernunft. Eine Geschichte der Genußmittel. München/Wien 1980

Schlawe, Fritz: Die Briefsammlungen des 19. Jahrhunderts. Stuttgart 1969

Schleucher, Kurt: Das Leben der Amalia Schoppe und Johanna Schopenhauer. Darmstadt 1978

Schröder, Hannelore: Die Eigentumslosigkeit und Rechtlosigkeit der Frau im 19. Jahrhundert. In: Frauen und Wissenschaft. Beiträge zur Berliner Sommeruniversität für Frauen, Juli 1976. Berlin 1977, S. 378ff.

Dieselbe (Hrsg.): Die Frau ist frei geboren. Texte zur Frauenemanzipation Band 1: 1789–1870. München 1979

Schultz, Alwin: Das Alltagsleben einer deutschen Frau zu Anfang des 18. Jahrhunderts. Leipzig 1890

Schulze, Eva: Trautes Heim, Glück allein! Über die Domestizierung der Frau als Hausfrau, Mutter, Gattin, in der ersten Hälfte des 19. Jahrhunderts in Berlin. Unveröffentlichte Diplomarbeit an der FU Berlin 1979

Seeger, Joachim: Schloß und Park Tegel. München/Berlin 1960[3]

Seidel, Ina (Hrsg.): Deutsche Frauen. Bildnisse und Lebensbeschreibungen. Berlin 1939

Shorter, Edward: The Making of the Modern Family. New York 1975. Dt.: Die Geburt der modernen Familie. Reinbek bei Hamburg 1977

Siebold, Eduard Caspar Jacob von: Versuch einer Geschichte der Geburtshilfe. Berlin, Band 1, 1839. Band 2, 1845

Simmel, Monika: Erziehung zum Weibe. Mädchenbildung im 19. Jahrhundert. Frankfurt/M., New York 1980

Dieselbe: Mütterlichkeit – historisches Phänomen? pädagogisches Prinzip? feministisches Programm? In: Frauen und Mütter. Beiträge zur 3. Sommeruniversität für Frauen, 1978. Berlin 1979, S. 380ff.

Spitz, René: Vom Säugling zum Kleinkind. Naturgeschichte der Mutter-Kind-Beziehungen im ersten Lebensjahr. Stuttgart 1980[6]

Steffens, Heinrich: Was ich erlebte. Leipzig 1910

Steiner, Gerhard: Georg Forster. Stuttgart 1977

Stoehr, Irene: „Organisierte Mütterlichkeit". Zur Politik der deutschen Frauenbewegung um 1900. In: Karin Hausen (Hrsg.): Frauen suchen ihre Geschichte. München 1983, S. 221

Stucky, Jean Paul: Der Gebärstuhl. Die Gründe für sein Verschwinden im deutschen Sprachbereich. Zürich 1965

Susman, Margarete: Frauen der Romantik. Jena 1929

Tannahill, Reay: Kulturgeschichte des Essens. Wien/Berlin 1973

Tanneberger, Elisabeth: Die Frauen der Romantik und das soziale Problem. Oldenburg 1928
Theweleit, Klaus: Männerphantasien. Frankfurt/M. 1977
Thiel, Erika: Geschichte des Kostüms. Berlin 1960
Tornius, V.: Die Empfindsamen in Darmstadt. Studien über Männer und Frauen zur Wertherzeit. Leipzig 1910
Toelpe, Elisabeth: Frauen von Weimar. Quellenhefte zum Frauenleben in der Geschichte. Hrsg. von Emmy Beckmann und Irma Stoß. Heft 15. Berlin 1927
Tömmel, Sieglinde Eva: Sinnlichkeit in der frühen Mutter-Tochter-Beziehung. In: Feministische Studien. Jg. 2, Nr. 1. Weinheim 1983, S. 27–37
Touaillon, Christine: Der deutsche Frauenroman des 18. Jahrhunderts. Leipzig 1919. Nachdruck Bern/Frankfurt/M./Las Vegas 1979
Twellmann, Margrit: Die deutsche Frauenbewegung. Ihre Anfänge und erste Entwicklung 1843–1889. Kronberg 1976
Dieselbe (Hrsg.): Die deutsche Frauenbewegung. Ihre Anfänge und erste Entwicklung. Quellen 1843–1889. Meisenheim am Glan 1972
Varnhagen von Ense, Karl August: Gallerie von Bildnissen aus Rahel Umgang und Briefwechsel. Leipzig 1836
Derselbe: Rahel Varnhagens Freundeskreis. Galerie von Bildnissen aus Rahels Umgang und Briefwechsel. Ausgewählt und eingeleitet von Kurt Martens. Berlin 1920
Varnhaben von Ense, Rahel: Briefwechsel. Hrsg.: Friedhelm Kemp. Band 4: Rahel und ihre Zeit. München 1979
Venske, Regula: „Ich hätte ein Mann sein müssen oder eines großen Mannes Weib!" – Widersprüche im Emanzipationsverständnis der Fanny Lewald. In: Frauen in der Geschichte IV. Hrsg. von Ilse Brehmer, Juliane Jacobi-Dittrich/Elke Kleinau/Annette Kuhn. „Wissen heißt leben . . ." Beiträge zur Bildungsgeschichte von Frauen im 18. und 19. Jahrhundert. Düsseldorf 1983 S. 368
Vicinius, Martha: Sexualität und Macht: ein Überblick über den gegenwärtigen Forschungsstand zur Geschichte der Sexualität. In: Feministische Studien. Jg. 2, Nr. 1. Weinheim 1983, S. 141–156
Wagner, Maria: Mathilde Franziska Anneke in Selbstzeugnissen und Dokumenten. Frankfurt/M. 1980
Walzer, Albert: Puppenstuben, Puppenküchen, Kinderläden. In: Ernst Müller (Hrsg.): Schwäbische Heimat, Nr. 6, Dez. 1963. Stuttgart 1963, S. 206–213
Wartmann, Brigitte: Die Grammatik des Patriarchats. Zur „Natur" des Weiblichen in der bürgerlichen Gesellschaft. In: Ästhetik und Kommunikation. Beiträge zur politischen Erziehung. Heft 47, Jahrgang 13: Weiblichen Produktivität. Berlin. o. J., S. 12ff.
Weber-Kellermann, Ingeborg: Frauenleben im 19. Jahrhundert. Empire und Romantik, Biedermeier, Gründerzeit. München 1983
Wehler, Hans Ullrich (Hrsg.): Moderne deutsche Sozialgeschichte. Köln/Berlin 1966
Weilguny, Hedwig/Vulpius, Wolfgang: Das Schillerhaus in Weimar. Weimar 1955
Wenck, W.: Deutschland vor 100 Jahren. Band 1: Politische Meinungen und Stimmungen bei Ausbruch der Revolutionszeit. Leipzig 1887. Band 2: Politische Meinungen und Stimmungen in der Revolutionszeit: Eintritt in das letzte Jahrzehnt des vorigen Jahrhunderts. Leipzig 1890
Wenz-Gahler, Ingrid: Die Küche. In: Michael Nadritzky und Gert Selle (Hrsg.): Lernbereich Wohnen. Didaktisches Sachbuch zur Wohnumwelt vom Kinderzimmer bis zur Stadt. Band 1. Reinbek bei Hamburg 1979, S. 266ff.

Wex, Marianne: „Weibliche“ und „männliche“ Körpersprache als Folge patriarchalischer Machtverhältnisse. Hamburg 1979
Wilckens, Leonie von: Fest- und Wohnräume vom Barock bis zum Klassizismus. Königstein im Taunus 1963
Dieselbe: Das Puppenhaus. Vom Spiegelbild des bürgerlichen Hausstandes zum Spielzeug für Kinder. München 1978
Wille, Paul Friedrich Karl: Über Stand und Ausbildung der Hebammen im 17. und 18. Jahrhundert in Chur-Brandenburg. Berlin 1934. Nachdruck Nendeln, Liechtenstein 1977
Wiswe, Hans: Kulturgeschichte der Kochkunst. Kochbücher und Rezepte aus 2 Jahrtausenden. München 1970
Wolf-Graf, Anke: Frauenarbeit im Abseits. Frauenbewegung und weibliches Arbeitsvermögen. München 1981
Wolzogen, Alfred von: Schillers Beziehungen zu Eltern, Geschwistern und der Familie von Wolzogen. Stuttgart 1859
Woolf, Virginia: Ein Zimmer für sich allein. London 1928. Dt.: Berlin 1978
Wright, Lawrence: Home Fires Burning. The history oft domestic heathing and cooking. London 1964
Derselbe: Clean and decent. The fascinating history of the bathroom and the water closet. London 1960
Zahn-Harnack, Agnes von/Sveistrup, Hans (Hrsg.): Die Frauenfrage in Deutschland. Strömungen und Gegenströmungen. 1790–1930. Tübingen 1961[2]
Zeller, Bernard/Scheffler, Walter: Friedrich Schiller. Eine Dokumentation in Bildern. Schiller-Nationalmuseum, Marbach am Neckar, 1979[2]
Zietz, Heinrich Christian: Ansichten der freien Hansestadt Lübeck. Frankfurt/M. 1822. In: Rolf Müller (Hrsg.): Romantische Reise durch Deutschland. Hamburg 1969
Zinn, Hermann: Entstehung und Wandel bürgerlicher Wohngewohnheiten und Wohnstrukturen. In: Lutz Niethammer (Hrsg.): Wohnen im Wandel. Beiträge zur Geschichte des Alltags in der bürgerlichen Gesellschaft. Wuppertal 1979, S. 13–27
Zinnecker, Jürgen: Sozialgeschichte der Mädchenbildung. Zur Kritik der Schulerziehung von Mädchen im bürgerlichen Patriarchalismus. Weinheim/Basel 1973

Quellennachweis der Abbildungen

Abb. 1: Wolzogen und Neuhaus. Abb. 2: Jäckel. Abb. 3, 5: Foerst-Crato. Abb. 4: Harder. Abb. 6, 14, 15, 45, 51: Zeller. Abb. 7, 13: Gersdorff. Abb. 8: Fielitz. Abb. 9, 11, 12, 50: Schopenhauer, 1978. Abb. 10, 48: Körner. Abb. 16: Kreisel. Abb. 17: Praz. Abb. 18, 22, 23: Boehn. Abb. 19: Zietz. Abb. 20, 24, 30: Meier-Oberist. Abb. 21: Schivelbusch. Abb. 26: Nationale Forschungs- und Gedenkstätten der klassischen deutschen Literatur in Weimar, Bau- und Denkmalpflege. Abb. 27: Spielzeugmuseum der Stadt Nürnberg, Museum Lydia Bayer. Abb. 28: Heimatmuseum Überlingen, Sammlung Johanna Kunz. Abb. 29: Deutschordensmuseum Bad Mergentheim, Sammlung Johanna Kunz. Abb. 31: Pjotrowskij. Abb. 32, 34: Feist. Abb. 33, 49: Kunsthalle Hamburg. Abb. 35: Starks Archiv VI,3, 1796. Abb. 36: Starks Archiv III,1, 1791. Abb. 37: Hanstein. Abb. 38: Seidel. Abb. 39, 40, 46: Cunnington. Abb. 41: Kupferberg. Abb. 42: Palleske. Abb. 43, 44: Schiller-Nationalmuseum, Marbach am Neckar. Abb. 47: Schmidt. Abb. 52: Raich.
Foto-Reproduktionen (außer Abb. 26–29, 43, 44) von Thomas Pfündel.

Bibliographie zur Sozialgeschichte von Frauen 1800–1914

Ute Daniel

Der folgende Überblick über die Literatur zur Sozialgeschichte von Frauen 1800–1914 erhebt keinerlei Anspruch auf Vollständigkeit. Er versteht sich als bibliographische Einstiegshilfe zu verschiedenen Aspekten sozialhistorischer Frauenforschung. Um den Zugriff auf die unter frauengeschichtlichen Fragestellungen relevante allgemeine sozialhistorische Literatur zu erleichtern, wurden einschlägige nicht-frauenspezifische Titel mit aufgenommen. Auch sie können selbstverständlich nur eine Auswahl bieten. Das der Bibliographie zugrunde liegende Ordnungsprinzip ist das des Querschnitts: Als diachroner Querschnitt führt sie neben Neuerscheinungen der letzten Jahre auch einschlägige ältere Literatur auf; als synchroner Querschnitt nennt sie neben der schwerpunktmäßig erfaßten Literatur zur deutschen Entwicklung auch Untersuchungen zu anderen Ländern (v. a. England, Frankreich und USA).
Um den Umfang der Bibliographie nicht zu sehr anschwellen zu lassen, werden Titel grundsätzlich nur an einer Stelle aufgeführt – auch wenn sie unter mehreren Punkten einschlägig sind – und Einzelbeiträge in aufgenommenen Sammelbänden nicht mehr extra aufgeführt.
Stand: November/Dezember 1984

3. **„Öffentlichkeit"**
3.1. Frauenbewegungen
3.2. Frauen und Arbeiterbewegung
3.3 Frauen und Familie im Recht
3.4. Frauen und sozialer Protest
3.5. Frauenbildung
3.6. Frauenbilder

1. Allgemeines

1.1. Bibliographien

Ballou, P. K.: Bibliographies for Research on Women, in: Signs 3 (1977/78), 436–50

Barrow, M.: Women 1870–1928. A Select Guide to Printed and Archival Sources in the United Kingdom. London 1981

Daniels, K./M. B. Norton (Hrsg.): Women in Australia: An Annotated Guide to Records, edited for the National Research Program. 2 Bde. Canberra 1977

Die Frauenfrage in Deutschland. Strömungen und Gegenströmungen 1790–1930, hrsg. v. A. v. Zahn-Harnack und H. Sveistrup. 1934

Die Frauenfrage in Deutschland. Bibliographie, Bd. 10, 1931–1980, bearb. v. I. Delvendahl und D. Marek. München u. a. 1982

Hinding, H. (Hrsg.): Women's History Sources. A Guide to Archives and Manuscript Collections in the United States. 2 Bde. Epping 1980

Kanner, B. (Hrsg.): The Women of England from Anglo-Saxon Times to the Present. Interpretative Bibliographical Essays. London 1980

McGregor, O. R.: The Social Position of Women in England, 1850–1914: A Bibliography, in: British Journal of Sociology 6 (1955), 48–60

Spazierer, M./K. Dombrowski, (Hrsg.): Bibliographie von unveröffentlichten Arbeiten zu frauenspezifischen Themen. München 1976

1.2. Sammelbände und Überblicksdarstellungen

Aron, J. P. (Hrsg.): Misérable et glorieuse. La femme du XIXe siècle. Paris 1980

Barchewitz, J.: Von der Wirtschaftstätigkeit der Frau in der vorgeschichtlichen Zeit bis zur Entfaltung der Stadtwirtschaft. Diss. Breslau 1937

Baxandall, R./S. Reverby (Hrsg.): America's Working Women. A Documentary History, 1600 to the Present. New York 1976

Berkin, C. R./M. B. Norton (Hrsg.): Women of America: A History. Boston 1979

Dies. (Hrsg.): Women, War and Revolution. New York 1980

Boulding, E.: The Underside of History. A View of Women through Time. Boulder, Colorado, 1976

Bridenthal, R./C. Koonz (Hrsg.): Becoming Visible. Women in European History. Boston 1977

Brownlee, W. E./M. H. Brownlee (Hrsg.): Women in the American Economy: A Documentary History, 1675–1927. New Haven 1976

Bullough, V. L.: The Subordinate Sex. A History of Attitudes Toward Women. Urbana, Ill., 1973

Carroll, B. A. (Hrsg.): Liberating Women's History. Urbana 1976

Cott, N. F.: The Bonds of Womanhood: Women's Sphere in New England, 1750–1835. New Haven 1977

Crow, D.: The Victorian Woman. New York 1972
–, The Edwardian Woman. London u. a. 1978
Davis, N. Z.: Society and Culture in Early Modern France. Eight Essays. Stanford, Calif., 1975
Delamont, S./L. Duffin (Hrsg.): The Nineteenth-Century Woman: Her Cultural and Physical World. London 1978
Deutrich, M. E./V. C. Purdy (Hrsg.): Clio Was a Women. Studies in the History of American Women. Washington D.C. 1980
Dokumentation 4. Historikerinnentreffen März 1983 an der Technischen Universität Berlin, zusammengestellt von der Vorbereitungsgruppe. Berlin 1983
Dufrancatel, C., u. a.: L'histoire sans qualités. Paris 1979
Filser, F.: Die Frau in der Gesellschaft (Arbeitstexte für den Unterricht). Stuttgart 1979
Fout, J. C. (Hrsg.): German Women in the Nineteenth Century. A Social History. New York 1984
Frauen als bezahlte und unbezahlte Arbeitskräfte. Beiträge zur 2. Berliner Sommeruniversität, Oktober 1977. Berlin 1978
Frauen in der Geschichte des 19. und 20. Jahrhunderts (Geschichte und Gesellschaft 7 [1981], Heft 3/4, hrsg. v. H.-U. Wehler)
Frauenalltag und Frauenbewegung im 20. Jahrhundert. Materialsammlung zu der Abteilung 20. Jahrhundert im Historischen Museum Frankfurt, zusammengestellt und kommentiert von F. Bastkowski, C. Lindner u. U. Prokop. Frankfurt/M. 1980
Frauengeschichte. Dokumentation des 3. Historikerinnentreffens in Bielefeld, April 1981, hrsg. v. Sozialwissenschaftliche Forschung und Praxis für Frauen e. V. (Beiträge zur feministischen Theorie und Praxis, 5). München 1981
Friedman, J. E./W. G. Shade: Our American Sisters. Women in American Life an Thought. Boston 1976
Hartmann, M./L. W. Banner (Hrsg.): Clio's Consciousness Raised. New York 1974
Hausen, K. (Hrsg.): Frauen suchen ihre Geschiche. Historische Studien zum 19. und 20. Jahrhundert. München 1983
Hellerstein, E. O./L. P. Hume/K. M. Offen (Hrsg.): Victorian Women. A documentary account of women's lives in Nineteenth Century England, France and the United States. Brighton 1981
Hymowitz, C./M. Weissman: A History of Women in America. New York 1978
Kuhn, A./G. Schneider (Hrsg.): Frauen in der Geschichte. Düsseldorf 1979
–, Jörn Rüsen (Hrsg.): Frauen in der Geschichte II. Düsseldorf 1982
–,– (Hrsg.): Frauen in der Geschichte III. Düsseldorf 1983
–,– (Hrsg.): Frauen in der Geschichte VI. Düsseldorf 1985
Lerner, G.: The Female Experience: An American Documentary. Indianapolis 1977
–: The Majority Finds its Past. Placing Women in History. Oxford 1981
–: The Woman in American History. Menlo Park, Cal., 1971
Mitchell, J./A. Oakley (Hrsg.): The Rights and Wrongs of Women. Middlesex 1976
Newton, J. L. (Hrsg.): Sex and Class in Women's History. London 1983
Pfeiffer, E.: Women and Work. London 1888
Reiter, R. R. (Hrsg.): Toward an Anthropology of Women. New York 1975
Robertson, P.: An Experience of Women. Philadelphia 1982

Ryan, M. P.: Womanhood in America. From Colonial Times to the Present. New York 1975
Schmidt, S./H. Schnedl (Hrsg.): Totgeschwiegen. Texte zur Situation der Frau von 1880 bis in die Zwischenkriegszeit. Wien 1982
Stenton, D. M.: The English Woman in History. London 1957 (New York 1977)
Sullerot, E.: Die emanzipierte Sklavin. Geschichte und Soziologie der Frauenarbeit. Wien 1972
Thompson, R.: Women in Stuart England and America. A Comparative Study. London, Boston 1974
Vicinus, M. (Hrsg.): Suffer and Be Still: Women in the Victorian Age. Bloomington 1972
– (Hrsg.): A Widening Sphere: Changing Roles of Victorian Women. Bloomington 1977
Weber-Kellermann, I.: Frauenleben im 19. Jahrhundert. Empire und Romantik, Biedermeier, Gründerzeit. München 1983
Welter, B.: Dimity Convictions: The American Woman in the Nineteenth Century. Athens 1976
Wilson, M. G.: The American Women in Transition: The Urban Influence, 1870–1920. Westport 1979

1.3. Problematisierungen

Banner, L. W.: On Writing Women's History, in: Journal of Interdisciplinary History 2 (1971), 347–58
Bock, G./J. Kocka/A. Kuhn: Kontroverse über Frauengeschichte, in: Geschichtsdidaktik 6 (1981), H. 3, 7 (1982), H. 1 u. H. 3
Davis, N. Z.: „Women's History" in Transition. The European Case, in: Feminist Studies 3 (1976), 83–103
Degler, C. N.: Is there a History of Women? An Inaugural Lecture Delivered before the University of Oxford on 14 March 1974. Oxford 1975
Evans, R. J.: Women's History. Limits of Reclamation, in: Social History 5 (1980), 273–81
–: Modernization Theory and Women's History, in: Archiv für Sozialgeschichte 20 (1980), 492–514
–: The History of European Women, in: Journal of Modern History 52 (1980). 656 ff.
Fox-Genovese, E.: Der Geschichte der Frauen ein Platz in der Geschichte, in: Das Argument 141 (1983)
Harrison, B.: Die Auswirkungen der Industrialisierung auf die Rolle der Frau in der Gesellschaft, in: Concilium 12 (1976), 44–51
Kelly-Gadol, J.: The Social Relation of the Sexes: Methodological Implications of Women's History, in: Signs 1 (1975/76), 809–23
Kuhn, A. (Hrsg.): Feminism and Materialism. Women and Modes of Production. London 1978
Lerner, G: New Approaches to the Study of Women in American History, in: Journal of Social History 4 (1969/70), 53–62
Lewis, J.: Women Lost and Found: The Impact of Feminism on History, in: Spender, D. (Hrsg.): Men's Studies Modified: The Impact of Feminism on the Academic Disciplines. Oxford u. a. 1981, 55–72
Pomata, G.: Die Geschichte der Frauen zwischen Anthropologie und Biologie, in: Feministische Studien 2 (1983), H. 2, 113–27

Sicherman, B.: American History, in: Signs 1 (1975/76), 461–85
Smith-Rosenberg, C.: The New Woman and the New History, in: Feminist Studies 3 (1975), 185–98

2. Frauenarbeit

2.1. *Frauenarbeit I:* Erwerbsarbeit und soziale Lage

2.1.1. *Arbeiterschaft, Unterschichten und soziale Lage*

Borscheid, P.: Textilarbeiterschaft in der Industrialisierung. Soziale Lage und Mobilität in Württemberg. Stuttgart 1978
Braun, R.: Industrialisierung und Volksleben. Erlenbach, Zürich 1960
–: Sozialer und kultureller Wandel in einem ländlichen Industriegebiet im 19. und 20. Jahrhundert. Zürich 1965
Brauns, H.: Der Übergang von der Handweberei zum Fabrikbetrieb in der niederrheinischen Samt- und Seiden-Industrie und die Lage der Arbeiter in dieser Periode (Staats- und sozialwissenschaftliche Forschungen, 25.4). Leipzig 1906
Bythell, D.: The Handloom Weavers. A Study in the English Cotton Industry during the Industrial Revolution. Cambridge 1969
Cantor, M./B. Laurie (Hrsg.): American Working Class Culture. Westport, Conn., 1979
Chevalier, L.: Classes laborieuses et classes dangereuses à Paris pendant la première moitié du XIXe siècle. Paris 1958
Conze, W./U. Engelhardt (Hrsg.): Arbeiter und Industrialisierungsprozeß: Herkunft, Lage und Verhalten. Stuttgart 1979
dies. (Hrsg.): Arbeiterexistenz im 19. Jahrhundert. Stuttgart 1981
Ditt, K.: Industrialisierung, Arbeiterschaft und Arbeiterbewegung in Bielefeld 1850–1914. Dortmund 1982
Fischer, W.: Armut in der Geschichte. Göttingen 1982
–, *G. Bajohr* (Hrsg.): Die soziale Frage. Neuere Studien zur Lage der Fabrikarbeiter in den Frühphasen der Industrialisierung. Stuttgart 1965
Frevert, U.: Krankheit als politisches Problem 1770–1880. Soziale Unterschichten in Preußen zwischen medizinischer Polizei und staatlicher Sozialversicherung. Göttingen 1984
Hanagan, M./C. Stephenson (Hrsg.): Workers and Industrialization. London 1984
Herzig, A./D. Langewiesche/A. Sywottek (Hrsg.): Arbeiter in Hamburg. Unterschichten, Arbeiter und Arbeiterbewegung seit dem ausgehenden 18. Jahrhundert. Hamburg 1983
Jantke, C.: Der Vierte Stand. Freiburg i. Br. 1955
–, *D. Hilger* (Hrsg.): Die Eigentumslosen. Freiburg i. Br. 1965
Kaufhold, K. H.: Entstehung, Entwicklung und Gliederung der gewerblichen Arbeiterschaft in Norwestdeutschland 1800–1875 unter besonderer Berücksichtigung des Einflusses staatlicher Maßnahmen, in: Kellenbenz, H. (Hrsg.): Wirtschaftspolitik und Arbeitsmarkt. Wien 1974, 69–85
Kraus, A.: Die Unterschichten Hamburgs in der ersten Hälfte des 19. Jahrhunderts. Entstehung, Struktur und Lebensverhältnisse (Sozialwissenschaftliche Studien, Band 9). Stuttgart 1965
Kuczynski, J.: Die Geschichte der Lage der Arbeiter unter dem Kapitalismus. Bd. 1–4, Berlin 1961ff.

Langewiesche, D./K. Schönhoven (Hrsg.): Arbeiter in Deutschland. Studien zur Lebensweise der Arbeiterschaft im Zeitalter der Industrialisierung. Paderborn 1981

Liebchen, G.: Zu den Lebensbedingungen der unteren Schichten im Berlin des Vormärz. Eine Betrachtung an Hand von Mietpreisentwicklung und Wohnverhältnissen, in: Büsch, O. (Hrsg.): Untersuchungen zur Geschichte der frühen Industrialisierung im Wirtschaftsraum Berlin-Brandenburg. Berlin 1971, 271–316

Matis, H.: Über die sozialen und wirtschaftlichen Verhältnisse österreichischer Fabrik- und Manufakturarbeiter um die Wende vom 18. zum 19. Jahrhundert, in: Vierteljahrschrift für Sozial- und Wirtschaftsgeschichte 53 (1966), 433–76

Mombert, P. Aus der Literatur über die soziale Frage und über die Arbeiterbewegung in Deutschland in der ersten Hälfte des 19. Jahrhunderts, in: Archiv für die Geschichte des Sozialismus und der Arbeiterbewegung 9 (1921)

Mommsen, H./W. Schulze (Hrsg.): Vom Elend der Handarbeit. Probleme historischer Unterschichtenforschung (Geschichte und Gesellschaft. Bochumer Historische Studien, Bd. 24). Stuttgart 1981

Nitsche, J.: Die wirtschaftliche und soziale Lage der arbeitenden Klassen in Berlin von 1800 bis 1830. Diss. Humboldt-Universität Berlin 1965

Puls, D. (Hrsg.): Wahrnehmungsformen und Protestverhalten. Studien zur Lage der Unterschichten im 18. und 19. Jahrhundert. Frankfurt/M. 1979

Ritter, G. A. (Hrsg.): Arbeiterkultur. Königstein 1979

Sachße, C./F. Tennstedt: Geschichte der Armenfürsorge in Deutschland. Stuttgart 1980

Schöne, B.: Kultur und Lebensweise Lausitzer Bandweber (1750–1850). Berlin 1977

Schomerus, H.: Die Arbeiter der Maschinenfabrik Esslingen (Industrielle Welt, 24). Stuttgart 1977

Sombart, W.: Die Arbeiterverhältnisse im Zeitalter des Frühkapitalismus, in: Archiv für Sozialgeschichte und Sozialpolitik 44 (1917/18), 19–51

Spree, R.: Soziale Ungleichheit vor Krankheit und Tod. Zur Sozialgeschichte des Gesundheitsbereichs im Deutschen Kaiserreich. Göttingen 1981

Stearns, P. N.: Adaptation to Industrialization: German Workers as a Test Case, in: Central European History 3 (1970), 303–31

–, *O. J. Walkowitz* (Hrsg.): Workers in the Industrial Revolution. London 1974

Tennstedt, F.: Sozialgeschichte der Sozialpolitik in Deutschland. Göttingen 1981

Thompson, E. P.: Plebeische Kultur und moralische Ökonomie. Frankfurt/M. u. a. 1980

Thun, A.: Die Industrie am Niederrhein und ihre Arbeiter (Staats- und sozialwissenschaftliche Forschungen, hrsg. v. G. Schmoller, Bd. 2). Berlin 1879/80 (2 Bde.)

Ware, C.: The Early New England Cotton Manufacturers: A Study of Industrial Beginnings. Boston 1931

Zwahr, H.: Zur Konstituierung des Proletariats als Klasse. München 1981

2.1.2. Frauenerwerbsarbeit allgemein

Baker, E. F.: Technology and Women's Work. New York ²1966

Blunden, K.: Le travail et la vertu. Paris 1982

Branca, P.: Women in Europe Since 1750. London 1978

–: A New Perspective on Women's Work. A Comparative Typology, in: Journal of Social History 9 (1975/76), 129–53

Burman, S. (Hrsg.): Fit Work for Women. New York 1979
Charles-Roux, E., u. a.: Les femmes et le travail du Moyen-Age à nos jours. Paris 1975
Daubié, J.-V.: La femme pauvre au XIXe siècle. Paris 1866
Duden, B./E. Meyer-Renschhausen: Landarbeiterinnen, Näherinnen, Dienstmädchen, Hausfrauen. Frauenarbeit in Preußen, in: Preußen. Zur Sozialgeschichte eines Staates (Preußen. Versuch einer Bilanz, Bd. 3). Hamburg 1981, 265–85
Harris, B. J.: Beyond Her Sphere: Women and the Professions in American History. Westport/Conn. u. a. 1978
Kaufmann, O: Frauenarbeit im 19. Jahrundert im Homburger Land, in: Rheinisch-westfälische Zeitschrift für Volkskunde 19 (1972), 76–102
Knapp, U.: Frauenarbeit in Deutschland. Bd. 1: Ständischer und bürgerlicher Patriarchalismus. Frauenarbeit und Frauenrolle im Mittelalter und im Bürgertum des 19. Jahrhunderts. Bd. 2: Hausarbeit und geschlechtsspezifischer Arbeitsmarkt im deutschen Industrialisierungsprozeß. Frauenpolitik und proletarischer Frauenalltag zwischen 1800 und 1933. München 1984
Leroy-Beaulieu, P.: Le travail des femmes au XIXe siècle. Paris o. J. (1873)
Lewenhak, S.: Frauenarbeit. Ihre soziale Stellung von der Steinzeit bis heute. München 1981
Müller, W./A. Willms/J. Handl: Strukturwandel der Frauenarbeit 1880–1980. Frankfurt, New York 1983
Pollmann, B.: Zur Situation der Frauen im Herzogtum Braunschweig zwischen der Reichsgründung und dem Ersten Weltkrieg, in: Pöls, W., K. E. Pollmann (Hrsg.): Moderne Braunschweigische Geschichte. Hildesheim 1982, 124–49
Richter, M.: Die Frauen in der Industrie und Landwirtschaft Württembergs. Berlin 1913
Rigler, E.: Frauenleitbild und Frauenarbeit in Österreich vom ausgehenden 19. Jahrhundert bis zum Zweiten Weltkrieg. Wien 1976
Shaffer, J. W.: Family, Class, and Young Women: Occupational Expectations in Nineteenth-Century Paris, in: Journal of Family History 3 (1978); 62–77
Shorter, E.: Women's Work: What Difference Did Capitalism Make?, in: Theory and Society 3 (1976), 513 ff.
Smith, B. L.: Women and Work. London 1956
Spruill, J. C.: Women's Life and Work in the Southern Colonies. Chapel Hill 1938
Tilly, L. A./J. W. Scott: Women, Work, and Family. New York 1978
Trescott, M. M. (Hrsg.): Dynamos and Virgins Revisited: Women and Technological Change in History. Metuchen/N. J., London. 1979
Weinberg, W.: Der Einfluß der sozialen Lage auf Krankheit und Sterblichkeit der Frau, in: Mosse, M./G. Tugendreich (Hrsg.): Krankheit und soziale Lage. München 1913. Ndr. hrsg. v. J. Cromm, Göttingen 1977, 233–65
Willms, A.: Die Entwicklung der Frauenerwerbstätigkeit im Deutschen Reich – eine historisch-soziologische Studie. Nürnberg 1980
Women at Work, Ontario, 1850–1930. Canadian Women's Educational Press 1975
Zimmerman, J. (Hrsg.): The Technological Woman. New York 1983

2.1.3. Dienstboten/Gesinde

Chabot, P.: Jean et Yvonne. Domestiques en 1900. Paris 1977

Davidoff, L.: Mastered for Life: Servant and Wife in Victorian and Edwardian England, in: Journal of Social History 7 (1973/74), 406–29

–: A Day in the Life of a Victorian Domestic Servant. London 1976

Engelsing, R.: Das häusliche Personal in der Epoche der Industrialisierung, in: ders.: Zur Sozialgeschichte deutscher Mittel- und Unterschichten. Göttingen [2]1978, 225–61

–: Das Vermögen der Dienstboten in Deutschland zwischen dem 17. und 20. Jahrhundert, in: Jahrbuch des Instituts für Deutsche Geschichte (Tel Aviv) 3 (1974), 227–56

–: Einkommen der Dienstboten in Deutschland zwischen dem 16. und 20. Jahrhundert, in: ebd. 2 (1973), 11–65

–: Der Arbeitsmarkt der Dienstboten im 17., 18. und 19. Jahrhundert, in: Kellenbenz, H. (Hrsg.): Wirtschaftspolitik und Arbeitsmarkt, Wien 1974, 159–237

Gillis, J. R.: Servants, Sexual Relations and the Risks of Illegitimacy in London, 1801–1900, in: Feminist Studies 5 (1979), 142–73

Göttsch, S.: Beiträge zum Gesindewesen in Schleswig-Holstein zwischen 1740 und 1840. Neumünster 1978

Horn, P.: The Rise and Fall of the Victorian Servant. New York 1975

Huggett, F. E.: Life Below Stairs: Domestic Servants in England from Victorian Times. London 1977

Kähler, W.: Gesindewesen und Gesinderecht in Deutschland. Jena 1896

Katzman, D. M.: Seven Days a Week: Women and Domestic Service in Industrializing America. New York 1978

Könnecke, O.: Rechtsgeschichte des Gesindes in West- und Südwestdeutschland. Marburg/Lahn 1912

Kollmann, P.: Geschichte und Statistik des Gesindewesens in Deutschland, in: Jahrbücher für Nationalökonomie und Statistik 10 (1868), 237–301

Martin-Fugier, A.: La place des bonnes. La domesticité féminine à Paris en 1900. Paris 1979

McBride, T.: The Domestic Revolution: Modernization of Household Service in England and France. New York u. a. 1976

–: Social Mobility for the Lower Class: Domestic Servants in France, in: Journal of Social History 8 (1974/75), 63–78

Müller, H.: Dienstbare Geister. Leben und Arbeitswelt städtischer Dienstboten. Berlin 1981

Müller-Staats, D.: Klagen über Dienstboten: Eine Untersuchung zum Verhältnis von Herrschaften und Dienstboten mit besonderer Berücksichtigung Hamburgs im 19. Jahrhundert. Phil. Diss. Hamburg 1983

Neher, A. O.: Zur Lage der weiblichen Dienstboten in Stuttgart. Auf Grund einer Enquête dargestellt. Ellwangen 1908

Ottmüller, U.: Die Dienstbotenfrage. Zur Sozialgeschichte der doppelten Ausnutzung von Dienstmädchen im deutschen Kaiserreich. Münster 1978

Schlegel, K.: Mistress and Servant in Nineteenth Century Hamburg: Employer/Employee Relationships in Domestic Service, 1880–1914, in: History Workshop 15 (1983), 60–77

Schulte, R.: Dienstmädchen im herrschaftlichen Haushalt. Zur Genese ihrer Sozialpsychologie, in: Zeitschrit für bayerische Landesgeschichte 41 (1978), 879–920

Spann, O.: Die geschlechtlich-sittlichen Verhältnisse im Dienstboten- und Arbeiterinnenstand gemessen an der Erscheinung der unehelichen Geburten, in: Zeitschrift für Sozialwissenschaft 7 (1904), 287–303
Stillich, O.: Die Lage der weiblichen Dienstboten in Berlin. Berlin 1902
Stumpf, A./R. Bruckmayer: Zur Dienstbotenfrage. Die soziale Lage der weiblichen Dienstboten. Essen 1980
Zur Dienstbotenfrage. Ergebnisse einer Enquête unter den weiblichen Dienstboten in der Stadt Zürich im Winter 1907/08, veranstaltet von der Kommission für Dienstbotenschutz. Basel 1908

2.1.4. Landwirtschaft (siehe auch „Dienstboten/Gesinde")

Ankerloo, B.: Agriculture and Women's Work: Directions of Change in the West, 1700–1900, in: Journal of Family History 4 (1979), 111–20
Bäuerliche Zustände in Deutschland (Schriften des Vereins für Sozialpolitik, 22–24). 3 Bde. Leipzig 1883
Bidlingsmaier, M.: Die Bäuerin in zwei Gemeinden Württembergs. Diss. Tübingen 1918
Breilmann, A.: Die sozialen Wirkungen der Industrialisierung auf die landwirtschaftliche Bevölkerung im Emschergebiet, in: Vestisches Jahrbuch 51 (1949), 5–43
Die Verhältnisse der Landarbeiter in Deutschland (Schriften des Vereins für Sozialpolitik, 53–55). Leipzig 1892
Dülmen, R. van (Hrsg.): Kultur der einfachen Leute. Bayerisches Volksleben vom 16. bis zum 19. Jahrhundert. München 1983
Fussell, G. E./K. R. Fussell: The English Countrywoman. A Farmhouse Social History, 1500–1900. London 1953
Juster, N.: So Sweet to Labor: Rural Women in America, 1865–1895. New York 1979
Kempf, R.: Arbeits- und Lebensverhältnisse der Frauen in der Landwirtschaft Bayerns. Jena 1918
Kittringham, J.: Country Work Girls in Nineteenth-Century England, in: Samuel, R. (Hrsg.): Village Life and Labour, London 1975, 73–138
Kramer, K.-S.: Einiges über die Lage des Gesindes in einem ostelbischen Gutsbezirk, in: Zeitschrift für Volkskunde 70 (1974), 20–38
Mohrmann, R.-E.: Ländliches Wohnverhalten im südlichen Niedersachsen von der Mitte des 19. Jahrhunderts bis um 1930, in: Archiv für Sozialgeschichte 19 (1979), 425–57
Musiat, S.: Zur Lebensweise des landwirtschaftlichen Gesindes in der Oberlausitz. Bautzen 1964
Plaul, H.: Landarbeiterleben im 19. Jahrhundert. Berlin 1979
Rach, H.-H./B. Weißel: Bauern und Landarbeiter im Kapitalismus in der Magdeburger Börde. Zur Geschichte des dörflichen Alltags vom Ausgang des 18. bis zum Beginn des 20. Jahrhunderts. Berlin 1982
Roberts, M.: Sickles and Scythes: Women's Work and Men's Work at Harvest Time, in: History Workshop 7 (1979), 3–28
Schnorbus, A.: Die ländlichen Unterschichten in der bayerischen Gesellschaft am Ausgang des 19. Jahrhunderts, in: Zeitschrift für bayerische Landesgeschichte 30 (1967), 824–52

Segalen, M. (Hrsg.): Mari et femme dans la France rurale traditionnelle. Paris 1973
–: Mari et femme dans la société paysanne. Paris 1980
Seufert, H.: Arbeits- und Lebensverhältnisse der Frauen in der Landwirtschaft in Württemberg, Baden, Elsaß-Lothringen und Rheinpfalz. Jena 1914
Tenfelde, K.: Ländliches Gesinde in Preußen. Gesinderecht und Gesindestatistik 1810 bis 1861, in: Archiv für Sozialgeschichte 19 (1979), 189–229
Vormbaum, T.: Politik und Gesinderecht im 19. Jahrhundert (vornehmlich in Preußen 1810–1918). Berlin u. a. 1980
Wegner, M.: Die Lage der Landarbeiterinnen. Leipzig 1905
Wunderlich, F.: Farm Labor in Germany, 1810–1945. Princeton 1961

2.1.5. Protoindustrie/Heimarbeit

Beier, Rosemarie: Frauenarbeit und Frauenalltag im Deutschen Kaiserreich. Heimarbeiterinnen in der Berliner Bekleidungsindustrie 1880–1914. Frankfurt/M. 1983
Die Hausindustrie der Frauen in Berlin (Schriften des Vereins für Sozialpolitik, Bd. 85). Leipzig 1899
Dyhrenfurth, G.: Die hausindustriellen Arbeiterinnen in der Berliner Blusen-, Unterrock-, Schürzen- und Tricotkonfektion (Staats- und sozialwissenschaftliche Forschungen, hrsg. v. G. Schmoller, Bd. 15). Leipzig 1898
Feig, J.: Hausgewerbe und Fabrikbetrieb der Berliner Wäscheindustrie (Staats- und sozialwissenschaftliche Forschungen, hrsg. v. G. Schmoller, Bd. 14). Leipzig 1896
Frankenstein, K.: Bevölkerung und Hausindustrie im Kreise Schmalkalden seit Anfang dieses Jahrhunderts. Tübingen 1887
Hausen, K.: Technischer Fortschritt und Frauenarbeit im 19. Jahrhundert. Zur Sozialgeschichte der Nähmaschine, in: Geschichte und Gesellschaft 4 (1978),148–69
Hausindustrie und Heimarbeit in Deutschland und Österreich (Schriften des Vereins für Sozialpolitik, 84–87). Leipzig 1899
Kriedte, P./H. Medick/J. Schlumbohm: Industrialisierung vor der Industrialisierung. Gewerbliche Warenproduktion auf dem Lande in der Formationsperiode des Kapitalismus. Göttingen 1978
Lehmann, H.: Die Hausindustrie im nördlichen Thüringen (Schriften des Vereins für Sozialpolitik, 40). Leipzig 1889
Lehr, A.: Die Hausindustrie in der Stadt Leipzig und ihrer Umgebung (Schriften des Vereins für Sozialpolitik, 48). Leipzig 1891
Medick, H.: The proto-industrial family economy: the structural function of household and family during the transition from peasant society to industrial capitalism, in: Social History (1976), 291 ff.
Olberg, O.: Das Elend in der Hausindustrie der Konfektion. Leipzig 1896
Quataert, J. H.: Workers' reactions to social insurance: The case of homeweavers in the Saxon Oberlausitz in the late nineteenth century, in: Internationale Wissenschaftliche Korrespondenz zur Geschichte der deutschen Arbeiterbewegung (IWK) 20 (1984), 17–35
Stieda, W.: Literatur, heutige Zustände und Entstehung der deutschen Hausindustrie (Schriften des Vereins für Sozialpolitik, Bd. 39). Leipzig 1889
Stillich, O.: Die Spielwarenhausindustrie des Meininger Oberlandes. Jena 1899

Weber, A.: Die Entwicklungsgrundlagen der großstädtischen Frauenhausindustrie (Schriften des Vereins für Sozialpolitik, Bd. 85). Leipzig 1899
Wilbrandt, R.: Arbeiterinnenschutz und Heimarbeit. Jena 1906

2.1.6. Industrie

Abbott, E.: Women in Industry: A Study in American Economic History. New York 1913
Bauer, S., u. a. (Hrsg): Die gewerbliche Nachtarbeit der Frauen: Berichte über ihren Umfang und ihre gesetzliche Regelung. Jena u. a. 1903
Baum, M.: Der Einfluß der gewerblichen Arbeit auf das persönliche Leben der Frau. Jena 1910
–: Die Folgen ungelernter Arbeit für die Arbeiterin. Leipzig 1910
–: Drei Klassen von Lohnarbeiterinnen in Industrie und Handel der Stadt Karlsruhe. Karlsruhe 1906
Baxandall, R./S. Reverby (Hrsg.): America's Working Women. A Documentary History, 1600 to the Present. New York 1976
Becker, U.: Die Entwicklung des Frauenerwerbs seit der Jahrhundertwende. Bleicherode 1937
Benson, S. P.: Business Heads and Sympathizing Hearts: The Women of the Providence Employment Society, 1837–1858, in: Journal of Social History 12 (1978)
Bernays, M.: Auslese und Anpassung der Arbeiterschaft der geschlossenen Großindustrie, dargestellt an den Verhältnissen der „Gladbacher Spinnerei und Weberei" ... Leipzig 1910
Blackburn, H./N. Vynne: Women Under the Factory Act. London 1903
Brinker-Gabler, G. (Hrsg.): Frauenarbeit und Beruf. Frankfurt 1979
Brownlee, W. E.: Household Values, Women's Work, and Economic Growth, 1800–1930, in: Journal of Economic History 39 (1979), 199–209
Cadbury, E./M. C. Matheson/G. Shann: Women's Work and Wages: A Phase of Life in an Industrial City. Chicago 1907
Cantor, M./B. Laurie (Hrsg.): Class, Sex, and the Women worker. London 1977
Chatelain, A.: Migrations et domesticité féminine urbaine en France 18e–20e siècle, in: Revue d'histoire économique et sociale 47 (1969), 506–28
–: Les usines internats et les migrations féminines dans la région Lyonnaise, seconde moité du XIXe siècle et au début du XIXe siècle, in: Revue d'histoire économique et sociale 48 (1970), 373–94
Davidoff, L.: Sex and Class in Victorian England, in: Feminist Studies 5 (1979)
Die Arbeits- und Lebensverhältnisse der Wiener Lohnarbeiterinnen. Ergebnisse und stenographisches Protokoll der Enquête über Frauenarbeit, abgehalten in Wien vom 1. März – 21. April 1896. Wien 1897
Dodd, A.: Die Wirkung der Schutzbestimmungen für die Jugendlichen und weibliche Arbeiter auf die Verhältnisse im Konfektionsbetriebe in Deutschland. Jena 1908
Dublin, B. T.: Women at Work. The Transformation of Work and Community in Lowell/Mass., 1826–1860. New York 1979
–: Women Workers and the Study of Social Mobility, in: Journal of Interdisciplinary History 9 (1979), 647ff.
–: Women, Work and the Family: Female Operatives in the Lowell Mills, 1830–1860, in: Feminist Studies 3 (1975), 30–39
Dubnoff, S.: Gender, the Family and the Problems of Work Motivation in an

Transition to Industrial Capitalism, in: Journal of Family History 4 (1979), 121–36
Fendt, F.: Der ungelernte Industriearbeiter (Neue Reihe staatswissenschaftlicher Arbeiten, H. 1). München, Leipzig 1936
Fischer-Eckert, L.: Die wirtschaftliche und soziale Lage der Frauen in dem modernen Industrieort Hamborn im Rheinland. Hagen 1913
Frankenstein, K.: Die Lage der Arbeiterinnen in den deutschen Großstädten, in: Schmollers Jahrbuch 12 (1888)
Friedländer, E.: Die Frage der Frauen- und Kinderarbeit. Forbach 1887
Gnauck-Kühne, E.: Die Lage der Arbeiterinnen in der Berliner Papierwarenindustrie, in: Schmollers Jahrbuch 20 (1896), 373–440
Gottheiner, E.: Studien über die Wuppertaler Textilindustrie und ihre Arbeiter in den letzten zwanzig Jahren (Staats- und sozialwissenschaftliche Forschungen, hrsg. v. G. Schmoller u. M. Sering, 22. Bd., Heft 2). Leipzig 1903
Guilbert, M.: Les fonctions des femmes dans l'industrie. Paris 1966
Hell, E.: Jugendliche Schneiderinnen und Näherinnen in München (Münchener volkswirtschaftliche Studien). Stuttgart, Berlin 1911
Hewitt, M.: Wives and Mothers in Victorian Industry. 1958 Ndr. Westport, Conn., 1975
Hutchins, B. L.: Women in Modern Industry. London 1915
John, A.: By the Sweat of Their Brow: Women Workers at Victorian Coal Mines. London 1980
Kämpfe, E./J. Hermann: Die Lage der industriell tätigen Arbeiterinnen in Deutschland. Diss. Jena. Leipzig 1889
Kaufmann, O.: Frauenarbeit im 19. Jahrhundert im Homburger Land, in: Rheinisch-westfälische Zeitschrift für Volkskunde 19 (1972), 76–102
Kempf, R.: Das Leben der jungen Fabrikmädchen in München (Schriften des Vereins für Sozialpolitik, 135). Leipzig 1911
Kennedy, S. E.: If All We did was to Weep at Home: A history of white working-class women in America. Bloomington, London 1979
Kessler-Harris, A.: Women's Wage as Myth and History, in: Labor History 19 (1978), 287–307
Kleinberg, S. J.: Technology's Step-Daughters: The Impact of Industrialization upon Working Class Women, Pittsburgh, 1865–1900. Ph. D. Diss. University of Pittsburgh 1973
Kreps, J.: Sex in the Marketplace: American Women at Work. Baltimore 1971
Kuczynski, J.: Studien zur Geschichte der Lage der Arbeiterinnen in Deutschland von 1700 bis zur Gegenwart (Die Geschichte der Lage der Arbeiter unter dem Kapitalismus. Bd. 18). Berlin 1965
Maaß, H.: Von Frauenarbeit zu Frauenfabrikarbeit. Untersuchungen über Ursache und Anfänge der industriellen Frauenarbeit. Diss. Heidelberg 1937
Macdonald, J. R.: Women in the Printing Trades: A Sociological Study. London 1904
Martin, R.: Die Ausschließung der verheirateten Frauen aus der Fabrik. Eine Studie aus der Textil-Industrie, in: Zeitschrift für die gesamte Staatswissenschaft 52 (1896)
McGaw, J.: The Sources and Impact of Mechanization: The Berkshire County, Massachusetts Paper Industry, 1801–1885, as a case study. Ph. D. Diss., New York University, 1977
McKendrick, N.: Home Demand and Economic Growth: A New View of the Role of Women and Children in the Industrial Revolution, in: Historical

Perspectives. Studies in English Thought and Society in Honour of J. H. Plumb. London 1974, 152–210

McLaughlin, V. Y.: Patterns of Work and Family Organization: Buffalo's Italians, in: Journal of Interdisciplinary History 2 (1971), 299–314

Milne, J. D.: Industrial and Social Position of Women in the Middle and Lower Ranks. London [2]1870

Mitterauer/Sieder/Ehmer u. a.: Frauenarbeit in der Geschichte (= Beiträge zur historischen Sozialkunde, Jg. 11, Nr. 3, Juli/September 1981)

Müller, I.: Damshagen – Aus dem Alltagsleben der Tagelöhnerfrauen, in: Jahrbuch für Volkskunde und Kulturgeschichte 1977, 85–103

Neff, W. F.: Victorian Working Women 1832–1850. London 1929

Nicholson, E.: Working-Class Women in Nineteenth-Century Nottingham, 1815–1850. Diss. Birmingham 1974

Odencrantz, L.: Italian Women in Industry: A Study of Conditions in New York City. New York 1919

Otto, R.: Über Fabrikarbeit verheirateter Frauen. Stuttgart, Berlin 1910

Pierstorff, J.: Frauenarbeit und Frauenfrage (Separatdruck aus dem Handwörterbuch der Staatswissenschaften). Jena 1900

Pinchbeck, I.: Women Workers and the Industrial Revolution, 1750–1850. London 1930

Queck, J.: Die Frauenarbeit in der Spinnereiindustrie Sachsens (Volkswirtschaftliche und wirtschaftsgeschichtliche Abhandlungen, hrsg. v. W. Stieda, 3. Folge, H. 12). Leipzig 1915

Reeves, M. P.: Round About a Pound a Week. 1913. Ndr. London 1979

(Reichsamt des Innern:) Die Arbeitszeit der Fabrikarbeiterinnen. Berlin 1905

(Reichsamt des Innern:) Die Beschäftigung verheirateter Frauen in Fabriken. Denkschrift, zusammengestellt aus Berichten der Gewerbeaufsichtsbeamten für 1899, bearbeitet im Reichsamt des Innern. Berlin 1901

(Reichskanzleramt:) Ergebnisse der über die Frauen- und Kinderarbeit in den Fabriken auf Beschluß des Bundesrates angestellten Erhebungen, zusammengestellt im Reichskanzleramt. Berlin 1877

Richards, E.: Women in the British Economy Since About 1700: An Interpretation, in: History 59 (1974). 337–57

Schneck, P.: Die gesundheitlichen Verhältnisse der Fabrikarbeiterinnen. Ausgewählte Aspekte der Situation in der sächsischen Oberlausitz im ausgehenden 19. Jahrhundert, in: Jahrbuch für Wirtschaftsgeschichte. Heft 3 (1975), 53–72

–: Die sozialmedizinischen Aspekte der Lage der Arbeiterinnen in Deutschland im letzten Drittel des 19. Jahrhunderts. Diss. TU Dresden 1975

Simon, H.: Der Anteil der Frau an der deutschen Industrie (Schriften des Ständigen Ausschusses zur Förderung der Arbeiterinneninteressen, H. 2). Jena 1910

Smuts, R. W.: Women and Work in Amerika. New York 1974

Stearns, P. N.: The Unskilled and Industrialization. A Transformation of Consciousness, in: Archiv für Sozialgeschichte 16 (1976), 249–82

Strumingher, L. S.: Women and the Making of the Working Class: Lyon 1830–1870. 1979

Sumner, H. L.: History of Women in Industry in the United States. Washington, D. C. 1910

Tentler, L. W.: Wage-Earning Women. Industrial Work and Family Life in the United States, 1900–1930. New York 1979

Tilly, L. A.: Occupational Structure, Women's Work and Demographic Change in Anzin and Roubaix, 1872–1906. Ms. 1977

–, J. W. Scott: Women, Work, and Family. New York 1978
Tuckwell, G. M./C. Smith/M. R. MacArthur: Women in Industry from Several Points or View. London 1908
Wertheimer, B. M.: We Were There: The Story of Working Women in America. New York 1977
Wettstein-Adelt, M.: 3 1/2 Monate Fabrik-Arbeiterin. Berlin 1893
Wilbrandt, R.: Die Frauenarbeit. Ein Problem des Kapitalismus. Leipzig 1906
Wolf, G.: Der Frauenerwerb in den Hauptkulturstaaten. Diss. München 1916

2.1.7. Angestellte und Frauen des Mittelstands

Branca, P: Silent Sisterhood: Middle Class Women in the Victorian Home. Pittsburgh u. a. 1975
Brodmeier, R.: Die Frau im Handwerk in historischer und moderner Sicht. München 1963
Callen, A.: Women Artists of the Arts and Crafts Movement, 1870–1914. New York 1979
Davidoff, L.: The Best Circles: Women and Society in Victorian England. New York 1973
Drachman, V. G.: Female Solidarity and Professional Success: The Dilemma of Women Doctors in Later Nineteenth-Century America, in: Journal of Social History 15 (1981/82), 607–20
Garrison, D.: The Tender Technicians: The Feminization of Public Librarianship, 1876–1905, in: Journal of Social History 6 (1972/73), 131–59
Harris, B. J.: Beyond Her Sphere: Women and the Professions in American History. Westport, Conn. u. a. 1978
Holcombe, L.: Victorian Ladies at Work. Middle-Class Working Women in England and Wales 1850–1914. Hamden/Conn. 1973
Kisker, I.: Die Frauenarbeit in den Kontoren einer Großstadt (Archiv für Sozialwissenschaft und Sozialpolitik, Ergänzungsheft III). Tübingen 1911
Martin-Fugier, A.: La Bourgeoise. Paris 1983
Marzolf, M.: Up from the Footnote: A History of Women Journalists. New York 1977
Mende, K.: Münchener jugendliche Ladnerinnen zu Hause und im Beruf. Stuttgart u. a. 1912
Mitterauer, M.: Zur familienbetrieblichen Struktur im zünftischen Handwerk, in: Wirtschafts- und sozialhistorische Beiträge. Festschrift für A. Hoffmann zum 75. Geburtstag, hrsg. v. H. Knittler, Wien 1979, 190ff.
Moore, R. L.: The Spiritualist Medium: A Study of Female Professionalization in Victorian America, in: American Quarterly 27 (1975), 200–21
Morantz, R.: Making Women Modern: Middle Class Women and Health Reform in 19th Century America, in: Journal of Social History 10 (1976/77), 490–507
Nienhaus, U.: Berufsstand weiblich. Die ersten weiblichen Angestellten. Berlin 1982
Strumingher, L.: The Artisan Family: Traditions and Transitions in Nineteenth-Century Lyon, in: Journal of Family History 2 (1977), 211–22
Summers, A.: Pride and Prejudice: Ladies and Nurses in the Crimean war, in: History Workshop 16 (1983), 32–56
Vinovskis, M. A./R. M. Bernard: The Female School Teacher in Ante-Bellum Massachusetts, in: Journal of Social History 10 (1976/77), 332–45

2.2. Frauenarbeit II: Familie und „Alltag"

2.2.1. „Alltag"

Arbeiterkultur im 19. Jahrhundert (Geschichte und Gesellschaft 5 (1979), H. 1. Göttingen 1979

Bajohr, S.: Vom bitteren Los der kleinen Leute. Protokolle über den Alltag Braunschweiger Arbeiterinnen und Arbeiter 1900 bis 1933. Köln 1984

Berdahl, R. M., u. a.: Klassen und Kultur. Sozialanthropologische Perspektiven in der Geschichtsschreibung. Frankfurt/M. 1982

Bergmann, K./R. Schörken (Hrsg.): Geschichte im Alltag – Alltag in der Geschichte. Düsseldorf 1982

Burnett, J.: A Social History of Housing, 1815–1970. London 1980

Daunton, M. J.: House and Home in the Victorian City. Working-Class Housing 1850–1914. London 1983

Dülmen, R. v./N. Schindler (Hrsg.): Volkskultur. Zur Wiederentdeckung des vergessenen Alltags (16.–20. Jahrhundert). Frankfurt/M. 1984

Ehehalt, H. C. (Hrsg.): Geschichte von unten. Fragestellungen, Methoden und Projekte einer Geschichte des Alltags. Wien u. a. 1984

Evans, R. J. (Hrsg.): The German Working Class 1888–1933. The Politics of Everyday Life. London 1982

Geist, J. F./K. Kürvers: Das Berliner Mietshaus 1740–1862. München 1980

Haumann, H. (Hrsg.): Arbeiteralltag in Stadt und Land. Berlin 1982

Huck, G. (Hrsg.): Sozialgeschichte der Freizeit. Untersuchungen zum Wandel der Alltagskultur in Deutschland. Wuppertal 1980

Jacobeit, W./U. Mohrmann (Hrsg.): Kultur und Lebensweise des Proletariats (Kulturhistorisch-volkskundliche Studien und Materialien). Berlin 1973

Kuczynski, J.: Geschichte des Alltags des deutschen Volkes, Bd. 2–4. Köln 1981/82

Niethammer, L./F. Brüggemeier: Wie wohnten die Arbeiter im Kaiserreich?, in: Archiv für Sozialgeschichte 16 (1976), 61–134

–, (Hrsg.): Wohnen im Wandel. Wuppertal 1979

Nipperdey, T.: Leben, Arbeiten, Wirtschaften, in: ders.: Deutsche Geschichte 1800–1866. Bürgerwelt und starker Staat. München 1983, 102–271

Reulecke, J.: Vom blauen Montag zum Arbeiterurlaub, in: Archiv für Sozialgeschichte 16 (1976), 204–48

–, *W. Weber* (Hrsg.): Fabrik, Familie, Feierabend, Beiträge zur Sozialgeschichte des Alltags im Industriezeitalter. Wuppertal [2]1978

Roberts, E.: A Woman's Place. An Oral History of Working Class Women 1890–1940. Oxford 1984

Soder, M.: Hausarbeit und Stammtischsozialismus. Arbeiterfamilien und Alltag im Deutschen Kaiserreich. Gießen 1980

Stearns, P. N.: Arbeiterleben. Industriearbeit und Alltag in Europa 1890–1914. Frankfurt/M. 1980

Wohl, A. S.: The Eternal Slums: Housing and Social Policy in Victorian London. London 1977

2.2.2. Familie – Eheliches und Uneheliches

Anderson, M.: Family Structure in Nineteenth Century Lancashire. Cambridge 1971

–: Approaches to the History of the Western Family, 1500–1914. London 1980

Badinter, E.: Die Mutterliebe. Geschichte eines Gefühls vom 17. Jahrhundert bis heute. München 1984

Bajohr, S.: Uneheliche Mütter im Arbeitermilieu: Die Stadt Braunschweig 1900–1930, in: Geschichte und Gesellschaft 7 (1981), 474–506

Bennett, S. K./G. H. Elder, Jr.: Women's Work in the Family Economy: A Study of Depression Hardship in Women's Lives, in: Journal of Family History 4 (1979), 153–76

Beuys, B.: Familienleben in Deutschland. Neue Bilder aus der deutschen Vergangenheit. Reinbek b. Hamburg ²1980

Bolognese-Leuchtenmüller, B.: Unterversorgung und mangelnde Betreuung der Kleinkinder in den Unterschichten als soziales Problem des 19. Jahrhunderts, in: H. Knittler (Hrsg.): Wirtschafts- und sozialhistorische Beiträge. Festschrift für A. Hoffmann zum 75. Geburtstag. Wien 1979, 410–30

Borscheid, P./H. J. Teuteberg (Hrsg.): Ehe, Liebe, Tod. Zum Wandel der Familie, der Geschlechts- und Generationsbeziehungen in der Neuzeit. Münster 1983

–: Lebensstandard und Familie. Partnerwahl und Ehezyklus in einer württembergischen Industriestadt im 19. Jahrhundert, in: Archiv für Sozialgeschichte 22 (1982), 227–62

Bouvier, B. W.: Frau und Familie in der Geschichte. Anmerkungen zu neueren Veröffentlichungen, in: Archiv für Sozialgeschichte 23 (1983), 637–51

Bulst, N./J. Goy/J. Hoock (Hrsg.): Familie zwischen Tradition und Moderne. Studien zur Geschichte der Familie in Deutschland und Frankreich vom 16. bis zum 20. Jahrhundert. Göttingen 1981

Byington, M. F.: Homestead. The Households of a Mill Town. New York 1969 (1. Aufl. 1910)

Caspard, P.: Conceptions prénuptiales et développement du capitalisme dans la principauté de Neuchâtel, 1678–1820, in: Annales ESC (1974), 989–1008

Clark, C.: The Household Economy, Market Exchange and the Rise of Capitalism in the Connecticut Valley, 1800–1860, in: Journal of Social History 13 (1979/80), 169–90

Collier, F.: The Family Economy of the Working Classes in the Cotton Industry, 1784–1833. Manchester 1964

Conze, W.: Der Strukturwandel der Familie im industriellen Modernisierungsprozeß. Historische Begründung einer aktuellen Frage. Dortmund 1979

–, (Hrsg.): Sozialgeschichte der Familie in der Neuzeit Europas. Neue Forschungen. Stuttgart 1976

Degler, C.: At Odds. Women and the Family in America from the Revolution to the Present. New York 1980

Demos, J.: A Little Commonwealth: Family Life in Plymouth Colony. New York 1970

–, S. S. Boocock (Hrsg.): Turning Points. Historical and Sociological Essays on the Family. Chicago 1978

Donzelot, J.: Die Ordnung der Familie. Frankfurt/M. 1980

Dubnoff, S.: Gender, the Family and the Problems of Work Motivation in a Transition to Industrial Capitalism, in: Journal of Family History 4 (1979), 121–36

Dye, N. S.: History of Childbirth in America, in: Signs 6 (1980/81), 97–108

Ehmer, J.: Familienstruktur und Arbeitsorganisation im frühindustriellen Wien. München 1980

–: Vaterlandslose Gesellen und respektable Familienväter. Entwicklungsformen der Arbeiterfamilie im internationalen Vergleich, 1850–1930, in: Konrad, H. (Hrsg.): Die deutsche und die österreichische Arbeiterbewegung zur Zeit der Zweiten Internationale. Protokoll des bilateralen Symposiums DDR – Österreich vom 30. 9.–3. 10. 1981 in Linz. Wien 1982, 109–53

Ehrenberg, R./H. Racine: Krupp'sche Arbeiterfamilien. Entwicklung und Entwicklungsfaktoren von drei Generationen deutscher Arbeiter, in: Thünen-Archiv 6 (1912) (Ergänzungsheft)

Evans, R. J./W. R. Lee (Hrsg.): The German Family. Essays on the Social History of the Family in 19th and 20th Century Germany. London 1981

Faßmann, H.: Bevölkerungs-, Haushalts- und Familienstruktur der Josefsstadt 1857. Phil. Diss. Wien 1980

Flandrin, J. L.: Familien. Soziologie, Ökonomie, Sexualität. Frankfurt/M. 1978

Fürstenberg, F. F.: Industrialization and the American Family: A Look Backward, in: American Sociological Review 31 (1966) 326–37

–, *T. Hershberg/J. Modell:* The Origins of the Female Headed Black Family: The Impact of the Urban Experience, in: Journal of Interdisciplinary History 6 (1975/76), 211–33

Gittins, D.: Fair Sex. Family Size and Strukture, 1900–1939. London 1982

Gordon, M. (Hrsg.): The American Family in Social Historical Perspective. New York 1973

*Gottschalch, W.:*Vatermutterkind. Deutsches Familienleben zwischen Kulturromantik und sozialer Revolution. Berlin 1979

Greenfield, S. U.: Industrialization and the Family in Sociological Theory, in: American Journal of Sociology 67 (1961), 312–22

Gutman, H. G.: The Black Family in Slavery and Freedom, 1750–1925. New York 1976

Habakkuk, H. J.: Family Structure and Economic Change in Nineteenth Century Europe, in: Journal of Economic History 15 (1955), 1–12

*Hareven, T. K.:*Modernization and Family History. Perspectives on Social Change, in: Signs 2 (1976/77), 190–206

Harris, B. J.: Recent Work on the History of Family, in: Feminist Studies 3 (1976), 159–72

Herrmann, U./S. Renftle/L. Roth: Bibliographie zur Geschichte der Kindheit, Jugend und Familie. München 1980

Historische Familienforschung und Demographie (Geschichte und Gesellschaft 1 [1975], H. 2/3). Göttingen 1975

Hörger, H.: Familienformen einer ländlichen Industriesiedlung im Verlauf des 19. Jahrhunderts, in: Zeitschrift für Bayerische Landesgeschichte 41/2 (1978). 771–819

Hofmann, E.: Volkskundliche Betrachtungen zur proletarischen Familie in Chemnitz um 1900, in: Wissenschaftliche Zeitschrift der Humboldt-Universität (Gesellschafts- und sprachwissenschaftliche Reihe) 20 (1971), 65–81

Holley, J. C.: The Two Family Economies of Industrialism: Factory Workers in Victorian Scotland, in: Journal of Family History 6 (1981), 57–69

Hubbard, W. H.: Familiengeschichte. Materialien zur deutschen Familie seit dem Ende des 18. Jahrhunderts. München 1983

–: Städtische Haushaltsstruktur um die Mitte des 19. Jahrhunderts, in: W. H. Schröder (Hrsg.): Moderne Stadtgeschichte. Stuttgart 1979, 198–216

Humphries, J.: Class Struggle and the Persistence of the Working-Class Family, in: Amsden, A. (Hrsg.): The Economies of Women and Work. Harmondsworth 1980, 140–68

Katz, M. B.: The People of Hamilton, Canada West: Family and Class in a Mid-Nineteenth-Century City. Cambridge/Mass. 1975

Knibiehler, Y./C. Fouquet: L'histoire des mères du moyen-âge à nos jours. Paris 1980

Knodel, J.: Law, Marriage, and Illegitimacy in Nineteenth-Century Germany, in: Population Studies 20 (1967), 279–94

–, *M. J. Maynes:* Urban and Rural Marriage Patterns in Imperial Germany, in: Journal of Family History 1 (1976), 129–68

Kocka, J., u. a.: Familie und soziale Plazierung. Opladen 1980

Koessler, G.: Mädchenkindheiten im 19. Jahrhundert. Gießen 1979

Kraus, A.: „Antizipierter Ehesegen" im 19. Jahrhundert. Zur Beurteilung der Illegitimität unter sozialgeschichtlichen Aspekten, in: Vierteljahrschrift für Sozial- und Wirtschaftsgeschichte 66 (1979), 174–215

Lange, A.: Die unehelichen Geburten in Baden. Eine Untersuchung über ihre Bedingungen und Entwicklungen. Karlsruhe 1912

Lasch, C.: Geborgenheit. Die Bedrohung der Familie in der modernen Welt. München 1981

Laslett, P.: The World We Have Lost. London ²1971

–: Family Life and Illicit Love in Earlier Generations. Cambridge 1977

–, *R. Wall* (Hrsg.): Household and Family in Past Time. Comparative Studies in the Size and Structure of the Domestic Group Over the Last Three Centuries in England, France, Serbia, Japan and Colonial North America. Cambridge 1972

–, *K. Oosterveen* (Hrsg.): Bastardy and its Comparative History. Cambridge 1980

Lee, R.: Population Growth, Economic Development and Social Change in Bavaria, 1750–1850. New York 1977

–: Past Legacies and Future Prospects: Recent Research on the History of the Family in Germany, in: Journal of Family History 6 (1981), 156–75

–: Bastardy and the Socioeconomic Structure of South Germany, in: Journal of Interdisciplinary History 7 (1977), 403–25

Le Goff, J., u. a. (Hrsg.): La nouvelle histoire. Paris 1978

Le Play, F.: Les ouvriers européens. Etudes sur les travaux, la vie domestique et la condition morale des populations ouvrières de l'Europe. 6 Bde. Paris ²1877/79

Levine, D.: Illiteracy and Family Life During the First Industrial Revolution, in: Journal of Social History 14 (1980/81), 25–44

Litchfield, R. B./D. Gordon: Closing the „Tour": A Close Look at the Marriage Market, Unwed Mothers, and Abandoned Children in Mid-Nineteenth Century Amiens, in: Journal of Social History 13 (1979/80), 458–72

Lupri, E.: Industrialisierung und Strukturwandel in der Familie, in: Sociologica Ruralis 5 (1965), 57–76

McLaughlin, V. Y.: Patterns of Work and Family Organization: Buffalo's Italians, in: Journal of Interdisciplinary History 2 (1971), 299–314

Medick, H./D. Sabean (Hrsg.): Emotionen und materielle Interessen. Sozialanthropologische und historische Beiträge zur Familienforschung. Göttingen 1984

Melchers, W.: Die bürgerliche Familie des 19. Jahrhunderts als Erziehungs- und Bildungsfaktor. Aufgrund autobiographischer Literatur. Phil. Diss. Köln 1929

Menefee, S. P.: Wives for Sale. An Ethnographic Study of British Popular Divorce. Oxford 1981

Milden, J. W.: The Family in Past Time: A Guide to the Literature. New York 1977
Minge-Kalman, W.: A Theory of European Household Economy During the Peasant-to-Worker Transition, in: Ethnology 17 (1978), 36ff.
–: The Industrial Revolution and the European Family: The Institutionalization of „Childhood" as a Market for Family Labor, in: Comparative Studies in Society and History 20 (1978), 456–68
Mitterauer, M./R. Sieder (Hrsg.): Historische Familienforschung. Frankfurt/M. 1982
dies.: Vom Patriarchat zur Partnerschaft. Zum Strukturwandel der Familie. München 1977
Modell, J.: The Fruits of Their Toil: The Family Economy of American Workingmen in the Late Nineteenth Century, in: Hareven, T./M. Vinovskis (Hrsg.): Demographic Process and Family Organisation in Nineteenth Century American Society. Princeton 1978
–, *T. Hareven:* Urbanization and the Malleable Household: An Examination of Boarding and Lodging in American Family, in: Journal of Marriage and the Family 35 (1973), 467–79
Pleck, E.: Two Worlds in One. Work and Family, in: Journal of Social History 10 (1976), 178–95
Rabb, T. K./R. I. Rotberg (Hrsg.): The Family in History. Interdisciplinary Essays. New York u. a. 1973
Reif, H. (Hrsg.): Die Familie in der Geschichte. Göttingen 1982
Ribeaud, M.-C.: La Maternité en milieu sous-prolétaire. Paris 1979
Rosenbaum, H.: Formen der Familie. Untersuchungen zum Zusammenhang von Familienverhältnissen, Sozialstruktur und sozialem Wandel in der deutschen Gesellschaft des 19. Jahrhunderts. Frankfurt/M. 1982
–, (Hrsg.): Seminar: Familie und Gesellschaftsstruktur. Materialien zu den sozioökonomischen Bedingungen von Familienformen. Frankfurt/M. 1978
Ross, E.: Survival Networks: Women's Neighbourhood Sharing in London Before World War I, in: History Workshop 15 (1983), 4–27
Rosser, C./C. Harris: The Family and Social Change. A Study of Family and Kinship in an South Wales Town. London 1965
Ryan, M. P.: Women's Awakening: Evangelical Religion and the Families of Utica, New York, 1800–1840, in: American Quarterly 30 (1978), 602–24
–: Cradle of the Middle Class: The Family in the Oneida County, New York, 1790–1865. Cambridge 1981
Saul, K./J. F. Flemming/D. Stegmann/P. -C. Witt (Hrsg.): Arbeiterfamilien im Kaiserreich. Materialien zur Sozialgeschichte in Deutschland. 1871–1914. Düsseldorf 1982
Schäfer, H.: Arbeitsverdienst im Lebenszyklus, in: Archiv für Sozialgeschichte 21 (1981), 237–67
Schwab, D.: „Familie", in: Brunner, O., u. a. (Hrsg.): Geschichtliche Grundbegriffe, Bd. 2. Stuttgart 1975, 253–301
Segalen, M.: Amours et mariages de l'ancien France. 1981
Shanley, M. L.: The History of the Family in Modern England: Review Essay, in: Signs 4 (1978/79). 740–50
Shorter, E.: Différences de classe et sentiment depuis 1750. – L'exemple de la France, in: Annales E. S. C. 29 (1974), 1034–57
–: Der Wandel der Mutter-Kind-Beziehungen zu Beginn der Moderne, in: Geschichte und Gesellschaft 1 (1975), 256–87

–: La „vie intime". Beiträge zu seiner Geschichte am Beispiel des kulturellen Wandels in den bayerischen Unterschichten im 19. Jahrhundert, in: Ludz, P. C. (Hrsg.): Soziologie und Sozialgeschichte (16. Sonderheft der Kölner Zeitschrift für Soziologie und Sozialpsychologie). Opladen 1972, 530–49
–: Die Geburt der modernen Familie. Reinbek b. Hamburg 1977
Sieder, R.: Strukturprobleme der ländlichen Familie im 19. Jahrhundert, in: Zeitschrift für bayerische Landesgeschichte 41 (1978), 173–218
Smelser, N. J.: Sociological History: The Industrial Revolution and the British Working Class Family, in: Journal of Social History 1 (1967), 17–35
Smith, D. S./M. S. Hindus: Premarital Pregnancy in America, 1640–1971: An Overview and Interpretation, in: Journal of Interdisciplinary History 5 (1975), 537–70
Smith, R.: Early Victorian Household Structure: A Case Study of Nottinghamshire, in: International Review of Social History 15 (1970), 69–84
Soliday, G., u. a. (Hrsg.): History of the Family and Kinship: A Select International Bibliography. New York 1980
Spann, O.: Die geschlechtlich-sittlichen Verhältnisse im Dienstboten- und Arbeiterinnenstand gemessen an der Erscheinung der unehelichen Geburten, in: Zeitschrift für Sozialwissenschaft 7 (1904), 287–303
Spree, R.: Strukturierte soziale Ungleichheit im Reproduktionsbereich. Zur historischen Analyse ihrer Erscheinungsformen in Deutschland 1870–1913, in: Bergmann, J. (Hrsg.): Geschichte als politische Wissenschaft. Stuttgart 1979, 55ff.
Stearns, P. N.: Old Women: Some Historical Observations, in: Journal of Family History 5 (1980), 44–57
Tilly, L. A.: The Family and Change, in: Theory and Society 5 (1978), 387–420
–: Individual Lives and Family Strategies in the French Proletariat, in: Journal of Family History 4 (1979), 137–52
Tomes, N.: A „Torrent of Abuse": Crimes of Violence Between Working-Class Men and Women in London, 1840–1875, in: Journal of Social History 11 (1977/78), 328–45
Walkowitz, D. J.: Working Class Women in the Gilded Age: Factory, Community, and Family Life among Cohoes, New York, Cotton Workers, in: Journal of Social History 5 (1971/72), 464–90
Weber, A.: Immer auf dem Sofa. Das familiäre Glück vom Biedermeier bis heute. Berlin 1982
Weber-Kellermann, I.: Die deutsche Familie. Versuch einer Sozialgeschichte. Frankfurt/M. [6]1981
–: Die Familie. Geschichte, Geschichten und Bilder. Frankfurt/M. [2]1977
–: Brauch, Familie, Arbeitsleben. Marburg/L. 1978
–: Familienstruktur und sozialer Wandel. 1973
Wohl, A. S. (Hrsg.): The Victorian Family. London 1978
Young, M./P. Willmott: Family and Kinship in East London. London [5]1972
Zaretsky, E.: Capitalism, the Family and Personal Life. 1976

2.2.3. Demographisches

Ariès, P.: Sur les origines de la contraception en France, in: Population 8 (1953)
Banks, J. A.: Prosperity and Parenthood, London 1954
Berger, L.: Untersuchung über den Zusammenhang zwischen Beruf und Fruchtbarkeit in Preußen. Diss. Göttingen 1912

Bernays, M.: Untersuchungen über den Zusammenhang von Frauenarbeit und Geburtenhäufigkeit in Deutschland. Berlin 1916

Bolognese-Leuchtenmüller, B.: Bevölkerungsentwicklung und Berufsstruktur, Gesundheits- und Fürsorgewesen in Österreich 1750–1918. Wien 1978

Davin, A.: Imperialism and Motherhood, in: History Workshop 5 (1978), 10–65

Dupâquier, J./M. Lachiver: Sur les débuts de la contraception en France ou les deux malthusianismes, in: Annales E. S. C. 24 (1969), 1391–1406

Flandrin, J.-L.: L'église et le contrôle des naissances. Paris 1970

Glass, D. V.: Population: Policies and Movements in Europe. New York 1967

– (Hrsg.): Population and Social Change. London 1972

–, D. E. C. Eversley (Hrsg.): Population in History. London 1965

Gordon, L.: Voluntary Motherhood: The Beginnings of Feminist Birth Control Ideas in the United States, in: Feminist Studies 1 (1973), 5–22

–: Woman's Body, Woman's Right. A Social History of Birth Control in America. New York 1976

Haines, M.: Fertility and Occupation. Population Patterns in Industrialization, New York 1979

Heinsohn, G./R. Knieper/O. Steiger: Menschenproduktion. Allgemeine Bevölkerungslehre der Neuzeit. Frankfurt/M. 1979

Himes, N.: Medical History of Contraception. Baltimore 1936

Imhof, A. E. (Hrsg.): Biologie des Menschen in der Geschichte. Stuttgart 1978

– (Hrsg.): Mensch und Gesundheit in der Geschichte. Husum 1980

Knight, P.: Women and Abortion in Victorian and Edwardian England, in: History Workshop 4 (1977), 57–69

Knodel, J.: The Decline of Fertility in Germany 1871–1939. Princeton 1974.

–: Law, Marriage and Fertility in three Bavarian Villages: An Analysis of Family Histories from the 19th Century, in: Population Studies 22 (1968), 297–318

–, *E. van de Walle:* Breastfeeding, Fertility, and Infant Mortality: An Analysis of some Early German Data, in: Population Studies 21 (1967), 109–31

Köllmann, W.: Bevölkerung und Arbeitskräftepotential in Deutschland 1815–1865, in: *Jahrbuch des* Landesamtes für Forschung in NRW 1968. Köln/Opladen 1968, 209–54

–: Bevölkerung in der industriellen Revolution. Studien zur Bevölkerungsgeschichte Deutschlands (Kritische Studien zur Geschichtswissenschaft, 12). Göttingen 1974

Langer, W. E.: The Origins of the Birth control Movement in England in the Early Nineteenth Century, in: Journal of Interdisciplinary History 5 (1975), 669–86

Lee, W. R.: Population Growth, Economic Development and Social Change in Bavaria 1750–1850. New York 1977

– (Hrsg.): European Demography and Economic Growth, London 1979

Linse, U.: Arbeiterschaft und Geburtenentwicklung im Deutschen Kaiserreich von 1871, in: Archiv für Sozialgeschichte 12 (1972), 205–71

Marschalck, P.: Bevölkerungsgeschichte Deutschlands im 19. und 20. Jahrhundert. Frankfurt/M. 1984

MacLaren, A.: Birth Control in Nineteenth-Century England. New York 1978

–: Contraception and the Working Classes. The Social Ideology of the English Birth Control Movement in its Early Years, in: Comparative Studies in Society and History 18 (1976), 236–57

–: Women's Work and Regulation of Family Size: The Question of Abortion in the Nineteenth Century, in: History Workshop 4 (1977), 70–81

Mohr, J. C.: Abortion in America. The Origins and Evolution of National Policy, 1800–1900. New York 1978
Nell, A. v.: Die Entwicklung der generativen Strukturen bürgerlicher und bäuerlicher Familien von 1750 bis zur Gegenwart. Diss. Bochum 1973
Osterud, N./J. Fulton: Family Limitation and Age of Marriage: Fertility Decline in Sturbridge, Mass., 1730–1850, in: Population Studies 30 (1976), 481–94
Outhwaite, R. B.: Age at Marriage in England from the Late 17th to the 19th Century, in: Transactions of the Royal Historical Society, 5th series 23 (1973), 55–70
Roth, K. H.: Kontroversen um Geburtenkontrolle am Vorabend des Ersten Weltkriegs. Eine Dokumentation zur Berliner „Gebärstreikdebatte“ von 1913, in: Autonomie. Materialien gegen die Fabrikgesellschaft 9 (1978), 78–103
Shorter, E.: Female Emancipation, Birth Control and Fertility in European History, in: American Historical Review 78 (1973), 605–40
–: The Decline of Non-Marital Fertility in Europe, 1880–1940, in: Population Studies 25 (1971), 375–93
Soloway, R.: Birth Control and the Population Question in England, 1877–1930. University of North Carolina Press 1982
Stürzbecher, M.: Die Bekämpfung des Geburtenrückgangs und der Säuglingssterblichkeit im Spiegel der Reichstagsdebatten 1900–1930. Ein Beitrag zur Geschichte der Bevölkerungspolitik, Phil. Diss. FU Berlin 1954
Tilly, L. A., u. a.: Women's Work and European Fertility Patterns, in: Journal of Interdisciplinary History 6 (1976), 447–76
Walle, E. v. d.: The Female Population of France in the Nineteenth Century: A Reconstruction of 82 Départments. Princeton, N. J. 1974
Wood, C./B. Suitters: The Fight for Acceptance: A History of Contraception. 1970
Wrigley, E. A.: The Population History of England. London 1981

2.2.4. Prostitution

Bauer, W.: Geschichte und Wesen der Prostitution. Stuttgart 1956
Bullough, V. L./B. L. Bullough: The History of Prostitution. New York 1964
–, *u. a.* (Hrsg): A Bibliography of Prostitution. New York 1977
Corbin, A.: Les filles de noce. Misère sexuelle et prostitution aux XIXe et XXe siècles. Paris 1978
Dufour, P.: Geschichte der Prostitution. 7 Bde. Berlin 1898–1902
Ettlinger, K.: Die Reglementierung der Prostitution. Leipzig 1903
Evans, R. J.: Prostitution, State and Society in Imperial Germany, in: Past and Present 70 (1976), 106–29
Finnegan, F.: Poverty and Prostitution: A Study of Victorian Prostitutes in York. Cambridge 1979
Flexner, A.: Die Prostitution in Europa. Berlin 1921
Lenman, R. J. V.: Art, Society and the Law in Wilhelmine Germany: The Lex Heinze, in: Oxford German Studies 8 (1973), 86–113
Ostwald, H.: Das Berliner Dirnentum. 2 Bde. Leipzig 1907
Riegel, R. E.: Changing American Attitudes Toward Prostitution, in: Journal of the History of Ideas 29 (1968), 437–52
Rosenberg, C. E.: Sexuality, Class and Role, in: American Quarterly 25 (1973), 131–53

Schulte, R.: Sperrbezirke. Tugendhaftigkeit und Prostitution in der bürgerlichen Welt. Frankfurt/M. 1979

Walkowitz, J. R.: Male Vice and Feminist Virtue: Feminism and the Politics of Prostitution in Nineteenth-Century Britain, in: History Workshop 13 (1982), 77–93

–: Prostitution and Victorian Society. Women, Class, and the State. Cambridge 1980

–: The Politics of Prostitution, in: Signs 6 (1980/81), 123–35

2.2.5. Sexualität

Ariès, P./A. Béjin/M. Foucault, u. a.: Die Masken des Begehrens und die Metamorphose der Sinnlichkeit. Zur Geschichte der Sexualität im Abendland. Frankfurt/M. 1984

Barker-Benfield, B.: The Spermatic Economy: A Nineteenth-Century View of Sexuality, in: Feminist Studies 1 (1972), 45–74

–: The Horrors of the Half-Known Life: Male Attitudes Toward Women and Sexuality in Nineteenth-Century America. New York 1976

Beales: „The Victorian Family" and „Victorian Ideas of Sex", in: Grisewood, H. (Hrsg.): Ideas and Beliefs of the Victorians. 1949

Bristow, E. S.: Vice and Vigilance. Purity Movements in Britain Since 1700. New York 1977

Bullough, V. L.: Sin, Sickness and Sanity: A History of Sexual Attitudes. New York 1977

–, *M. Voght:* Women, Menstruation, and Nineteenth Century Medicine, in: Bulletin of the History of Medicine 47 (1973), 66–82

Cominos, P. T.: Late Victorian Sexual Respectability and the Social System, in: International Review of Social History 8 (1963), 18–48, 216–50

Cott, N. F.: Passionlessness. An Interpretation of Victorian Sexual Ideology, 1790–1850, in: Signs 4 (1978), 219–36

Degler, C.: What Ought to Be and What Was: Women's Sexuality in the Nineteenth Century, in: American Historical Review 79 (1974), 1469–90

Ditzion, S.: Marriage, Morals, and Sex in America: A History of Ideas. New York ²1969

Eldorado: Homosexuelle Frauen und Männer in Berlin 1850–1950. Geschichte, Alltag und Kultur. Berlin 1984

Farber, B.: Guardians of Virtue. New York 1972

Forster, R./O. Ranum (Hrsg.): Biology of Man in History. Baltimore 1975

Flandrin, J. L.: Mariage tardif et vie sexuelle. Discussions et hypothèses de recherche, in: Annales E. S. C. 27 (1972), 1351–78

–: L'attitude à l'égard du petit enfant et les conduites sexuelles dans la civilisation occidentale, in: Annales de Démographie Historique (1973), 143–210

–: Les amours paysannes (XVIe–XIXe siècle). Paris 1975

Gay, P.: The Bourgeois Experience. Victoria to Freud, Vol. 1: Education of the Senses. Oxford u. a. 1984

Gordon, M.: From an Unfortunate Necessity to a Cult of Mutual Orgasm: Sex in Education Literature, 1830–1940, in: Henslin, J. (Hrsg.): Studies in the Sociology of Sex. New York 1971

Haller, J. S./M. Robin: The Physician and Sexuality in Victorian America. Urbana 1974

Harrison, F.: The Dark Angel. Aspects of Victorian Sexuality. London 1977

Lauritsen, J./J. Thorstad: The Early Homosexual Rights Movement, 1864–1935. New York 1974

Marcus, S.: Umkehrung der Moral. Sexualität und Pornographie im viktorianischen England. Frankfurt/M. 1979

Neuman, R. P.: Masturbation, Madness, and the Modern Concepts of Childhood and Adolescence, in: Journal of Social History 8 (1974/75), 1–27

–: The Sexual Question and Social Democracy in Imperial Germany, in: Journal of Social History 7 (1974), 271–86

–: Industrialisation and Sexual Behaviour: Some Aspects of Working-Class Life in Imperial Germany, in: Bezucha, R. J. (Hrsg): Modern European Social History. Lexington, Mass., 1972, 270–300

Phayer, M. J.: Lower Class Morality: The Case of Bavaria, in: Journal of Social History 8 (1974/75), 79–95

–: Sexual Liberation and Religion in Nineteenth Century Europe. London 1977

Pivar, D. J.: Purity Crusade: Sexual Morality and Social Control, 1868–1900. Westport 1973

Rothman, E. K.: Sex and Self-Control: Middle-Class Courtship in America, 1770–1870, in: Journal of Social History 15 (1981/82), 409–26

Shorter, E.: Capitalism, Culture and Sexuality: Some Competing Models, in: Social Science Quarterly 53 (1972/73), 338–56

–: Illegitimacy, Sexual Revolution and Social Change in Modern Europe, in: Journal of Interdisciplinary History 2 (1971), 237–72

–: Sexual Change and Illegitimacy, in: Bezucha, R. J. (Hrsg.): Modern European Social History. Lexington, Mass., 1972, 231–69

–: A History of Women's Bodies. New York 1982

Smith-Rosenberg, C.: The Female World of Love and Ritual: Relations between Women in Nineteenth-Century America, in: Signs 1 (1975/76), 1–29

Steakley, J. D.: The Homosexual Emancipation Movement in Germany. New York 1975

Tylor, P.: Denied the Power to Choose the Good: Sexuality and Mental Defect in American Medical Practice, 1850–1920, in: Journal of Social History 10 (1976/77), 472–89

Weeks, J.: Sex, Politics and Society. The Regulation of Sexuality Since 1800. London, New York 1981

2.2.6. Haushalt

Brownlee, W. E.: Household Values, Women's Work, and Economic Growth, 1800–1930, in: Journal of Economic History 39 (1979), 199–209

Egner, E.: Entwicklungsphasen der Hauswirtschaft. Göttingen 1964

Freudenthal, M.: Gestaltwandel der städtischen bürgerlichen und proletarischen Hauswirtschaft unter besonderer Berücksichtigung des Typenwandels von Frau und Familie, vornehmlich in Südwestdeutschland zwischen 1760 und 1933, Teil 1: 1760–1910. Diss. Frankfurt/M., Würzburg 1934

Hartman, H. I.: The Family as the Locus of Gender, Class, and Political Struggle: The Example of Housework, in: Signs 6 (1981), 366–712

Kittler, G.: Hausarbeit. Zur Geschichte einer „Natur-Ressource". München 1980

Kleinberg, S. J.: Technology's Step-Daughters: The Impact of Industrialization upon Working Class Women, Pittsburgh, 1865–1900. Ph. D. Diss. University of Pittsburgh 1973

Kontos, S./K. Walser: ... weil nur zählt, was Geld einbringt. Probleme der Hausfrauenarbeit (Kennzeichen 4). Gelnhausen 1979
Lochhead, M.: The Victorian Household. London 1964
Meyer, S./B. Orland: Technik im Alltag des Haushalts und Wohnens, in: Troitzsch, U./W. Weber (Hrsg.): Die Technik. Von den Anfängen bis zur Gegenwart. Braunschweig 1982, 564–83
–: Waschen im historischen Wandel, dargestellt am Beispiel von drei Familientypen im Coburger Land um die Jahrhundertwende, in: R. Reiter (Hrsg.): Waschen und Wäschepflege im Coburger Land. Coburg 1982
–: Das Theater mit der Hausarbeit. Bürgerliche Repräsentation in der Familie der wilhelminischen Zeit. Frankfurt/M. 1982
Plössl, E.: Weibliche Arbeit in Familie und Betrieb. München 1983
Schirmacher, K.: Die Frauenarbeit im Hause, ihre ökonomische, rechtliche und soziale Wertung. Leipzig 1905
Schneider, L.: Der Arbeiterhaushalt im 18. und 19. Jahrhundert (Beiträge zur Ökonomie von Haushalt und Verbrauch, Bd. 4). Berlin 1967
Strasser, S.: Never Done: A History of American Housework. New York 1982

3. „Öffentlichkeit"

3.1. Frauenbewegungen

Albistur, M./D. Armogathe: Histoire du feminisme français. Paris 1977
Banks, J. A./O. Banks: Feminism and Family Planning in Victorian England. Liverpool 1964
Berg, B.: The Remembered Gate: Origins of American Feminism. New York 1978
Boetcher Joeres, E.-R.: Louise Otto and her Journals: A Chapter in Nineteenth-Century German Feminism, in: Archiv für Sozialgeschichte der deutschen Literatur 4 (1979), 100–29
Dannenbaum, J.: The Origins of Temperance Activism and Militancy Among American Women, in: Journal of Social History 15 (1981/82), 235–52
Dertinger, A.: Die bessere Hälfte kämpft um ihr Recht. Der Anspruch der Frauen auf Erwerb und andere Selbstverständlichkeiten. Köln 1980
Drewitz, I. (Hrsg.): Die deutsche Frauenbewegung. Die soziale Rolle der Frau im 19. Jahrhundert und die Emanzipationsbewegung in Deutschland. Bonn 1981
Evans, R. J.: The Feminist Movement in Germany, 1894–1933. London 1976
–: The Feminists. Women's Emancipation Movement in Europe, America and Australia, 1840–1920. London 1977
–: Feminism and Female Emancipation in Germany, 1870–1945: Sources, Methods, and Problems of Research, in: Central European History 9 (1976), 323–51
–: Zwischen feministischer und traditioneller Geschichtswissenschaft: Zur Geschichte der deutschen Frauenbewegung, in: Archiv für Sozialgeschichte 22 (1982), 593–605
Flexner, E.: Hundert Jahre Kampf. Geschichte der Frauenrechtsbewegung in den Vereinigten Staaten. Frankfurt/M. 1978
Frauenbewegung, Frauenbildung und Frauenarbeit in Österreich, hrsg. v. M. S. Braun. Wien 1930
Frederiksen, E. (Hrsg.): Die Frauenfrage in Deutschland 1865–1915. Texte und Dokumente. Stuttgart 1981

George, C. V. R. (Hrsg.): „Remember the Ladies“. New Perspectives on Women in American History. New York 1975
Gerhard, U. u. a. (Hrsg.): „Dem Reich der Freiheit werb' ich Bürgerinnen.“ Die Frauenzeitung von Louise Otto. Frankfurt/M. 1980
Greven-Aschoff, B.: Die bürgerliche Frauenbewegung in Deutschland 1894–1933. Göttingen 1981
Hackett, A.: The German Women's Movement and Suffrage, 1890–1914. A Study of National Feminism, in: Bezucha, R. J. (Hrsg.): Modern European Social History. Lexington, Mass., 1972, 355–86
–: The Politics of Feminism in Wilhelmine Germany, 1890–1918. Phil. Diss. Columbia University 1976
Handbuch der Frauenbewegung, hrsg. v. Helene Lange und Gertrud Bäumer. 5 Bde. Berlin 1901/6
Harrison, B.: Separate Spheres. The Opposition to Women's Suffrage in Britain. London 1978
Hause, S. C./A. R. Kenney: Women's Suffrage and Social Politics in the French Third Republic. Princeton 1984
Henkel, M./R. Taubert: Das Weib im Conflict mit den sozialen Verhältnissen. Mathilde Francisca Anneke und die erste deutsche Frauenzeitung. Bochum 1976
Hollis, P.: Women in Public, 1850–1900. Documents of Victorian Women's Movement. London 1979
Kaplan, M.: Die jüdische Frauenbewegung in Deutschland. Hamburg 1981
Koepcke, C.: Geschichte der deutschen Frauenbewegung von den Anfängen bis 1945. Freiburg 1979
Leach, W.: True Love and Perfect Union: The Feminist Reform of Sex and Society. New York 1980
Melder, K. E.: Beginnings of Sisterhood. The American Women's Rights Movement 1800–1850. New York 1977
Möhrmann, R. (Hrsg.): Frauenemanzipation im deutschen Vormärz. Texte und Dokumente. Stuttgart 1978
Nave-Herz, R.: Die Geschichte der Frauenbewegung in Deutschland. Hannover 1982
Neale, R. S.: Working-Class Women and Women's Suffrage, in: ders.: Class and Ideology in the Nineteenth Century. London 1972, 143–68
O'Neill, W.: Everyone was Brave: The Rise and Fall of Feminism. Chicago 1969
Peters, D.: Mütterlichkeit im Kaiserreich. Die bürgerliche Frauenbewegung und der soziale Beruf der Frau. Bielefeld 1984
Prochaska, F. K.: Women and Philanthropy in Nineteenth-Century England. Oxford u. a. 1980
Prokop, U.: Die Sehnsucht nach der Volkseinheit. Zum Konservativismus der bürgerlichen Frauenbewegung vor 1933, in: Dietze, G. (Hrsg.): Die Überwindung der Sprachlosigkeit. Texte aus der neuen Frauenbewegung. Darmstadt 1979, 176–203
Remme, I.: Die internationalen Beziehungen der deutschen Frauenbewegung vom Ausgang des 19. Jahrhunderts bis 1933. Phil. Diss. Berlin 1953
Riemann, I.: Die Rolle der Frauenvereine in der Sozialpolitik: Vaterländischer Frauenverein und gemäßigter Flügel der Frauenbewegung zwischen 1865 und 1918, in: Kickbusch, I., Riedmüller, B. (Hrsg.): Die armen Frauen. Frauen und Sozialpolitik. Frankfurt/M. 1984, 201–24
Rosen, A.: Rise up, Women! The Militant Campaign of the Women's Social and

Political Union 1903–1914. London, Boston 1974
Rover, C.: Love, Morals and the Feminists. London 1970
Rowbotham, Sheila: Im Dunkel der Geschichte. Frauenbewegung in England vom 17. bis 20. Jahrhundert. Frankfurt/M. 1980
Sanford, J. S.: The Origins of German Feminism: German Women 1789–1870. Phil. Diss. Ohio State University 1976
Schenk, H.: Die feministische Herausforderung. 150 Jahre Frauenbewegung in Deutschland. München 1980
– : Frauen kommen ohne Waffen. Feminismus und Pazifismus. München 1983
Schröder, H. (Hrsg.): Die Frau ist frei geboren. Texte zur Frauenemanzipation. Bd. 1: 1789–1870. Bd. 2: 1870–1918. München 1979/81
Tax, M.: The Rising of the Women: Feminist Solidarity and Class Conflict, 1880–1917. New York 1980
Twellmann, M.: Die deutsche Frauenbewegung. Ihre Anfänge und erste Entwicklung 1843–1889. Meisenheim 1972
Weiland, D.: Geschichte der Frauenemanzipation in Deutschland und Österreich. Biographien – Programme – Organisationen. Düsseldorf 1983
Wilson, E.: Women and the Welfare State. London 1977
Wolf-Graaf, A.: Frauenarbeit im Abseits. Frauenbewegung und weibliches Arbeitsvermögen. München 1981

3.2. Frauen und Arbeiterbewegung

Albrecht, W., u. a.: Frauenfrage und deutsche Sozialdemokratie vom Ende des 19. Jahrhunderts bis zum Beginn der 20er Jahre, in: Archiv für Sozialgeschichte 19 (1979), 459–510
Balser, F.: Sozial-Demokratie 1848/49–1863. Die erste deutsche Arbeiterorganisation „Allgemeine Deutsche Arbeiterverbrüderung" nach der Revolution. 2 Bde. (Industrielle Welt, 2.) Stuttgart 1962
Bebel, A.: Die Frau und der Sozialismus. Frankfurt/M. 1976
Benson, S. P.: Business Heads and Sympathizing Hearts: The Women of the Providence Employment Society, 1837–1858, in: Journal of Social History 12 (1978)
Berger, A.: Die zwanzigjährige Arbeiterinnenbewegung Berlins und ihr Ergebnis. Berlin 1889
Bölke, G.: Die Wandlung der Frauenemanzipationstheorie von Marx bis zur Rätebewegung. Hamburg, 2. Aufl. 1971
Boxer, M. I., J. H. Quataert (Hrsg.): Socialist Women. European Socialist Feminism in the Nineteenth and Early Twentieth Centuries. New York 1978
Braun, L.: Die Frauenfrage. Ihre geschichtliche Entwicklung und ihre wirtschaftliche Seite. Berlin, Bonn 1979
Corfield, K.: Some Social and Radical Organizations among Working-Class Women in Manchester and District 1790–1820. Diss. Birmingham 1971
Dertinger, A.: Weiber und Gendarm. Vom Kampf staatsgefährdender Frauenspersonen um ihr Recht auf politische Arbeit. Köln 1981
Die Frau in der Arbeiterbewegung 1900–1939 (Internationale Tagung der Historiker der Arbeiterbewegung 1978 – 14. Linzer Konferenz). Wien 1980
Dokumente der revolutionären deutschen Arbeiterbewegung zur Frauenfrage. 1848–1974. Leipzig 1975
Drake, B.: Women in the Trade Unions. London 1921
Dye, N. S.: As Equals and as Sisters. Feminism, the Labor Movement and the

Women's Trade Union League of New York. Columbia 1980
Engels, F.: Der Ursprung der Familie, des Privateigentums und des Staates. Berlin 1970
– : Die Lage der arbeitenden Klassen in England, in: MEW 2. Berlin 1976
Evans, R. J.: Sozialdemokratie und Frauenemanzipation im deutschen Kaiserreich. Berlin, Bonn 1979
Foner, P. S.: Women and the American Labor Movement. From Colonial Times to the Eve of World War I. New York 1979
Freier, A.-E.: „Dem Reich der Freiheit sollst Du Kinder gebären." Der Antifeminismus der proletarischen Frauenbewegung im Spiegel der „Gleichheit", 1891–1917, Frankfurt/M. 1981
Grubitzsch, H./L. Lacpacan: „Freiheit für die Frauen – Freiheit für das Volk!" Sozialistische Frauen in Frankreich 1830–1848. Frankfurt/M. 1980
Guilbert, M.: Les femmes et l'organisation syndicale avant 1914. Paris 1966
Hauff, L.: Die deutschen Arbeiterinnenorganisationen. Halle 1912
Hobsbawm, E.: Men and Women in Socialist Iconography, in: History Workshop 6 (1978), 121–38 (sowie dessen Diskussion in den nachfolgenden Heften)
Honeycutt, K.: Clara Zetkin: A Left-Wing Socialist and Feminist in *Wilhelmian Germany*. Phil. Diss. Columbia 1975
Institut für marxistische Studien und Forschungen: Arbeiterbewegung und Frauenemanzipation 1889 bis 1933. Frankfurt/M. 1973
Jaeckel, R.: Die Stellung des Sozialismus zur Frauenfrage im 19. Jahrhundert. Diss. Potsdam 1904
Kenneally, J.: Women and American Trade Unions. St. Albans 1978
Lewenhak, S.: Women and Trade Unions. An Outline History of Women in the British Trade Union Movement. London 1977
Losseff-Tillmanns, G.: Frauenemanzipation und Gewerkschaften. Wuppertal 1978
Lucas, E.: Arbeiterbewegung als Männerbewegung, in: ders.: Vom Scheitern der deutschen Arbeiterbewegung. Berlin u. a. 1983, 45–69
Marx/Engels/Lenin: Über die Frau und die Familie, hrsg. v. Bundesvorstand des Demokratischen Frauenbundes Deutschlands. Leipzig 1976
Merfeld, M.: Die Emanzipation der Frau in der sozialistischen Theorie und Praxis. Hamburg 1972
Middleton, L. (Hrsg.): Women and the Labour Party. Croom Helm 1977
– : Women in the Labour Movement. The British Experience. London 1979
Miller, S.: Frauenrecht ist Menschenrecht. Zur Frauenprogrammatik der Sozialdemokratie von den Anfängen bis Godesberg, in: Willy Brandt (Hrsg.), Frauen heute. Köln 1978
Neumann, R. P.: The Sexual Question and Social Democracy in Imperial Germany, in: Journal of Social History 7 (1974), 271–86
Niggemann, H.: Emanzipation zwischen Sozialismus und Feminismus. Die sozialdemokratische Frauenbewegung im Kaiserreich. Wuppertal 1981
Peuser, D.: Die gewerkschaftliche Arbeiterinnenbewegung in Deutschland 1885–1896. Diss. Leipzig 1979
Plat, W.: Die Stellung der deutschen Sozialdemokratie zum Grundsatz der Gleichberechtigung der Frau auf dem Gebiet des Familienrechts bei der Schaffung des Bürgerlichen Gesetzbuches des Deutschen Reiches. Phil. Diss. Humboldt-Universität Berlin 1966
Quataert, J. H.: Feminist Tactics in German Social Democracy. A Dilemma, in: Internationale Wissenschaftliche Korrespondenz zur Geschichte der deut-

schen Arbeiterbewegung (IWK) 13 (1977), 48–65
– : The German Socialist Women's Movement, 1890–1918: Issues, Internal Conflicts and the Main Personages. Phil. Diss. California 1974
– : Reluctant Feminists in German Social Democracy, 1885–1917. Princeton N. J. 1979
Richebächer, S.: Uns fehlt nur eine Kleinigkeit. Deutsche proletarische Frauenbewegung 1890–1914. Frankfurt/M. 1982
Schulz, S.: Die Entwicklung der Hausgehilfinnenorganisation in Deutschland. Diss. Tübingen 1961
Soltow, M. J./M. K. Wery: American Women and the Labor Movement, 1825–1974: An Annotated Bibliography. Metuchen, N. J., 1976
Strain, J.: Feminism and Political Radicalism in the German Social Democratic Movement, 1890–1914. Phil. Diss. California 1964
Thönnessen, W.: Frauenemanzipation. Politik und Literatur der deutschen Sozialdemokratie zur Frauenbewegung, 1863–1933. Frankfurt/M. [2]1976
Vogt, C.: Frauenemanzipation und Reformismus. Diss. Salzburg 1977
Vorholz, A.: Sozialdemokratie und Frauen 1908–1914 in Düsseldorf. Reinbek 1982
Wertheimer, B. M.: Trade Union Women: A Study of Their Participation in New York City Locals. New York 1975
Zetkin, C.: Zur Geschichte der proletarischen Frauenbewegung. Berlin 1958

3.3. Frauen und Familie im Recht

Bürgin-Kreis, H.: Der Wandel der Familie in Sitte und Recht in den letzten 150 Jahren, in: Schweizer Archiv für Volkskunde 49 (1953), 101–31
Dörner, H.: Industrialisierung und Familienrecht. Die Auswirkungen des sozialen Wandels, dargestellt an den Familienmodellen des ALR, BGB und des französischen Code Civil. Berlin 1974
Donzelot, J.: Die Ordnung der Familie. Frankfurt/M. 1980
Floßmann, U.: Die Gleichberechtigung der Geschlechter in der Privatrechtsgeschichte, in: dies. (Hrsg.): Rechtsgeschichte und Rechtsdogmatik. Festschrift für H. Eichler, Wien 1977, 119–44
Gerhard, U.: Verhältnisse und Verhinderungen. Frauenarbeit, Familie und Rechte der Frauen im 19. Jahrhundert. Frankfurt/M. 1978
– : Über gegenwärtige und historische Erfahrungen der Frauen mit Recht. Vorüberlegungen zu einer Rechtstheorie für Frauen, in: Gesellschaft. Beiträge zur Marxschen Theorie, 14, hrsg. v. H. G. Backhaus u. a. Frankfurt/M. 1981, 139–67
Matz, K. J.: Pauperismus und Bevölkerung. Die gesetzlichen Ehebeschränkungen in den süddeutschen Staaten während des 19. Jahrhunderts. Stuttgart 1980
Mestwerth, R.: Das Sozialbild der Ehe im Spiegel von Gesetzgebung und Rechtsprechung der letzten 150 Jahre. Göttingen 1962
Meyer, P.: Das Kind und die Staatsraison. Reinbek b. Hamburg 1981
Sachs, A.: The Myth of Male Protectiveness and the Legal Subordination of Women. An historical analysis, in: C. Smart/B. Smart (Hrsg.): Women, Sexuality and Social Control. London u. a. 1978, 27–40
Schröder, H.: Die Rechtlosigkeit der Frau im Rechtsstaat. Dargestellt am Allgemeinen Preußischen Landrecht, am BGB und an J. G. Fichtes Grundlage des Naturrechts. Frankfurt/M. u. a. 1979

Schwab, D.: Grundlagen und Gestalt der staatlichen Ehegesetzgebung in der Neuzeit bis zum Beginn des 19. Jahrhunderts. Bielefeld 1967
Stetson, D. M.: A Woman's Issue. Westport, Conn. 1982
Thane, P.: Women and the Poor Law in Victorian and Edwardian England, in: History Workshop 6 (1978), 29–51
Weber, M.: Ehefrau und Mutter in der Rechtsentwicklung. Tübingen 1907
– : Die historische Entwicklung des Eherechts. 1904

3.4. Frauen und sozialer Protest

Abensour, L.: Le Féminisme sous le règne de Louis-Phillippe et en 1848. Paris 1913
Booth, A.: Food Riots in the North-West of England, 1790–1801, in: Past and Present 77 (1977), 84–107
Cloward, R. A., F. F. *Piven:* Aufstand der Armen. Frankfurt/M. 1981
– : Hidden Protest: The Channeling of Female Innovation and Resistance, in: Signs 4 (1979), 651–69
Duhet, P.-M.: Les femmes et la Révolution. Paris 1971
Honegger, C./B. Heintz (Hrsg.): Listen der Ohnmacht. Zur Sozialgeschichte weiblicher Widerstandsformen. Frankfurt/M. 1981
Hufton, O. H.: Europe: Privilege and Protest, 1730–1799. Brighton 1980
Hummel-Haasis, G.: Schwestern, zerreißt eure Ketten. Zeugnisse zur Geschichte der Frauen in der Revolution von 1848/49. München 1982
Kaplan, T.: Female Consciousness and Collective Action: The Case of Barcelona, 1910–1918, in: Signs 7 (1981/82), 545–66
Langeron, G.: Le Club des Femmes de Dijon pendant la Révolution. Dijon 1929
Laserre, A.: La participation collective des femmes à la Revolution Française. Paris 1906
Matossian, M. K./W. D. Schafer: Familiy, Fertility and Political Violence, 1700–1900, in: Journal of Social History 11 (1977/78), 137–78
Perrin, H.: Le Club des Femmes de Besançon, in: Annales Révolutionaires 9/10 (1917/18)
Rudé, G.: Die Volksmassen in der Geschichte. Frankfurt/M. 1977
Smith-Rosenberg, C.: Beauty, the Beast and the Militant Woman: A Case Study in Sex Roles and Social Stress in Jacksonian America, in: American Quarterly 23 (1971), 562–84
Soboul, A.: Femmes militantes des sections parisiennes en l'an II, in: ders.: Comprendre la Révolution Française. Paris 1981, 203–14
Thomas, E.: Les Femmes de 1848. Paris 1948
– : Les Pétroleuses. Paris 1963
Thomis, M. I./J. Grimmett: Women in Protest, 1800–1850. London 1982
Thurn, S.: Frauen 1848/49, in: Geschichtsdidaktik 4 (1979), S. 36–86
Tilly, C./L. Tilly/R. Tilly: The Rebellious Century, 1830–1930. New York 1975
Zucker, S.: German Women and the Revolution of 1848: Kathinka Zitz-Halein, and the Humania-Association, in: Central European History 13 (1980), 237–54

3.5. Frauenbildung

Brehmer, I., u. a.: „Wissen heißt leben . . .". Beiträge zur Bildungsgeschichte von Frauen im 18. und 19. Jahrhundert (Frauen in der Geschichte IV). Düsseldorf 1983

Feyl, R.: „Der lautlose Aufbruch." Frauen in der Wissenschaft. Darmstadt u. a. 1983

Frauen und Wissenschaft. Beiträge zur Berliner Sommer-Uni für Frauen, Juli 1976. Berlin 1977

Graham, P. A.: Expansion and Exclusion: A History of Women in American Higher Education, in: Signs 3 (1977/78), 759–73

Kohlstedt, S. G.: In from the Periphery: American Women in Science, 1830–1880, in: Signs 4 (1978/79), 81–96

Mayeur, F.: L'éducation des filles en France au XIXe siècle. Paris 1979

Prelinger, C. M.: Religious Dissent, Womens Rights, and the Hamburger Hochschule für das weibliche Geschlecht in Midnineteenth-Century Germany, in: Church History 45 (1976), 42–55

Tornieporth, G.: Studien zur Frauenbildung. Weinheim u. a. 1979

Zinnecker, J.: Sozialgeschichte der Mädchenbildung. Zur Kritik der Schulerziehung von Mädchen im bürgerlichen Patriarchalismus. Weinheim 1973

3.6. Frauenbilder

Alemann, C. von/D. Jallamion/B. Schäfer: Das nächste Jahrhundert wird uns gehören. Frauen und Utopie 1830 bis 1840. Frankfurt/M. 1981

Anders, A.: Das Frauenbild in der Populärliteratur des Spätviktorianismus in England 1850–1890. Darmstadt 1979

Bloch, R. H.: American Feminine Ideas in Transition: The Rise of the Moral Mother, 1785–1815, in: Feminist Studies 4 (1978), 101–26

Bovenschen, S.: Die imaginierte Weiblichkeit. Exemplarische Untersuchungen zu kulturgeschichtlichen und literarischen Präsentationsformen des Weiblichen. Frankfurt/M. 1979

Bullough, V. L.: The Subordinate Sex: A History of Attitudes Toward Women. Urbana, Ill. 1973

Burstyn, J. N.: Victorian Education and the Ideal of Womanhood. Totowa, N. J. 1981

Douglas, A.: The Feminization of American Culture. New York 1977

Duden, B.: Das schöne Eigentum, Zur Herausbildung des bürgerlichen Frauenbildes an der Wende vom 18. zum 19. Jahrhundert, in: Kursbuch 47 (1977), 125–40

Easlea, B.: Science and Sexual Oppression. Patriarchy's Confrontation with Women and Nature. London 1981

Ehrenreich, B., D. English: For Her Own Good. New York 1978

George, M.: From „Goodwife" to „Mistress": The Transformation of the Female in Bourgeois Culture, in: Science and Society 37 (1973), 152–77

Gilbert, S. M./S. Gubar: The Madwoman in the Attic: The Women Writer and the Nineteenth-Century Imagination. New Haven, Conn. 1979

Herzog, K.: Women, Ethnics and Exotics. 1983

Knibiehler, Y./C. Fouquet: La femme et les médecins. Analyses historiques. Paris 1983

– : Les médecins et la ‚nature' féminine au temps du Code Civil, in: Annales E. S. C. 31 (1976), 824–45

Kübler, G.: Die soziale Aufsteigerin. Wandlungen einer geschlechtsspezifischen Rollenzuschreibung im deutschen Roman 1870–1900. Bonn 1982

Okin, S. M.: Women and Citizens: Women in Western Political Thought. Princeton 1979

Ottmüller, U.: „Mutterpflichten" – Die Wandlungen ihrer inhaltlichen Ausformung durch die akademische Medizin, in: Gesellschaft. Beiträge zur Marxschen Theorie 14, hrsg. v. H.-G. Backhaus u. a. Frankfurt/M. 1981, 97–138

Riley, G. G.: The Subtle Subversion: Changes in the Traditionalist Image of the American Woman, in: The Historian 32 (1970), 210–27

Roebuck, J./J. Slaughter: Ladies and Pensioners: Stereotypes and Public Policy Affecting Old Women in England 1880–1940, in: Journal of Social History 13 (1979/80), 105–14

Rothman, S. M.: Woman's Proper Place: A History of Changing Ideals and Practices, 1870 to the Present. New York 1978

Ryan, M. P.: The Empire of the Mothers. American Writings on Women and the Family. New York 1982

Schaps, R.: Hysterie und Weiblichkeit. Wissenschaftsmythen über die Frau. Frankfurt/M. u. a. 1982

Smith, R. J.: Making Village Women Into „Good Wives and Wise Mothers" in Prewar Japan, in: Journal of Family History 8 (1983), 70–84

Smith-Rosenberg, C.: Puberty to Menopause: The Cycle of Femininity in Nineteenth-Century America, in: Feminist Studies 1 (1973), 59–72

–, *C. E. Rosenberg:* The Female Animal: Medical and Biological Views of Woman and Her Role in Nineteenth-Century America, in: Journal of American History 60 (1973), 332–56

Verbrugge, M. H.: Women and Medicine in Nineteenth-Century America, in: Signs 1 (1975/76), 957–72